# 一日一字 学好文言文

文言文 学好 一日一字

第1册

闫会才 ◎ 著

中国人民大学出版社

·北京·

**图书在版编目（CIP）数据**

一日一字 学好文言文.第1册/闫会才著. −−北京：中国人民大学出版社，2021.5

ISBN 978−7−300−29062−1

Ⅰ.①一⋯ Ⅱ.①闫⋯ Ⅲ.①文言文–中学–课外读物 Ⅳ.①G634.303

中国版本图书馆 CIP 数据核字（2021）第 034065 号

一日一字 学好文言文（第1册）

闫会才 著

Yiriyizi　Xuehao Wenyanwen（Di-yi Ce）

| | | | | | |
|---|---|---|---|---|---|
| 出版发行 | 中国人民大学出版社 | | | | |
| 社 址 | 北京中关村大街31号 | | 邮政编码 | 100080 | |
| 电 话 | 010−62511242（总编室） | | 010−62511770（质管部） | | |
| | 010−82501766（邮购部） | | 010−62514148（门市部） | | |
| | 010−62515195（发行公司） | | 010−62515275（盗版举报） | | |
| 网 址 | http://www.crup.com.cn | | | | |
| 经 销 | 新华书店 | | | | |
| 印 刷 | 天津中印联印务有限公司 | | | | |
| 规 格 | 170mm×228mm　16开本 | | 版 次 | 2021年5月第1版 | |
| 印 张 | 14.5插页1 | | 印 次 | 2021年5月第1次印刷 | |
| 字 数 | 204 000 | | 定 价 | 88.00元（2册） | |

# 不仅仅是为了学好文言文

　　文言文学习，同学们普遍感觉枯燥、乏味。怎样才能轻轻松松学好文言文呢？多年来，笔者一直在探索。

　　笔者是个语文教师，也是个书迷，在阅读的过程中常常遇到一些有"料"的汉字。"料"在何处？

　　"料"在故事中。含有某个汉字的故事，或让人穿越时空来到莺歌燕舞的宫廷，来到刀光剑影的战场；或让人进入瑰丽神奇的想象世界；或让人感受亘古不变的亲情、友情、爱国情等。

　　"料"在对联中。含有某个汉字的对联，或充满智慧，启人心智，让人为之拍案；或鞭挞邪恶，彰显正义，让人扬眉吐气；或选词炼句，炉火纯青，功夫十分了得。

　　"料"在诗歌中。含有某个汉字的诗歌，或风趣幽默，令人忍俊不禁，让人心情愉快；或跌宕起伏，引人入胜，让人总想一睹为快；或角度新颖，别开生面，让人眼界大开。

　　"料"在名言中。含有某个汉字的名言，沉淀着丰富的人生经验，富有为人处世、成就事业、治国安邦的博大智慧，让人读后爱不释手，反复咀嚼回味，化为一笔宝贵的精神财富。

　　"料"在时尚段子中，"料"在神话传说中，"料"在日常用语中……

　　于是想，如果从历史故事、神话故事、寓言故事、诗词、对联、名言等中间选材，解析文言文中的常用汉字，融知识性、思想性、趣味性、故事性、哲理性于一炉，那么不是就可以让同学们轻轻松松学好文言文了吗？顿时，笔者豁然开朗，开始了本书的写作。

中学生必须掌握的120个文言实词和18个文言虚词都是有"料"的汉字，笔者将其作为首选，在此基础上加以扩展。具体地说，就是以一个汉字为单位，以义项为线索，组织一篇千字文。笔者曾每日给所任教班级印发一字，学期末进行调查，发现很多同学都将所发材料装订成册，有个同学封面写的就是"一日一字，学好文言文"。后来，笔者在《新课程报·语文导刊》初中版和高中版同时开设了"訚会才专栏"，刊发这个方面的系列文章。《光明日报》《教育周报》《作文与考试》《学生新报》《作文指导报》《新语文学习》《语文报》《语文月刊》《美文》等报刊，也都成了笔者发表这个系列文章的阵地。其中，《美文》发表这个系列的文章时一次就用了9个页码，真是不吝版面，让人十分感动。

有位读者在来信中说：

我是一个中学生，常为学好文言文发愁。语文老师说，学好文言文，需要积累相当数量的文言实词、虚词，也就是说，这些文言实词、虚词的义项或用法要了然于胸。可如何积累呢？这是个难题。现在您给解决了！

我还常常为作文时没有材料发愁。巧妇难为无米之炊，没有材料又怎么能够写出内容厚实的文章？现在这个问题您也给解决了。您的文章中有好多材料，都可以作为作文素材来使用呢。作文素材要新，所谓新，是指别人没有见过，这本书中的好多材料就是这样的材料呢。

您为我，不仅仅是我，而是我们中学生解决了两大问题，功莫大焉！在这里，让我向您道一声："谢谢！"

还有位读者在来信中说：

这是一座人人艳美的富矿，一座绵延几千里甚至是几万里的富矿，谁都想开采。我们该从何处开采？很多人恐怕为之犯难，感到茫然。

还有，在这座富矿与我们之间，是一条波涛翻滚的河流。这样，问题来了：河流上的桥梁在何处？或者是渡船在何处？总应该到达矿区啊！

这座富矿，就是国学。其中有深刻精警的思想，有修身养性的秘诀，有为人处世的智慧，但却是用文言写就的。习惯于阅读现代文的我们，自然会感觉文言就是横亘在我们和国学之间的一条波涛翻滚的河流。

您寻到了河流上的桥梁，寻到了渡船，寻到了最佳开采点，于是我们读者才能够到达矿区，从而尽情开采！感谢您！

看来，本书不仅可以引导同学们轻轻松松学好文言文，还有其他多方面的功用。于是，笔者在本书每篇文章中设置了"作文课堂""文化常识""思维体操""知识拓展""实兵演练"等栏目，给同学们提示，让本书更为实用。

如果同学们阅读本书后文言文阅读水平得到了大的提升，文化常识得到了牢固掌握，同时能够体会到国学的博大精深，更加热爱我们祖国灿烂的文化，能够写出一手立意准确、内容充实、结构精巧的好文章，那么作为本书的作者，笔者的目的也就达到了。当然，这不仅仅是笔者的目的，也该是广大同学的目的。

目录

第❶日

张仪妻子：安得此辱乎

**安** 安逸——安定——安稳——缓慢——怎么——什么地方

"家"是宝盖下一个"豕"。豕，猪也。宝盖代表房屋，猪代表财富。有了房屋，有了财富，还不完美，还该有个打理家的主妇，这样才能过上安逸舒适的生活。这样便有了"安"字。看来，"安"字的一个重要义项就是安逸舒适。孔子有一句名言："君子食无求饱，居无求安，敏于事而慎于言，就有道而正焉，可谓好学也已。"（《论语·学而》）翻译成现代汉语就是：君子饮食不要求饱足，居住不要求安逸，办事敏捷，说话谨慎，向有道德的人学习并改正自己的缺点，这样就可以说是好学的人了。其中的"安"，就是安逸舒适的意思。

春秋时，郑国人赠给晋悼公歌钟两架以及由十六人组成的两列乐队。晋悼公把乐队的一半赐给魏绛，说："您教导我同戎狄讲和，整顿中原诸国，八年中间九次会合诸侯，好像音乐的和谐，没有地方不协调。现在请您和我共同享受美妙的音乐带来的快乐。"魏绛辞谢说："同戎狄讲和，这是国家的福气；八年中间九次会合诸侯，诸侯顺从，这是由于您威望高，也是由于其他人员的功劳，我哪里出过力呢？《尚书》中说：'居安思危。'思则有备，有备无患。我谨以此规劝君王

**◇ 思维体操**

做人要谦虚，魏绛是榜样；遵守国家制度，晋悼公是模范。无论是谦虚，还是严格遵守国家制度，都是好品质，值得我们学习。

您。"晋悼公说:"您的教导,我岂敢不接受?赏赐是国家制度规定的,不能废除。您还是接受吧!"(《左传·襄公十一年》)

这里的"居安思危",翻译成现代汉语就是:处于安定的环境中要时刻想到危险。其中的"安"是安定的意思。

唐朝诗人杜甫的《茅屋为秋风所破歌》中的名句"安得广厦千万间,大庇天下寒士俱欢颜,风雨不动安如山",大家耳熟能详。这几句翻译成现代汉语就是:怎么才能得到千万间高楼大厦,让普天下贫寒的人们都得到庇护,个个欢乐开怀。无论风雨如何吹打,房屋都安稳如山!其中第一个"安"是怎么的意思,第二个"安"是安稳的意思。

---

**◇ 知识拓展**

阅读这段文字,会让人想到独立的人格,想到做人要有骨气。关于骨气,毛泽东有一段名言:

我们中国人是有骨气的。……闻一多拍案而起,横眉怒对国民党的手枪,宁可倒下去,不愿屈服。朱自清一身重病,宁可饿死,不领美国的"救济粮"。……我们应当写闻一多颂,写朱自清颂,他们表现了我们民族的英雄气概。

---

齐宣王召见隐士颜斶。齐宣王要颜斶到前面来,颜斶则要齐宣王到前面来,齐宣王很不高兴。颜斶说:"我主动走向大王就是贪慕权势,大王主动走向我就是礼贤下士。与其让我贪慕权势,不如让大王礼贤下士。"最后,齐宣王不仅被颜斶说服了,而且对颜斶佩服得五体投地。他说:"我希望先生同意接受我做您的弟子。如果您肯和我交往,我定让您吃饭顿顿都有牛、羊、猪肉,出行一定有华丽的车子乘坐,夫人、子女都穿上漂亮的衣服。"颜斶回答说:"玉,原来产于山中,一经匠人雕琢,就要破坏它的本色了。精致的美玉并不是不宝贵,但毕竟失去了本来的面貌。士人生在民间,受到推举提拔就能得到官位。当官并不是不显达,但会因此失去士人的本色而使自己的思想和行为脱节。所以,我情愿回家去,'晚食以当肉,安步以当车,无罪以当贵,清净贞正以自虞'。有权发号施令的是大王您,敢于尽忠直言的却是我啊。该说的道理我已经说得很详尽了,希望准许我告辞,让我慢慢走回自己的住处吧。"于是,颜斶向宣王拜了两拜,就告辞而去。(《战国策·齐宣王见颜斶》)

这里的"晚食以当肉,安步以当车"等句,翻译成现代汉语就是:每天晚点吃饭，也像吃肉那样香；徐步缓行，权当乘车；安分守法，权当富贵；清心寡欲，保持节操，自得其乐。其中的"安"，是缓慢的意思。

战国时，张仪曾陪着楚相喝酒，席间，楚相丢失了一块玉璧，门客们怀疑是张仪偷了，对楚相说："张仪贫穷，品行卑劣，一定是他偷了您的玉璧。"于是，众人把张仪捆绑起来，鞭笞了几百下。张仪始终没有承认，众人只好释放了他。回家后，看着伤痕累累的张仪，他的妻子说："唉！您要是不去读书游说，'安得此辱乎'？"张仪怎么说呢？他说："你看看我的舌头还在不在？"他的妻子笑着说："舌头还在呀。"张仪说："这就够了。"（《史记·张仪列传》）

> **📖 文化常识**
>
> 张仪，战国时期著名谋略家。他早年入鬼谷子门下学习。出山之后，他首创"连横"外交策略，得到秦惠文王赏识，被封为相国，奉命出使游说各国，以"横"破"纵"，促使各国亲善秦国，他也被封为武信君。

这里的"安得此辱乎"，翻译成现代汉语就是：怎么会受到这样的屈辱呢？其中的"安"，讲作"怎么"。

"安"除了前面的义项外，还可讲作"什么地方"，如"皮之不存，毛将安傅"（《左传·僖公十四年》），意思是：皮都不存在了，毛将附在什么地方呢？

## 第 ② 日
## 苻坚 "皆以为晋兵"

**兵** 兵器——士兵——军事、战争——军队——用兵策略、战略

　　春秋时期，秦晋联军包围了郑国的国都。后来，由于烛之武的劝说，秦军留下了杞子、逢孙、杨孙带领部分人马和郑国军队一起保卫郑国，其他军队撤回秦国。晋文公看到秦国和郑国结了盟、撤了军，也就撤了军。

✎ 实兵演练

　　弦高是爱国商人。你知道的爱国商人有哪些？请写出三个爱国商人的名字。

　　过了三年，杞子从郑国派人向秦穆公报告说："郑国人让我掌管他们国都北门的钥匙，如果秘密发兵来袭击，郑国的国都就可以得到了。"秦穆公利欲熏心，便派了部队前去偷袭郑国。没有想到，部队在经过滑国的时候，遇到了要到周都城去做买卖的郑国商人弦高。弦高是一个爱国商人，他立即派人去郑国报信。

　　郑穆公得到秦军前来偷袭的情报，便派皇武子到杞子、逢孙、杨孙所住宾馆察看，发现他们的军队"则束载、厉兵、秣马矣"，即准备好做秦军的内应。皇武子说："你们在郑国居住的时间很长了，只是郑国吃的东西快没了，你们也该要走了吧。郑国有狩猎之地，秦国也有狩猎之地，你们到秦国的狩猎之地去猎取麋鹿，让郑国得到安宁，怎么样？"这是偷袭的消息走漏了啊！要不，人家怎么会下逐客令呢？于是，杞子逃往齐国，逢孙、杨孙逃往宋国。（《左传·僖公三十三年》）

　　这里的"则束载、厉兵、秣马矣"，翻译成现代汉语就是：他们已经捆好了行装，磨快了兵器，喂饱了马匹。其中的"兵"，是指兵器。我们现在常用的成语"厉兵秣马"就出自这里，形容准备战斗，也比喻事前做好准备工作。

前秦苻坚统一北方后，指挥号称百万的大军对东晋发起进攻。东晋以八万精兵迎击取胜，这便是"淝水之战"。其中有这么一个片段：前秦的先头部队在洛涧附近被晋军偷袭，被打得溃不成军。这次失败，不但令前秦士气受挫，也让一向骄傲的苻坚信心动摇。他得知晋军正向寿阳前进，便和苻融登上寿阳城头观察晋军动静。他看见对岸的晋兵排列整齐、战船密布，觉得晋兵训练有素。再望向北面的八公山，山上长满无数草木，北风吹过，草木晃动，就像无数士兵在运动，苻坚"皆以为晋兵"，不禁大惊，跟苻融说："晋兵是多么强大的对手，你怎么说他们是弱旅？"（《资治通鉴·晋纪二十七》）

这里的"皆以为晋兵"，翻译成现代汉语就是：认为都是东晋士兵。其中的"兵"，是士兵的意思。我们现在常用的成语"草木皆兵"就出自这里，形容人在惊慌时疑神疑鬼。

赵括从小学习兵法，认为天下没有谁能够抵挡他。赵括曾跟他父亲赵奢议论过用兵打仗的事，赵奢也不能驳倒他，但赵奢不承认他有军事才能。赵括的母亲问赵奢其中的原因，赵奢说："打仗是要以命相搏的事，但是赵括把它说得轻而易举。假使赵国不让赵括做将军也就算了，如

果一定要他担任将军，那么毁掉赵国军队的一定是赵括。"后来，赵括被拜为大将，代替廉颇，抗击秦军。蔺相如说："大王根据赵括的虚名来任用他，就像胶住弦柱鼓瑟一样。赵括只会读他父亲留传下来的兵书，却不知随机应变。"秦将白起派出小股部队佯装失败，引诱赵括做出错误判断，并断绝了赵军的粮道。四十多天后，赵国士兵饥饿难当，赵括便带领精锐的士兵亲自上阵战斗。秦军射死了赵括。赵括的军队大败，几十万士兵投降了秦军，秦军把他们全部活埋了。（《史记·廉颇蔺相如列传》）

这就是我们所熟悉的"纸上谈兵"的故事。"纸上谈兵"的"兵"，是军事、战争的意思。现在人们常用"纸上谈兵"比喻空谈理论，不能解决

实际问题；也比喻空谈不能成为现实。

"兵"除了前面的义项外，还可讲作"军队"，如"必以长安君为质，兵乃出"（见高中课文《触龙说赵太后》，出自《战国策》）；讲作"用兵策略、战略"，如"故上兵伐谋，其次伐交"（《孙子兵法·谋攻》）。

# 第 3 日
## 魏文侯：尧舜其犹病诸

**病** 疾病——忧虑——缺点——疲劳——枯萎——困苦

　　一次，孔子与鲁哀公闲聊。鲁哀公问道："有智慧的人长寿吗？"孔子给予了肯定的回答，之后说："需要指出的是，人有三种死因，并不是他寿命到了，而是自己招致的。第一，起居没有定时，饮食没有节制，安逸或辛劳超过适当限度。这些都是因自己不懂得爱惜身体，使身体受到损伤，这样，'病共杀之'。

> **◇ 思维体操**
> 　　当代人普遍讲养生，但这则材料告诉我们，孔子的养生内容比现在丰富得多。

第二，居下位的人却以下犯上。这样的人，刑罚也能夺去他的生命。第三，愤怒时不懂得克制自己，意气用事，或者不自量力，不计后果地行动。这样，刀兵战事也可以夺取他的生命。"（《韩诗外传》卷一）

　　这里的"病共杀之"，翻译成现代汉语就是：疾病都会夺去他的性命。其中的"病"，是疾病的意思。

　　李悝，曾经给魏文侯做相。他提倡耕作，奖励开荒，储粮备荒，实行平籴之法，使魏国成为了战国初期的强国。当然，这与他遇上了从善如流的魏文侯有很大关系。一次，魏文侯问李悝："世上有被人憎恶的吗？"李悝回答说："有！高贵的人有低贱的人憎恶他们，富裕的人有贫穷的人憎恶他们，聪明的人有愚笨的人憎恶他们。"魏文侯听后，说："您回答得好！具备高贵、富裕、聪明这几点又让人不憎恶，怎么样才能做到呢？"

李悝笑了笑，回答说："也好办。这就是：高贵的人礼让低贱的人，富裕的人把钱财分给贫穷的人，聪明的人教导愚笨的人，那么高贵的人、富裕的人、聪明的人也就不会被人憎恶了。"魏文侯不禁伸出了大拇指，说："您说得太好了！'尧舜其犹病诸。'我虽然不聪明，但也要照您说的去做。"（《韩诗外传》卷八）

这里的"尧舜其犹病诸"，翻译成现代汉语就是：圣明的尧舜大概也要对能否做到这三点忧虑吧。其中的"病"，是忧虑的意思。孔子有句名言："君子病无能焉，不病人之不己知也。"（《论语·卫灵公》）翻译成现代汉语就是：君子忧虑自己没有才能，不忧虑别人不了解自己。其中的两个"病"，都是忧虑的意思。

**◇ 思维体操**

《三字经》中说："养不教，父之过。"这其实是在教导我们重视家庭教育。写下《训俭示康》的司马光，就是重视家庭教育的典范。

北宋政治家、史学家司马光，十分重视对子女的家庭教育。他曾经给儿子司马康写下训诫，要求他崇尚节俭，不要追求奢靡，这就是脍炙人口的《训俭示康》。他在这篇文章中写道："众人皆以奢靡为荣，吾心独以俭素为美。人皆嗤吾固陋，吾不以为病。"翻译成现代汉语就是：一般的人都把奢侈浪费视为光荣，我心里唯独把节俭朴素视为美德。人们都讥笑我固执鄙陋，我却不把崇尚节俭朴素视为缺点。其中的"病"，是缺点的意思。

唐朝散文大家韩愈有一篇名文《原毁》，其中有这样的句子："舜，大圣人也，后世无及焉；周公，大圣人也，后世无及焉。是人也，乃曰：'不如舜，不如周公，吾之病也。'是不亦责于身者重以周乎？"翻译成现代汉语就是：舜是大圣人，后世没有人能赶上他的；周公是大圣人，后世也没有人能赶上他的。这人就说："不如舜，不如周公，这是我的缺点。"这不就是对自己要求严格而全面吗？其中的"病"，也是缺点的意思。

**◇ 知识拓展**

揠苗助长：比喻违反事物的发展规律，急于求成，反而坏事。也说拔苗助长。

孟子曾向他的学生公孙丑讲过一个揠苗助长的故事。孟子说，有个宋国人老担忧他的禾苗长不高，这天突发奇想：何不将禾苗拔一拔，以助禾苗一臂之力？于是一大早来到田里，开始实践他伟大的梦想。中午，他拖着疲惫不堪的身子回到家中，对家人说："今日病矣，予助苗长矣！"他的儿子听说后急忙到地里去看禾苗的情况，结果发现禾苗都干枯了。(《孟子·公孙丑章句上》)

这里的"今日病矣，予助苗长矣"，翻译成现代汉语就是：今天我干了一上午活，太疲劳了，但我终于帮助禾苗长高了。其中的"病"，是疲劳的意思。

"病"除了前面的义项外，还可讲作"枯萎"，如"沉舟侧畔千帆过，病树前头万木春"(《酬乐天扬州初逢席上见赠》)；讲作"困苦"，如"向吾不为斯役，则久已病矣"(《捕蛇者说》)。

第**4**日
# 一尺之捶，日取其半，万世不竭

**半** 二分之一——中间——在……之间——很少

✎ **思维体操**
　　《庄子》中的这句话，形象地说明了事物具有无限可分性。

　　《庄子·天下》中说："一尺之捶，日取其半，万世不竭。"捶：通"棰"，短木棍。竭：尽。翻译成现代汉语就是：一尺长的棍子，每日取一半，永远不能取尽。《韩非子·内储说上》中说："凡谋者，疑也。疑也者，诚疑：以为可者半，以为不可者半。"翻译成现代汉语就是：凡是需要商量的事情，都是难以断定的事情。难以断定的事情，确实使人犹豫不定：因为有一半人认为是可行的，有一半人认为是不可行的。这两处中的"半"，都是二分之一的意思。我们常说的"半壁江山"中的"半"，也是这个意思。

　　刘义庆《世说新语》中记载了这么一件事："孙承公狂士，每至一处，赏玩累日，或回至半路却返。"翻译成现代汉语就是：孙承公是一代狂士，每到一个地方游玩，动不动就好几天，有时到了路途中间又返回去。这里的"半"是中间的意思。南宋诗人杨万里有一首《读诗》：

✎ **实兵演练**
　　最后一句，让人为之称道，原因是什么？想想看。

　　　船中活计只诗篇，读了唐诗读半山。
　　　不是老夫朝不食，半山绝句当朝餐。

　　所谓"读半山"，就是读王安石的诗歌。半山是王安石的号，因他曾住在钟山半山腰而得。其中的"半"也是中间的意思。现在我们常用的成语"半途而废"中的"半"，也是这个意思。

　　下半旗，也称"降半旗"，属于国家行为，一般是在某些重要人士逝世或重大不幸事件、严重自然灾害发生时来表达全国人民的哀思。所谓降半旗，并不是将国旗降至旗杆的一半处，也不是直接把国旗升至旗杆的一半处，而是先将国旗升至旗杆顶，然后再降至旗顶与杆顶之间的距离为旗杆全长三分之一处。这里的"半"，是"在……之间"的意思。

　　唐朝诗人王泠然在《夜光篇》中写道："未得贵游同秉烛，唯将半影借披书。"意思是没有能够幸运地同你举着蜡烛夜游，只有将就着一点微光来读书了。南宋诗人陆游在《岁暮出游》中写道："残历消磨无半纸，一年光景又成非。"意思是残破的日历已经消磨得不剩一点纸了，一年的时光又过去了。这两处中的"半"，都是很少的意思。

> **◇ 知识拓展**
>
> 成语"秉烛夜游"是及时行乐的意思。

　　清朝诗人李密庵有一首《半半歌》，每句都含有"半"字。这首诗富有人生哲理，意味无穷，值得一读。同学们在读的过程中，不妨仔细想想每个"半"字是什么意思。这首诗如下：

> 看破浮生过半，半之受用无边。半中岁月尽幽闲，半里乾坤宽展。
> 半郭半乡村舍，半山半水田园。半耕半读半经廛，半士半民姻眷。
> 半雅半粗器具，半华半实庭轩。衾裳半素半轻鲜，肴馔半丰半俭。
> 童仆半能半拙，妻儿半朴半贤。心情半佛半神仙，姓字半藏半显。
> 一半还之天地，让将一半人间。半思后代与沧田，半想阎罗怎见。
> 酒饮半酣正好，花开半吐偏妍。帆张半扇免翻颠，马放半缰稳便。
> 半少却饶滋味，半多反厌纠缠。百年苦乐半相参，会占便宜只半。

# 第 5 日
## 寒山：世间谤我、欺我、辱我……

**谤** 公开指出过失——诋毁

　　齐威王接受邹忌的劝谏，决定纳谏。他下达命令说：所有的官吏、百姓能够当面批评我的过错的，可得上等奖赏；能够上书劝谏我的，可得中等奖赏；"能谤讥于市朝"并传到我耳朵里的，可得下等奖赏。政令刚下达时，所有大臣都来进言规劝，宫门庭院就像集市一样喧闹。几个月以后，偶尔还有人进谏。一年以后，即使想进言，也没有什么可说的了。燕、赵、韩、魏等国听说了这件事，都到齐国来朝见齐王。这就是人们所说的在朝廷上战胜了敌国。（见初中课文《邹忌讽齐王纳谏》，出自《战国策》）

　　这里的"能谤讥于市朝"，翻译成现代汉语就是：能够在公共场所指出、议论我的过失。其中的"谤"是公开指出过失的意思，不含贬义。

　　相传舜时在交通要道竖立木柱，称之为"谤木"，也称"诽谤木"，让人在上面写谏言，广开言路，听取各方意见。《淮南子》中说："古者天子听朝，公卿正谏，博士诵诗，瞽箴师诵，庶人传语，史书其过，宰彻其膳。犹以为未足也，故尧置敢谏之鼓，舜立诽谤之木，汤有司直之人，武王立戒慎之鞀，过若毫厘，而既已备之也。"这段话翻译成现代汉语就是：古代天子上朝听政，有公卿正面进谏，博士朗诵诗歌，乐师规劝告诫，平民百姓的街市议论由有关官吏报告君主，史官记载天子的过失，宰臣减少天子膳食以示思过。尽管这样，天子仍嫌不足，所以尧设置供进谏者敲击的鼓，舜树立了供人们书写意见的木柱，汤设立了监察官员，武王备用了警诫自己谨慎的摇鼓，哪怕出现细微的过失，他们都已做好了防备的措施。看来，"谤木"之"谤"也是公开指出过失的意思。

寒山、拾得是唐朝著名诗僧，他们之间常常有包含深刻哲理的精彩问答。请欣赏下面一则：

寒山问曰：

"世间谤我、欺我、辱我、笑我、轻我、贱我、恶我、骗我，如何处治乎？"

拾得答曰：

"只是忍他、让他、由他、避他、耐他、敬他、不要理他，再待几年，你且看他。"

这里的"谤"，是诋毁的意思。司马迁在《史记·屈原贾生列传》中言屈原"信而见疑，忠而被谤"，意思是：诚信却被怀疑，忠实却被诋毁诽谤。其中的"谤"，也是诋毁的意思。

梁启超在《李鸿章传》绪论中写道："誉满天下，未必不为乡愿；谤满天下，未必不为伟人。"意思是：受到全天下人赞誉的人，不一定不是表面上忠诚谨慎、实际上却欺世盗名的人；遭到全天下人诋毁诽谤的人，不一定不是品质高尚、成就卓越的人。其中的"谤"，仍是诋毁的意思。

# 第6日 请倍盟而讨曹刿

## 倍 倍数——背弃——背叛

**知识拓展**

“皮之不存，毛将焉附”是说：皮都没有了，毛还长在哪儿？比喻失去了基础，事物就无法存在。

有一年冬天，大雪过后，魏文侯出外游览，在路上看见一个人反穿着皮袄，背着柴草行走。文侯感到很奇怪，就走上前去，问他：“你为什么要反穿着皮袄来背柴草呢？”那人回答说：“因为我太爱惜皮袄上的毛了，怕它被磨掉了。”文侯听后，不禁笑了，说：“皮袄的皮子要是被磨坏了，皮袄上的毛就没有地方依附了。你难道不知道吗？”

第二年，魏国东阳上交的赋税总计是往年的十倍，大臣们听说后都来祝贺。文侯却忧心忡忡，说：“这不是一件好事啊。就像那个反穿皮袄背柴的人，因为爱皮袄的毛，忘了皮袄的皮子更重要。现在东阳的耕地没有增加，老百姓的人口没有增多，‘而钱十倍’，这一定是当地官员盘剥来的。我担心这样下去，国家不能安定，你们为什么要向我祝贺呢？”(《新序·杂事》)

这里的“而钱十倍”，翻译成现代汉语就是：可是钱币却增加十倍。其中的“倍”，讲作“倍数”。我们熟知的“尝以十倍之地，百万之众，叩关而攻秦”(《过秦论》)，其中的“倍”，也是这个意思。

春秋时，有一次齐国军队攻打鲁国，一直打到鲁国都城下。鲁国的大夫曹刿对鲁庄公说："齐国进攻鲁国的军队已到城下。现在，城池即将被攻破，敌军压境，您不准备保卫鲁国吗？"曹刿说到了庄公的痛处——庄公知道鲁国没有实力与齐国对抗。庄公说："唉！我活着还不如死！"曹刿说："既然这样，那么我国与齐国在柯邑缔结盟约的时候，就该想些办法了。"

到了缔结盟约的那天，两国国君登上盟坛，两国宰相相互作揖。曹刿手握出鞘的宝剑登上盟坛，之后突然逼近齐桓公，说："鲁国城池已经被齐军攻破，大王还打算进攻吗？"管仲一看国君人身安全得不到保障，马上对曹刿说："既然这样，那您有什么要求呢？"曹刿回答说："第一，齐国撤兵；第二，齐国将汶阳的土地归还鲁国。"管仲对桓公说："您还是答应他吧。"齐桓公便答应了曹刿的要求。接着，曹刿请求结盟，齐桓公就与鲁国缔结了盟约。

结盟后，曹刿弃剑离开盟坛。桓公身边的臣子说："在要挟下缔结的盟约可以背弃，可以视曹刿为仇敌，'请倍盟而讨曹刿'。"管仲深谋远虑，说："在要挟下缔结的盟约是可以背弃的，但国君却不能不守信义。我们的国君连这样的盟约都遵守，那么就可以显扬信义于天下。"天下的诸侯听说这件事情后，很快都归顺了齐国。(《新序·杂事》)

> **✎ 作文课堂**
>
> 信义是无价之宝。如果以"信义"为话题作文，这则材料可以使用。

这里的"请倍盟而讨曹刿"，翻译成现代汉语就是：请求大王您允许我们背弃已订的盟约，发兵讨伐曹刿。其中的"倍"，通"背"，讲作"背弃"。

春秋时，楚庄王发兵攻打宋国。晋景公派解扬出使宋国，劝宋国国君坚决抵抗，不要投降。遗憾的是，解扬还没有到达宋国，就落在了楚国手里。

> **✎ 思维体操**
>
> 忠诚、守信、不怕牺牲，都是解扬身上的优秀品质，值得我们学习。

楚庄王给了解扬很多的赏赐，要他向宋国传递相反的话，就是要宋国人放下武器，赶快投降。后来，解扬答应了。于是，楚庄王让解扬乘坐战车向宋国军民喊话，让他们赶快投降。解扬怎么做的呢？他喊道："晋国正在发动全国的兵力前来援救宋国，宋国现在虽然战事吃紧，但千万不要投降，晋国的军队马上就要到了！"

这怎么了得？楚庄王暴跳如雷，要对解扬处以烹煮之刑。解扬面不改色心不跳，十分平静地说："君王能够制定命令，是为了正义；我接受并完成任务，是为了守信。我接受国君的命令出使，即使牺牲了生命，也绝对不会有二心。"楚庄王说："你已经答应我了，'已而倍之'，你的信用何在？"解扬回答说："用我的死来许诺你，其目的是想完成我们国君的使命，我没有什么可后悔的！"说完，解扬又回过头来对楚国的大臣们说："你们这些做臣子的，千万别忘了像我这样忠于君王的人是要被杀死的呀！"楚国的那些王公大臣们听了这句话，心灵受到极大震动，纷纷劝楚庄王放了他。于是，楚庄王赦免了解扬，送他返回晋国。解扬不辱使命，晋景公十分高兴，赏赐给了他上卿的爵位。因为解扬是霍地人，字子虎，所以后世的人称他为霍虎。(《说苑·奉使》)

这里的"已而倍之"，翻译成现代汉语就是：过后却背叛了对我的诺言。其中的"倍"，通"背"，讲作"背叛"。

## 第7日
## 公孙弘 "为布被，食不重肉"

**被** 被子——覆盖——音 "pī"，通 "披"，散开——表被动——蒙受、遭受

汉武帝时，在朝廷做官的公孙弘 "为布被，食不重肉"，后来对他有意见的汲黯对皇帝说："公孙弘处于三公的地位，俸禄很多，但却说自己晚上盖布被睡觉，这是在欺骗世人。"皇帝于是找了个机会问公孙弘，公孙弘笑了笑，回答说："九卿中与我好的人没有超过汲黯的了，但他今天在朝廷上确实说中了我的毛病。我听说晏婴为齐景公的相，吃饭时不吃两样以上的肉菜，他的妾不穿丝织衣服，齐国治理得很好，这是晏婴向下面的百姓看齐。如今我当了御史大夫，却盖布被，使得从九卿以下直到小官吏没有了贵贱的差别。如果没有汲黯的忠诚，陛下怎能听到这话呢！"汉武帝听后，认为公孙弘谦让有礼，越发厚待他，后来让公孙弘当了丞相，封他为平津侯。(《史记·平津侯主父列传》)

◇ **思维体操**

面对好朋友对自己的误解，应该怎么办？公孙弘给了我们答案。

这里的 "为布被，食不重肉"，翻译成现代汉语就是：盖布被，吃饭时不吃两种以上的肉菜。其中的 "被"，是被子的意思。

孔子和弟子们到鲁桓公的庙里去参观，看到了可以盛水的欹器，守庙人说是国君用来提醒自己的器皿。孔子要其弟子灌水试试。不一会儿，水满了，倒在了地上。子路问对守业有什么启示，孔子回答说："功被天下，

守之以让；富有四海，守之以谦。"(《孔子家语》)

孔子的话翻译成现代汉语就是：功盖天下的人，用谦让来守业；富有四海的人，用谦卑来守业。其中的"被"，讲作"覆盖"。

**思维体操**

能够提出问题，说明你有水平；能够提出难倒老师的问题，说明你有高水平。希望同学们也能够像孔子的学生一样不断向老师提出问题。

孔子与弟子们关系很融洽，在课堂上几乎没有不可以讨论的问题。一次，子贡质疑管仲，他说："管仲不是仁人吧？齐桓公杀了他的主人公子纠，他不自杀，反倒还去辅佐齐桓公，他算什么仁人呢？"孔子回答说："管仲辅佐齐桓公，让他称霸诸侯，匡正天下，百姓到如今还享受着他的好处呢。如果没有管仲，'吾其被发左衽矣'。难道他也要像普通男女那样遵守小节小信，在山沟中上吊自杀而没有人知道吗？"(《论语·宪问》)

这里的"吾其被发左衽矣"，翻译成现代汉语就是：我们恐怕也要像落后民族那样披散着头发、衣襟向左边开了。其中的"被"，通"披"，音"pī"，是散开的意思。司马迁曾这样描写屈原："屈原至于江滨，被发行吟泽畔，颜色憔悴，形容枯槁。"(《史记·屈原贾生列传》)其中的"被"，也是这个意思。

"被"除了前面的义项外，还可以表被动，如"舞榭歌台，风流总被雨打风吹去"(《永遇乐·京口北固亭怀古》)；还可以讲作"蒙受、遭受"，如"世之有饥穰，天之行也，禹、汤被之矣"(《论积贮疏》)。

# 第 8 日
# 根浅则枝叶短，本绝则枝叶枯

**本** 树根——本来——推究——农业生产——底本

晋献公攻打骊戎，杀了国君骊子，俘获了骊子漂亮的女儿骊姬，回国后又立她为夫人。后来，骊姬生了儿子奚齐。骊姬忘不了杀父之仇，但她很有心计，对晋献公说，为了防备敌国的入侵，应该派太子申生去曲沃，派公子重耳去蒲城，派公子夷吾去屈。正沉迷于骊姬美貌的晋献公，哪里会不答应呢？

**思维体操**

当局者迷，旁观者清。

当然，有心如明镜的人，这就是大臣史苏。上朝时，他对大夫们说："可要戒备了，晋国内乱的根子已经产生了！当年，国君立骊姬为夫人，民众不满的心态原就达到了极点。骊姬生的又是儿子，难道这是天意？'伐木不自其本，必复生'；堵塞河水不从源头开始，河水必定会重新流淌；消灭祸乱不从根本着手，必定会重生祸乱。国君杀了骊姬的父亲却又留下骊姬，这样看来，必定会使晋国败亡并且造成深重的祸乱。"后来，骊姬果然作乱，杀了太子申生，并驱逐了公子重耳和夷吾。（《国语·晋语·史苏论骊姬必乱晋》）

这里的"伐木不自其本，必复生"，翻译成现代汉语就是：砍伐树木不从树根开始，树木必定会重新萌生。其中的"本"，讲作"树根"。

《韩诗外传》卷五中有一段用比喻谈自我修养的重

**实兵演练**

你一定也十分重视自我修养。为此，你采取了哪些措施呢？可以和大家共享吗？

要性，谈得非常好。这段话大意是这样的：满把粗的树木不可能有合抱粗的树枝，很浅的水中不会有可以吞掉船只的大鱼。"根浅则枝叶短，本绝则枝叶枯。"

这里的"根浅则枝叶短，本绝则枝叶枯"，翻译成现代汉语就是：树根浅枝叶就短小，树根断了枝叶就会枯萎。其中的"本"，也讲作"树根"。

现在有个常用的成语"本末倒置"，"本"指树根，"末"指树梢。其字面意思是，将树根与树梢颠倒了。我们一般用的是其比喻义，就是把主要和次要、本质和非本质的关系弄颠倒了。还有个成语"舍本逐末"，本、末的解释同上，其比喻义是处理问题丢掉根本，只抓细枝末节。

《三字经》无人不晓，开头几句是："人之初，性本善。性相近，习相

远。苟不教，性乃迁。教之道，贵以专。"其中的"性本善"，翻译成现代汉语就是：人的天性本来是善良的。这里的"本"，讲作"本来"。诸葛亮在《出师表》中对自己有过介绍，说："臣本布衣，躬耕于南阳，苟全性命于乱世，不求闻达于诸侯。"这里"臣本布衣"

中的"本"，也是本来的意思。

"本"除了上面的两个意思外，还可讲作"推究"，如"抑本其成败之迹，而皆自于人欤"（《伶官传序》）；还可指农业生产，如"今驱民而归之农，皆著于本"（《论积贮疏》）；还可指底本，如"予在患难中，间以诗记所遭，今存其本不忍废"（《〈指南录〉后序》）。

# 第9日
## 孔子：从我者，其由与？

**从** 跟随——使……跟随——找、追寻——参加——听从

《韩诗外传》收录了这样一个故事：

赵简子白天出门，见臣子周舍恭敬地站在门口；晚上出门，仍见周舍站在门口。连续三天，都是这样。赵简子感到很奇怪，便问周舍有什么事情，周舍回答说："我愿意做一个直言敢谏的臣子，手拿蘸墨的毛笔和用来写字的木牍，'从君之后，司君之过而书之'，观察到您的过错就记录下来存档。"励精图治的赵简子一听，便觉得周舍有意思。有了周舍的监督，自己岂不是就可以少犯错误？于是便答应了周舍的请求。

**◇ 思维体操**

周舍直言敢谏。赵简子从善如流，心胸宽广，且具有自知之明。

以后的日子里，赵简子住在家里，周舍也在家里；赵简子外出，周舍也跟着外出。一句话，就是形影不离。后来，周舍去世了。赵简子非常悲伤，就像失去了儿子一样，好长时间缓不过劲来。

一天，赵简子和各位大夫在洪波台饮酒，喝到兴头上时，他却哭了起来。这是怎么了？各位大夫都莫名其妙。赵简子说："我是因为周舍而哭啊！周舍曾说：'一千只羊的皮也赶不上一只狐狸的腋下皮毛。众多人的唯唯诺诺，比不上一个正直之士的直言敢谏。'过去商纣王因为残害诤臣，结果是万马齐喑而灭亡。周舍去世后，我没有从大家的口中听到过我的过

21

错，我不久之后也会灭亡的。想到这些，我又怎么能不悲伤呢？"

这里的"从君之后"，翻译成现代汉语就是：跟随在您的后边。其中的"从"，讲作"跟随"。

◇ 思维体操
人都是多面体，有突出、眩人眼目的面，也有不突出的面。

一次，孔子和朋友谈理想抱负。有个人说："当今社会异常黑暗，想要实现自己的理想抱负也太难了。"另一个人听后，问孔子："如果您的理想抱负不能实现，您会怎么办呢？"孔子回答说："如果我的理想抱负不能实现，那我只好坐一只木筏子到海外。'从我者，其由与？'"

子路，仲氏，名由。子路听说老师孔子的话后，非常高兴，免不了和同学们说道说道，也让同学们知道。孔子听说后，说："仲由啊，他好勇的精神超过我，但不善于裁度事理。"（《论语·公冶长》）

这里的"从我者，其由与"，翻译成现代汉语就是：跟随我的，大概只有仲由吧？其中的"从"，也讲作"跟随"。

《韩诗外传》还收录了这样一个故事：

◇ 思维体操
何谓清高、傲岸？田子方给我们做了生动的注释。

田子方是战国时代著名的贤人，魏文侯曾拜他为师。一天，田子方到魏国去，"魏太子从车百乘而迎之郊"。太子拜了两拜后，上去谒见田子方。出乎太子意料的是，田子方连车也不下。太子觉得自己迎接田子方的队伍够庞大，礼节也够周到，田子方连车都不下，是不给自己面子，因此很不高兴。太子在车下问道："先生，请问什么样的人才有资格对人摆架子？"田子方回答说："有人凭着拥有天下而对人摆架子，结果灭亡了。有人凭着拥有诸侯国而对人摆架子，结果也灭亡了。由此看来，只有贫贱可以用来对人摆架子了！如果不得志，就凭着一双鞋子两只脚到秦国或楚国，到哪里得不到贫贱呢？"

这里的"魏太子从车百乘而迎之郊"，翻译成现代汉语就是：魏太子带着百辆车去郊外隆重迎接。其中的"从"，讲作"使……跟随"。我们熟知的"沛公旦日从百余骑来见项王"（见高中课文《鸿门宴》，出自《史记》）中的"从"，也是这个意思。

《诗经·秦风》中有一首诗歌《蒹葭》，共三个小节，其中第一小节是："蒹葭苍苍，白露为霜。所谓伊人，在水一方。溯洄从之，道阻且长。溯游从之，宛在水中央。"意思是，在一个蒹葭苍苍、白露为霜的深秋季节，我的心上人在宽阔的河流的一处地方。我如果逆着流水去找她，道路坎坷且遥远；如果顺着河水去找她，她却仿佛就在那水中央。其中的两个"从"，都讲作"找、追寻"。

　　"从"除了前面的义项外，还可讲作"参加"，如"投笔从戎"；讲作"听从"，如"臣从其计，大王亦幸赦臣"（《史记·廉颇蔺相如列传》）。

> ◇ **作文课堂**
>
> 　　不管怎么追寻，心上人总是和自己有段距离，追寻不到。此诗美就美在这里。

## 第 ⑩ 日
## 谁谓河广？曾不容刀

**曾** 音"zēng"，竟——音"céng"，曾经——音"zēng"，指与自己
隔着两代的亲属——音"zēng"，同"增"，增加

**✐作文课堂**

用比喻说理，形
象生动、委婉含蓄。
我们在表达观点时，
也不妨使用。

《韩诗外传》收录了这样一个故事：

一天上午，戴晋生穿着破旧衣服前往拜见梁王。梁
王一见，感到诧异：不管是谁，前来拜见我，都穿戴一
新，有学问的戴晋生这是怎么了？想到这里，梁王说：
"前些日子，您来时我说让您留下做上大夫，享受丰厚
的俸禄，可您没有答应。今天来是要责怪我吗？"

戴晋生欣然而笑，仰天长叹，说："唉！我听您这
么一说，'君曾不足与游也'。"

梁王对戴晋生所说甚是不解，问道："您为什么这样说呢？我哪里做
得不好对不起您吗？"

戴晋生回答说："您见过大泽中的野鸡吗？"

梁王回答说："见过。漂亮极了！"

戴晋生说："大泽中的野鸡，走五步才啄一下，一天才吃饱，但羽毛
光润悦目，光泽与日月一样闪亮，展翅长鸣，声响在丘陵与大泽之间回
荡。这是为什么呢？因为这种生活让其满意。"

梁王频频点头，说："您说得对！"

戴晋生接着说："如果将野鸡逮来放在粮仓中，随时都可吃到粮食，一会儿便能吃饱，但其羽毛没有光泽，情绪越来越低落，整日低着头不再鸣叫。难道是吃得不好吗？不是！是因为这种生活不是它所想要的。"

梁王听到这里，才知道戴晋生是以野鸡为喻来表达自己的思想，知道自己封官许愿引起了戴晋生的不满，不禁羞愧地低下了头。

戴晋生可不管这些，他继续说："我不远千里来与您交友，哪里是因为吃不饱饭，哪里是因为吃不好饭，是心里仰慕您的为人之道罢了。可我错了，全错了！"

这里的"君曾不足与游也"，翻译成现代汉语就是：您竟不值得交游。其中的"曾"，音"zēng"，讲作"竟"，是意料之外的意思。

古时候，有个宋国人长期客居卫国，卫国与宋国之间横亘着壮阔无涯的黄河。在一个皓月当空的夜晚，他来到黄河边，思乡之情涌上心头，禁不住吟唱起来："谁谓河广？一苇杭之。谁谓宋远？跂予望之。"意思是：谁说黄河宽广难渡？一只苇筏便可飞航到对岸。谁说宋国太遥远？踮起脚跟便可望到。他的同伴听后，用手抹起了眼泪。停了一会儿，他又唱了起来："谁谓河广？曾不容刀。谁谓宋远？曾不崇朝。"意思是：谁说黄河宽广？两岸间竟难容一条小船。谁说宋国太遥远？一个早上的时间过去竟能不耽误吃早饭。(《诗经·卫风·河广》)诗句中的两个"曾"，也都讲作"竟"。

> ◇ **作文课堂**
>
> 思乡，是永远的话题。作文如果是写思乡，这则材料及其中的诗句可以使用。

"曾"还讲作"曾经"，是过去发生过的意思。如"江南好，风景旧曾谙"(《忆江南》)，再如"斜阳草树，寻常巷陌，人道寄奴曾住"(《永遇乐·京口北固亭怀古》)。

"曾"讲作上面的意思时，音"céng"。我们知道，九族是指高祖、曾祖、祖父、父亲、自己、子、孙、曾孙、玄孙。看来，这里的"曾"是指与自己隔着两代的亲属，音"zēng"。

《孟子·告子下》中有一段话非常有名，我们开个头，大家便都能背下来，这就是："天将降大任于是人也，必先苦其心志，劳其筋骨，饿其体肤，空乏其身，行拂乱其所为，所以动心忍性，曾益其所不能。""曾益其所不能"翻译成现代汉语就是：增加他平时所不能具有的能耐。其中的"曾"，同"增"，音"zēng"，讲作"增加"。

## 第 11 日
## 与之粟九百，辞

 辞　告别——推辞、不接受——言辞——文学——说话——文体名

**思维体操**

孔子能够守住"无功不受禄"的做人底线。

孔子拜见齐景公。谈到高兴处，齐景公表示要将齐国的廪丘赠送给孔子，作为孔子的食邑。孔子推辞，没有接受。孔子从王宫中出来后，告诉在外面等候的弟子说："我听说君子应当凭借功绩接受俸禄，也就是无功不受禄。今天我刚刚劝说齐国国君，他很高兴地接受了我的观点。现在还没有实行，就将廪丘赐给我，他也太不了解我的为人了！"说完，孔子就和弟子们与齐景公告别，坐上马车走了。（《说苑·立节》）

这里的最后一句，用文言文来说，就是"遂辞而行"，其中的"辞"，是告别的意思。我们所熟知的"旦辞爷娘去，暮宿黄河边"（《木兰诗》）中的"辞"，也是这个意思。

**实兵演练**

太子忽有哪些优秀品质？请概括。

齐国国君想将女儿嫁给郑国太子忽为妻，太子忽没有答应。有人问他辞婚的原因，太子忽回答说："每个人自然都要结婚，但齐国是个大国，我不想依靠结亲攀附大国。《诗经》上说：'子求多福。'这样，只能由我自己决定罢了。"后来，戎国攻打齐国，齐国请求郑国出兵援救。郑国太子忽率领军队去援助齐国，大败戎国军队。在齐国与郑国军队举行的

欢庆胜利的大会上，齐国国君又委婉地提出要把女儿嫁给太子忽为妻，"太子固辞"。有人问他辞婚的缘故，他回答说："在齐国没有大事时，我尚且不敢答应，现在我奉郑国君主的命令救援齐国，如果我接受妻室回去，人们岂不认为我率军出征是为了娶妻吗？"（《说苑·权谋》）

这里的"太子固辞"，翻译成现代汉语就是：太子忽坚决推辞，没有接受。其中的"辞"，是推辞、不接受的意思。

当年孔子在鲁国当司寇的时候，他的弟子原宪在他家当总管。一天，孔子在院子里遇见原宪，"与之粟九百，辞"。孔子笑着说："不要推辞嘛！你家吃不了的话，也可以分给你家乡的穷苦人嘛！"（《论语·雍也》）

✑ 实兵演练

这则材料中的孔子，是一个怎样的人呢？

这里的"与之粟九百，辞"，翻译成现代汉语就是：要给原宪九百斗小米，原宪不接受。其中的"辞"，也是推辞、不接受的意思。

"辞"除了前面的义项外，还可讲作"言辞"，如"其逐利之情，不觉溢之于辞矣"（《原君》）；讲作"文学"，如"屈原既死之后，楚有宋玉、唐勒、景差之徒者，皆好辞而以赋见称"（《史记·屈原贾生列传》）；讲作"说话"，如"曹公，豺虎也，挟天子以征四方，动以朝廷为辞，今日拒之，事更不顺"（见高中课文《赤壁之战》，出自《资治通鉴》）；还可指文体名，如陶渊明的《归去来兮辞》。

第12日

<h1>孔子：众恶之，必察焉；众好之，必察焉</h1>

察 观察、仔细看——考察——明察、知晓——看清楚——考察后予以推荐——精明

✎ 实兵演练

孔子的教导，或语重心长，或苦口婆心，或春风化雨，或振聋发聩，或启人心智。正因为这样，才有了由其弟子记录而成的《论语》。

你的老师对你的教导，如果有铭记在心间永远难以忘怀的，请写一篇文章来谈一谈。

子张是一个善于提问题的学生。一天，他见到了老师孔子，问过好后，说："孔老师，今天我有个问题始终没有想明白。"

孔子问："什么问题啊？"

子张说："作为一个士，怎样做才可以叫作通达呢？"

孔子问："什么意思呢，你所说的通达？"

子张回答说："在诸侯的国家做官一定有名声，在大夫的封地做官一定有名声。"

孔子说："你这是说的有名声，不是通达啊！'夫达也者，质直而好义，察言而观色，虑以下人。'这种人无论是在诸侯的国家做官，还是在大夫的封地做官，都一定会通达。所谓有名声的人，对仁德表面上主张而行动上违背，以仁人自居而对自己毫不怀疑。这种人无论是在诸侯的国家做官，还是在大夫的封地做官，都必定是徒有其名，名不副实。"（《论语·颜渊》）

这里的"夫达也者"等句，翻译成现代汉语就是：所谓通达的人，应该是品质正直、喜好大义，善于观察别人的言语脸色来揣摩对方的心意，时常想着对人谦让。其中的"察"，是观察、仔细看的意思。如果我们有所注意，就能够知道在"察言而观色"中，"察""观"处在相同的语法位置上，而在古文中处在相同语法位置上的词语，其意思要么相同，要么相反，要么相对。根据语境，不难判断出这里的"察"与"观"意思相同，都是观察、仔细看的意思。我们熟知的"微察公子，公子颜色愈和"（见高中课文《信陵君窃符救赵》，出自《史记》）、"徐而察之，则山下皆石穴罅"（《石钟山记》）中的"察"，也是观察、仔细看的意思。

　　能够提出问题，说明你有水平；能够提出难倒老师的问题，说明你有高水平。不知道孔子是不是经常这样教育他的学生，但事实是他的学生非常好问。这不，子贡和孔子一见面，问题又来了，子贡问孔子："孔老师，全乡的人都赞扬的人，这种人怎么样？"

　　孔子回答说："我想，不能说其就一定是好人。"

　　子贡是打破砂锅问到底的人，又问："全乡的人都憎恶的人呢？"

　　孔子说："这也不能说其就是坏人。最好的人是全乡的好人都赞扬他，全乡的坏人都憎恶他。"（《论语·子路》）

　　大家都赞扬的人，不能说其就一定是好人；大家都憎恶的人，不能说其就一定是坏人。可以说，孔子的观点是十分正确的。一个人是好人还是坏人，只有考察后才能知晓。这一点孔子也曾经说过，他说："众恶之，必察焉；众好之，必察焉。"（《论语·卫灵公》）用现在的话来说，就是：众人都讨厌的人是不是坏人，我们一定要考察一下再下结论；众人都喜爱的人是不是好人，我们也一定要考察一下才能下结论。这里的两个"察"，都讲作"考察"。

　　"察"除了前面的义项外，还可讲作"明察、知晓"，如"察己则可以知人，察今则可以知古"（《吕氏春秋·慎大览·察今》）；讲作"看清楚"，如"明足以察秋毫之末，而不见舆薪"（《孟子·梁惠王上》）；讲作"考察后予以推荐"，如"前太守臣逵察臣孝廉，后刺史臣荣举臣秀才"（《陈情表》）；讲作"精明"，如"水至清则无鱼，人至察则无徒"（《答客难》）。

## 第13日
## 野狐禅、口头禅、李苦禅

 音"chán"，与佛教有关——音"shàn"，禅让

"禅"有两个读音，一个是"chán"，一个是"shàn"。何时读"chán"，何时读"shàn"呢？

与佛教有关的时候，读"chán"。如禅房、禅机、禅理、禅林、禅门、禅师、禅堂、禅宗、禅学、禅杖等，这些词语中的"禅"，都读"chán"。

王安石《游褒禅山记》中的褒禅山，之所以叫这个名字，是因为唐朝佛教徒慧褒在这里居住并在死后埋在了这里。这样，"褒禅山"的"禅"自然也是与佛教有关，该读"chán"。

野狐禅、口头禅、李苦禅中的"禅"，也读"chán"。这是怎么回事呢？

《五灯会元》里说，有一个老人，别人问他大修行的人有没有因果报应的情况，他给予了否定的回答。按照佛教的观点，他的回答是错误的。结果这个老人下辈子托生成了一只野狐狸，为自己的言论付出了代价。后来，这个老人的说法被佛教斥为野狐禅。现在，一切歪门邪道都可以称为野狐禅。

**◇知识拓展**

来源于佛教的成语有不少，比如：不二法门、五体投地、一尘不染、在劫难逃、芸芸众生、醍醐灌顶、无事不登三宝殿、不可思议、不即不离、恒河沙数、聚沙成塔、昙花一现、现身说法、盲人摸象、僧多粥少、放下屠刀立地成佛等。这些成语涉及哪些佛教知识呢？请查成语词典。

口头禅，原来也是佛教用语，是指有些和尚只空谈佛教的道理却不实行。现在指常挂在口头上的词句。

　　李苦禅是著名画家，原名李英。他年轻时到北京学习绘画，靠夜间拉人力车挣钱维持生活。一个同学说："你如此清苦还坚持学习，不如叫'苦禅'吧！"苦禅就是苦行僧的意思，于是他便改名叫了李苦禅。

　　与"禅让"有关的时候读"shàn"。所谓禅让，就是帝王生前把帝位让给别人。比如，尧将帝位禅让给了舜，舜又将帝位禅让给了禹。

　　刘备的儿子刘禅名字中的"禅"，读什么音呢？刘禅，字公嗣。其中"公"通"功"，有立功的意思，"嗣"，有继承的意思。二字合起来，其意义就是能立功的继承人。我们又知道，"禅"读"shàn"时可由"禅让"引申为"继承"。名与字，在意义上可以相同，或者相反，或者相对，或者相关。看来，在这里讲作相同最为合适，这样，刘禅的"禅"自然该读"shàn"。

## 第14日
## 解缙：凡鱼不敢朝天子，万岁君王只钓龙

**朝** 音"zhāo"，早晨——音"zhāo"，一日、一天——音"cháo"，朝见——音"cháo"，朝廷——音"cháo"，朝代——音"cháo"，对着、向着

山海关孟姜女庙有一副对联为：

海水朝，朝朝朝，朝朝朝落；

浮云长，长长长，长长长消。

上句中的第1、4、6个"朝"，通"潮"，意思是上潮；下句中的第1、4、6个"长"，通"涨"，意思是聚集。上句中的第2、3、5、7个"朝"，意思是早晨；下句中的第2、3、5、7个"长"，通"常"，意思是常常。这副对联读起来，语音别致，让人眼前立时展现一幅海潮起落、浮云聚散的景象。

"朝"在许多成语中都讲作"早晨"，如朝不保夕、只争朝夕、朝令夕改、朝秦暮楚、朝三暮四、朝气蓬勃等。

"朝"讲作"早晨"的时候，音"zhāo"。读这个音的时候，还有一个义项为"一日、一天"。唐朝和尚寒山是个智者，在去国清寺的路上常常在石壁上、村里的墙壁上题诗。其中有一首诗为：

我见世上人，个个争意气。

一朝忽然死，只得一片地。

你争我夺，意气用事，伤了和气，友谊不再，

**思维体操**

人生短暂，还是胸怀宽广一些为好。法国文学家雨果有名言：世界上最广阔的是海洋，比海洋更广阔的是天空，比天空更广阔的是人的胸怀。

可世人却乐此不疲。这在寒山看来，是非常可笑的事。为什么？三、四句给出了答案。在"一朝忽然死"中，"朝"就是一日、一天的意思。

"朝"除了"早晨"和"一日、一天"这两个义项外，讲作下面的意思的时候，都读"chóo"。

一日，明朝大才子解缙陪皇帝朱元璋去钓鱼。快中午的时候，解缙钓了不少，可朱元璋却一尾也没有钓到。解缙见状，说道："陛下，这鱼儿也都明事理啊！"朱元璋一听，是莫名其妙，便问道："这话怎讲？"解缙回答说："我有诗为证。"说罢，他便张口而出：

> 数尺丝纶落水中，金钩一抛荡无踪。
>
> 凡鱼不敢朝天子，万岁君王只钓龙。

解缙也真会打圆场。这么一圆，朱元璋有了台阶下，自然是十分高兴。"凡鱼不敢朝天子"中的"朝"，是朝见的意思。

刘邦消灭了项羽，平定了天下，要评定功劳，进行封赏。由于群臣争功，过了一年多仍然没把功劳的大小决定下来。刘邦认为萧何的功劳最大，把他封为酂侯，给他的食邑很多。功臣们都说："我们身披铠甲，手执兵器作战，多的打过一百多仗，少的也经历了几十次战斗，攻破敌人的城池，夺取敌人的土地，或大或小，都有战功。现在萧何没有立过汗马功劳，

只不过靠舞文弄墨，发发议论，从不上战场，反而位居我们之上，这是什么道理？"刘邦说："各位懂得打猎吗？"功臣们回答："懂得。"刘邦又问："你们知道猎狗的作用吗？"众人答道："知道。"刘邦说："打猎的时候，追赶扑杀野兽兔子的是猎狗，能够发现踪迹向猎狗指示野兽所在之处的是猎人。现在你们诸位只能奔走追获野兽，不过是有功的猎狗。至于萧何，他能发现踪迹，指示方向，是有功的猎人。何况你们都只是本人自己追随我，至多不过加上两三个亲属，而萧何全部宗族几十个人都跟随我，他的功劳是不能忘记的。"群臣听了，都不敢再说什么。于是，刘邦就下令定萧何在功臣中位居第一，赐给他特殊的礼遇：可以带剑穿履上殿，入朝拜见时不必同别的臣下一样小步快走。用司马迁在《史记·萧相国世

家》中的话来说就是："赐带剑履上殿，入朝不趋。"这里的"朝"，是朝廷的意思。

"朝"除了前面的义项外，还可讲作"朝代"，如"南朝四百八十寺，多少楼台烟雨中"（《江南春》）；讲作"对着、向着"，如"银烛朝天紫陌长，禁城春色晓苍苍"（《早朝大明宫呈两省僚友》）。

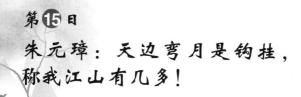

第15日
朱元璋：天边弯月是钩挂，
称我江山有几多！

称 音"chēng"，称量——音"chēng"，号称、称呼——音"chèn"，
相称、合适、配得上——音"chèn"，称赞、赞扬——音"chēng"，声称

曹操的儿子曹冲五六岁的时候，就已经智力超群。孙权送来一头大象，曹操想要知道这象的重量，询问他的下属，下属们都想不出称象的办法。曹冲说：把象牵到大船上，在水面所没到的船的位置做上记号，再让船装载其他东西，一直到大象在船上时水面所没到的船的位置，然后"称物以载之"，那么也就能够知道大象的重量了。曹操听了很高兴，马上照这个办法做了。（《三国志·魏书》）

这里的"称物以载之"，翻译成现代汉语就是：称一称船上所装的物品。其中的"称"，音"chēng"，是称量的意思。

朱元璋微服出巡到金陵，恰遇一群来参加考试的举子以燕子矶为题赋诗。其中的一位吟道：燕子矶兮一秤砣。这句诗气魄非凡，可是下句该如何写呢？就是说，以燕子矶为秤砣，那么以什么为秤杆、秤钩呢？这杆秤又可用来称什么东西呢？大家面面相觑，续不出下句。在一旁冷眼旁观的朱元璋开了口：

燕子矶兮一秤砣，长虹作杆又如何？
天边弯月是钩挂，称我江山有几多！

众举子一听这人竟把江山称为己物，个个目瞪口呆。"口气好大呀，难道面前所站之人是当今圣上？"回到旅舍之后，这群来应试的举子如此议论。

朱元璋所作诗歌首句中的"秤"，是名词，音"chèng"，是指称量物体轻重的器具；最后一句中的"称"则与"称物以载之"中的"称"一样，音"chēng"，也是称量的意思。

思维体操

为什么要重视人才？这段文字给了我们答案。

1358 年 11 月，朱元璋攻打婺源，久攻不下。他听大将邓愈说附近有个隐士朱升，是个有学问的人，相当于诸葛亮。朱元璋便着便装从连岭出石门，亲临其住处拜访，就当时的天下大势请教朱升。朱升给了朱元璋 9 个字，这就是：高筑墙，广积粮，缓称王。朱升从战略上提出了创基立国的策略，朱元璋非常赞同，所以在打败陈友谅之前他一直自称吴国公，直至打败陈友谅后才改称吴王。在朱元璋攻打徽州、鸳州、处州和鄱阳湖大战及与陈友谅、张士诚多次的交战中，朱升在军事上提供了大量的谋略，为推翻元朝、统一中原、建立明王朝发挥了重要的作用。朱升所说"缓称王"中的"称"，音"chēng"，是号称、称呼的意思。

《世说新语》记载：三国时期曹魏官员许允担任吏部郎的时候，所任用的官员大多是他的同乡。魏明帝知道后，认为许允是在任人唯亲，就派人去逮捕他。在许允被从家中带走的时候，他的妻子跟出来说："您一定记住：对英明的君主只可以用道理去说服，用感情是难以打动的。"被押到明帝跟前后，许允对明帝说："孔子说'举荐你所了解的人'，我的同乡就是我所了解的人。您可以考核他们是称职还是不称职，'若不称职'，臣愿承受应得的罪名。"明帝对许允所任用的同乡考核以后，认为许允用人得当，于是就释放了他。许允穿的衣服很破旧，明帝下诏赏赐他新衣服。起初许允被逮捕时，家里的人都大哭，他妻子阮氏却神态自若，说："不要担心，不久就会回来的。"并且煮好小米粥等着他。不一会儿，许允就回来了。（《世说新语·贤媛》）

这里的"若不称职"，翻译成现代汉语就是：如果与职位不相称。其中的"称"，音"chèn"，是相称、合适、配得上的意思。

　　"称"除了上面的义项外，还可讲作"称赞、赞扬"，音"chēng"，如"近年共称柳敬亭之说书"（《柳敬亭传》）；讲作"声称"，音"chēng"，如"手把文书口称敕，回车叱牛牵向北"（《卖炭翁》）。

第**16**日
# 女心伤悲，殆及公子同归

殆 危险——疑惑——几乎——大概——将要——近于——通"怠"

"知彼知己者，百战不殆；不知彼而知己，一胜一负；不知彼不知己，每战必殆。"（《孙子兵法·谋攻》）翻译成现代汉语就是：了解敌方也了解自己，每一次战斗都不会有危险；不了解对方但了解自己，胜负的几率各半；既不了解对方又不了解自己，每战必败。其中，"百战不殆"与"每战必殆"中的"殆"，都是危险的意思。

"学而不思则罔，思而不学则殆。"（《论语·为政》）这是大家都知道的孔子的名言。翻译成现代汉语就是：只是学习却不思考就会感到茫然，只是思考却不学习就会感到疑惑。其中的"殆"是疑惑的意思。孔子在这里强调的是，学习与思考是相辅相成的，缺一不可。

✎ **作文课堂**
以"清廉"为话题作文，这则材料可用。

晋朝周镇被免去临川郡守职务，返回都城时，将船停泊在青溪，还没有来得及上岸住宿，来看望他的丞相王导便上了船。当时正是夏天，突然下起了暴雨，周镇的船极为狭小，而且又漏得厉害，"殆无复坐处"。王导不禁感慨万端，说："胡威是以清廉闻名的，可怎么能超过周镇这样的情形呢？"便立即启奏任用周镇为吴兴郡守。（《世说新语·德行》）

这里的"殆无复坐处"，翻译成现代汉语就是：几乎没有可坐的地方。

38

其中的"殆"，是几乎的意思。

　　明朝归有光的《项脊轩志》，紧扣书房项脊轩，通过几个感人的细节来回忆家庭琐事，抒发了物在人亡、三世变迁的感慨。关于项脊轩，作者写道："轩凡四遭火，得不焚，殆有神护者。"翻译成现代汉语就是：项脊轩一共遭过四次火灾，能够不被焚毁，大概是有神灵在保护着吧。其中的"殆"，是大概的意思。

　　元文遥是北齐的名臣。他小时候就聪明、有智慧，济阴王元晖业常说："这孩子长大后将是辅佐帝王之才。"一次，元晖业大会宾客，有人把何逊的集子带进洛阳，贤士们都很赞赏，邢邵想试一试元文遥看几遍才可背诵。元文遥看了一遍就背过了，这时才十几岁。元晖业非常高兴，说："这是我家的千里驹！"邢邵说："这大概是从古以来也不曾有过的。"（《北齐书·元文遥传》）

✎ 实兵演练
你身边有这样的早慧儿童吗？如果有，请分享他们的故事。

　　邢邵的话用文言来说，就是：此殆古来未有。其中的"殆"，也是大概的意思。

　　"七月流火，九月授衣。春日载阳，有鸣仓庚。女执懿筐，遵彼微行，爰求柔桑。春日迟迟，采蘩祁祁。女心伤悲，殆及公子同归。"（《诗经·国风·豳风·七月》）

　　最后两句：女心伤悲，殆及公子同归。其中的"殆"，是将要的意思。

　　"殆"除了前面的义项外，还可以讲作"近于"，如"扬州城下，进退不由，殆例送死"（《〈指南录〉后序》）；还可以通"怠"，讲作"懒惰"，如"农者殆则土地荒"（《商君书·农战》）。

# 第17日
# 中书度其材不任事

度 音"duó"，量长短——音"dù"，尺码——音"duó"，估量、揣度——音"dù"，常态——音"dù"，越过——音"dù"，制度、法度——音"dù"，限度——音"dù"，次

**思维体操**

这则寓言说明因循守旧、墨守成规、不思变通，终将一事无成。

从前有一个郑国人，想去买一双新鞋子，"先自度其足"，然后把量好的尺码放在自己的座位上。这人到了集市挑好鞋子后，才发现忘了带尺码，对卖鞋的人说："吾忘持度！"就返回家中拿尺码。等到他返回集市的时候，集市已经散了，

他最终没有买到鞋子。有人问他："你为什么不用自己的脚去试试鞋子？"他回答说："我宁可相信量好的尺码，也不相信自己的脚。"（《韩非子·外储说左上》）

这里的"先自度其足"，翻译成现代汉语就是：先量了自己脚的尺码。其中的"度"，音"duó"，讲作"量长短"。"吾忘持度"，翻译成现代汉语就是：我忘了带尺码。其中的"度"，音"dù"，讲作量长短的标准，这里是指尺码。

**作文课堂**

如果作文给了这则材料，那么该从哪些方面确定立意呢？

唐朝元载担任宰相的时候，有个长辈卖掉了家中的房子来投奔他，请求给个官做。"中书度其材不任事"，就交给他一封写给河北官员的信，打发他走了。

这个长辈很生气，但也没有办法。到了幽州后，他拆开信看，却没有一言半语，只有署名。他非常愤怒，打算回去质问元载，心里又想：已经走了几千里了，不如试着见见衙门里的官员。见面后，官员问："您既然是宰相的长辈，难道没有介绍的书信吗？"回答说："有。"这个官员大惊，立刻向上报告。之后，让他住在上等的客舍。到他告别回去的时候，又送给了他一千匹细绢。(《幽闲鼓吹》)

这里的"中书度其材不任事"，翻译成现代汉语就是：元载（中书省是秉承君主意旨，掌管机要、发布皇帝诏书和中央政令的最高机构。这里用中书指代元载）估量他的才干，认为他做官不能胜任。其中的"度"，音"duó"，讲作"估量、揣度"。

当年，在秦朝廷上，荆轲出其不意，左手抓住秦王的衣袖，右手拿着匕首刺秦王。秦王非常惊骇，自己挣扎着站起来，扯断袖子。荆轲追逐秦王，秦王绕着柱子跑。秦国在殿上的臣子们都被惊吓到了，"尽失其度"（见高中课文《荆轲刺秦王》，出自《战国策》）。

所谓"尽失其度"，也就是都失去了常态。其中的"度"，音"dù"，讲作"常态"。

"度"除了前面的义项外，还可讲作"越过"，如"黄鹤之飞尚不得过，猿猱欲度愁攀援"（《蜀道难》），再如"羌笛何须怨杨柳，春风不度玉门关"（《凉州词》）；讲作"制度、法度"，如"衡下车，治威严，整法度，阴知奸党名姓，一时收禽，上下肃然，称为政理"（《后汉书·张衡传》）；讲作"限度"，如"生之有时而用之亡度，则物力必屈"（《论积贮疏》）；讲作"次"，如"岐王宅里寻常见，崔九堂前几度闻"（《江南逢李龟年》）。这四个"度"，都读作"dù"。

# 第18日
## 张鸣善：风雨儿怎当，雨风儿定当，风雨儿难当

**当** 音"dāng"，对着、面对——音"dāng"，处在某个时候——音"dāng"，判罪——音"dāng"，承受——音"dāng"，占着、把着——音"dāng"，掌管、主持——音"dàng"，当作

《木兰诗》开头一句是：唧唧复唧唧，木兰当户织。意思是织机声一声又一声，木兰姑娘对着门在织布。这里的"当"，音"dāng"，是对着、面对的意思。我们熟知的成语"当机立断"中的"当"也是这个意思。

唐朝诗人李绅有一首诗，名为《悯农》："锄禾日当午，汗滴禾下土。谁知盘中餐，粒粒皆辛苦。"北宋文学家苏轼《念奴娇·赤壁怀古》中有这样的句子："遥想公瑾当年，小乔初嫁了，雄姿英发。"南宋词人辛弃疾《永遇乐·京口北固亭怀古》中有这样的句子："想当年，金戈铁马，气吞万里如虎。"这些诗句中的"当"，音"dāng"，都是处在某个时候的意思。

司马迁在《史记·廉颇蔺相如列传》中说秦王斋戒五天后在朝廷上延请赵国使者蔺相如。相如来到后对秦王说："秦国自从穆公以来的二十多个君主不曾有一个是坚守约定的。我实在是怕被大王欺骗而对不起赵国，所以派人带着和氏璧从小路回去，现在已经到达赵国了。再说秦国强大而赵国弱小，大王派一个使臣到赵国，赵国立刻会捧着璧送来。现在凭借秦国的强

🖊 知识拓展

"完璧归赵"这个成语就出自这里，现在用来比喻把物品完好地归还物品主人。

大，先割十五座城给赵国，赵国怎么敢留下和氏璧而得罪大王呢？'臣知欺大王之罪当诛'，我请求受汤镬之刑。希望大王和大臣们仔细考虑商议这件事。"

这里的"臣知欺大王之罪当诛"，翻译成现代汉语就是：我知道欺骗大王的罪过应该判处死刑。其中的"当"，音"dāng"，是判罪的意思。关汉卿《窦娥冤》中窦娥的唱词：念窦娥葫芦提当罪愆，念窦娥身首不完全，念窦娥从前已往干家缘；婆婆也，你只看窦娥少爷无娘面。其中的"当"，也是判罪的意思。

元代散曲作家张鸣善有一首《〔中吕〕普天乐·雨儿飘》，每句均以"风""雨"起头，"风""雨"排列的次序虽然有所变化，但二字始终贯穿全篇，这是一奇；结尾三句，每句中都出现了"当"字，且韵脚重叠，这是第二奇。我们不妨欣赏一下：

> 雨儿飘，风儿扬。风吹回好梦，雨滴损柔肠。风萧萧梧叶中，雨点点芭蕉上。风雨相留添悲怆，雨和风卷起凄凉。风雨儿怎当，雨风儿定当，风雨儿难当。

反复阅读回味，我们能够知道"风""雨"两字反复回环咏叹有助于作者情绪的尽情抒发，将读者带进"风雨"的情景之中，深深叩动读者的心弦，同时，又可使曲子如骊珠一串，别有一种回环之美。我们能够知道，含有"当"字的第一句是说，这风雨叫人如何承受得了。第二句则是对前句的否定，是低沉中的振起，说这风雨定须承受，也定能承受。然而紧接着却是更大的跌落、更甚的愁苦、更深的叹息：这风雨到底是难于承受啊！这两个转折，比起一步步递进更显得波澜起伏。正因为有第二句的振起，第三句的跌落才有了更大的势头和力量。说到这里，我们自然也能够知道，最后三句中的"当"都讲作"承受"，音"dāng"。

"当"除了上面所说的意思外，还可以讲作"占着、把着"，音"dāng"，如"一夫当关，万夫莫开"（《蜀道难》）；还可以讲作"掌管、主持"，音"dāng"，如"会使辙交驰，北邀当国者相见，众谓予一行为可以纾祸"（《〈指南录〉后序》）；还可以讲作"当作"，音"dàng"，如"安步当车"。

✎ 实兵演练
你手头应该也收藏了许多精彩的段子吧？请写出几个和大家共享。

# 第19日
# 当而而不而，不当而而而

而 表转折——表假设——表并列——表递进——表承接——表修饰——你，你的

✎ 实兵演练

你能讲个有关急中生智的故事吗？

明朝文学家李梦阳的籍贯是陕西庆阳（今甘肃庆阳市）。明朝弘治年间，其父在河南开封周王府教书，因此他准备在河南报名参加考试。由于没被批准，便只好赶回陕西庆阳考场。"而棘闱且闭"，李梦阳急中生智，拦住考官说："如果不让我进去参加考试，那么今年就没人得第一名了。"考官勉强同意他入考场。等到发榜时，他果然考上第一名，这年他才十八岁。（《罪惟录·列传》卷一三上）

"而棘闱且闭"，翻译成现代汉语就是：可是考场的门已经关了。这里的"而"，表转折，可解作"可是"。

✎ 作文课堂

以"保家卫国"为话题作文，可用这则材料。

清朝咸丰年间，英法联军侵略中国，占领了北京。在圆明园附近的谢庄，有一个"自幼好武术，习无不精"的十九岁的姑娘冯婉贞，为了保卫自己的家园，她召集起谢庄精通武术的少年，动员说："与其等待村子灭亡，不如奋起保卫它。各位没有这个念头就算了，'诸君而有意'，那么看我的马头行动就可以了！"（《冯婉贞》）

这里的"诸君而有意"，翻译成现代汉语就是：各位如果有这个念头。

这里的"而"，表假设，可解作"如果"。

在现代汉语中，并列、递进、承接、转折、假设等关系都有相应的关联词语来表示。而在文言文中，关联词语不发达，其中"而"身兼数职，可以表示各种关系。表示转折、假设的，我们已经举例。表示并列的，如"蟹六跪而二螯"（《荀子·劝学》）；表示递进的，如"君子博学而日参省乎己"（《荀子·劝学》）；表示承接的，如"花过而采，则根色黯恶，此其效也"（《采草药》）；表示修饰的，如"吾尝终日而思矣"（《荀子·劝学》）。

有个学生喜欢在作文中用连词"而"，但多用得不恰切。老师指出过多次，但都没说到他心里。后来，这个学生在他的作文后见到了老师写的批语：当而而不而，不当而而而。他琢磨了半天，理解了老师的良苦用意，并体会到老师的批语用了六个"而"字，字字精当。老师水平确实不同一般，这个学生以后在写作中也就逐渐改掉了乱用"而"的毛病。这位老师的批语的意思是：当用"而"的时候却没有用"而"，不应当用"而"的时候却用了"而"。其中第二个、第五个"而"都是却的意思。这位老师的批语精彩绝伦，让人过目不忘，就在于他对"而"字用得妙、用得绝。

除了前面的义项外，"而"还可讲作"你的"，如"业根，死期至矣！而翁归，自与汝复算耳！"（《促织》），意思是：惹祸的东西，你的死期到了。你的父亲回来，自然会与你算账的。

> **✍ 实兵演练**
>
> 你最难忘的批语是什么？请以"最难忘的批语"为题写一篇文章，字数不限。

# 第20日
# 韩非子：非天时，虽十尧不能冬生一穗

**非** 违背——反对——不是——没有——错误——讥笑、讽刺——坏事——除非、除了

**实兵演练**

在你看来，就今天而言，"礼"应该是指什么呢？

什么是仁？我们很多人可能难以给出准确回答。当年，孔子提倡仁，他的弟子颜渊对什么是仁也不甚明了。一日，颜渊就什么是仁请教孔子，孔子回答说："克制自己，使自己的言行合于礼，这就是仁。"颜渊听后，要老师谈得再具体些。孔子说："非礼勿视，非礼勿听，非礼勿言，非礼勿动。"颜渊听后，向老师下保证说："我虽然不才，但我一定照您说的去做。"（《论语·颜渊》）

"非礼勿视"等句翻译成现代汉语就是：他人违背礼的东西不看，他人违背礼的话不听，自己违背礼的话不说，自己违背礼的事情不做。其中的四个"非"，都是违背的意思。韩非子有句名言："非天时，虽十尧不能冬生一穗。"（《韩非子·功名》）翻译成现代汉语就是：如果违背天时种植庄稼，那么即使有十个像尧一样圣明的人也不能够让禾苗在冬天长出禾穗来。其中的"非"，也是违背的意思。

一天，齐桓公与管仲闲聊。齐桓公说："作为一国之主，应该把什么看得最尊贵？"管仲就回答了一个字："天！"齐桓公听后，便抬起头来看天。管仲笑了，说："您理解错了。我所说的天，不是指广阔无际的苍天，而是老百姓。您想啊，百姓如果拥护君主，那么君主的统治就安定；
如果辅佐君主，那么国家就强大无敌。'非之则危，
背之则亡'。"齐桓公听后，连连点头称是。（《说
苑·建本》）

> 🖉 思维体操
> 　　管仲向齐桓公宣传的
> 是民本思想。

这里的"非之则危，背之则亡"，翻译成现代
汉语就是：百姓如果反对君主，那么统治就危险；如果背弃君主，那么国
家也就灭亡了。其中的"非"，是反对的意思。

仍是齐桓公与管仲的故事。齐桓公讨伐山戎时，率领大军借道燕国。
燕国国君亲自陪伴着送他出了燕国的国境。齐桓公咨询管仲，说："诸侯
之间送别，就礼节而言，原本就该送出国境吗？"管仲回答说："非天子
不出境。"齐桓公一听，心中不禁一惊，说："燕国国君因为怕我而违背
礼节了，我不能使他违背礼节。"于是下令把燕国国君出境后所到的地方
割让给了燕国。诸侯听到这件事情，无不敬佩齐桓公，便都来齐国朝拜。
（《韩诗外传》卷四）

这里的"非天子不出境"，翻译成现代汉语就是：如果不是送天子，
那么就不出国境。其中的"非"，讲作"不是"。我们所熟悉的"人非生而
知之者，孰能无惑"（《师说》）及"道可道，非常道；名可名，非常名"
（《老子》）中的"非"，也是这个意思。

接下来讲一个齐宣王的故事。一天，齐宣王对田过说："我听说尊崇
儒学、通习儒家经书的人，父亲去世后要服丧三
年，国君去世后也要服丧三年，那么国君与父亲
谁更重要呢？"田过回答说："国君恐怕不如父亲
重要。"齐宣王作为国君听到这样的回答，非常生
气，因为在他心目中，国君是至高无上的，轻视
国君就是大逆不道。他提高了声音，带着怒气说：

> 🖉 思维体操
> 　　田过的可贵之处在于不
> 阿谀奉承，有独立的思想。
> 正因为这样，他才敢于挑战
> 王权至上的思想。

"那为什么读书人要离开父母去侍奉国君？这又该怎么讲呢？"田过倒是
心平气和，他回答说："'非君之土地无以处吾亲，非君之禄无以养吾亲，
非君之爵无以尊显吾亲。'所有这些，都是从国君那里接受来的，但要用
于父母双亲。一句话，大凡侍奉国君，都是为了父母双亲。"齐宣王听后

虽然还是不高兴，但也无话可说。(《韩诗外传》卷七)

这里的"非君之土地无以处吾亲"等句，翻译成现代汉语就是：没有国君的土地就没有办法安置我的父母，没有国君的俸禄就没有办法供养我的父母，没有国君的官爵就不能使我的父母尊贵。其中的三个"非"，都是"没有"的意思。我们所熟知的"登高而招，臂非加长也，而见者远"(《荀子·劝学》)、"非学无以致疑，非问无以广识"(《问说》)中的"非"，也都讲作"没有"。

"非"除了前面的义项外，还可讲作"错误"，如"实迷途其未远，觉今是而昨非"(《归去来兮辞》)；讲作"讥笑、讽刺"，如"当时士大夫家皆然，人不相非也"(《训俭示康》)；讲作"坏事"，如为非作歹；讲作"除非、除了"，如"非刘豫州莫可以当曹操者"(《赤壁之战》)。

第㉑日

## 刘伯温：不如无用蜘蛛网，
## 网尽蜚虫不畏人

害虫——通"飞"——没有根据

　　蜚是一个形声字，从虫，非声。从字形结构看，蜚是一种虫。这是一种什么样的虫呢？《左传·庄公二十九年》记载：秋，有蜚为灾也。意思是：这年的秋天，蜚铺天盖地，吃掉庄稼，造成灾害。看来，蜚是指一种害虫，比如蝗之类。朱元璋的军师刘伯温有一首诗，题目是《春蚕》，共四句：

　　　　可笑春蚕独苦辛，为谁成茧却焚身。
　　　　不如无用蜘蛛网，网尽蜚虫不畏人。

　　所谓"网尽蜚虫不畏人"，意思是蜘蛛捕捉害虫，而且还有不怕人嫌之意。这里的蜚也是害虫。

　　《韩非子·外储说左上》记载：墨子花费三年时间，用木头制作了一只鹰，"蜚一日而败"。他的弟子说："先生的技巧，达到了能使木鹰飞起来的地步。"面对弟子的称赞，墨子感到很惭愧，回答说："我比不上制作车輗的人手艺巧。人家能用很短的一块木料，不费一天的工夫，却能牵引三十石的重量，到达很远的地方，力量很大，并且使用的时间很长。"这里的"蜚一日而败"，意思是飞了一天就坏了。其中的

◇ **作文课堂**

　　对春蚕多是赞颂，比如"春蚕到死丝方尽"，刘伯温则反其道而行之，这样的立意自然新颖。

◇ **思维体操**

　　墨子的惭愧中有的是谦虚，有的是对自己的高标准要求。

"蜚"，通"飞"。

◇ 知识拓展

元光三年（公元前 132 年），窦婴至交灌夫因在酒席中对田蚡出言不逊被田蚡逮捕下狱并被判处死刑。窦婴倾全力搭救，结果不但没有能够救出灌夫，反而自己也因此被拘禁。

《史记·魏其武安侯列传》记载：魏其侯窦婴，是汉文帝窦皇后堂兄的儿子。窦婴曾接受过汉景帝临死时的诏书，那上面写道："假如遇到麻烦事，你可以看情况向皇帝报告说明。"后来，窦婴因故被拘禁后，便让侄子上书向当时的皇帝汉武帝报告接受遗诏的事。奏书呈送汉武帝后，查对尚书省的档案却找不到先帝的遗诏（这道诏书只封藏在窦婴家中，是由窦婴的家臣盖印加封的），于是指控窦婴伪造先帝的诏书，罪应处死。"乃有蜚语为恶言闻上"，所以汉武帝在十二月的最后一天将窦婴在渭城处决了。

这里的"乃有蜚语为恶言闻上"，翻译成现代汉语就是：竟然有人制造没有根据的坏话故意让皇帝听到。其中的"蜚"，是没有根据的意思。现在我们常用的成语"流言蜚语"，其中的"蜚"也是这个意思。

## 第22日
## 庄之善 "必济矣夫"

**夫** 音"fū"，丈夫——音"fú"，语气词——音"fū"，成年男子——音"fú"，指示代词

孔子路过泰山脚下，有一个妇女在墓前哭得很悲伤。孔子让弟子子路前去问那个妇女。子路问道："您这样哭，是不是遇到了一些伤心事啊？"妇女就说："是的，过去我的公公被老虎咬死了，'吾夫又死焉'，现在我的儿子又死在了老虎口中！"孔子问："那为什么不离开这里呢？"妇女回答说："这里没有暴政。"孔子说："年轻人要记住这件事，暴政比老虎还要凶猛可怕啊！"（《礼记·檀弓下》）

◇ 思维体操

苛政猛于虎！

这里的"吾夫又死焉"，翻译成现代汉语就是：我的丈夫又被老虎咬死了。其中的"夫"，音"fū"，是丈夫的意思。

"夫"与"子"连用为"夫子"，指老师。楚国攻打陈国，陈国都城的西门倒塌，占领都城的楚人就命令投降的陈国人来修缮。孔子经过这里时，没有扶着车前横木对这些人表示敬意。子贡手持缰绳问道："按照礼，乘车遇到三人时就应该下车，遇到两人时就应该扶着车前横木对人们表示敬意。现在陈国修城门的人很多，'夫子不为式'，这是因为什么呢？"孔子回答说："自己的国家灭亡了都不知道，这是不聪明；知道了

◇ 实兵演练

孔子心目中的好国民是怎样的？

却不反抗，这是不忠诚；斗争而不牺牲，这是不勇敢。修城门的人虽然很多，却没有一个能做到我说的其中一条，所以我不对他们行礼。"(《韩诗外传》卷一）

这里的"夫子不为式"，翻译成现代汉语就是：老师不扶着车前横木向他们行礼。其中的"夫子"就是老师的意思；"式"通"轼"，指车前横木。夫子，还是对男子的尊称。如"吾爱孟夫子，风流天下闻"(《赠孟浩然》)。

春秋末期，楚平王太子建的儿子白公胜在朝廷上杀了重臣子西、子期，劫持了楚惠王。当时，有一个叫庄之善的人，告别了他的母亲，要去为楚君效死。他母亲说："丢下母亲不管而去为国君牺牲生命，这样做对吗？"庄之善回答说："我听说侍奉国君的人，接受俸禄则献出自身。现在我用来奉养母亲的是国君给的俸禄，请您允许我去为国君献身。"等到了朝廷，他紧张害怕得多次歪倒在车里。为他赶车的人对他说："您既然害怕，为什么不回去呢？"他回答说："害怕，是我的私事；为国君献身，是我的公事。听说道德高尚的人不因私事而妨害公事。"于是赶去为国君拼命了。有识之士听到此事后说："庄之善真喜好道义啊！'必济矣夫！'"(《韩诗外传》卷一）

**◇ 思维体操**

庄之善用行动诠释了什么是忠诚。

这里的"必济矣夫"，翻译成现代汉语就是：他一定成功了吧！其中的"夫"，音"fú"，是语气词，用在句尾，表示感叹。"夫"作为语气词，也可用在句首，表示将发议论，如"夫六国与秦皆诸侯，其势弱于秦"(《六国论》)。

南朝梁武帝年间，爆发了齐苟儿领导的农民起义。临汝侯萧渊猷嘲讽罗研说："你们蜀人喜欢叛乱，竟达到如此地步！"罗研回答说："蜀中积弊太多，由来已久了。百家人为一村，不过几家人有饭吃；穷困窘迫之家，十户中占八九户；催督赋役的官员，一旬之中要来两三次。这么说来，蜀人喜欢叛乱，也不足为怪。如果家家户户都能养上五只母鸡、一头母猪，床上能有一百钱就能买到的最简陋的布被，甑中装着几升麦做的饭，那么即使是巧舌如簧的苏

**◇ 思维体操**

农民起义，都是迫不得已。如果有口饭吃，谁还去铤而走险呢？

秦、张仪在前游说哄骗，威震敌胆的韩信、白起在后按剑驱赶，'将不能使一夫为盗'，哪里还谈得上叛乱呢？"（《南史·罗研传》）

这里的"将不能使一夫为盗"，翻译成现代汉语就是：也不能使一人做强盗。其中的"夫"，讲作"成年男子"；"一夫不耕，或受之饥"（《论积贮疏》）中的"夫"，也是这个意思。

"夫"除了前面的义项外，还可作为指示代词，音"fú"，讲作"那"，如"余亦悔其随之而不得极夫游之乐也"（《游褒禅山记》）；作为指示代词，讲作"这"，如"予观夫巴陵胜状，在洞庭一湖"（《岳阳楼记》）。

# 第 23 日
# 伍子胥：尚且无往，父当我活

父 音"fǔ"，父亲——音"fù"，对老年男子的尊称——音"fù"，指
从事某种职业的老年男子——音"fǔ"，指在男子名字后加的美称

✏ **作文课堂**

以"心灵的选择"
为话题作文，可用这
则材料。

春秋末期，太子太傅伍奢被抓后，楚平王为了斩草除根，便以封侯的名义让使者前往诱捕伍奢的两个儿子。伍奢的儿子伍子胥识破了楚王的诡计，对哥哥伍尚说："'尚且无往，父当我活。'楚王畏惧我们的勇猛，势必不敢杀害父亲。你如果错误地前往，必死不得脱身。"伍尚说："父子之爱，恩情发自内心，如能侥幸相见，那我内心就会坦然些。"听到这儿，伍子胥感叹道："我们如和父亲一起被处死，我们一家的冤屈怎么能大白于天下呢？冤屈不能昭雪，耻辱一天比一天大。你从此前去，我与你就此诀别。"伍尚哭着说："我如果能够活着回来，那是上天保佑；如果就此埋尸地下，也是我心甘情愿的。"伍子胥说："那你就去吧，我去不反顾。但愿灾难不会降临到你头上，否则后悔也来不及了。"随后，兄弟俩洒泪话别，伍尚与使者一起回去。伍尚来到父亲身边，结果一起被杀死在集市。(《吴越春秋·王僚使公子光传》)

这里的"尚且无往，父当我活"，翻译成现代汉语就是：你还是先不要去，父亲会因为我们而不被处死。其中的"父"，音"fù"，指父亲。

汉朝时的冯唐，曾做中郎署的署长。一天，汉文帝乘辇车经过中郎署

时，说："我去中郎署看看。"在中郎署，他问冯唐："当年我做代王的时候，我的膳食官高祛曾经多次对我讲起赵国大将李齐的贤能以及他在巨鹿城下大战的故事。现在每当我进餐时，心中总是想到李齐在巨鹿城下大战的故事，'父知之乎'？"冯唐回答说："我知道，但是就勇猛贤能而言，我觉得李齐还比不上廉颇、李牧。"汉文帝问道："您的根据是什么呢？"于是，冯唐便根据自己掌握的情况做了实事求是的回答。(《史记·张释之冯唐列传》)

> ✐ **实兵演练**
>
> "冯唐易老，李广难封"，你知道是什么意思吗？

这里的"父知之乎"，翻译成现代汉语就是：您知道这件事情吗？其中的"父"，音"fǔ"，是对老年男子的尊称。

屈原被放逐后，沿着江边边走边唱，面容憔悴，模样枯瘦。渔父见了问道："您不是三闾大夫吗，怎么落到这步田地？"屈原回答说："天下都浑浊不堪，只有我清澈透明，世人都醉了，唯独我清醒，因此被放逐。"(《楚辞·渔父》)这里"渔父"的"父"，音"fǔ"，是指从事某种职业的老年男子。

> ✐ **实兵演练**
>
> "水至清则无鱼，人至察则无徒。"这句话怎么理解呢？你赞同这句话所代表的观点吗？为什么？

"父"读"fǔ"时，除了前面的义项外，还指在男子名字后加的美称。如"于是武王已平商而王天下，封师尚父于齐营丘"(《史记·齐太公世家》)，这里的"尚父"是指姜尚，也就是姜子牙。王安石的《游褒禅山记》在结尾记录了同游的四人：庐陵萧君圭君玉，长乐王回深父，余弟安国平父、安上纯父。其中，平父、纯父分别是王安国、王安上的字。这里用"父"，也是美称。

# 第24日
# 齐宣王建造大宫殿，"大盖百亩"

 车篷——遮蔽——大概——伞——胜过、超出——因为、由于——发语词

◇ 思维体操

用歌曲《十五的月亮》中的话来说，就是："军功章啊，有我的一半，也有你的一半。"

当年给齐国相国晏子赶车的车夫出门时，"拥大盖"，赶着四匹马，在大街上或快或慢地前行。路上行人见了，纷纷加以躲避。一天，车夫的妻子从自家临街的院门门缝里看到赶车的丈夫意气扬扬，十分自得，心中很不是滋味。晚上，车夫下班回家，原本想说说和相国在一起听到和见到的新闻，也好向妻子炫耀一番，没有想到的是妻子要和他离婚。车夫真是丈二和尚摸不着头脑：自己没有什么地方得罪过妻子啊！于是问妻子离婚的原因。妻子说："晏子身高不满六尺，却做相国，闻名天下。今天我看他出门，心志深沉，总有自居人下的样子。而你身高八尺，相貌堂堂，给人做奴仆赶车，竟已经很满足了，因此我要求离婚。"听了妻子的一番话，车夫陷入深深的思考之中。经过反思，车夫从此处处收敛，十分谦卑。晏子觉得很奇怪，就问车夫怎么回事，车夫据实相告。晏子觉得这个车夫值得培养，就推荐他做了大夫。（《晏子春秋·内篇·杂篇》）

这里的"拥大盖"，翻译成现代汉语就是：在高大的车篷的遮蔽下。其中的"盖"，讲作"遮阳避雨的用具"，这里指车篷。

战国时，齐宣王建造大宫殿，"大盖百亩"，厅堂大到能够容纳下三百个房间。齐国是大国，财力丰厚，可是三年过去了，还没有建成。人人知道这事荒唐，不现实，是好大喜功、不恤民力的齐宣王在胡闹，但就是没有一个臣子敢于提出不同意见。谁都知道乌纱帽丢不得。

一天，香居来见齐宣王，说："楚国国君放弃先王的礼乐，去搞淫靡之乐，我大胆地问您：楚国还算得上有国君吗？"宣王回答说："可以说没有。"香居又问："我再大胆地问一句：楚国还算得上有臣子吗？"宣王回答说："可以说没有。"一切都铺垫好了，香居言归正传，说："现在大王您建造这样大的房子，时间已经过去了三年还没有建成，可您的大臣中竟没有来规劝您的，敢问大王您有臣子吗？"齐宣王说："没有。"香居说："既然这样，那么就请您允许我这臣子回避吧！"说完，就向外走。齐宣王说："香居先生请留步！您为什么这么晚才来规劝我呢？"

望着香居远去的背影，齐宣王急忙召来尚书，说："请把这件事写下来。是我不好，劳民伤财建造大宫殿，是香居先生劝阻了我！"（《新序·刺奢》）

这里的"大盖百亩"，翻译成现代汉语就是：大到房顶能够遮蔽上百亩土地。其中的"盖"，讲作"遮蔽"。

子夏读完《尚书》后，孔子问他："你也可以谈论《尚书》了吧？"子夏回答说："《尚书》记载的事情，光辉灿烂就如太阳、月亮放出的光芒，彰明较著就如星辰错落的行列，前有尧舜的思想，后有夏禹、商汤、周文王、周武王的思想，学生我从您老人家那里学到的这些东西，铭记在心，永不会忘却。"

听了子夏的回答，孔子非常高兴，说："我的好小伙子，现在可以同你讨论《尚书》了。现在你已了解它的表面意义，只是还没有发现它的内在真谛。"坐在一旁的颜渊，问道："那么，《尚书》的真谛是什么呢？"孔子笑了笑，说："从门缝往里看，而不进到里面去，怎么能够知道室内所藏之物所在的地方呢？然而知道其所藏之物也并不是困难的事情。我曾经殚精竭虑地钻研《尚书》，好像进入了这样一个境界：面前矗立着高耸入云的崖岸，背后横亘着深不可测的山谷，我便只是站在那里。不能发现《尚书》内含的本质义理，'盖未谓精微者也'。"（《韩诗外传》卷二）

这里的"盖未谓精微者也"，翻译成现代汉语就是：大概是没有学习研究到它的精深奥妙之处。其中的"谓"，通"为"，指学习、研究；"盖"，表推测，讲作"大概"。

"盖"除了前面的义项外，还可讲作"伞"，如"庭有枇杷树，吾妻死之年所手植也，今已亭亭如盖矣"（《项脊轩志》）；讲作"胜过、超出"，如"况刘豫州王室之胄，英才盖世，众士慕仰，若水之归海"（见高中课文《赤壁之战》，出自《资治通鉴》）；讲作"因为、由于"，如"不赂者以赂者丧，盖失强援，不能独完"（《六国论》）；作发语词，如"五人者，盖当蓼洲周公之被逮，激于义而死焉者也"（《五人墓碑记》）。

# 第25日
## 秦穆公：孤之过也，大夫何罪？

**过** 走过、经过、路过——超过——胜过——错误——责备——拜访

在尧的时代，洪水横流，泛滥成灾，草木丛生，庄稼没有收成，禽兽成群结队伤害人民。舜派益负责用火，益在山冈沼泽燃起大火，烧掉草木，禽兽逃窜躲藏。又派大禹疏通九条河道，治理济水、漯水，将它们导流入海；挖开汝水、汉水，排出淮水、泗水，将它们导入长江。这样，中原百姓才能耕种收获吃上饭。"当是时也，禹八年于外，三过其门而不入。"（《孟子·滕文公章句上》）

这里的"当是时也"等句，翻译成现代汉语就是：在这个时候，禹八年在外，三次路过自己家的门口都没有进去。其中的"过"，是走过、经过、路过的意思。

三国时，曹操给孙权下了战书后，为了坚定孙权抗曹决心，周瑜列举了曹操的四大弱点：北方没有平定，马超、韩遂还在函谷关以西，是曹操的后患；曹操放弃骑兵，依靠水军和东吴比高低，是以短抵长；正是严寒天气，曹操的战马没有饲料；驱赶中原地区的士兵远道跋涉来到江湖

◇ **思维体操**

大禹公而忘私，一心扑在工作上，是千古楷模。

◇ **文化常识**

周瑜，字公瑾。无论是瑜，还是瑾，都是美玉。就是说，名与字意义相同。再比如诸葛亮，字孔明，明、亮同义。曹操，字孟德，操是操行、品德。端木赐，字子贡，《尔雅·释诂》中说：贡，赐也。

你还能举几个例子吗？想想看。

地带，水土不服，一定会生疾病。当天夜晚，周瑜第二次拜见孙权，说：人们只看到曹操信上说水军和步兵有八十万就一个个吓住了，不再去估计它的真假，便提出投降的主张，是很没有道理的。"今以实校之，彼所将中国人不过十五六万，且已久疲。"曹操所得到的刘表的军队，最多也不过七八万人而已，这些士兵还怀着犹豫的心理。用疲乏劳累的军队控制犹豫不定的降兵，人数虽然多，也是很不值得害怕的。我有精兵五万就完全能制服他，希望将军不必忧虑！（见高中课文《赤壁之战》，出自《资治通鉴》）

这里的"今以实校之"等句，翻译成现代汉语就是：现在按照实际情况核对它，他所率领的中原军队不超过十五六万，并且久已疲惫。其中的"过"，是超过的意思。

近代著名学者王国维在他的学术随笔著作《文学小言》中说："三代以下之诗人，无过于屈子、渊明、子美、子瞻者。此四子若无文学之天才，其人格亦自足千古。故无高尚伟大之人格，而有高尚伟大文章者，殆未之有也。"从事文学创作，首先要有伟大的人格。王国维对此给予了充分肯定。

这里的"无过于屈子、渊明、子美、子瞻者"，翻译成现代汉语就是：没有谁能够胜过屈原、陶渊明、杜甫、苏轼。其中的"过"，是胜过的意思。

**◇ 思维体操**

幡然悔悟，知错认错，难能可贵。

春秋时，秦穆公不顾秦国老臣蹇叔的反对，派孟明、西乞术、白乙丙率领大军偷袭郑国，结果被晋国统帅原轸在崤山率领部队打了埋伏，孟明、西乞术、白乙丙三位将领也被俘虏。当时，晋文公的夫人、晋襄公的母亲文嬴，正是秦穆公的女儿。娘家人被伏击且三位大将被俘，这可怎么好？脸面上实在过不去啊！于是，文嬴向晋襄公请求放回孟明等被俘虏的秦国将领。母亲请求，岂有不答应之理？晋襄公答应了。秦穆公穿着白色的丧服在郊外等候，对着被释放回来的将领哭着说："我不听蹇叔的劝告，让你们受了委屈，这是我的罪过啊。"他不但没有治孟明等人打败仗的罪，而且不撤孟明等人的职务。秦穆公说："孤之过也，大夫何罪？且吾不以一眚掩大德。"（见高中课文《崤之战》，出自

《左传》）

　　秦穆公的话翻译成现代汉语就是：这是我的错误，大夫有什么罪？况且我不会因为一次过失而抹杀他们的大功。其中的"过"，是错误的意思。

　　"过"除了上面的义项外，还可讲作"责备"，如"闻大王有意督过之，脱身独去，已至军矣"（见高中课文《鸿门宴》，出自《史记》）；还可讲作"拜访"，如"嬴乃夷门抱关者，而公子亲枉车骑，自迎嬴于众人广坐之中，不宜有所过，今公子故过之"（见高中课文《信陵君窃符救赵》，出自《史记》）。

# 第26日
# 孔子：沽之哉！沽之哉！

**沽** 买——卖——卖酒的人

**◇ 思维体操**

在今天看来，对我们来说，就是要养成良好的习惯。要知道，养成良好的习惯，终身受益。

孔子是一个特别讲礼仪的人。按古制，斋戒时一定要改变平常的饮食习惯。肉要按部位割好盛上，吃的时候自己切着吃，不按这规矩做不可以吃。"沽酒市脯，不食。"(《论语·乡党》)吃饭时不交谈，睡觉时不说话。坐席铺得不端正，不坐。

这里的"沽酒市脯，不食"，翻译成现代汉语就是：买来的酒和干肉，不吃。其中的"沽"是买的意思。我们熟知的成语"沽名钓誉"中的"沽"，也是买的意思。

孔子一向主张做人要有所作为，可他却迟迟没有到政府部门就职实现他改造社会的理想。对此，子贡委婉地问道："假如有一块美玉在这里，是将它放在匣子里收藏起来呢，还是找一个识货的商人把它卖掉呢？"孔子明白子贡的意思，笑了笑，回答说："'沽之哉！沽之哉！'我正是在等待买主呢。"(《论语·子罕》)

这里的"沽之哉"，翻译成现代汉语就是：卖掉它啊！其中的"沽"，是卖的意思。我们现在使用的成语"待价而沽"，也出自这里，比喻有好的待遇、条件才答应任职或做事。

黄巢起义军西进攻取陕州、虢州，进逼潼关。河中节度使李都投降黄巢。形势危急，朝廷派大宦官田令孜率领十万禁军把守潼关。当时，禁军多是长安城里的富家子弟，世代都是在部队中挂个名，平时领取丰厚的给养赏赐，平日高车大马，趋奉权贵，从来就不懂得怎样打仗。这时听到要点名集合，父子抱头痛哭。上前线打仗自然是十万个不愿意，思来想去，便花上一万钱到东市、西市"佣雇负贩屠沽及病坊穷人，以为战士"。这些人连刀戟都拿颠倒了，再由宦官来充当将帅，驱赶着去防守潼关。这样，官军全线崩溃也就在意料之中了。(《旧唐书·黄巢传》)

> ◇ 思维体操
>
> 杜牧在《阿房宫赋》中说："族秦者秦也，非天下也。"我们完全可以说："族唐者唐也，非天下也。"

这里的"佣雇负贩屠沽及病坊穷人，以为战士"，翻译成现代汉语就是：雇佣挑担的人、小商贩、屠夫、卖酒的人以及病坊（唐宋时由政府出钱收养贫病者的地方叫病坊）里的穷人来冒名作为参加战斗的士兵。其中的"沽"，是指卖酒的人。

## 第27日
## 李白：虎鼓瑟兮鸾回车

**鼓** 打击乐器——鼓声——击鼓——弹奏——振动——古代夜间击鼓报时，一夜报五次

　　鼓，是一种打击乐器。在山东省济南市长清区万德街道内的灵岩寺，有一片墓塔林，共有墓塔 167 座。这些墓塔有钟形的，有鼓形的。这是为什么呢？我们知道有一个成语是"晨钟暮鼓"，意思是寺里的僧人早晨敲钟、晚上击鼓。正因为这样，早上去世的僧人其墓塔便建成了钟形，晚上去世的僧人其墓塔便建成了鼓形（见下图）。

灵岩寺墓塔林一角

司马光主编的《资治通鉴》中说，黄盖火烧曹军船只后，"瑜等率轻锐继其后，雷鼓大震，北军大坏"。翻译成现代汉语就是：周瑜等率领轻疾精锐的部队跟在黄盖斗舰后面，敲击战鼓，鼓声震天，曹军彻底溃败。这里的"鼓"，也是打击乐器。

　　南宋爱国词人辛弃疾有一首著名的词作《永遇乐·京口北固亭怀古》，其中有一句为："可堪回首，佛狸祠下，一片神鸦社鼓！"意思是，哪里能够回首，佛狸祠下充满一片神鸦叫声和社日的鼓声！这里的"鼓"，指鼓声。

　　《左传·庄公十年》中说，曹刿指导鲁庄公在长勺打败了齐国军队。之后，鲁庄公询问得胜原因，曹刿说："夫战，勇气也。一鼓作气，再而衰，三而竭。彼竭我盈，故克之。"意思是，战争，靠的是勇气。第一次击鼓，士兵们鼓足了勇气；第二次击鼓，勇气就衰退了；第三次击鼓，勇气就消失干净了。对方的勇气消失干净，我们的勇气却正饱满，所以战胜了他们。这里"一鼓作气"的"鼓"，指击鼓。

◇ 知识拓展

　　成语"一鼓作气"就出自这里，现在比喻趁劲头大的时候一下子把事情完成。

　　唐朝诗人李白在《梦游天姥吟留别》中写自己梦游天姥山时所见景象，有这样的诗句："虎鼓瑟兮鸾回车，仙之人兮列如麻。"意思是：老虎弹瑟，鸾鸟驾着车，仙人们成群结队、密密麻麻。这里的"鼓"是弹奏的意思。《孟子·梁惠王章句下》中说："吾王之好鼓乐，夫何使我至于此极也？"意思是，我们的大王喜好奏乐，怎么使我们落到这样坏的地步呢？这里的"鼓"，也是弹奏的意思。

　　北宋大文学家苏轼有一篇名文《石钟山记》。其中在谈到石钟山得名缘由的时候，写道："郦元以为下临深潭，微风鼓浪，水石相搏，声如洪钟。"意思是，郦道元认为石钟山下面靠近深潭，微风振动波浪，水和石头互相拍打，发出的声音好像大钟一般。这里的"鼓"，是振动的意思。我们所熟知的成语"摇唇鼓舌"中的"鼓"，也是这个意思。

　　古代夜间击鼓报时，一夜报五次。三鼓，就是三更，也就是晚上11点到凌晨1点。《资治通鉴》中记载唐朝后期名将李愬雪夜袭取蔡州擒获吴元济之役，其中写道："四鼓，愬至城下，无一人知者。"四鼓，就是四更，也就是现在的凌晨1点到3点。

◇ 实兵演练

　　古代计时方法还有哪些？请说说看。

# 第28日
# 西门豹：是女子不好

**好** 音"hǎo"，容貌美——音"hǎo"，*友好*——音"hào"，喜好——音"hǎo"，便于

**实兵演练**

西门豹对付三老、廷掾用了什么办法？用一个成语作答。

战国时期，魏国邺县的三老、廷掾打着为河伯娶亲的旗号，向老百姓征收赋税搜刮钱财，老百姓因此苦不堪言。西门豹任县令后，也到河边观看给河伯娶亲。他见了即将做新娘子的女子后，说："'是女子不好'，麻烦大巫婆为我到河里去禀报河伯，需要重新找一个漂亮的女子，迟几天送她去。"就叫差役们将大巫婆抛到了河中。后来，又接连把大巫婆的三个弟子及一个三老扔到河里去催大巫婆，自然都是一去不复返。西门豹又要让廷掾或长老去催大巫婆、三老。这些人见状，都吓得在地上叩头，而且把头都叩破了。西门豹说："看样子河伯留客要留很久，你们都散了回家去吧。"从此以后，邺县再没有人敢提为河伯娶媳妇的事了。（《史记·滑稽列传》）

这里的"是女子不好"，翻译成现代汉语就是：这个女子不漂亮。其中的"好"，音"hǎo"，是指容貌美。"秦氏有好女，自名为罗敷"（汉乐府《陌上桑》）中的"好"，也是指容貌美。

《诗经·国风·卫风》中有一首诗《木瓜》，诗歌共三节：

投我以木瓜，报之以琼琚。匪报也，永以为好也！

> 投我以木桃，报之以琼瑶。匪报也，永以为好也！
>
> 投我以木李，报之以琼玖。匪报也，永以为好也！

翻译成现代汉语就是：

> 你赠送给我木瓜，我回赠给你佩玉。这不是为了答谢你，是求永久友好呀！
>
> 你赠送给我木桃，我回赠给你美玉。这不是为了答谢你，是求永久友好呀！
>
> 你赠送给我木李，我回赠给你宝玉。这不是为了答谢你，是求永久友好呀！

在这首诗歌中，"好"出现了三次，都是友好的意思，音"hǎo"。

"叶公子高好龙"，衣带钩、酒器上刻着龙，居室里雕镂装饰的也是龙。他这样爱龙，天上的真龙知道后便从天上下凡到他家里，龙头搭在窗台上探望，龙尾伸到了厅堂里。叶公一看是真龙，转身就跑，吓得像失了魂似的，惊恐万状，不能控制自己。(《新序·杂事》)

> **文化常识**
>
> 台湾著名作家陈喆的笔名"琼瑶"就出自《木瓜》诗。她创作的小说代表作有《窗外》《潮声》《水云间》和《一帘幽梦》等。
>
> 她创作的小说大多已被改编成电影或电视剧，其中包括家喻户晓的《庭院深深》、《梅花三弄》系列、《还珠格格》系列等。

这里的"叶公子高好龙"，翻译成现代汉语就是：叶公子高喜好龙。其中的"好"，音"hào"，是喜好的意思。

"昔者楚灵王好士细腰"，所以他的大臣唯恐自己腰肥体胖失去宠信，而不敢多吃，每天都是只吃一顿饭来控制自己的腰围，每天起床后整装时先屏住呼吸，然后把腰带束紧，扶着墙壁站起来。等到一年后，满朝文武官员脸色都是黑黄黑黄的了。(《墨子·兼爱》)

这里的"昔者楚灵王好士细腰"，翻译成现代汉语就是：过去，楚灵王喜欢他的臣子有纤细的腰身。其中的"好"，也是喜好的意思。我们熟知的"好读书，不求甚解；每有会意，便欣然忘食"(《五柳先生传》)，其中的"好"也是这个意思。

除了上面所说的义项外，"好"读"hǎo"时还可讲作"便于"，如"白日放歌须纵酒，青春作伴好还乡"(《闻官军收河南河北》)。

## 第29日
# 娶来何门女，添人添口添丁

何 | 哪个——为什么——怎么——姓氏——多么——呵问、盘问、诘问

东晋时，桓温杀死庾希以后，又要杀庾希的弟弟庾玉台。庾玉台的儿媳妇是桓温弟弟的女儿，她心急得光着脚去求见桓温，掌门官挡着不让进去。她大声斥责说："'是何小人！'我伯父的家，竟敢不让我进去！"说着便冲了进去，哭喊着请求说："庾玉台的一只脚短了三寸，常常要扶着人才能走路，这还会谋反吗？"桓温听后，便赦免了庾玉台这一家。(《世说新语·贤媛》)

这里的"是何小人"，翻译成现代汉语就是：这是哪个小人！其中的"何"，是疑问代词，讲作"哪个"。

◇作文课堂
用比喻说理，能够让深奥的道理变得浅显易懂。

战国时，善于游说的陈轸受到魏王的器重，魏相惠施对他说："你一定要善于团结周围的臣僚们。比如杨树，横着种它可以活，倒着种它也可以活，折断了种它还是可以活。但是，让十个人种树，只要有一个人毁坏它，就没有一棵活杨树了。以十人之多，种容易成活的杨树，可是禁不住一人毁坏它，'何也？'这是因为种树难而毁树容易。你虽然在君主面前善于自己树立名望，可是想要除掉你的人很多，你的处境真危险啊！"(《韩非子·说林上》)

这里的"何也"，翻译成现代汉语就是：为什么呢？其中的"何"，是

疑问代词，讲作"为什么"。

大名鼎鼎的维新运动的领袖梁启超一次拜访湖广总督张之洞，落座后，张之洞随口吟道：

四水江第一，四时夏第二，先生居江夏，谁是第一，谁是第二？

四水指长江、黄河、淮河、济水，四时指春夏秋冬。第一句出现"江"字，第二句出现"夏"字，第三句合二为一，且"江夏"又是武昌的古名。看来，出句确实构思巧妙。就口气而言，"谁是第一，谁是第二"又大得很，意思是在江夏我湖广总督不是第一，谁又是？梁启超并没把张之洞的不礼貌放在眼里，他沉思片刻，即对出下句：

三教儒在前，三才人在后，小子本儒人，何敢在前，何敢在后！

三教指儒、佛、道，三才指天、地、人。首句出现"儒"字，次句出现"人"字，第三句合说"儒人"，这样看来和张之洞的出句在结构上很是相对。更妙的是对张之洞的问题的回答。"何敢在前，何敢在后"承"三教儒在前，三才人在后"而来，言之有据，言之有理。张之洞对梁启超出语不凡的对句直拍案叫绝，惊叹不已。

梁启超对句中的"何敢在前，何敢在后"，意思是：怎么敢在前，怎么敢在后。其中的"何"，是疑问代词，讲作"怎么"。

何，还是姓氏。一对青年结婚，新婚之日院门贴了一副对联，前来贺喜的人都驻足观看，连连说这副对联拟制得好。这副对联是：

嫁得潘家郎，有田有米有水；

娶来何门女，添人添口添丁。

上联在新郎的姓氏"潘"字上做文章，拆"潘"为"田""米""水"；下联从新娘的姓氏"何"入手，拆"何"为"人""口""丁"，妙绝！

有一个成语是"傅粉何郎"，形容人面容白净漂亮。其中，何郎就是三国曹魏时南阳人何晏。何晏才华出众，皮肤细

## 知识拓展

这是一副妙趣横生的析字联。在对联园地中，析字联并不少见。我们再举一例。

寸土为寺，寺旁言诗，诗曰：明月送僧归古寺；

双木成林，林下示禁，禁云：斧斤以时入山林。

"寸""土"合为"寺"，"寺""言"合为"诗"；双木合为"林"，"林""示"合为"禁"；"明"中有"月"，"斧"中有"斤"。明白了这些，这副对联的妙处也就不言自明了。

腻洁白，无与伦比，魏明帝疑心他脸上搽了一层厚厚的白粉。当时正好是赤日炎炎，魏明帝便叫人把他找来，赏赐他热汤面吃。不一会儿，他便大汗淋漓，只好撩起红色外衣擦脸。可他擦完汗后，脸色显得更白了，明帝这才相信他没有搽粉，而是天生这样。(《世说新语·容止》)

　　"何"除了前面的义项外，还可讲作"多么"，如"秦王扫六合，虎视何雄哉"(《古风》)，再如"东临碣石，以观沧海。水何澹澹，山岛竦峙"(《观沧海》)；还可通"呵"，讲作"呵问、盘问、诘问"，如"良将劲弩守要害之处，信臣精卒陈利兵而谁何"(《过秦论》)。

第㉚日
# 张乖崖：独恨太平无一事，江南闲杀老尚书

**恨** 怨恨——遗憾

北宋时期，张乖崖曾任吏部尚书，因奸臣进谗而贬作州官。一天，溧县知县萧楚才在张乖崖处做客，看到了张写的一首绝句，其中两句为："独恨太平无一事，江南闲杀老尚书。"便将"恨"字改作了"幸"。萧说，您为什么偏偏怨恨太平呢？您功劳大，地位高，又处在坏人当道的时候，要学会保护自己啊！张乖崖听后，十分感动，说："萧弟，一字之师也。"（《诗人玉屑》）张乖崖诗中的"恨"，是怨恨的意思。

◇ **实兵演练**

关于一字师的故事，你听到过哪些？请讲两个和同学交流。

秦国打败了魏将犀武后，乘胜进攻西周。西周国君到魏国的都城大梁求援，魏王没有答应。在返国途中，西周国君看到魏国的梁囿，十分喜爱。大臣綦毋恢说："魏国温囿中的鸟兽更多更好，而且距离咱们国家又近，我回去给您要来。"于是，綦毋恢返回了魏国的大梁，魏王说："西周国君怨恨我吗？"綦毋恢回答说："不怨，且谁怨王？臣为王有患也。"（《战国策·西周策》）

綦毋恢对魏王所说的话，翻译成现代汉语就是：他不怨恨您，又会怨恨谁呢？我认为大王将有祸患临头。綦毋恢对魏王所说的话中的两个"怨"，也都讲作"怨恨"。

71

陶渊明《归去来兮辞》"问征夫以前路，恨晨光之熹微"中的"恨"，杜甫《兵车行》"长者虽有问，役夫敢申恨"中的"恨"，也都是怨恨的意思。除此之外，"恨"还有遗憾的意思。

受苏轼、黄庭坚推崇的宋朝诗人潘大临在给友人的书信中说：昨天我静静地躺着，听到吹打树林的风雨声，就起身在墙上题诗。刚写完"满城风雨近重阳"，有人来催交租税，再也写不下去了。"秋来景物，件件是诗思，恨为俗气所蔽翳。"现在就寄给您这一句吧。（《苕溪渔隐丛话》前集卷五十二）

潘大临书信中的"恨为俗气所蔽翳"，是说遗憾的是诗思被俗气所遮蔽。其中的"恨"，讲作"遗憾"。

齐太祖萧道成非常欣赏满腹经纶的刘瓛，想要他到秉承皇帝意旨掌管机要、发布政令的中书省做中书郎，便派吏部尚书何戢去转告其旨意。何戢对刘瓛说："皇上想让你到国家重要部门中书省任职，'恨君资轻'。你可以暂且接受前面的任命，不久当转为国子博士，以便衔接以后的任命。"刘瓛说："我平生没有进取之意，如今若是听说要做中书郎就接受任命，这难道是我的本心吗？"（《南齐书·刘瓛传》）

这里的"恨君资轻"，翻译成现代汉语就是：遗憾的是您资历太浅。其中的"恨"，也讲作"遗憾"。

《世说新语》中说，东晋画家戴逵十几岁时，在京都瓦官寺学画。王长史看到他后说，这孩子不只能画画，将来也会很有名气。"恨吾老，不见其盛时耳。"王长史可谓慧眼识英才。

这里的"恨吾老，不见其盛时耳"，意思是：遗憾的是我年纪大了，只怕见不到他显达的时候了。其中的"恨"，还是遗憾的意思。

第**31**日
韦应物：春潮带雨晚来急，
野渡无人舟自横

**横** 与"纵"相对——将物体横向拿着——随意漂浮——跟地面平行的——

遮断——广远、宽阔

　　谈到"横"，我们很容易会想起战国时代的"连横""合纵"外交策略。在地理上，东西为横，南北为纵。秦国位于西方，六国位于其东。六国分别与秦国结盟为东西向的联合，称"连横"；六国结盟为南北向的联合，称"合纵"。主张"连横"的是张仪，"连横"是一种远交近攻的策略，秦国用这种策略瓦解了六国联盟，最终统一了中国，建立了秦朝。主张"合纵"的是苏秦，他曾经担任合纵长，但最后六国被秦国各个击破，走向了灭亡。

　　苏轼的《前赤壁赋》中写曹操"破荆州，下江陵，顺流而东也，舳舻千里，旌旗蔽空，酾酒临江，横槊赋诗"，我们读后，曹操的英雄形象便立在了我们面前。其中的"横槊赋诗"，翻译成现代汉语就是：横执着长矛吟诗。其中的"横"，是将物体横向拿着的意思。毛泽东曾经赠给彭

> ◇ **知识拓展**
> 　苏轼的《后赤壁赋》不妨也找来看看。

德怀一首六言诗："山高路远坑深，大军纵横驰奔。谁敢横刀立马？唯我彭大将军！"这里的"横"也是这个意思。

　　唐朝诗人韦应物有一首题为《滁州西涧》的诗，共四句："独怜幽草涧边生，上有黄鹂深树鸣。春潮带雨晚来急，野渡无人舟自横。"宋徽宗

虽治国无方，但对绘画很擅长。由于自己擅长绘画，他便对技艺高超的画家很偏爱，曾多次出题目招考画工。据说有一次就是以韦应物这首诗的最后一句"野渡无人舟自横"为题。应试者有的画一空船系于涧边，有的画一鹭鸶立于船上，有的画一鸟落于船桨，等等。其中脱颖而出的一幅画作画的是：在郊野的一个渡口，随意漂浮着一只小船，船夫则卧于船尾在吹笛子……画家之意不在船中无人，而是以船夫的行为来暗示没有乘客。韦应物诗最后一句中的"横"，是随意漂浮的意思。

"横"除了前面的义项外，还可讲作"跟地面平行的"，如"横柯上蔽，在昼犹昏；疏条交映，有时见日"（《与朱元思书》）；讲作"遮断"，如"天姥连天向天横，势拔五岳掩赤城"（《梦游天姥吟留别》）；讲作"广远、宽阔"，如"衔远山，吞长江，浩浩汤汤，横无际涯；朝晖夕阴，气象万千"（《岳阳楼记》）。

## ✎ 实兵演练

据说宋徽宗招考画工，还有一次考题是"踏花归去马蹄香"，结果一个沁人心脾的"香"字难倒了多数来应考的人。还有一次考题为"深山藏古寺"，很多人画了丛山峻岭，又在深山坳里画了高高的古寺，宋徽宗认为"藏"字没有得以表现，也不中意。

现在就请你分别以"踏花归去马蹄香""深山藏古寺"为题，用优美的文字把画面描绘出来，前去"应考"。

第32日
王禹偁：廊坏空留响屐名，
为因西施绕廊行

**屐** 木头鞋

　　我们看电视、电影、画报等，知道日本妇女在婚庆、祭典等仪式上穿和服、着木屐，久而久之，印象中木屐似乎也就成了日本的国货。果真如此吗？现在，我们不妨循着木屐之声，回到遥远的过去看一看。

　　晋文公重耳当年流亡国外，途中又累又饿，可前不着村，后不着店，这可怎么办？这时，介子推给其端来了一碗热气腾腾的肉汤。吃完之后，重耳才知道肉汤中的肉是介子推从自己的大腿上割下来的。十九年之后，重耳返回晋国，成为晋国国君，即晋文公。晋文公按功封赏，却不见了介子推。原来，介子推去绵山隐居去了。怎样才能找到介子推，并让他下山呢？有人给晋文公出了放火烧山的办法。结果呢？介子推在一棵大树下给烧死了。重耳用这棵大树的木料制作了木屐，穿在脚上，让嗒嗒作响的木屐之声时时提醒自己不要忘了功臣介子推。刘敬叔《异苑》卷十中是这样说的："文公拊木哀嗟，伐而制屐。每怀割股之功，俯视其屐曰：'悲乎，足下！'"

> **◇文化常识**
>
> 　　晋文公重耳在介子推死后，还改绵山为介山，并立庙祭祀，下令在介子推遇难的这一天"寒食禁火"，举国上下不许烧火煮食，只能吃干粮和冷食。
>
> 　　古代的人们都非常崇敬介子推的气节，"寒食禁火"的习俗便被流传下来，形成了寒食节这个特殊的纪念节日。

吴王夫差得到越王勾践进献的天下第一美女西施后，命工匠造了一条"响屐廊"，让脚着木屐的西施在廊中翩翩起舞时脚下也能发出动听的声音。宋代诗人王禹偁还以此为题材写过一首诗，这就是《游灵岩山·响屐廊》："廊坏空留响屐名，为因西子绕廊行。可怜伍相终朝谏，谁记当时曳屐声。"

当年的孔夫子也穿过木屐。《太平御览》卷六九八引《论语隐义注》："孔子至蔡，解于客舍，入夜，有取孔子一只屐去，盗者置屐于受盗家。孔子屐长一尺四寸，与凡人异。"关于这只木屐的下落，《晋书·五行志》中说："惠帝元康五年闰月庚寅，武库火。张华疑有乱，先命固守，然后救火。是以累代异宝王莽头、孔子屐、汉高祖断白蛇剑及二百万人器械，一时荡尽。"看来，盗孔子木屐的人很有可能认为这木屐不同寻常，是值得珍藏的宝物。

南北朝时的山水诗人谢灵运，游山玩水爱到幽寂、高峻的地方。《南史·谢灵运传》中说："登蹑常着木屐，上山则去其前齿，下山去其后齿。"一次，他从始宁的南山到临海游览，一路上伐木开路，随从有数百人。临海太守还以为有山贼，之后知道是谢灵运，才放了心。到了唐朝，大诗人李白在《梦游天姥吟留别》中写道："脚著谢公屐，身登青云梯。"从此，谢公屐更是声名远播，无人不知了。

宋朝张端义《贵耳集》中说，苏轼被贬在儋耳的时候，最痛苦的事情就是没有书可读了。想一想，儋耳在现在的海南，宋朝时，这儿可是蛮荒之地。一天，他听说一个姓黎的人家中有几本柳宗元的书，不禁大喜。到了黎家，是"尽日玩诵"。一天下来，要走了，结果老天不作美，下起雨来了。他只好"借笠屐而归"。苏轼头戴斗笠，脚着木屐，行走在雨中，我们似乎听到了他"莫听穿林打叶声，何妨吟啸且徐行"的歌吟。

清朝曹雪芹《红楼梦》第四十五回中也提到过木屐。

（林黛玉）吟罢搁笔，方要安寝，丫鬟报说："宝二爷来了。"一语未完，只见宝玉头上戴着大箬笠，身上披着蓑衣。黛玉不觉笑了："哪里来的渔翁！"宝玉忙问："今儿好些？吃了药没有？今儿一日吃了多少饭？"一面说，一面摘了笠，脱了蓑衣，忙一手举起灯来，一手遮住灯光，向黛玉脸上照了一照，觑着眼细瞧了一瞧，笑道："今儿气色好了些。"

黛玉看脱了蓑衣，里面只穿半旧红绫短袄，系着绿汗巾子，膝下露出油绿绸撒花裤子，底下是掐金满绣的棉纱袜子，靸著蝴蝶落花鞋。黛玉问道："上头怕雨，底下这鞋袜子是不怕雨的？也倒干净。"宝玉笑道："我这一套是全的。有一双棠木屐，才穿了来，脱在廊檐上了。"

看来，木屐是我们中国的特产。至于日本妇女穿的木屐，则是唐朝时由前来留学的日本学生带回日本并流传至今的。

# 第33日

## 孙武：得大王宠姬二人，以为军队长，各将一队

姬　帝王的妾——美女——对妇女的美称——姓

孙武经伍子胥引荐，获得了吴王阖闾的会见。孙武每陈述一篇兵法，吴王阖闾便不由自主地叫好。后来，吴王阖闾问孙武："你的兵法可以小试一下吗？"孙武回答说："可以用您后宫的妇女小试。"吴王阖闾说："好吧！"孙武说："得大王宠姬二人，以为军队长，各将一队。"吴王阖闾答应后，便将三百名后宫妇女集合起来，让她们披甲戴盔，拿着剑、盾站好。孙武告诉了她们军法，让她们随着鼓声进退，左右回转，并且讲明了军队禁令，于是下令说："敲第一遍鼓，全体振作；敲第二遍鼓，拿起武器前进；敲第三遍鼓，摆出作战阵势。"听到这些，宫女们都捂着嘴笑。孙武亲自拿起鼓槌击鼓，三令五申，可宫女们仍旧嬉笑不已。孙武大怒，就下令将两个队长处斩。正在高台上观看演练的吴王阖闾看到孙武要动真的，便急忙派人阻止。孙武说："我已经受命为将领。根据将法，在军队之中，即便国君有命令，指挥官也可以不接受。"说完照斩不误。之后，孙武又击鼓指挥，这时宫女们是一切行动听指挥。孙武便向吴王阖闾报告说："士兵已经操练整齐，请大王检阅。现在这支部队就是要她们赴汤蹈火，也没有什么困难了。"（《吴越春秋·阖

闾内传》)

这里的"得大王宠姬二人，以为军队长，各将一队"，翻译成现代汉语就是：请允许我任命大王您宠爱的两个妾做队长，各带一队。其中的"姬"，是妾的意思。需要指出的是，一般人的妾不能叫姬，只有帝王的妾才叫姬。

范增曾经对项羽说："刘邦在函谷关以东时贪图财物，'好美姬'。现在，他进入了函谷关，什么财物都不取，美女也没亲近一个，看来他的志气可不小啊。我让人观望他那边的云气，竟然都呈龙虎状，五色斑斓，这是天子的瑞气呀。希望您赶快进攻消灭他！"（见高中课文《鸿门宴》，出自《史记》）

这里的"好美姬"，意思是喜好美女。其中的"姬"，是指美女。

"姬"除了前面的义项外，还是古时对妇女的美称，如"落花踏尽游何处？笑入胡姬酒肆中"（《少年行》）。正因为"姬"是对妇女的美称，所以有些女子的名字中常用"姬"字，如蔡文姬，她是东汉时期著名的文学家，她写的《胡笳十八拍》是中国文学史上的名篇。

"姬"还是姓。东汉许慎《说文解字》中说："黄帝居姬水，以为姓。"看来，"姬"是河流的名字，黄帝因为居住在这条河流附近，所以就将这条河流的名字当作了自己的姓。姬姓名人不少，比如颛顼、帝喾、后稷、周文王姬昌、周武王姬发、晋文公重耳、吴王阖闾、扁鹊、商鞅等。

# 第34日
# 子鱼：及其未既济也

**及**　等到——够、足——趁着——追上——到达——赶得上、比得上

春秋时的一天，公子宋和公子归生前往宫廷拜见郑灵公。二人走在路上，公子宋的食指忽然动了一下，就说："以往我遇到这种情况，一定可以尝到美味。"来到宫廷，这才知道楚国人献给了郑灵公一只鼋鱼。两人互相看着笑了起来。郑灵公问他们为什么笑，公子归生就把刚才的情况告诉了郑灵公。"及食大夫鼋"，郑灵公偏不给公子宋吃。公子宋非常生气，在盛鼋鱼的鼎里用手指蘸了蘸，然后放到嘴里尝了尝味道。郑灵公心想，做臣子的哪里有像公子宋这样目无君主的，于是要杀死公子宋。结果是郑灵公还没有动手，公子宋和公子归生就动手了。这样，因为一只鼋鱼，郑灵公丢了性命。(《左传·宣公四年》)

这里的"及食大夫鼋"，翻译成现代汉语就是：等到厨师将鼋鱼做好了，郑灵公赐给大夫们吃的时候。其中的"及"，是等到的意思。

子贡拜见齐景公，齐景公问子贡的老师是谁，子贡说是孔子。接着，齐景公又问孔子是否贤明，子贡回答说："我的老师是个圣人，何止是贤明。"景公步步紧逼，接着又问孔子的"圣"达到了什么程度。子贡回答说："不知道。"这一回答让景公大怒，说："刚才你还说他是圣人，现在

又说不知道，这是为什么？"子贡倒是不生气，他慢悠悠地说："我一辈子头顶着天，却不知道天有多高；我一辈子脚踩着地，却不知道地有多厚。至于我跟着孔老师学习，就好像渴了拿着水壶和勺子到江海边喝水，喝满肚子就走了，又怎么会知道江海有多深呢？"景公听后，笑着说："你对孔子的赞誉是不是太过分了？"子贡回答说："我怎么敢说过分的话，'尚虑不及耳'。我夸赞孔老师，就好比两手捧土往泰山上添，泰山不会有所增加，这是很清楚的。假使我不夸赞孔老师，就好比用两手挖泰山，泰山也不会有所减少，这也是很清楚的。"（《韩诗外传》卷八）

**实兵演练**

　　景公认为子贡对孔子的赞誉太过分了。你同意景公的观点吗？结合你对孔子的了解谈一谈。

这里的"尚虑不及耳"，翻译成现代汉语就是：就这还担心说得不够呢。其中的"及"，是够、足的意思。

春秋时，宋襄公和楚军在泓水交战。宋军已经摆开阵势，楚军还没有完全渡过泓水。子鱼说："敌方人多，我方人少，'及其未既济也'，请您下令进攻。"宋襄公说："不行。"楚军已经全部渡过泓水，但尚未排好阵势，子鱼再次请求宋襄公下令进攻。宋襄公还是回答不行。直到楚军已经摆好阵势，宋襄公才下令开始攻击。结果是宋军大败，宋襄公伤了大腿，他的卫士全被杀死。（《左传·僖公二十二年》）

这里的"及其未既济也"，翻译成现代汉语就是：趁着他们没有完全渡过泓水。其中的"及"，是趁着的意思。

"及"除了前面的义项外，还可讲作"追上"，如"怀王悔，追张仪，不及"（《史记·屈原贾生列传》）；讲作"到达"，如"及郡下，诣太守，说如此"（《桃花源记》）；讲作"赶得上、比得上"，如"桃花潭水深千尺，不及汪伦送我情"（《赠汪伦》）。

# 第35日
## 妻之族即撤去帷帐

**即** 靠近——立刻、马上——就——如果——即使

**作文课堂**

以"自古英雄出少年"为题作文，这则材料可以用。

唐朝时，有个打柴放牛的孩子名叫区寄。一天，有两个劫匪把他绑架了，想到集市上把他卖掉。劫匪喝酒后，一个前去集市找买主，另一个躺下来，把刀插在路上。区寄看他睡着了，就把捆绑自己的绳子靠在刀刃上用力地上下磨动，绳子断了，他便拿起刀杀死了那个劫匪。区寄逃出去没多远，那个去集市的劫匪回来了，又抓住了他，将他捆绑得更结实，然后想杀掉他。区寄急忙说："做两个主人的奴仆，哪里比得上做一个主人的奴仆呢？你如果真能保全我的性命并好好待我，无论怎么样都可以。"劫匪盘算了很久，心想："与其杀死这个奴仆，哪里比得上把他卖掉呢？与其卖掉他后两个人分钱，哪里比得上我一个人独吞呢？"到了半夜，区寄自己转过身来，"以缚即炉火烧绝之"，烧伤了手也不怕，又拿过刀来杀死了正在睡觉的劫匪。(《童区寄传》)

这里的"以缚即炉火烧绝之"，翻译成现代汉语就是：把捆绑他的绳子靠近炉火烧断。其中的"即"，是靠近的意思。我们熟知的成语"若即若离""可望而不可即"中的"即"，也是这个意思。无限靠近，也就与目标没有了距离，这样，"即位"也就是坐在了位子上。这可不是一般的位子，而是皇帝或诸侯的，所以"即位"指当皇帝或诸侯。即日，也就是当日；即夜，也就是当夜。

仍是唐朝时的故事。有个叫赵悰的学子，多次进京应试但一直没有中第。他的心思都放在苦读上，自然没有时间和精力挣钱养家。这样，他的家庭是越来越穷困。有一天，军中举行盛会，大将家里的人都搭起棚子观看。赵悰的岳父是洪

州大将，他的妻子自然也有资格前往观看。他妻子穿得又旧又破，让娘家族人很是看不起，竟至于用帷帐和她分隔开。盛会正热闹，观察使忽然派一小吏来喊赵悰的岳父，原来是观察使接到通知说赵悰已经高中。赵悰的岳父非常激动，从观察使那里一路跑回来，喊道："赵郎中第了！"听到这个消息，"妻之族即撤去帷帐"，拉着她坐在一起，并送给她首饰和衣服表示庆贺。（《玉泉子》）

这里的"妻之族即撤去帷帐"，翻译成现代汉语就是：妻子的族人立刻撤掉帷帐。其中的"即"，是副词，讲作"立刻、马上"。

名医华佗治病时，配制汤药不过用几味药，心里明了药物的分量、比例，用不着再称量，把药煮熟就让病人饮服，并告诉病人服药的禁忌及注意事项，药吃完后病就痊愈了。如果需要针疗，也不过扎一两个穴位，下针时对病人说："针刺感应应当延伸到某处，如果到了，告诉我。"当病人说"已经到了"，应声便

起针，病痛很快就痊愈了。如果病患结积在体内，扎针吃药都不能奏效，必须剖开或割去的，就饮服他配制的"麻沸散"，一会儿病人便如醉死一样毫无知觉，于是开刀后取出结积物。病患如果在肠中，就割除肠子患病部位，清洗伤口及感染部位，缝合刀口，用药膏敷上，四五天后病好了，不再疼痛，一个月之内"即平复矣"（《三国志·方技传》）。

这里的"即平复矣"，翻译成现代汉语就是：伤口就愈合复原了。其中的"即"为副词，讲作"就"。

"即"除了前面的义项外，还可表假设，讲作"如果"，如"即不幸有方二三千里之旱，国胡以相恤"（《论积贮疏》）；还可讲作"即使"，如"即捕得三两头，又劣弱不中于款"（《促织》）。

# 第36日
## 李德裕"呕令取之，须臾而至"

**呕** 再三——立即

勤政楼在长安兴庆宫的西南角。唐玄宗曾在这里设宴招待群臣。宴会结束后，玄宗并没有马上离开，而是放下帘子从后面向外观看。兵部侍郎卢绚以为皇上已经返回宫中，就拖着马鞭，放松缰绳，悠闲地从楼下走过。卢绚倜傥潇洒的风度，甚是迷人。玄宗不由得目送着他走远，当即问侍从道："这个人是谁呀？"侍臣答是卢绚，"帝呕称其蕴藉"。

按说，得到皇帝的赏识是天大的好事，但对卢绚来说却不是。原因就是当时的宰相是李林甫，他嫉贤妒能，专断独行。对于唐玄宗身边的宠臣，李林甫不仅了如指掌，而且都用金钱财物给买通了。因此，玄宗的一言一行，李林甫没有不知道的。唐玄宗赏识卢绚的消息，当天就报到了李林甫那里。

"你卢绚得到皇帝的赏识，那还了得！我还没有赏识你呢！再说，你也不是我的心腹！"这么一想，李林甫是计上心来。第二天，他派人叫来了卢绚的儿子，说："你父亲因为平日声誉好，现在南方又需要大才，皇上打算把交州、广州一带的管理重任委托给他，不知你父亲是否同意？如果怕到那里去，毕竟那里距离长安太远了，最好的办法是请求退休；不然，就做太子辅佐官，闲住洛阳，那也是优待贤能的职位。"李林甫真是口蜜腹剑，但不明就里的卢绚和他的儿子还觉得李林甫够意思：人家多关心咱啊！平日并没有什么交往，到了关键事上还给咱出谋划策。卢绚于是就请求做太子辅佐官。（《明皇杂录》）

这里的"帝亟称其蕴藉"，翻译成现代汉语就是：皇帝再三称赞他风度翩翩，魅力无穷。其中的"亟"，是再三的意思。

提到唐朝时的李德裕，因为"牛李党争"的缘故，可能无人不知。李德裕曾经两次出任浙西观察使。第一任结束的时候，他到甘露寺游玩，顺便和寺主告别，说："我奉皇帝的诏令西去进京，今天和您道个别。"两个人一边喝茶，一边交谈。对寺主非常敬重的李德

裕说："以前有个客人送给我一根筇竹杖，我就转送给您，当作告别礼物吧。"说完，"亟令取之，须臾而至"。这筇竹杖虽然是竹子的，却是方形的，笔直向上，很难得。

别后没有几年，李德裕第二次出任浙西观察使。上任仅仅三天，李德裕便到甘露寺拜访寺主。在和寺主交谈的时候，李德裕顺便问起了那根拄杖。寺主说："我一直将它当作宝贝呢。"李德裕请他拿出来看看。不拿则已，一拿出来，李德裕不禁吃了一大惊：原来寺主已经把它削圆，涂上漆了。李德裕回去后整整叹息了两天。原来，当年大宛国送了许多拄杖，只有这一根是方形的。唯因少，世所罕见，所以才更加珍贵。没有想到甘露寺的寺主竟然没有一点眼光和水平，竟将其削圆，这和一般的拄杖还有什么区别呢？没有了特点，珍贵又何在？（《桂苑丛谈》）

这里的"亟令取之，须臾而至"，翻译成现代汉语就是：立即让手下人去取，片刻工夫就送到了。其中的"亟"，是立即的意思。

第**37**日

庞涓恐其贤于己，疾之

疾 病——嫉妒——厌恶、憎恨——快、敏捷——强、猛

◇ **实兵演练**

陈子亢是用什么方法说服嫂子和总管的呢？

齐国大夫陈子车去世后，他的妻子和家中的总管商量着用人为他殉葬。陈子车的弟弟、孔子的学生陈子亢赶到后，嫂子对他说："夫子疾，莫养于下，请以殉葬。"陈子亢说："哥哥有病，应该有侍奉他的，谁能比得上嫂子和家中的总管呢？如果这件事可以取消，那我也愿意。如果不能取消，那我就想用您二位来殉葬了。"陈妻和总管一听，心中"咯噔"一下，脸都吓白了，再也不提殉葬的事情了。（《礼记·檀弓下》）

陈子亢嫂子的话，翻译成现代汉语就是：他老人家有病，在地下无人侍奉，希望能用人为他殉葬。其中的"疾"，是病的意思。我们熟知的"讳疾忌医"中的"疾"，也是病的意思。

◇ **作文课堂**

涉及"嫉贤妒能""做人要有宽广的心胸"的作文，都可以使用这则材料。

孙膑曾与庞涓一起学习兵法。后来，庞涓做了魏惠王的将军。"庞涓恐其贤于己，疾之"，便暗地里派人召见孙膑。孙膑到了魏国后，庞涓找了个罪名，剔掉了孙膑的膝盖骨并施以墨刑，想使他埋没于世不为人知。（《史记·孙子吴起列传》）能够做同学，这是多大的缘分啊！可庞涓心胸竟如此狭隘，连一个同学都

容不下。这样的人，即使有冲天的才能，怕是也难以成就大事。

　　这里的"庞涓恐其贤于己，疾之"，翻译成现代汉语就是：庞涓唯恐孙膑比自己有才能，嫉妒他。其中的"疾"，是嫉妒的意思。

　　春秋时，鲁国的季氏将要讨伐颛臾。季氏的家臣冉有、季路认为有必要将这个消息告诉自己的老师孔子。这天，他们来到了孔子的家中，对孔子说："季氏要对颛臾用兵了。"孔子一听，很不高兴，说："那颛臾地处鲁国境内，是鲁国的藩属国，为什么要讨伐它呢？"听老师这么一说，二人赶紧撇清季氏讨伐颛臾

和自己的关系，说："季氏要这么干，我们两个做臣下的都不愿意。"孔子没有直接反驳，只是说："如果盲人摇晃着要倒下却不去扶持，将要跌倒却不去搀扶，那么何必要用那个搀扶的人呢？"孔子还是不依不饶，于是冉有说："如今颛臾城墙坚固而且靠近季氏的封地，现在不夺取，后世一定会成为子孙们的忧虑。"孔子一听，更生气了，说："'君子疾夫舍曰欲之而必为之辞。'远方的人不归服，就修治文教德政来使他归服；已经使他们归附后，就要使他们安定下来。如今你们两人辅佐季氏，远方的人不归服却不能使他们来归顺，国家四分五裂却不能保持它的稳定统一，反而策划在境内兴起干戈。恐怕季氏的忧虑不在颛臾，而是在鲁国内部吧！"（《论语·季氏》）

　　这里的"君子疾夫舍曰欲之而必为之辞"，翻译成现代汉语就是：君子厌恶那些不肯说自己想要那样而偏要找借口的人。其中的"疾"是厌恶、憎恨的意思。

　　"疾"除了前面的义项外，还可讲作"快、敏捷"，如"或王命急宣，有时朝发白帝，暮到江陵，其间千二百里，虽乘奔御风，不以疾也"（《三峡》）；还可讲作"强、猛"，如"顺风而呼，声非加疾也，而闻者彰"（《荀子·劝学》）。

# 第**38**日
# 南史氏"闻既书矣"

**既** 完了、终了——已经——不久——既然

---

**◇ 思维体操**

"现在所有的州县都是驿站啊!"这话一针见血。刺史、县令将自己在州县任职的职位当作驿站,自然心思不会放在为百姓谋福利上。看来,调动频繁不是好事。

---

褒城驿站,其设施规模曾经号称天下第一,但后来荒凉破败,不堪入目。驿站官吏说:一年中到褒城驿站来歇宿的宾客都是暮来朝去,对驿站的设施哪有顾念爱惜之心呢?我们八九人,虽然也曾在供给来往者膳食的余暇用一小部分时间尽力修缮,但又怎能补救几十、几百人的破坏呢?

"语未既",有个老农在旁边笑了,说:现在所有的州县都是驿站啊!现在刺史、县令的任期,时间长的三年更换一次,时间短的一两年内更换两次,没有人安心建功立业,只想享受美酒佳肴,只想捞取金银钱财,然后调离,再到他处继续现在的生活。(《书褒城驿壁》)

这里的"语未既",翻译成现代汉语就是:话还没有说完。其中的"既",是完了、终了的意思。

---

**◇ 作文课堂**

涉及"实事求是""职业道德"的作文,这则材料可以用。

---

齐国的宰相崔杼杀死了齐庄公。他不允许太史在史书上写上"君弑"及"贼"这样的字眼。太史坚守职业道德,秉笔直书,写道:"崔杼弑其君。"崔杼一看,这还了得,于是便杀了太史。太史的弟弟接着记

载下这件事情。崔杼又杀死了他。按说，谁秉笔直书，谁就被杀死，该没有敢再秉笔直书的了。事实是有。太史还有一个弟弟呢。太史的这个弟弟又接着如实记录这件事情。崔杼一看，秉笔直书的人还真是杀不绝，只好放过太史的这个弟弟。有个南史氏，是太史的族人，听说太史兄弟都被杀死，就拿了竹简前来，要再写这件事情，"闻既书矣"，才返了回去。(《新序·节士》)

这里的"闻既书矣"，翻译成现代汉语就是：听说已经写了。其中的"既"，是已经的意思。我们熟知的"既来之，则安之""既往不咎"中的"既"，也是已经的意思。

楚成王把商臣立为太子，"既欲置公子职"。商臣听说了这件事但没有弄清，于是就对他师傅潘崇说："怎样查清这件事呢？"潘崇说："设宴招待您的姑姑江芈，但不要尊敬她。"太子接受了潘崇的建议。在宴会上，商臣的不礼貌终于激

◇ 思维体操

为了权力，亲情也不要了。宫廷内部斗争，异常残酷。

怒了江芈，江芈说："呸，下贱的东西！难怪你父王想废掉你而立职呢。"宴会结束后，商臣对潘崇说："事情得到证实了。"潘崇说："你能侍奉职吗？"商臣说："不能。""能做职的诸侯吗？"商臣说："不能。""能干惊天动地的大事吗？"商臣说："能。"于是，商臣就发动守卫宫殿的军队去攻打成王。成王走投无路，提了一个要求，就是吃过烤熟的熊掌再死，商臣不答应，于是成王只好自杀。(《韩非子·内储说下》)

这里的"既欲置公子职"，翻译成现代汉语就是：不久又想立公子职为太子。其中的"既"，是不久的意思。

"既"除了前面的义项外，还可讲作"既然"，如"每念上既如此，下何以堪"(《游黄山记》)；还可与"亦""且"等呼应，构成"既……亦……""既……且……"的格式，起到关联作用，如"有风既作飘摇之态，无风亦呈袅娜之姿"(《芙蕖》)、"三军既惑且疑，则诸侯之难至矣"(《孙子兵法·谋攻》)。

第 ㊴ 日

冯谖：长铗，归来乎！无以为家

**家** 家庭——指大夫统治的地方——指学术或艺术流派——掌握某种专门学识或有丰富实践经验及从事某种专门活动的人——谦辞——音"gū"，汉代关中地区对年长女子的尊称

◇ 思维体操

宰我是一个有独立思想的学生！

家，最为常用的义项就是指"家庭"。《韩非子·显学》中说："儒者破家而葬，服丧三年。"意思是儒家主张倾家荡产来举行葬礼，守孝三年。儒家的这种做法，不仅现在的我们无法接受，就是在当时，连孔子的学生宰我也表示无法接受。他对孔子说："现在规定子女为父母服丧三年，时间也太长了。在我看来，服丧一年就可以了。"孔子说："父母死后不满三年便吃那香喷喷的稻米饭、穿那华丽的衣服，你宰我心安吗？"宰我回答说："心安。"宰我的回答很出乎孔子的意料。孔子见说服不了宰我，不禁十分生气，就说："你心安，那么你就那样去做吧！"（《论语·阳货》）

◇ 实兵演练

冯谖不断向孟尝君提要求，其真实意图是什么呢？请思考。

齐国孟尝君有个门客叫冯谖，不断向孟尝君提要求。开始是倚着柱子用手敲着宝剑唱道："长铗，归来乎！食无鱼。"意思是，长长的宝剑啊，我们还是回去吧，吃饭也没有鱼。饭桌上有了鱼后，他又唱道："长铗，归来乎！出无车。"出门有了车后，他还是不满

足，又唱道："长铗，归来乎！无以为家。"所谓"无以为家"，意思是没有东西来养家庭。(《战国策·齐人有冯谖者》)

家，也指大夫统治的地方。孟子谒见梁惠王，梁惠王问道："老人家不远千里而来，也将有什么有利于我国吗？"孟子回答说："王曰，何以利吾国；大夫曰，何以利吾家；士庶人曰，何以利吾身。上下交征利，而国危矣。"(《孟子·梁惠王章句上》)这里的"家"，就是大夫统治的地方。孟子的意思是，如果不讲仁义，全国上下交相求利，陷入了利益的陷阱，那么国家就危险了。《论语·季氏》中有这样的句子："丘也闻，有国有家者，不患寡而患不均，不患贫而患不安。"其中的"家"也是指大夫统治的地方。

家，也指学术或艺术流派。贾谊在《过秦论》中谈到秦统一中国后实行专制统治时写道："于是废先王之道，焚百家之言，以愚黔首。"意思是废除先王治国之道，烧毁儒家、道家等众多流派的著作，以使老百姓愚昧无知。家，也指掌握某种专门学识或有丰富实践经验及从事某种专门活动的人，如专家、作家、科学家。家，也是谦辞，如对人称自己的父亲为家严或家父，对人称自己的母亲为家慈或家母，对人称自己的哥哥为家兄，等等。

东汉有一个著名的女史学家班昭。她的哥哥班固去世的时候，《汉书》还没有写完，班昭奉命续撰，直至完工。《后汉书》第八十四卷《列女传》中说："帝数召入宫，令皇后诸贵人师事焉，号曰大家。"这里的"家"，音"gū"。"大家"，是汉代关中地区对年长女子的尊称。班昭丈夫是曹世叔，所以她被称为曹大家。

第**40**日
## 孔子：人不堪其忧，回也不改其乐

**堪** 忍受、承受——容忍——能、能够

**◇ 思维体操**

孔子悲痛欲绝，一是因为颜回是他的得意弟子，师生感情特别深厚，二是因为白发人送黑发人，不该早走的却早走了。

在孔子众多的弟子中，有一个弟子可称为孔子的得意弟子，这就是颜回。孔子对颜回非常欣赏，简直就是赞不绝口。一次，他情不自禁地说："颜回真是了不起！饿了一碗饭，渴了一瓢水，住在陋室中，专心苦读诗书。'人不堪其忧，回也不改其乐。'颜回真是了不起！"（《论语·雍也》）后来，颜回先孔子而去，孔子悲痛欲绝，说："唉，这是老天要我的命啊！老天要我的命啊！"跟随孔子的人说："您太悲伤了！"孔子说："是太悲伤吗？我不为这个人悲伤，还为谁悲伤呢？"

这里的"人不堪其忧，回也不改其乐"，翻译成现代汉语就是：对一般人来说，面对不能忍受的清贫的生活，愁也愁不过来，哪里还有心思读书。可是颜回却感受不到愁苦，他感受到的是诗书带给他的快乐，他把所有的心思都放在诗书上了！其中的"堪"，讲作"忍受、承受"。我们熟知的"死生，昼夜事也，死而死矣；而境界危恶，层见错出，非人世所堪"（《〈指南录〉后序》）及"众不能堪，抶而仆之"（《五人墓碑记》）中的"堪"，也都讲作"忍受、承受"。

寤生和共叔段，一个是哥哥，一个是弟弟。寤生后来做了国君，就是郑庄公。虽然寤生做了国君，但他的母亲姜氏并不喜欢他，原因就是生他时不是顺产是难产。姜氏千方百计为共叔段争地盘、争权力。共叔段呢，则是野心膨胀，时刻觊觎着哥哥的宝座，想着发动武装叛乱取而代之。在共叔段命令西部和北部

边远之地名义上归郑庄公领导，实际上归自己领导的时候，大夫公子吕面见郑庄公，说："'国不堪贰，君将若之何？'如果您想将郑国交给共叔段，那么我请求前往服侍他；如果不想这样，那么请您下定决心，采取措施除掉他。"对共叔段的所作所为，郑庄公看在眼里，记在心里，想用欲擒故纵之计让共叔段先来个篡权大暴露，然后彻底剪除，只是作为国家最高机密没有声张而已。于是，他回答公子吕说："不用，他将自己走向灭亡！"（《左传·隐公元年》）

这里的"国不堪贰，君将若之何"，翻译成现代汉语就是：国家不能容忍国土两属的情况，您将对共叔段怎么办呢？其中的"堪"，讲作"容忍"。

东汉末年，军阀割据。汉献帝时，曹操为司空，独揽朝政；袁绍为大将军，督冀、幽、青、并四州。两人攻伐不已。一次，曹操在征讨袁绍前建造军事装备，剩下了几十斛竹片，这些竹片都是几寸长的，非常小。"众云并不堪用，正令烧除。"曹操不同意。他在考虑怎么利用这些竹片，认为可以用来制作竹盾牌，但没有把这话说出来。他派人速去问主簿杨修，杨修随即答复了来人，结果和曹操想法一样。大家都佩服杨修的聪明和悟性。（《世说新语·捷悟》）

这里的"众云并不堪用，正令烧除"，翻译成现代汉语就是：大家说不能用，正要烧掉。其中的"堪"，讲作"能、能够"。我们熟知的唐朝杜秋娘的"花开堪折直须折，莫待无花空折枝"、李商隐的"明珠可贯须

为佩，白璧堪裁且作环"，其中的"堪"，也是"能、能够"的意思。

明白了"堪"的这几个义项，我们常用的词语"不堪一击""不堪设想""堪称佳作"及我们熟悉的词句"多情自古伤离别，更那堪冷落清秋节"中的"堪"，也就能够知道其意思了。

第④日
## 刘禅：此间乐，不思蜀

乐 音"yuè"，音乐——音"lè"，快乐——音"lè"，喜爱

苏轼曾和他的儿子苏迈在一个有月亮的晚上游览石钟山。他在文章中写道：我们乘坐的船回到两山之间，将要进入港口，看到有块大石头正对着水的中央，上面可坐百来个人，中间是空的，而且有许多窟窿，把清风水波吞进去又吐出来，发出窾坎镗鞳的声音，同先前噌吰的声音相互应和，"如乐作焉"（《石钟山记》）。

这里的"如乐作焉"，翻译成现代汉语就是：好像音乐演奏。其中的"乐"，读"yuè"，是音乐的意思。

蜀国灭亡后，刘禅被封为"安乐公"，迁居魏国都城洛阳。在一次宴会上，司马昭当着刘禅的面故意安排表演蜀地的歌舞。刘禅的随从人员想到灭亡的故国都非常难过，而刘禅却欢乐嬉笑，无动于衷。司马昭看见这种情形就对贾充说："想不到刘禅竟糊涂到了这种地步，即使诸葛亮活到现在，也不能辅佐他，何况是不如诸葛亮的姜维呢！"贾充说："不是如此，您又怎么能吞并他呢？"后来，有一天司马昭问刘禅："住在洛阳，很思念故国吧？"刘禅回答说："此间乐，不思蜀。"（《三国志·蜀书·后主传》）

✎ 实兵演练

有人认为刘禅为了保全性命，是在装疯卖傻，你同意这个观点吗？

将刘禅的回答翻译成现代汉语就是：住在这里很快乐，不思念蜀国。其中的"乐"，读"lè"，是快乐的意思。

**实兵演练**

这里讲"男尊女卑"，这是生活在21世纪的我们不能接受的。

荣启期有人生三乐，你有几乐？说一说，和家人或同学交流一下。

荣启期是春秋时的隐士。一日，孔子在泰山游览，看见荣启期漫步在郕（音"chéng"）邑的郊外，穿着粗皮衣，系着粗麻绳，却一面弹琴、一面唱歌，十分快乐。孔子感到十分诧异，便问道："先生所以乐，何也？"荣启期回答说："吾乐甚多。天生万物，唯人为贵；而吾得为人，是一乐也。男女之别，男尊女卑，故以男为贵；吾既得为男矣，是二乐也。人生有不见日月、不免襁褓者，吾既已行年九十矣，是三乐也。"

他又说："贫穷是读书人的普遍状况，死亡是人的最终结果，我安心处于普遍状况，等待最终结果，还有什么可忧愁的呢？"孔子听后，说："说得好！你是个能够自己宽慰自己的人。"（《列子·天瑞》）孔子与荣启期对话中的"乐"（音"lè"），都是快乐的意思。

"智者乐水，仁者乐山"是大家耳熟能详的名句，出自《论语·雍也》，翻译成现代汉语就是：聪明的人喜爱水，有仁德的人喜爱山。其中的两个"乐"，读"lè"，都是喜爱的意思。

# 第42日
# 刺客：非君也，不类

类　种类——像——大抵——事例——类推

战国时的韩非是个讲故事的高手。在《五蠹》中，他说，宋国有一个农民，他种的田地中有一个大树桩子，这天有只野兔在田中飞奔，不小心撞到了树桩上，折断脖子死了。这个农民一看，不禁眉开眼笑，赶紧放下翻土的农具跑过去将野兔提起来。不用说，下午

◇ 作文课堂

在谈"变通"话题时，可以用守株待兔的故事作为反面材料。

收工回家后煮兔肉，晚上犒劳了全家一顿。第二天，这个农民刚要扛着农具下田，突然想到：扛农具干什么？不用扛了。今天去田里的树桩子旁守着，再有一只野兔撞上，全家就又有兔肉吃了。可农夫守候了一天，没有兔子从他的田中经过；又守候了一天，虽然有兔子从他田中经过，但并没有去撞树桩子。后来，一天天过去了，虽然这个农夫天天守候在树桩子前，但始终没有野兔再撞树桩子。再到后来，全宋国的人都知道了，这个农夫成为了笑谈。

韩非不仅是讲故事的高手，也是说理的高手。他在讲完守株待兔的故事后，说："今欲以先王之政，治当世之民，皆守株之类也。"用今天的话来说，就是：现在如果有谁要用先王的政治措施管理当今的人民，就都跟守株待兔的人属于同一种类，自然是一样可笑。其中的"类"，讲作"种类"。"王之不王，是折枝之类也"（《孟子·梁惠王上》）、"梨栗枣柿之类"

《训俭示康》）中的"类"，也是这个意思。

再讲一个春秋时期的故事。一天，齐襄公外出打猎，和一头大野猪相遇。随从的人说："这是过去被您杀死的公子彭生。"齐襄公很愤怒，说："彭生怎么敢出来见我？"用弓箭射它，它却像人一样站立了起来啼哭。野猪竟然站了起来，并且还在啼哭，这可是从来没有见过的。齐襄公非常害怕，从车上掉了下来，跌伤了脚，丢了鞋子。回去之后，齐襄公先是责备主管服饰的徒人费工作不尽心，后来又要他把丢失的鞋子找回来。徒人费去找了半天，也没有找到齐襄公丢失的鞋子。这下，齐襄公更生气了，便用鞭子抽打他，直抽得他鲜血直流才罢休。徒人费出去的时候，在门口遇到了前来刺杀齐襄公的人。刺客将徒人费劫持后捆了起来，徒人费说："我为什么要抵抗呢？"他解开衣服，袒露出后背给刺客看身上的伤痕，说明了被打的因由，表示愿意协助刺杀齐襄公。刺客相信了他。徒人费请求先进宫摸清情况。进宫后，徒人费将齐襄公藏了起来，便出宫与刺客搏斗，最后死在宫门里。齐襄公的近侍石之纷如死在了王宫的台阶下面。于是，刺客进入宫中，将近侍孟阳杀死在床上。刺客说："非君也，不类。"（《左传·庄公八年》）

最后一句翻译成现代汉语就是：这不是君王，不像。其中的"类"，讲作"像"。"予观雁荡诸峰，皆峭拔险怪，上耸千尺，穷崖巨谷，不类他山"（《梦溪笔谈·雁荡山》）、"拾视之，非字而画：中绘殿阁，类兰若"（《促织》）及成语"画虎不成反类犬"中的"类"，也讲作"像"。

贾谊是西汉著名的政论家，他在著名的《治安策》中写道：移风易俗，使天下人心归向正道，"类非俗吏之所能为也"。平庸的官吏所能做的，只在于写写公文、收收钱财，不懂得治国的根本。陛下您又不为此感到忧虑，我私下为陛下您感到惋惜。

这里的"类非俗吏之所能为也"，翻译成现代汉语就是：大抵不是平庸的官吏能够做到的。其中的"类"讲作"大抵"。"近岁风俗尤为侈靡，走卒类士服，农夫蹑丝履"（《训俭示康》）中的"类"，也是这个意思。

　　"类"除了前面的义项外，还可讲作"事例"，如"其称文小而其指极大，举类迩而见义远"（《史记·屈原贾生列传》）；讲作"类推"，如"义不杀少而杀众，不可谓知类"（《墨子·公输》）。

## 第**43**日
## 宋玉：其曲弥高，其和弥寡

**弥** 长、久——满——越发、更加

◇ **思维体操**

不管怎么说，太子丹对朋友还是讲义气的。可以说，樊於期来投奔太子丹，没有看错人。

战国末年，秦国即将统一天下。它在灭韩亡魏之后，又兵临易水，直逼燕国。怎样才能挽救危局？燕太子丹殚精竭虑。就在这个时候，秦国大将樊於期因得罪秦王逃到了燕国，太子丹收留了他。这下可急坏了身负辅佐之责的太傅鞠武，鞠武希望太子丹赶快将樊於期打发到匈奴去，让秦王找不到攻打燕国的借口，同时联合西边的三晋和南边的齐、楚，北边和匈奴讲和，以稳定局势，从长计议，对付秦国。太子丹否定了太傅的建议，说："您的计策'旷日弥久'，我心里忧闷不堪，怕是不能等待了。至于樊将军，他处境艰难，无处安身，才前来投奔，我不能因为有强秦的威逼而抛弃可怜的朋友。希望太傅另想法子吧。"在这种情况下，鞠武向太子丹推荐了智勇双全的田光。太子丹前往拜访，田光又推荐了荆轲。(《战国策·燕太子丹质于秦亡归》)这样，也就有了大家熟知的荆轲刺秦王的故事。

这里的"旷日弥久"，"旷日"的意思是耗费时日，"弥久"的意思是长久。其中的"弥"与"久"构成同义复词，都是"长、久"的意思。

西汉汉武帝时期，苏武奉命出使匈奴，被扣留十九年。在被扣留期间，卫律前来劝降说："苏先生，卫律我以前背叛汉朝归降匈奴，单于给我封号，让我称王，'拥众数万，马畜弥山'。在匈奴，富贵到这个地步的，也没有几人。苏先生今天归顺匈奴，明天仍然可以和我一样享受荣华富贵，多好的事情啊！"面对卫律的富贵引诱，对祖国一片忠诚的苏武毫不动心。（《汉书·李广苏建传》）

> **◇ 思维体操**
>
> 苏武不仅做到了富贵不能淫，而且做到了威武不能屈、贫贱不能移，确实是有骨气的伟丈夫！

这里的"拥众数万，马畜弥山"，翻译成现代汉语就是：拥有民众数万，马牛畜类满山。其中的"弥"，讲作"满"。

姜夔的《扬州慢·淮左名都》词前有一段小序，是这样写的：

> 淳熙丙申至日，予过维扬。夜雪初霁，荠麦弥望。入其城，则四顾萧条，寒水自碧，暮色渐起，戍角悲吟。予怀怆然，感慨今昔，因自度此曲。千岩老人以为有"黍离"之悲也。

> **◇ 文化常识**
>
> 姜夔多才多艺，能写一手好词，也能创制词牌。

所谓"荠麦弥望"，也就是：放眼望去，满眼都是荠菜和野生的麦子。其中的"弥"，也讲作"满"。

宋玉是屈原的学生，有着一流的口才。一次，他和楚王刚见面，楚王就按捺不住心中的不满，责备宋玉说："你是不是在德行方面有严重问题啊？为什么士人和百姓都对你指指点点、议论纷纷呢？"

宋玉回答说："大王您说得对！确实是有这个事情。"

楚王心想：你宋玉不是本事比谁都大，整天翘着尾巴不知道自己姓什么吗？今天面对这么多大臣，看你的脸往哪儿放！

宋玉接着说："希望大王您能够宽恕我的罪过，让我把话说完。"

楚王回答说："好！这点肚量我还是有的，你说吧！"

宋玉说："有一个在国都里歌唱的人，起初唱通俗的《下里》《巴人》，随着唱的有几千人，可以说人山人海，那个场面真可谓壮观！后来，他唱稍微高深的《阳阿》《薤露》，随着他唱的有几百人，其他人都走了。再后来，他唱更为高深的《阳春》《白雪》，一些人一

> **◇ 作文课堂**
>
> 这是宋玉的自我辩护。这辩护，不动声色，是巧妙艺术！

101

听便走了，随着他唱的不过几十人而已。这说明什么问题呢？就八个字："其曲弥高，其和弥寡。'"(《对楚王问》)

这里的"其曲弥高，其和弥寡"，翻译成现代汉语就是：那歌曲越发高级，那跟着唱和的人就更加少。其中的"弥"，讲作"越发、更加"。"然则诸侯之地有限，暴秦之欲无厌，奉之弥繁，侵之愈急"(《六国论》)中的"弥"，也讲作"越发、更加"。

与"弥"有关的成语如"弥天大谎""欲盖弥彰"，有关的名句如"仰之弥高，钻之弥坚"，都是我们熟悉的，其中的"弥"是什么意思呢？大家不妨思考一下。

## 第44日
## 门客：臣非知君，知君乃苏君

**乃** 你的——是——就、于是——竟、却、反而——只、仅仅——才

南宋爱国诗人陆游在临终之时，仍念念不忘收复中原。他在《示儿》一诗中写道："死去原知万事空，但悲不见九州同。王师北定中原日，家祭无忘告乃翁。"所谓"家祭无忘告乃翁"，意思是：在家中祭奠的时候，不要忘了将这喜讯告诉你的父亲。这里的"乃"，讲作"你的"。

战国时，苏秦合纵成功后，害怕在各诸侯国没有准备好的情况下秦国发起攻击，导致合纵失败。这时，他想起了老朋友张仪，想让张仪去秦国进入高层，左右秦国大政方针，从而保护各诸侯国的安全。于是，苏秦对他的一个门客说："张仪是天下最有才能的人，我大概比不上他。能够掌握秦国权力的，只有张仪才行。然而，他很贫穷，没有进身之阶。我担心他满足于小的利益而不能成就大的功业，所以曾把他召来羞辱他，目的是想激发他的意志。您替我暗中侍奉他吧！"

自此之后，凡是张仪需要的，比如金钱、财物和车马，都能从这个门客这里得到满足。终于，张仪得到机会拜见了秦惠文王，并被重用。这时，苏秦派来的门客要告辞离去，张仪很不理解，问道："依靠您鼎力相

**实兵演练**

苏秦主张合纵，张仪主张连横。民间流传着许多关于苏秦、张仪的故事，将你知道的给大家讲几个，怎么样？

助,我才得到显贵的地位,正要报答您的恩德,您为什么要走呢?"门客回答说:"'臣非知君,知君乃苏君。'苏先生担心秦国攻打赵国,破坏合纵联盟,认为除了您没有谁能掌握秦国的大权,所以故意羞辱您,之后又派我暗中供您钱财。如今先生已被重用,请让我回去复命吧!"张仪说:"哎呀,这些权谋本来都是我研习过的,而我却没有领悟,我没有苏先生高明啊!苏先生当权,我张仪哪里有攻打诸侯国的能力呢?请替我感谢苏先生!"(《史记·张仪列传》)

这里的"臣非知君,知君乃苏君",翻译成现代汉语就是:我并不了解您,真正了解您的是苏先生。其中的"乃",讲作"是"。

宋朝胡仔《苕溪渔隐丛话》中说,唐朝诗人崔颢有一首诗名为《题武昌黄鹤楼》:"昔人已乘黄鹤去,此地空余黄鹤楼。黄鹤一去不复返,白云千载空悠悠。晴川历历汉阳树,芳草萋萋鹦鹉洲。日暮乡关何处是?烟波江上使人愁。"后来,李白来到黄鹤楼,有人要他题诗,他说:"眼前有景道不得,崔颢题诗在上头。"认为崔颢将黄鹤楼的景致写尽了,自己再也没的写。说归说,但他内心还是想与崔颢比高低,"乃作《登金陵凤凰台》诗"。

"乃作《登金陵凤凰台》诗"中的"乃"讲作"就、于是"。

仍是《苕溪渔隐丛话》记载,北宋《梦溪笔谈》的作者沈括对唐朝诗人杜甫《古柏行》中的"霜皮溜雨四十围,黛色参天二千尺"很有看法,他认为这古柏四十围粗、二千尺高,也太粗太长了。胡仔认为杜甫只是夸张地来说古柏之高之大罢了。他说:"诗人之言当如此。而存中乃拘以尺寸校之,则过矣。"

"存中"是沈括的字。这里的"乃"讲作"竟、却、反而"。

"乃"还可讲作"只、仅仅",如"项王……至东城,乃有二十八骑"(《史记·项羽本纪》);还可讲作"才",如"赵王送璧时,斋戒五日,今大王亦宜斋戒五日,设九宾于廷,臣乃敢上璧"(《史记·廉颇蔺相如列传》)。

第**45**日
宋弘：臣闻贫贱之知不可忘，
糟糠之妻不下堂

**贫** 生活困难——缺乏、不足——谦称

"贫"是个会意字，上面是"分"，下面是表示货币的"贝"。东汉许慎《说文解字》中说："贫，财分少也。"财物因分而少，生活自然困难，这是贫的本义。

邯郸淳《笑林》中有个故事，说有一个"贫居"的楚国人，读了《淮南方》，得知螳螂捕捉知了时用一片树叶把自己遮蔽起来，就可以隐形，使知了看不到自己，便认为这片树叶十分神奇。于是，当看见螳螂用树叶遮蔽自己捕捉知了的时候，他便把这片树叶摘了下来，携带着跑到街上去当着别人的面偷东西，结果给人抓住送到衙门去了。故事开头的"贫居"，也就是生活困难，甚至是到了吃了上顿无下顿的地步。因为这样，才有了他后来的异想天开。

《孔雀东南飞》中写刘兰芝被休回家后，县令派媒人来提亲，她的母亲说："贫贱有此女，始适还家门。不堪吏人妇，岂合令郎君？"宋濂在《送东阳马生序》中谈到自己年轻求学时说："家贫，无从致书以观，每假借于藏书之家，手自笔录，计日以还。"这两处中的"贫"，也是指生活困难。当然，刘兰芝母亲说的"贫贱"，也是谦辞。

东汉皇帝刘秀的姐姐湖阳公主死了丈夫，想找个合适的人再嫁。一次和刘秀闲聊，她极力夸赞大臣宋弘。急姐姐之急的刘秀便召见宋弘，并让湖阳公主躲在屏风后听他们二人谈话。刘秀说："有句谚语说：'地位显贵了，就要换朋友；家庭富裕了，就要换老婆。'这也是人之常情吧？"宋弘答道："臣闻贫贱之知不可忘，糟糠之妻不下堂。"意思是贫困时交的朋友不能忘记，贫困时共患难的妻子不能休弃。刘秀听后，回头对姐姐说："看来是没希望了。"显然，这里的"贫"，仍是生活困难的意思。

> ✎ **思维体操**
>
> 宋弘不喜新厌旧，不见异思迁，忠于妻子，品质高尚。

说到这里，有人可能要说，穷和贫该是一个意思。我要说的是，在文言文中，虽然穷也有生活困难的意思，但一般情况下，表达这个意思用贫。穷呢？常用来表达不得志的意思。

生活困难是因为缺少衣食财物。由此，贫又引申出"缺乏、不足"的义项，如贫血、贫瘠、贫矿等。

至于贫道、贫僧，则是出家人的谦称。吴承恩《西游记》写唐僧师徒去西天取经，来到一座大山中，孙悟空用金箍棒画了一个圈，让沙僧、猪八戒在其中保护好师父唐僧，自己去采些果子来给大家充饥。他刚走，白骨精就来了。书中写道：

> ✎ **实兵演练**
>
> 汉语中谦称不少，就你知道的和大家说一说，交流一下。

那女子笑吟吟，忙陪俏语道："师父，我丈夫在山北凹里，带几个客子锄田。这是奴奴煮的午饭，送与那些人吃的。只为五黄六月，无人使唤，父母又年老，所以亲身来送。忽遇三位远来，却思父母好善，故将此饭斋僧。如不弃嫌，愿表芹献。"

三藏道："善哉，善哉！我有徒弟摘果子去了，就来，我不敢吃；假如我和尚吃了你饭，你丈夫晓得，骂你，却不罪坐贫僧也？"

"却不罪坐贫僧也"，"坐"即因为。这句话的意思是：难道不会因为我而怪罪你？这里，唐僧称自己为贫僧，就是谦称。

## 第46日
# 陶渊明：亲戚或余悲，他人亦已歌

**戚** 斧，一种兵器——忧愁、悲伤——和自己有姻亲的人

《诗经·大雅·公刘》写古代周部族的杰出首领公刘由邰（音"tái"）迁豳（音"bīn"）开疆创业，其中第一小节写公刘领导人民勤劳耕作，将丰收的粮食制成干粮，一袋一袋包装起来，然后拿着武器，向豳地浩浩荡荡进发。拿的什么武器？干戈戚扬。这是四种兵器，其中"戚"是斧的一种。

陶渊明有两句有名的诗也涉及"戚"，这就是："刑天舞干戚，猛志固常在。"（《读山海经》）刑天因和天帝争权，失败后被砍去了头埋在常羊山，但他不甘屈服，以两乳为目，以肚脐当嘴，仍然挥舞着盾牌和板斧，刚毅的精神始终存在。

《韩非子·五蠹》也涉及"戚"，其中记载：在舜当政的时候，三苗部落不驯服，禹主张用武力去讨伐，舜说："不行。我们推行德教还不够深就动用武力，不合乎道理。"于是便用三年时间加强德教，"执干戚舞"，三苗部落终于归服了。这里的"执干戚舞"，翻译成现代汉语就是：拿着盾牌和板斧跳舞。

三国时，曹魏大臣王经年少时家境贫寒，后来做官做到二千石的职位时，他母亲对他说："你本来是贫寒人家的子弟，现在做到二千石这么大的官，这就可以止步了吧！"王经没有采纳母亲的意见，后来担任尚书，辅佐魏国，不忠于司马氏，被逮捕了。当时，他流着泪辞别母亲说："我没有听从母亲您的教导，以至有今天这样的下场！"按说，作为母亲这个时候应该很悲伤才是，可王经"母都无戚容"，对他说："做儿子能够做到孝顺，做臣子能够做到忠君。现在你有孝有忠，有什么对不起我的地方呢！"（《世说新语·贤媛》）

这里的"母都无戚容"，翻译成现代汉语就是：母亲没有一点悲伤的表情。其中的"戚"，是忧愁、悲伤的意思。

春秋时，晋国宗室姬谈的儿子公子周来到周室，侍奉单襄公。他站不歪身，目不斜视，听不侧耳，言不高声。谈到敬必定连及上天，谈到忠必定连及心意，谈到信必定连及自身，谈到仁必定连及他人，谈到义必定连及利益，谈到智必定连及处事，谈到勇必定连及制约，谈到孝必定连及神灵，谈到计必定连及同僚。"晋国有忧未尝不戚"，有喜庆他总是为之高兴。

单襄公从公子周的表现推断他前途不可限量，叫来儿子顷公嘱咐说："你一定要好好对待公子周，他将来会成为晋国的国君。"

单襄公的推断很准确。晋厉公被杀后，晋人迎回公子周立为国君，这就是后来挟天子而令诸侯、和戎狄以征四方、称霸天下的晋悼公。（《国语·周语下》）

这里的"晋国有忧未尝不戚"，翻译成现代汉语就是：晋国有忧患，他未曾不忧愁悲伤。其中的"戚"，也是忧愁、悲伤的意思。

"戚"，也指和自己有姻亲的人，如"亲戚或余悲，他人亦已歌。死去何所道，托体同山阿"（《挽歌诗》），再如"臣所以去亲戚而事君者，徒慕君之高义也"（《史记·廉颇蔺相如列传》）。

# 第47日
# 期我乎桑中，要我乎上宫

**期** 音"qī"，约定——音"jī"，周（年、月）——音"qī"，希望——音"qī"，预定的时间——音"qī"，选定的时间——音"qī"，期限

齐桓公准备了丰盛的酒宴，和大臣们"期以日中"。还没有到正午，大臣们一个接一个陆续来了，唯独不见管仲的身影。管仲哪里去了？难道忘记了正午的宴会？齐桓公正想着，管仲来了。

管仲还没有落座，齐桓公便举起了一杯酒让他喝。管仲知道这是罚酒——罚自己最后一个来到。"好，我喝，我喝。"管仲一边说着，一边喝酒，但只喝了一半就不喝了。

齐桓公责备说："约好正午咱们君臣同乐，可你左等不来、右等不来，不该按规矩罚酒一杯吗？你端起酒杯，只喝了一半就不喝了，在礼节上讲得过去吗？"

管仲回答说："我听说将酒喝进嘴中，舌头就伸出来了；舌头一伸出来，说话就会有失误；说话有失误，自身就会被人抛弃。我想，被人抛弃不如抛弃美酒。"（《说苑·敬慎》）

这里的"期以日中"，翻译成现代汉语就是：约定在正午赴宴。其中的"期"，音"qī"，讲作"约定"。

《诗经》中的《桑中》是一首爱情诗，写得轻松、活泼、欢快，其中三句是："期我乎桑中，要我乎上宫，送我乎淇之上矣。"用今天的话来说就是：和我约定在青翠的桑林中相会，邀我去逛熙熙攘攘的庙市，送我一程又一程，直到清清的淇水边。其中的"期"，也是约定的意思。

齐桓公为了广招贤士，在院子中设置了照明的火炬。遗憾的是，过了一整年也没有贤士前来。是有什么地方做得不够好吗？齐桓公想。正想着，一个能够背诵小九九表的村民来请求拜见。齐桓公一听，很是生气，派人对他说："凭着能够背几句乘法口诀就可以让君王接见吗？"这个村民说："我并没有希望只凭背几句乘法口诀就让君王接见。我听说君王在院子中设置火炬来接待贤士，可是过去了一整年也没有来的。之所以没有来，是因为都认为自己无论是德还是才都赶不上君王。现在如果仅凭我能够背几句乘法口诀，君王便对我以礼相待，天下贤人听说了，又怎么不会都争先恐后地来齐国呢？"这个村民的话折服了齐桓公，齐桓公以礼接待了他。消息传开去，"期月"，各处的贤士便纷纷涌向齐国了。(《韩诗外传》卷三)

这里的"期月"，翻译成现代汉语就是：过了一整月。其中的"期"，音"jī"，讲作"周（年、月）"。我们熟知的"期年之后，虽欲言，无可进者"（见初中课文《邹忌讽齐王纳谏》，出自《战国策》）中的"期"，也是这个意思。

《吕氏春秋·察今》在谈到治理国家，需要不务虚名，追求实效时，说："良剑期乎断，不期乎镆铘；良马期乎千里，不期乎骥骜。夫成功名者，此先王之千里也。"用现在的话来说就是："对于一把好剑而言，希望的是它能够削铁如泥，切断东西，不希望它只有镆铘之名；对于一匹好马而言，希望的是它能够奔跑如飞，日行千里，不希望它只有骥骜之名。一句话，只要能够成就功名，不管是什么法令制度，就都是先王梦寐以求的千里马。"其中的"期"出现了四次，都讲作"希望"，音"qī"。

"期"除了前面的义项外，读"qī"时，还讲作"预定的时间"，如
"会天大雨，道不通，度已失期"（《史记·陈涉世家》）；讲作"选定的时
间"，如"吾誓与城为殉，然仓皇中不可落于敌人之手以死，谁为我临期
成此大节者"（《梅花岭记》）；讲作"期限"，如"业根，死期至矣！而翁
归，自与汝复算耳"（《促织》）。

第48日
谢玄：譬如芝兰玉树，欲使其生于
阶庭耳

**其** 人称代词（他、她、它、他的、她的、它的等）——人称代词（我、我的）——指示代词（那、那个、其中的）——副词（难道、大概等）——连词（如果、还是等）

东晋著名政治家谢安，一次问他的子侄们："长辈们为什么总想使晚辈成为优秀人才？"大家都没有说话，谢玄回答道："譬如芝兰玉树，欲使其生于阶庭耳。"（《世说新语·言语》）

谢玄的话翻译成现代汉语就是：这好比芝兰玉树，虽然没有什么用，但人们都想把它们种植在自己的庭院里。其中的"其"，为代词，代芝兰玉树，可译为"它们"。

顾恺之画人物，曾经几年不画眼睛。"人问其故"，他回答说："四肢丑俊本无关要害，人物的生动逼真，恰好在眼睛上。"（《历代名画记》）

✒ **作文课堂**

写作描写人物，抓住眼睛的特点来写，能够让人物更加生动形象。比如鲁迅的《祝福》就是抓住了祥林嫂的眼睛加以描绘。

这里的"人问其故"，翻译成现代汉语就是：有人问他不画眼睛的原因。其中的"其"，讲作"他"。

政和年间，宋徽宗建立画院，招收许多著名画家，考试时常用唐朝诗人诗句为画题。一次，用的是"竹锁桥边卖酒家"，多数画家都朝酒家上用工夫，独有李唐被录取，原来他只在桥头竹外挂一酒旗，"上喜其得锁字意"（《南宋院画录》)。

这里的"上喜其得锁字意"，翻译成现代汉语就是：宋徽宗喜爱他画出了"锁"字的意思。其中的"其"，也讲作"他"。

从前有一对夫妇，有三块饼。丈夫和妻子共同分配，各自吃一块，剩下的一块，他们一起约定道："如果有谁说话了，就不给他饼。"不一会儿，有贼进入家中偷盗，窃取他们的财物，一切东西都落入了盗贼的手中。夫妇二人由于有先前的约定，眼看着都不说话。盗贼看见他们都不说话，就当着丈夫的面调戏他的妻子。"其夫眼见，亦复不语。"妻子于是呼喊有贼，又对她的丈夫说道："你怎么这么傻啊，为了一块饼，看见贼都不喊！"她的丈夫拍手笑道："咄！你这个妇人，我肯定得到这块饼了，不会再给你了。"(《百喻经》)

这里的"其夫眼见，亦复不语"，翻译成现代汉语就是：她的丈夫亲眼看见，也不说话。其中的"其"，是代词，可译为"她的"。

王安石曾经和人同游褒禅山。他们打着火把走进后洞，进去越深，前进越困难，而所见到的景象越奇妙。这时，有人说："再不出去，火把就要熄灭了。"大家便退了出来。对这件事情，王安石很有感慨。他认为，要想欣赏到"常在于险远"的"世之奇伟、瑰怪、非常之观"，需要具备三个条件，就是志向、体力、外物的帮助。谈到志向，王安石说："尽吾志也而不能至者，可以无悔矣，其孰能讥之乎？"翻译成现代汉语就是：尽了自己的主观努力而未能达到，便可以无所悔恨，难道谁还能讥笑吗？其中的"其"，是副词，表示反诘，可译为"难道"。

明初宋濂曾为同乡、浙江东阳县青年马君则写过一篇文章《送东阳马生序》。在这篇文章中，作者生动而具体地描述了自己借书求师之难、饥寒奔走之苦，并与太学生优越的条件加以对比，在此基础上，作者议论道："其业有不精、德有不成者，非天质之卑，则心不若余之专耳，岂他人之过哉？"

作者的议论翻译成现代汉语就是：太学生们如果学业有所不精通、优秀品德有所未养成的，如果不是天赋、资质低下，就是用心不如我这样专一，难道可以说是别人的过错吗？这里的"其"，表假设，翻译为"如果"。

　　"其"作为代词，除了用作第三人称，还可以活用为第一人称，翻译为"我""我的"；还可以用作指示代词，翻译为"那""那个"或"其中的"；作为副词，除了表示反诘，翻译为"难道"外，还可以表示测度、婉商、期望等语气，依次翻译为"大概""可要""还是"等；作为连词，除了表示假设外，还可以表示选择，这时可以翻译为"还是"。

# 第49日
# 若使琵琶能结子，定教喇叭也开花

**若**　好像——你——赶得上——如果

初唐四杰之一的王勃《送杜少府之任蜀州》中最脍炙人口的句子是"海内存知己，天涯若比邻"，意思是只要四海之中有知心朋友，那么这个人即使远在天涯海角，也好像亲密的近邻。其中的"若"是好像的意思。名言"大直若屈，大巧若拙，大辩若讷"（《老子》）中的三个"若"以及成语"安之若素""旁若无人""置若罔闻""门庭若市"中的"若"，也都是好像的意思。

焦循《剧说》中说，明朝吴县有个打柴的人，常常因为义愤而激动。打柴人曾经背着木柴到剧场看《精忠传》。"秦桧"上场后，打柴人跳上舞台，将"秦桧"摔倒痛打，"秦桧"被打得鲜血直流差点死去。打柴人说："'若为丞相'，奸诈到这样，不打死还等什么！"众人说："这是演戏啊，不是真正的秦桧。"打柴人说："我也知道是演戏，所以痛打。如果是真秦桧，就用我砍柴的斧头砍了！"

> ✎ **实兵演练**
> 你会怎样评论这个打柴人呢？

这里的"若为丞相"，翻译成现代汉语就是：你作为丞相。其中的"若"，讲作"你"，为第二人称代词。

《邹忌讽齐王纳谏》中说，徐公是齐国的美男子，一天，邹忌家来了客人，邹忌问客人自己和徐公谁美，这个客人回答说："徐公不若君之美也。"意思是：徐公赶不上你美。这里的"若"，是赶得上的意思。

《列子·汤问》中有一篇《愚公移山》，说愚公带着子孙挖山，想把家门口的太行、王屋两座大山移走，河曲的智叟见了，制止道："你真是太傻了！凭你这把老骨头，连大山的一根毫毛都动不了啊！"愚公回答道："汝心之固，固不可彻，曾不若孀妻弱子。"

愚公的话翻译成现代汉语就是：你真是顽固，顽固得不可开窍，竟然赶不上寡妇和小孩子。这里的"若"，也是赶得上的意思。

✎ 实兵演练

疏远小人，说起来容易，做起来困难。小人能说会道，往往能够抓住人的软肋，让人奈何不得他。那么，怎样才能做到疏远小人呢？请说说看。

唐朝刘餗在他的《隋唐嘉话》中记载了一件事。唐太宗曾经站在一棵树下面，说："这是一棵好树。"善于逢迎拍马的宇文士及跟着赞美这棵树，简直是说不完的好。唐太宗严肃地说："魏征常常劝谏我疏远巧言献媚的人，我不知道这样的人是谁，心里常常猜疑是你，却没有弄清楚。今天终于得到验证了。"宇文士及听后，赶紧叩头认罪，他说："南衙群官面折廷争，陛下尝不得举手。今臣幸在左右，若不少有顺从，陛下虽贵为天子，复何聊乎？"唐太宗听宇文士及这么一说，刚才的怒气也就消散了。

宇文士及的话翻译成现代汉语就是："南衙的官员们在朝廷上当面指摘过失，争论意见，使您曾经不能任意行动。现在我有幸在您身边，如果不稍微顺从一些，您虽然是尊贵的天子，又有什么意思呢？"看来，这里的"若"是表假设，可译为"如果"。

过去某塾师教学生写千字文，把其中的"枇杷晚翠"写成了"琵琶晚翠"。这个学生的家长知道后，便写了一首诗，要孩子交给塾师。这首诗为：

"枇杷"不是此"琵琶"，

想是当年识字差。

若使琵琶能结子，

定教喇叭也开花。

这个塾师看后，羞愧难当。他将此事告诉了妻子，妻子本是出身书香门第，微微一笑，写了一首诗，说："你要学生将这首诗带给他的家长。"

这首诗为：

> "枇杷"原是此"琵琶"，
>
> 不是当年识字差。
>
> 若是琵琶不结子，
>
> 笛中哪得落梅花。

这两首诗中的"若"，也都是表假设，可译为"如果"。

## 第50日
# 长鱼矫：公不忍之，彼将忍公

**忍** **忍耐——狠心、狠下心——残忍**

公元前589年，晋国与齐国在靡笄（今山东省济南市千佛山）交战。晋国的统帅郤克受了伤，说："我喘不上气来了。"当时，是解张为他驾驶战车，解张对他说："三军将士们眼睛注视着我们这辆车上的旌旗，耳朵听着这辆车上的鼓声。只要我们这辆车上的旌旗不表示后退，我们不敲撤兵的鼓声，那么战斗最终就会取得胜利。'吾子忍之'，不应该表示痛苦。穿着盔甲在战场上献出生命，那是我们军人的职责。现在您受伤了，还没有死，表示痛苦只能瓦解士兵的斗志。"解张说完，就用左手抓住马缰绳，用右手拿着鼓槌擂鼓，骏马不停地奔驰，将士们在后面紧紧跟随。结果是，齐军被打得大败，晋军紧追不舍，绕着华不注山追了三圈。（《国语·晋语五》）

这里的"吾子忍之"，翻译成现代汉语就是：您忍耐着。其中的"忍"，是忍耐的意思。我们熟知的"小不忍，则乱大谋""是可忍，孰不可忍"等名句中的"忍"，也是这个意思。

社会上流传着多首忍字歌，其中的"忍"，也是忍耐的意思。我们看以下几句：

不忍小事变大事，不忍善事终成恨；父子不忍失慈孝，兄弟不忍失爱敬；朋友不忍失义气，夫妇不忍多争竞；刘伶败了名，只为酒不

118

忍；石崇破了家，只为财不忍；项羽送了命，只为气不忍；如今犯罪
人，都是不知忍；古来创业人，谁个不是忍。

忍字可以走天下，忍字可以结邻近；忍得淡
泊可养神，忍得饥寒可立品；忍得语言免是非，
忍得争斗消仇憾；须知忍让真君子，莫说忍让是
愚蠢；忍时人只笑痴呆，忍过人自知修省；事来
之时最要忍，事过之后又要忍；人生不怕百个忍，人生只怕一不忍；
不忍百福皆雪消，一忍万祸皆灰烬。

✑ 作文课堂

以"忍"为话题作
文，这首忍字歌可用。

晋厉公时，六卿地位很高。胥僮和长鱼矫劝谏说：
"大臣地位高、权势重，敌国君主争相给他们捧场，他
们与敌国勾结，树立私党，对下扰乱国法，对上挟持
君主，出现了这样的局面而国家不危乱的，从来就不

✑ 作文课堂

写作文涉及"除恶
务尽"，可用这则材料
做反面事例。

曾有过。"晋厉公认为他们说得很对，于是就杀了三卿。胥僮、长鱼矫说：
"对于罪状相同的人，只杀一部分，却不全部清除，是让留下的人怀恨在
心，是让他们有机可乘啊！"晋厉公说："我一下子就杀了三个大卿，我
再也不忍心全部杀光了。"长鱼矫回答说："公不忍之，彼将忍公。"晋厉
公没有听从劝告。过了三个月，诸卿作乱，结果厉公被杀。(《韩非子·内
储说下》)

这里的"公不忍之，彼将忍公"，翻译成现代汉语就是：您不能狠下
心来对付他们，他们倒要狠下心来害您了。其中的"忍"，是狠心、狠下
心的意思。

荀爽字慈明，从小好学，十二岁就通晓《春秋》《论语》。当地流行这
样一句话："荀家八条龙，慈明世无双。"汉献帝即位后，董卓掌权，征召
荀爽到官府任职。荀爽想逃避任命，但来使催迫得很紧，没法离开，最后
被任命做司空。"爽见董卓忍暴滋甚"，必定会危害国家社稷，他忧国家之
忧，推举任命了一些有才干、有智谋的人，准备与他们一起对付董卓，但
不幸因病去世，享年六十三岁。(《后汉书·荀爽传》)

这里的"爽见董卓忍暴滋甚"，翻译成现代汉语就是：荀爽见董卓残
忍暴虐变本加厉。其中的"忍"，是残忍的意思。

第51日

曾国藩：一饭尚铭恩，况抱负提携，只少怀胎十月

尚 上——执掌——崇尚、尊崇——超过——娶公主为妻——还——尚

且——自负、骄傲

《尚书》中的"尚"，是上的意思。所谓《尚书》，也就是上古的书，或者说是上古帝王的书。说到这里，可能你还会问："尚书的'尚'是什么意思？"尚书，是官名，始于战国，或称掌书，掌管君主的文书章奏，"尚"是执掌之意。到了明清，尚书等于国务大臣。"和尚的'尚'呢？"你可能还会冒出这么一句。"和尚"是梵语音译，也译作"和上"，这样，"和尚"中的"尚"没有实际意义。还是看一副与尚书有关的对联吧：

和尚和尚书诗，因诗言寺；

上将上将军位，以位立人。

明朝永乐年间，朝中一名尚书来到一座寺院，出上句要和尚对。小和尚正在为难之际，解缙也恰好来到这里，顺口对出了下句。

上句中的第二个"和"不是连词，而是动词"和诗"的"和"，"言寺"是拆"诗"而成；下句中的第二个"上"不是方位名词，而是动词"登上"的"上"，"立人"是拆"位"而成。看来，对联巧在选词用词，妙在拆字合字。

有一天，子路见到老师孔子，问道："君子尚勇乎？"用现在的话来说就是：君子崇尚勇敢吗？其中的"尚"，是崇尚、尊崇的意思。孔子怎么回答呢？他是这样回答的："君子以义为最高尚的品德。君子有勇无义就会造反作乱，小人有勇无义就会做强盗。"（《论语·阳货》）

关于喜好仁德和憎恶不仁，孔子也发表过自己的看法。他说："我没有见过爱好仁德的人，也没有见过憎恶不仁的人。'好仁者，无以尚之'；憎恶不仁的人，他行仁德，只是为了不使不仁的东西加在自己身上。有谁能在一天用他的力量都去实行仁德吗？我没有见过想这样做却能力不够的人。也许有，只是我没有遇见吧。"（《论语·里仁》）

这里的"好仁者，无以尚之"，用现在的话来说就是：爱好仁德的人，把仁德看得没有什么能够超过它。其中的"尚"，是超过的意思。

李斯曾经官至秦朝丞相。"诸男皆尚秦公主，女悉嫁秦诸公子。"李斯的长子三川郡守李由请假回咸阳时，他在家中设下酒宴，文武百官都前去敬酒祝贺。门前的车马数以千计。李斯慨然长叹道："唉呀！我听荀卿说过'事情不要搞得过了头'。我李斯原是上蔡的平民、街巷里的百姓，皇帝不了解我才能低下，竟

把我提拔到这样高的地位。现如今做臣子的没有人比我职位更高，可以说是富贵荣华到了极点。然而事物发展到极点就要开始衰落，我不知道归宿在何方啊！"（《史记·李斯列传》）归宿在何方？秦始皇死后，李斯为赵高所忌，被处以腰斩之刑。

这里的"诸男皆尚秦公主"等句，翻译成现代汉语就是：儿子们娶的都是秦国的公主，女儿们嫁的都是秦国的皇族子弟。其中的"尚"，是娶公主为妻的意思，可译作"娶"。

唐代李德裕《次柳氏旧闻》记载：有一次，唐玄宗一行进入连接关中平原与汉中地区的斜谷时，"天尚早"，烟雾很浓。掌管皇帝出行前导事项的知顿使韦倜，在乡野人家弄到了新酿的一壶酒，他数次跪在玄宗的马前进献，可是玄宗并未接过他敬的酒。韦倜非常害怕，就将酒倒进别的酒器里，在玄宗面前喝了满满一杯。玄宗说："你以为我是怀疑你吗？我开始

治理天下时，有一次饮酒，喝得大醉，伤害了一个人，我很悲痛，就把这件事作为教训，到现在四十多年了，我就再没有喝过酒。"随从的臣子听了，没有不感动的。

这里的"天尚早"，翻译成现代汉语就是：天色还早。其中的"尚"，是还的意思。清朝名臣曾国藩，其幼时乳母去世后，他十分悲痛，所送花圈的缎带上写的挽联是："一饭尚铭恩，况抱负提携，只少怀胎十月；千金难报德，论人情物理，也应泣血三年。"其中的"尚"，也是这个意思。

**实兵演练**

"一饭铭恩""千金报德"用的是哪个典故？

"尚"除了具有上面的义项外，还可讲作"尚且"，如"臣以为布衣之交尚不相欺，况大国乎"（《史记·廉颇蔺相如列传》）；讲作"自负、骄傲"，如"虽才高于世，而无骄尚之情"（《后汉书·张衡传》）。

# 第52日
# 隋军进攻建康，"朝士稍各引去"

**稍** 渐渐——稍微、略微——公家供给的粮食

589 年，隋朝军队进攻建康（今南京），隋将贺若弼火烧宫城北掖门，宫廷卫兵都四散逃走，"朝士稍各引去"，只有袁宪侍卫在陈后主左右。陈后主十分感动，动情地说："我对待您一向不比别人好，今天见到您这样，真可谓寒冷的季节到了才知道松柏的叶子是最后凋零的。"（《陈书·袁宪传》）

这里的"朝士稍各引去"，翻译成现代汉语就是：朝廷官吏们也渐渐各自离去。其中的"稍"，是渐渐的意思。

黔（现在的贵州省）这个地方本来没有驴子，有一个喜欢多事的人用船将一头驴子运到了黔，运到后却没有什么用处，就把它留在了山脚下。一只老虎看到驴是个庞然大物，便把它当作了神，躲藏在树林里偷偷看它。"稍出近之"，非常小心谨慎，不知道它是个什么东西。后来发现这头驴的本领不过是用蹄子踢，于是便大吼一声，扑了上去，咬断驴的喉咙，将其吃掉了。（《黔之驴》）

> **📎 知识拓展**
> "黔驴技穷"比喻虚有其表，本领有限。

这里的"稍出近之"，翻译成现代汉语就是：渐渐地出来接近它。其中的"稍"也是渐渐的意思。

清朝文学家蒲松龄在《促织》中写一个叫成名的人因为不能按时完成

进献促织的任务，被官员打了上百板子，结果两条腿脓血淋漓，在床上翻来覆去只想自杀。后来在一个驼背巫婆的指引下，成名终于捕到了一只个儿大、尾巴长，并长着青色的脖项、金黄色的翅膀的促织。成名十分高兴，将它放在盆子里并且用蟹肉、栗子粉喂它，只等到了期限，将它送到县里去交差。一天，成名没有在家，他九岁的儿子感到好奇，偷偷打开盆子观看促织，促织趁机跳了出来。这还了得，儿子赶紧去扑，一扑，竟将促织的大腿扑了下来，肚子也破了。不一会儿，促织便死了。成名的妻子知道儿子闯了大祸，自然是呵斥儿子，儿子哭着跑了出去。后来，在一口井中发现了儿子的尸体。促织，促织没了；儿子，儿子也没了。成名夫妻自然是悲痛欲绝，心如死灰。傍晚时，他们拿上草席准备把儿子埋葬。走近一摸，发现儿子还有一丝微弱的气息。他们高兴地把儿子放在床上，半夜里儿子又苏醒过来。"夫妻心稍慰"，但是孩子神情呆呆的，气息微弱，只想睡觉。后来，成名又得到一只促织，虽然样子不怎么好看，但特别能斗，可以说天下无敌。成名因为这只促织，中了秀才，成了富翁。过了一年多，成名的儿子精神复原了。他说他变成一只促织，轻快而善于搏斗，现在才苏醒过来。

✎ **实兵演练**

这里是用了现实主义手法，还是浪漫主义手法？

这里的"夫妻心稍慰"，翻译成现代汉语就是：夫妻二人心里稍微宽慰一些。其中的"稍"，是稍微、略微的意思。

明朝文学家宋濂有一篇名文《送东阳马生序》，其中有几句是"今诸生学于太学，县官日有廪稍之供，父母岁有裘葛之遗，无冻馁之患矣；坐大厦之下而诵诗书，无奔走之劳矣。"翻译成现代汉语就是：现在诸位学生在太学学习，每天都享用朝廷供给的伙食，每年都享用父母供给的皮衣和布衣，再也没有受冻挨饿的忧患了；坐在高大的房子下面诵读诗书，再也没有到处奔走求学的辛苦了。其中的"稍"，是指公家供给的粮食。

第53日

## 刘基：天边云气来须女，
## 湖上轻雷起少男

**少** 音"shào"，年轻——音"shǎo"，数量少——音"shǎo"，缺
少——音"shǎo"，一会儿——音"shào"，次序在后的

孔子的弟子冉有拜见鲁哀公，鲁哀公知道他博学
多才，就问："一般人只要质朴无华也就行了，一定要
学习然后才能成为君子吗？"冉有回答说："即使是美
玉，如果不雕刻，那么也不能成为用具。作为一个人，
即使有良好的本质，如果不学习，那么也不能成为君
子。为什么这么说呢？我举四个例子。姚贾，是一个
看门人的儿子，他为秦国出使四国，打消了它们与秦
为敌的念头，等他返回秦国，秦王十分高兴，拜他为

> **◇ 实兵演练**
>
> 这段文字有论点，
> 有论据，有论证方
> 法，可以说是一篇具
> 体而微的议论文。就
> 论证方法而言，它运
> 用了哪些方法呢？

上卿。百里奚，原是齐国的一个乞丐，在走投无路的时候，自己把自己卖
了五张羊皮，为人赶车，后来遇到了秦穆公，被拜为宰相，使秦穆公称霸
西戎。'太公望少为人婿'，老了又被赶出来，曾在朝歌杀牛，在棘津当佣
工，在磻溪钓鱼，周文王提拔任用他，把他分封到了齐国。管仲用箭射中
了齐桓公，齐桓公打消了报仇雪恨的念头，拜他为相，结果在管仲的辅佐
下齐桓公九次主持诸侯会盟，一手匡扶周王朝的天下。这四位先生，都曾
处于低贱、走投无路、被他人侮辱的境地，但他们的美名流传后世，难道
不是他们学习和请教的结果吗？"鲁哀公听后很高兴，说："我虽然不聪

明，但也要遵照您的教诲去做，以成为一个君子。"（《韩诗外传》卷八）

这里的"太公望少为人婿"，翻译成现代汉语就是：姜太公吕望年轻时做人家的上门女婿。其中的"少"，音"shào"，是年轻的意思。我们熟悉的"少壮不努力，老大徒伤悲"中的"少"，也是这个意思。还有"少男少女"中的"少"，也是这个意思。

"天边云气来须女，湖上轻雷起少男。一阵微凉疏雨过，满池莲蕊绿

如簪。"（《次韵和王文明绝句漫兴十八首（其七）》）这里的"须女"，是天上星宿的名字。"少男"，是指年轻男子吗？非也。原来，八卦中的艮卦与八方中的东北方相配，又与人当中的少男相配，这样，由于艮卦，少男也就与东北方有了联系，于是人们称东北风为少男风。这里的"少男"，就是指少男风，也就是东北风。明白了这些，前两句诗的意思也就容易搞明白了，

是指：天边的云气是从天上的须女星那里飘来的，湖的上空响起了轻微的雷声，刮起了东北风。

有少男风，也有少女风吗？有的。八卦中的兑卦与八方中的西方相配，同时又与人中的少女相配，这样，西方与少女也就有了联系，于是人们称西风为少女风。

齐国国君准备了丰厚的嫁妆陪送女儿，想把女儿嫁给屠牛吐。屠牛吐借口自己有病推辞掉了。他的朋友说："你难道要一辈子和宰牛打交道吗？太没有出息了！"屠牛吐说："齐王的女儿太丑了。我宁可宰一辈子牛，也绝对不娶她为妻。"他的朋友说："你又没有见过她，凭什么知道人家丑呢？人家可是国君的女儿啊！"屠牛吐说："我根据自己卖牛肉的经验知道的。如果我的牛肉好，'如量而去，苦少耳'。如果我的牛肉不好，即使再多贴上一些别的，还是卖不掉。现在齐王陪送丰厚的嫁妆，该是他的女儿太丑的缘故。"屠牛吐的朋友后来在王宫见到了齐王的女儿，果然如屠牛吐所言，长相十分丑陋。（《韩诗外传》卷九）

这里的"如量而去，苦少耳"，翻译成现代汉语就是：按实有斤两出售，前来购买的还是络绎不绝，我苦于数量少而不够卖的。其中的

"少"，音"shǎo"，是数量少的意思。我们熟悉的"险以远，则至者少"（《游褒禅山记》）及常说的"酒逢知己千杯少，话不投机半句多"中的"少"，也都是这个意思。

"少"除了前面的义项外，读"shǎo"时，还可讲作"缺少"，如"自经丧乱少睡眠，长夜沾湿何由彻"（《茅屋为秋风所破歌》）；讲作"一会儿"，音"shǎo"，如"少焉，月出于东山之上，徘徊于斗牛之间"（《前赤壁赋》）；指次序在后的，音"shào"，如"丈夫亦爱怜其少子乎"（见高中课文《触龙说赵太后》，出自《战国策》）。

第**54**日

# 陈元方：周公不师孔子，孔子亦不师周公

**师** 军队——老师——效法、学习——首都

师，军队。东汉许慎《说文解字》中说："师，二千五百人为师。"贾谊在《过秦论》中说天下诸侯国曾经用十倍于秦国的土地、上百万的军队前往攻打秦国，结果如何呢？"秦人开关延敌，九国之师，逡巡而不敢进。"这里的"师"就是军队的意思。

韩愈在《师说》中说："师者，所以传道受业解惑也。"其中的"师"，意思是老师。什么是老师，韩愈在这里下了一个定义。就是今天看来，这个定义也是十分恰切的。曾被明太祖朱元璋誉为"开国文臣之首"的宋濂，在《送东阳马生序》中谈到少时求学情况。他写道："又患无硕师名人与游，尝趋百里外从乡之先达执经叩问。"所谓硕师，是指才学渊博的老师。我们熟悉的成语"好为人师"中的"师"，也是指老师。

《世说新语》中有个故事。陈元方十一岁时，去拜会袁绍。袁绍问："你父亲在太丘做官，远近的人都称赞他，他是怎么做的呢？"元方说："家父对强者用德行去安抚，对弱者用仁慈去体恤，让人们做心安理得的事，久而久之，大家自然就对他越来越敬重。"袁绍说："我从前曾当过邺县县令，正是这样做的。不知是令尊学我，还是我学令尊？"袁绍这话可真不好回答。可陈元方很聪明，他眼睛眨也没眨，就说："周公、孔子生在不同时代，虽然相隔遥远，但他们的所作所为却是那么一致。周公不效法孔子，孔子也不效法周公。"

最后两句用文言说就是"周公不师孔子，孔子亦不师周公"。其中的"师"，是效法、学习的意思。

宋朝王辟之在《渑水燕谈录》卷四中说，苏洵少年时不爱学习，临近壮年时仍不知道读书，直到二十七岁才开始发愤学习，考进士、茂才都不中，但他不泄气，烧掉自己的文章，闭门读书。嘉祐初年，他与儿子苏轼、苏辙到京城开封，当时的文坛领袖欧阳修见到苏洵的文章后爱不释手，将其献于朝廷，士大夫争相阅读。后来，两个儿子都中了进士。于是，父子三人名动京城，文章传遍天下，人称三苏：苏洵为老苏，苏轼为大苏，苏辙为小苏。

> ◇ 文化常识
>
> 《三字经》中说："苏老泉，二十七，始发愤，读书籍；彼既老，犹悔迟，尔小生，宜早思。"其中，"老泉"是苏洵的别号。

"他与儿子苏轼、苏辙到京城开封"，用文言说就是"与二子轼、辙至京师"。这里的"师"，是指首都。所谓京师，也就是京城。

"师"除了前面这些义项外，还用来指擅长某种技术的人，如工程师、医师等；还用来指对和尚或道士的尊称，如法师、禅师。

第 55 日
## 纪晓岚：食尽皇家千钟禄，凤凰何少尔何多

**食** 音"shí"，吃——音"shí"，吃饭——音"shí"，享用——音"shí"，饭、食物——音"sì"，喂养——音"shí"，日食、月食

✎ **作文课堂**

这个聪明的卫士，使用归谬法救了自己一命。所谓归谬法，也就是先假设对方错误的观点正确，然后在此基础上推理，推出一个荒谬的结论，从而驳倒对方的观点的一种批驳方法。

一天，有个人向楚王进献了长生不死药。传报官拿着药进入宫中，让一个卫士看见了。这个卫士问道："这东西可以吃吗？"传报官回答说："当然可以吃。"卫士于是抢过来吃了。楚王知道后大发雷霆，要杀死这个卫士。这个卫士说："献药的人所献的是长生不死药，'臣食之而王杀臣'，说明这是致人死命的药，也说明献药的人是在欺骗大王。"楚王一听，觉得是这么回事，也就不杀他了。（《韩非子·说林上》）

这里的"臣食之而王杀臣"，翻译成现代汉语就是：我吃了长生不死之药以后，大王要把我杀死。其中的"食"，音"shí"，讲作"吃"。

齐国有户人家有个女儿，到了出嫁的年龄，有东西两家人来求婚。东家的男子长得丑陋，但是家境富裕；西家的男子潇洒倜傥，但是家境贫穷。到底将女儿许配给谁呢？做父母的犹豫不决，就询问他们的女儿，要她自己决定想要嫁的人家。"你要是难于亲口指明，就将一只胳膊袒露出来，让我们知道你的意思。"女儿就袒露出了两只胳膊。父母感到奇怪，

就问她原因。女儿说："欲东家食，而西家宿。"（《艺文类聚》）

这个女儿的话，翻译成现代汉语就是：我想到东家吃饭，在西家住宿。其中的"食"，音"shí"，是吃饭的意思。

传说清朝乾隆皇帝得到一幅《百鹅图》，特邀翰苑近臣为画题诗。大家唯恐所题诗句不称圣上心意，没有人敢动笔。只有纪晓岚无所顾忌，挥毫疾书：

鹅鹅鹅鹅鹅鹅鹅，

一鹅一鹅又一鹅。

众臣看罢，掩口胡卢而笑："这也算诗？一幅绝妙的《百鹅图》，让纪晓岚给毁了。"纪晓岚目不旁顾，挥毫继续写道：

食尽皇家千钟禄，

凤凰何少尔何多。

> ◇ 文化常识
>
> 纪晓岚，清代政治家、文学家。乾隆十九年考中进士，官至礼部尚书。曾任《四库全书》总纂官。著有《阅微草堂笔记》。

乾隆看罢，拍手连连称好。而刚才还面露讥色的众大臣，现在成了被讽刺的对象，可当着皇上的面又不好发作，个个面红耳赤，无地自容。

"食尽皇家千钟禄"，翻译成现代汉语就是：皇家丰厚的俸禄都被你们这些无用之辈享用完了。其中的"食"，音"shí"，是享用的意思。

一次，孔子赞扬颜回，开头是"贤哉，回也"，说了赞扬的原因后，结尾又是"贤哉，回也"，看来孔子是非常佩服颜回。孔子为什么赞扬颜回呢？其原因是："一箪食，一瓢饮，在陋巷，人不堪其忧，回也不改其乐。"（《论语·雍也》）

所谓"一箪食"，也就是一筐子饭。其中的"食"，音"shí"，是饭的意思。陶渊明《桃花源记》"便要还家，设酒杀鸡作食"和白居易《卖炭翁》"卖炭得钱何所营？身上衣裳口中食"中的"食"，也都是饭的意思。

"食"除了前面的义项外，读"sì"时，还可讲作"喂养"，如"食马者不知其能千里而食也"（《马说》）；还指日食、月食，音"shí"，如"君子之过也，如日月之食焉。过也，人皆见之；更也，人皆仰之"（《论语·子张》），这个意义后来写作"蚀"。

## 第56日
### 杨朱：向者使汝狗白而往

**使** 命令、派遣——使者——假如——使唤、役使、支使——放纵、任性——出使

一天，齐威王和魏惠王在郊外共同围猎。魏惠王问："齐国也有宝贝吗？"齐威王回答说："没有。"魏惠王说："我的国家虽然小，尚且有直径一寸、能够照亮前后十二辆车的珍珠十颗，为什么作为大国的齐国却会没有宝贝呢？"齐威王说："我当成宝贝的东西，与您不同。我有个叫檀子的臣子，派遣他守南城，楚人就不敢向北侵犯；我有个叫盼子的臣子，'使守高唐'，赵国人就不敢向东来黄河捕鱼；我有个叫黔夫的臣子，派遣他守徐州，结果燕国人就会面对徐州的北门祭祀求福，赵国人就会面对徐州的西门祭祀求福；我有个叫种首的臣子，派遣他防治盗贼，结果路上丢了东西也没有人捡拾。我可以拿他们照耀千里以外，何止十二辆车？"魏惠王听后，感觉非常惭愧，猎也不打了，很扫兴地走了。（《资治通鉴·周纪二》）

这里的"使守高唐"，翻译成现代汉语就是：派遣他守卫高唐。其中的"使"，是命令、派遣的意思。我们熟知的"扶苏以数谏故，上使外将

兵"(《史记·陈涉世家》)中的"使"，也是这个意思。

秦楚两国关系紧张，秦王派人出使楚国。楚王派了一个官吏对秦国的使者说："你来的时候占卜过吗？"秦国使者回答说："占卜过，且非常吉利！"这个楚国官吏说："我们大王正要杀了你，用你的血去涂钟行祭，这就是你占卜出的吉利吗？"秦国使者说："秦楚两国交恶，我们大王派我前来先侦察一下。如果我死了而没有回去，那么我们大王就会提高警惕，让军队防备楚国，这就是我所说的吉利。而且假使一个人死后没有知觉，那又

◇ 实兵演练

春秋战国时代，外交智斗故事颇多，这是其中的一则。就你知道的，再给大家讲两则，如何？

何必用他的血去涂钟行祭呢？如果死了的人有知觉，我怎么会背叛秦国而帮助楚国呢？我将要使楚国的钟鼓没有声音。钟鼓没有声音，那么楚国统帅也就无法组织好士兵发起冲锋。'夫杀人之使'，不是古代通行的做法。"这个负责接待的楚国官吏将秦国使者的话原原本本报告给了楚王，楚王觉得这个使者所说的有道理，就没有杀他。(《说苑·奉使》)

这里的"夫杀人之使"，翻译成现代汉语就是：杀死人家的使者。其中的"使"，讲作"使者"。

杨布是战国初期的思想家、哲学家杨朱的弟弟。一次，杨布穿着白色的衣服出了门。没有想到天公不作美，竟下起了雨。雨停后，他脱掉湿淋淋的白衣服，换上没有被雨淋湿的黑衣服回了家。这样一来，他家的狗不认识他了——他家的狗只认识穿白衣服的杨布啊！自然狗会迎面向他狂吠，并且还要扑上来撕咬他。杨布很生气：怎么连主人都不认识了？于是拿起一根棍子想要打狗。这时，杨朱听到狗狂

◇ 思维体操

遇到问题，应该先在自己身上找原因，不要忙于责备别人。另外，要透过现象看本质，否则就会像那只不认识自己主人的狗一样。

吠走了出来，看到眼前的一幕，对杨布说："你不要打它！你也像它一样，'向者使汝狗白而往'，回来后却变成了一只黑色的狗，你能不感到奇怪吗？"(《列子·说符》)

这里的"向者使汝狗白而往"，翻译成现代汉语就是：刚才假如你的皮毛为白色的狗出去了。其中的"使"，表假设，讲作"假如"。我们熟知

的"向使三国各爱其地，齐人勿附于秦"（《六国论》）中的"使"，也是这个意思。

"使"除了前面的义项外，还可讲作"使唤、役使、支使"，如"人皆得以隶使之，安能屈豪杰之流，扼腕墓道，发其志士之悲哉"（《五人墓碑记》）；讲作"放纵、任性"，如使性子、使脾气；讲作"出使"，如"臣舍人蔺相如可使"（《史记·廉颇蔺相如列传》）。

## 第57日
## 孔子：是丘之过也

**是** 这——正确——表判断——任何——宾语前置的标志

一次，孔子到了宋国，刚住下，房前屋后就被士兵围了个水泄不通。这是怎么回事呢？原来宋国大夫匡简子正要杀阳虎，而孔子又长得很像阳虎，捕捉阳虎的士兵竟将孔子误认成了阳虎。子路很生气，觉得老师遭受了不白之冤，举起戟要去和士兵拼命。孔子阻止他说："多么讲究仁义的人也不能避免世俗习气啊。不学习《诗经》《尚书》，礼乐不能振兴，'是丘之过也'。如果我的相貌像阳虎，那不是我的罪过，这是天命呀！现在你来唱歌，我来和你。"于是，子路唱起歌来，孔子跟着唱，唱完三遍，士兵们知道所包围的不是阳虎，便解除了包围，撤去了。（《说苑·杂言》）

✎ **实兵演练**
孔子解决问题的办法高明在何处？

这里的"是丘之过也"，翻译成现代汉语就是：这是我孔丘的过错。其中的"是"，是代词，讲作"这"。

子张与子夏都是孔子的弟子。一天，同学二人争论。在争论的过程中，子夏动不动便脸红脖子粗，好走极端。最后，子张说："您也听过咱老师的议论吧？他徐缓和气，庄严恭敬，先不打断别人，默默地听别人说，别人说完了，然后自己再说，即使自己占理也尽量让着别人。老师的议论像巍巍高山，像浩荡的大水，真理有所归依了！小人的议论呢？'专意自是'，总说别人的错误。他们瞪大眼睛，攥紧手腕，说话极快，满嘴唾沫星子；偶尔得胜，马上喜形于色，笑声不绝。真是仪表丑陋，语气鄙俗！君子自然非常瞧不起他们。"子夏听后，再也无话可说。(《韩诗外传》卷九)

这里的"专意自是"，翻译成现代汉语就是：一心认为自己正确。其中的"是"，讲作"正确"。我们熟知的"虽不谓吾言为是，而亦无词相答"(《与妻书》)中的"是"，也是这个意思。

一天早晨，齐庄公乘车出去打猎。刚要上车，齐庄公看到有只螳螂举起前肢来要挡住车轮前进，便问赶车人说："这是什么虫啊？"赶车人说："'此是螳螂也。'它作为一种昆虫，只知道向前进攻，不知道向后撤退。"齐庄公说："像它这样的人，一定是天下的勇士了。"于是要车夫调转车轮避开了螳螂，以免误伤了它。这件事情传开去，天下的勇士纷纷前来归顺齐庄公。(《韩诗外传》卷八)

这里的"此是螳螂也"，翻译成现代汉语就是：这是螳螂。其中的"是"，表判断。我们所熟知的"汝是大家子，仕宦于台阁"(《孔雀东南飞》)中的"是"，也是这个用法。

"是"除了前面的义项外，还可讲作"任何"，如"是处红衰翠减，苒苒物华休"(《八声甘州》)；作宾语前置的标志，如"唯利是图""唯命是从"等。

# 第58日
# 逝将去汝，适彼乐土

**适** 到——恰巧、刚巧——刚才——舒适——女子出嫁——适应、适合

《诗经》中有一首把贪婪残暴的剥削者比作"硕鼠"的诗，第一小节为："硕鼠硕鼠，无食我黍！三岁贯汝，莫我肯顾。逝将去汝，适彼乐土。乐土乐土，爰得我所！"

所谓"逝将去汝，适彼乐土"，翻译成现代汉语就是：发誓将要离开你，到那理想快乐的地方去。这里的"适"，是动词，讲作"到"。

《石钟山记》是宋朝文学家苏轼的名篇。这篇文章是作者由黄州团练副使调任汝州团练副使时，顺便送他的长子苏迈到饶州德兴县任县尉，途经湖口，游览了石钟山后写的。这个意思，作者在文中有交代："元丰七年六月丁丑，余自齐安舟行适临汝，而长子迈将赴饶之德兴尉，送之至湖口，因得观所谓石钟者。"

这里的"舟行适临汝"，意思是乘小船到临汝。"适"也是动词，讲作"到"。

宋朝胡仔《苕溪渔隐丛话》中有这么一个故事。唐朝诗人孟浩然到翰林院拜访王维，"适明皇驾至"，孟浩然"仓皇伏匿"。王维呢？不敢隐瞒，报告了唐明皇。明皇说："我早就听说过这个人了。"就召见他并让他献上自己所作的诗。孟浩然所献的诗中有"不才

137

明主弃，多病故人疏"两句。明皇说："我没有抛弃你，你为什么这样冤枉我呢？"

这里"适明皇驾至"中的"适"，是恰巧、刚巧的意思。沈括《梦溪笔谈·雁荡山》中"从上观之适与地平，以至诸峰之顶，亦低于山顶之地面"里的"适"，袁枚《祭妹文》中"适先生奓户入，闻两童子音琅琅然，不觉莞尔，连呼则则"里的"适"，也都是恰巧、刚巧的意思。

仍是《苕溪渔隐丛话》中的故事。有一个人从苏轼任职的黄州来钟山拜访王安石，王问苏轼最近有没有好作品，客人说有一篇《宝相藏记》，"有墨本，适留舟中"。王安石派人取回后，便迫不及待地读起来。读完后，王安石说："苏子瞻真是人中俊杰啊！但还有一个字用得不稳妥，这就是赌博'日胜日负'不如'日胜日贫'。"苏轼听说后是拊掌大笑，认为王安石不愧为大家。

**实兵演练**

王安石谈到苏轼，不是直呼其名，而是称苏轼的字"子瞻"，这是因为什么呢？

"适留舟中"中的"适"，为刚才的意思。《孔雀东南飞》中"适得府君书，明日来迎汝"里的"适"，也是刚才的意思。

清朝郑板桥以画竹闻名。他在一篇题为《题画》的文章中说："余家有茅屋二间，南面种竹。夏日新篁初放，绿阴照人，置一小榻其中，甚凉适也。"其中"凉适"的"适"，是舒适的意思。

"适"还可讲作"女子出嫁"，如"贫贱有此女，始适还家门"（《孔雀东南飞》）；还可讲作"适应、适合"，如"少无适俗韵，性本爱丘山"（《归园田居》）。

第59日

张英：千里修书只为墙，
让他三尺又何妨

**书** 信——记载——文字——奏章——文书——书法

　　说到书，我们知道现在是指装订成册的著作。在古代，它还有其他一些义项。

　　在安徽省桐城市老城区西南角有一条六尺巷，巷的一边为"宰相府"张宅，另一边为吴宅。据《桐城县志略》载文，清代张英在朝廷任职时，他在安徽桐城的家人和邻居吴家因建房占地闹起纠纷，互不相让。张家人便给张英写信，请他出面干涉。张英看信后，挥笔写了一首诗，寄回老家。张家人看完，主动让出三尺空地。邻居吴家也深受感动，也将墙退回三尺，两家和好如初，这就是"六尺巷"的由来，至今传为美谈。张英写的诗为：

> 千里修书只为墙，让他三尺又何妨。
>
> 万里长城今犹在，不见当年秦始皇。

　　诗中的"书"是信的意思。唐朝诗人杜甫"烽火连三月，家书抵万金"（《春望》）中的"书"，也是信的意思。现在我们所说的书信中的"书"，也是信的意思。

　　战国时代，秦王与赵王在渑池会面。秦王饮酒饮到高兴的时候，说自己私下听说赵王喜好音乐，便请赵王弹瑟助兴。赵王不好推辞，弹瑟

◇ **作文课堂**

以"宽容"为话题作文，这则材料可用。

后，秦国的史官便走上前去在史书上记了一笔。陪同赵王前来的蔺相如一看，这还得了，简直有失赵王的尊严啊，就要求秦王击缶助兴。秦王不答应，蔺相如便要和他拼命，结果秦王很不情愿地击了一次缶。蔺相如便要赵国的史官在史书上也记一笔。司马迁的《史记·廉颇蔺相如列传》关于这段有这样的句子："秦御史前书曰""相如顾召赵御史书曰"。这里的两个"书"，是记载的意思。

我们在说"疾"字的时候说过庞涓嫉妒同学孙膑，将孙膑的膝盖骨剔去并施以墨刑。后来呢，孙膑逃到了齐国，受到了重用。再后来，齐魏两军交战。孙膑知道庞涓天黑时能够赶到马陵。马陵道路狭窄，两旁又多是峻隘险阻，可以埋伏军队。孙膑叫人剥去树皮，露出白木，写上"庞涓死于此树之下"，然后命令一万名善于射箭的齐兵隐伏在马陵道两旁，约定天黑看见点着的火就万箭齐发。庞涓当晚果然赶到剥去树皮的大树下，看见白木上写着字，就点起火把照明，"读其书未毕"，齐军伏兵就万箭齐发，魏军大乱。庞涓自知无计可施，败局已定，叹息一声便拔剑自杀了。（《史记·孙子吴起列传》）

> **文化常识**
>
> 墨刑又叫黥刑，就是在犯罪人的脸上刺字，然后在刻痕上涂墨，成为再也擦洗不掉的曾经犯罪的标志。如秦末的英布，曾因触犯秦律被处以黥刑，因此《史记》中称他为"黥布"，他的传记就叫《黥布列传》。

这里的"读其书未毕"，翻译成现代汉语就是：白木上的字还没有读完。其中的"书"讲作"文字"。

书，还指奏章，如邹忌给齐威王提意见后，齐威王开门纳谏，其中一条是"上书谏寡人者，受中赏"（见初中课文《邹忌讽齐王纳谏》，出自《战国策》），这里的"书"就是奏章；还指文书，如"军书十二卷，卷卷有爷名"（《木兰诗》）；还指书法，如"悦亲戚之情话，乐琴书以消忧"（《归去来兮辞》）。

## 第60日
# 毋择到了齐都临淄，"徒献空笔"

**徒** 徒步、步行——光——只、仅仅——徒党，同一类或同一派别的人——被罚服劳役的人——徒然、枉然、白白的

　　颜路和他的儿子颜渊都是孔子的学生。公元前481年，年仅四十岁的颜渊不幸去世。白发人送黑发人，颜路作为父亲自然难以接受现实，悲痛欲绝。过去的棺材，里面一层叫"棺"，外面一层叫"椁"。可颜家贫困，只有棺，没有椁。总应该让儿子体面上路啊！这个时候，孔子坐着车子来吊唁。

　　看到孔子乘坐的车子，想到颜渊是孔子最得意的学生，没有办法的颜路便请求孔子卖掉车子给颜渊买个外椁。孔子会怎么回答呢？怕是你我都想不到。孔子说："不管颜渊有没有才华，都是你的儿子。白发人送黑发人，我知道你非常悲伤。前两年我的儿子孔鲤去世的时候，我和现在的你一样悲伤，我也想让他体体面面地上路，但最后埋葬时也是只有棺，没有椁。'吾不徒行以为之椁'，这是为什么呢？因为我曾经做过大夫，是不可以步行的。"（《论语·先进》）

✎ **实兵演练**

你同意孔子的观点吗？为什么？

　　这里的"吾不徒行以为之椁"，翻译成现代汉语就是：我不能卖掉车子步行来给他买椁。其中的"徒"，讲作"徒步、步行"。

　　郑仁凯做密州（现在山东省诸城市）刺史的时候，有一个奴仆告诉他自己的鞋子磨穿了，郑仁凯听后神秘地笑了笑，说："今天我就给你小子

141

搞一双鞋穿。"

过了一会儿，守门人穿着一双新鞋来了。郑仁凯看到了，不禁得意地笑了。他对守门人说："你看到了吗？厅前的这棵高树上有一只啄木鸟做的巢，里面有好几只小啄木鸟。现在你爬上去，将小啄木鸟捉下来。"刺史的话，守门人哪敢不听？于是就脱下鞋来爬树。

◇ 实兵演练
如果当时你也在场，你会对郑仁凯说什么呢？

后来，守门人把小啄木鸟从高树上捉下来了，却发现自己的鞋子不见了。原来是刺史叫他的奴仆穿走了。可怜的守门人不知爬树是刺史设的一计，当然，就是知道他也没有办法破解。这样，"门夫竟至徒跣"。郑仁凯呢，他的脸上竟露出了对奴仆有恩德的神色。(《朝野佥载》)

这里的"门夫竟至徒跣"，翻译成现代汉语就是：守门人只得光着脚。其中的"徒"，讲作"光"。我们熟知的"布衣之怒，亦免冠徒跣，以头抢地尔"(《战国策·秦王使人谓安陵君》)中的"徒"也是这个意思。

魏文侯想与齐侯搞好关系，于是就派门客毋择去齐国赠送给齐侯一只天鹅。从魏国首都到齐国首都，距离遥远。在路上，需要给天鹅喂水喂食。时间就这样一天天过去了。有一天，毋择将天鹅从笼子中放出来喂食时，天鹅趁他

◇ 实兵演练
毋择具有哪些优秀品质？请给以概括。

不备，竟一飞冲天，飞走了。这可怎么办？毋择思来想去，还是到了齐国首都临淄，"徒献空笼"。齐侯看后很不理解，就问毋择："天鹅呢？"毋择实话实说，齐侯听后自然非常不高兴：这算怎么回事呢？哪里有献空笼子的道理？

毋择说："我并不是没有钱再买只天鹅，只是觉得哪有国君的使者随便调换国君礼物的呢？我也并不是不能拔剑自杀谢罪，让我的尸骨暴露在荒野里，但这会使人以为我的国君只看重天鹅而轻视自己的使者。我也并不是不能逃到陈国、蔡国去，但又怕伤及两国国君的交往。因为这些缘故，我才不敢贪生逃亡，只好把空笼子献给您，现在就请您砍了我的头吧。"

齐侯听了毋择的解释非常高兴，说："我今天听了您讲的三条献空笼

子的道理，远远地胜过得到一只天鹅所获得的好处。我在都城外有方圆百里的土地，愿意赠送给您，希望您以后能够常来齐国教诲我。"

毋择听后，回答说："哪有为国君出使却贪求诸侯的封地的呢？"于是没有接受。(《说苑·奉使》)

这里的"徒献空笼"，翻译成现代汉语就是：只将盛天鹅的空笼子献给了齐侯。其中的"徒"，讲作"只、仅仅"。我们所熟悉的"强秦之所以不敢加兵于赵者，徒以吾两人在也"(《史记·廉颇蔺相如列传》) 中的"徒"，也是这个意思。

"徒"除了前面的义项外，还可讲作"徒党，同一类或同一派别的人"，如"郯子之徒，其贤不及孔子"(《师说》)；讲作"被罚服劳役的人"，如"然陈涉瓮牖绳枢之子，氓隶之人，而迁徙之徒也"(《过秦论》)；讲作"徒然、枉然、白白的"，如"少壮不努力，老大徒伤悲"(《乐府诗集·长歌行》)。

## 第 61 日
## 我王废兮

**王** 音 "wáng" ，一国的君主——音 "wáng" ，封建时代的最高封

爵——音 "wàng" ，称王，统治天下——音 "wàng" ，同类中最突出

者——音 "wáng" ，姓

### ◇ 思维体操

忧劳可以兴国，逸豫可以亡身。

从前夏桀整日整夜狂欢，尽情享受，击一次鼓便有几千人像牛喝水一样趴在用酒糟作堤围的蓄酒池边狂饮。很多官员都看不下去了，他们唱道："长江水势盛大澎湃啊，船只已经损坏漏水啊。'我王废兮。'赶快投奔到亳去啊，亳这地方美好和泰啊！"又唱道："快乐啊，快乐啊，驾车的四匹公马强健雄壮啊，手执的六条缰绳柔润又光亮啊。离开恶人啊投奔好人，怎能不快乐啊！"（《韩诗外传》卷二）

### ◇ 文化常识

汉景帝时采纳御史晁错的建议，削夺各王国封地。刘濞打着"诛晁错，清君侧"的旗号，联合楚、赵等七国叛乱，史称"七国之乱"。叛军后被汉军主将周亚夫击败，刘濞兵败被杀。

这里的"我王废兮"，翻译成现代汉语就是：我们的君王要垮台了啊。其中的"王"，指一国的君主，即夏桀。

刘邦平定天下后，册封他的哥哥刘仲为代王。后来，匈奴围攻代国，刘仲打不过匈奴，便从代国逃跑到了洛阳。刘邦出于骨肉兄弟的缘故，不忍心依法制裁刘仲，于是废除了他的王号，贬作

郃阳侯。淮南王黥布反叛，刘邦亲自率军前去讨伐。刘仲的儿子刘濞这年二十岁，强壮有力，以骑将的身份跟随刘邦平叛，立下了战功。刘邦就封刘濞做吴王，统辖三郡五十三个县。拜官并授予了印信后，刘邦召见刘濞，为他相面，看后说："你的容貌有反叛之相。"不禁后悔起来，可是已经任命完了，就拍着他的后背，告诫他说："汉朝建立后五十年东南地区将有叛乱发生，莫非就是你？然而天下同姓是一家人，你千万不要造反！"刘濞叩头说："不敢。"（《史记·吴王濞列传》）

这里的"代王""淮南王""吴王"，都是封建时代的最高封爵。

战国时，有一次，魏王想要攻打赵国的首都邯郸，臣子季梁听说这件事后，来不及抻平衣服上的褶皱和掸去头上的尘土便去拜见魏王。见到魏王后，季梁说："今天我来的时候，在路上遇见了一个熟人正在驾车向北方疾驰，他告诉我说：'我想到楚

> **知识拓展**
>
> 南辕北辙：心里想往南去，却驾车往北走。比喻行动和目的相反。

国去。'我说：'您去楚国，为什么往北走呢？应该往南走啊！'他说：'我的马很强壮，能够日行千里。'我说：'你的马虽然是千里马，可这不是去楚国的路啊！'他说：'我带的路费足够多，用不完的。'我说：'你的路费虽然多，问题是这不是去楚国的路啊！'大王，您说我这个熟人愚蠢不愚蠢？有千里马，路费足够多，但是照现在的方向走下去，不是距离楚国越来越远吗？我知道，大王您是时刻都想成为霸主。现在您倚仗魏国的强大、军队的精锐，去攻打赵国的邯郸，以使土地扩展、有好的名声。我想，大王您这样的行动越多，'而离王愈远耳'。这和要到楚国却向北走是一样的。"（《战国策·魏王欲攻邯郸》）

这里的"而离王愈远耳"，翻译成现代汉语就是：可是距离您实现统一天下而称王的理想也就越远。其中的"王"，音"wàng"，讲作"称王，统治天下"。

除了前面的义项外，"王"还指同类中最突出者，如拳王、歌王、兽王等；还是姓，"王"姓名人不少，仅唐朝的著名诗人就有王勃、王之涣、王昌龄、王维、王建等。

> **实兵演练**
>
> 这五位王姓诗人的诗歌名句，你能背出哪些呢？

最后需要指出的是，"王"作为动词的时候，读"wàng"；作为名词的时候，读"wáng"。

# 第62日
## 唐太宗：今魏征殂逝，遂亡一镜矣！

**亡** 逃跑——失去、失掉——灭亡——死亡——音"wú"，通"无"

秦朝末年，陈涉、吴广等九百人被征兵去戍守渔阳，当走到大泽乡的时候，不巧遇上了连日的大雨，队伍不能开拔，估计不能按期到达渔阳。按照秦朝的法律，误期的要处斩。这可怎么办？陈涉、吴广商量道："'今亡亦死'，造反失败了也是死，同样是死，为国事而死不是更好吗？"（《史记·陈涉世家》）

这里的"今亡亦死"，翻译成现代汉语就是：现在逃跑也是死。其中的"亡"，是逃跑的意思。

一天，唐太宗对长期辅佐他的房玄龄说："以铜为镜，可以正衣冠；以古为镜，可以知兴替；以人为镜，可以明得失。朕常保此三镜，以防己过。今魏征殂逝，遂亡一镜矣！"（《隋唐嘉话》）

◇ 思维体操

重视历史经验，接受臣子劝谏，能够严以律己，唐太宗身上值得后人学习的东西很多。

这里的"今魏征殂逝，遂亡一镜矣"，翻译成现代汉语就是：现在魏征去世，我就失掉一面镜子了。其中的"亡"，是失去、失掉的意思。

楚国有个举行祭礼的人，礼毕，他赏赐给左右亲近的人员一壶酒。这几个人商量说："这点酒几个人喝是不够的。让我们各自在地上画一条蛇，谁先画完，酒就归谁。"有一个人先画好了，拿起酒壶准备喝酒。他左手拿着酒壶，右手仍在不停地画着，他说："我还能给蛇画脚呢。"在他还没有画好脚的时候，另一个人也将蛇画好了，于是抢过酒壶说："蛇根本没有脚，你怎么能给它添上脚呢？"说着就把酒喝了。而那个给蛇画脚的人呢？是"终亡其酒"（《战国策·昭阳为楚伐魏》）。

◇ 知识拓展

"画蛇添足"比喻做多余的事，反而不恰当。

　　这里的"终亡其酒"，翻译成现代汉语就是：最终失去了他已经到手的酒。其中的"亡"，也是失去、失掉的意思。

　　宋朝散文家苏洵的《六国论》大家都很熟悉，其中有"燕赵之君，始有远略，能守其土，义不赂秦。是故燕虽小国而后亡，斯用兵之效也"，"且燕赵处秦革灭殆尽之际，可谓智力孤危，战败而亡，诚不得已"，"有如此之势，而为秦人积威之所劫，日削月割，以趋于亡"。这几句中的"亡"，都是灭亡的意思。

◇ 思维体操

　　苏洵的儿子苏辙也有一篇《六国论》，可以和这篇放在一起作对比阅读。

　　"亡"还可讲作"死亡"，如"刘表新亡，二子不协"（见高中课文《赤壁之战》，出自《资治通鉴》）；还可通"无"，音"wú"，如"河曲智叟亡以应"（《列子·汤问》）。

第**63**日
萧衍：人生富贵何所望，恨不早嫁东家王

**望** 远远看见——怨恨——月光满盈时——接近

### 思维体操

讳疾忌医，必然导致病入膏肓。现实生活中许多思想上有病的人很像蔡桓公，讳疾忌医。这些人应该正确认识自己，善于采纳他人的意见，这样才不会重蹈蔡桓公的覆辙。

神医扁鹊发现蔡桓公（即蔡桓侯）有病后，每次见面都提醒。可蔡桓公有偏见，他说："医生喜欢给没有病的人治病，把治好病作为自己的功劳！"在提醒了三次后，"扁鹊望桓侯而还走"，桓侯感觉很奇怪，便派人询问原因。扁鹊说："桓侯的病已经发展到无可救药的地步了，我因此不再提醒了。"过了五天，桓侯身体疼痛，派人寻找扁鹊，扁鹊已经逃到秦国了。（《韩非子·喻老》）

这里的"扁鹊望桓侯而还走"，意思是扁鹊远远看见桓侯就转身跑了。这里的"望"，讲作"远远看见"。

巨鹿之战结束后，赵王歇、张耳出巨鹿城，感谢各国诸侯。张耳和陈馀相见，责备陈馀不肯救赵，并追问张黡、陈泽的下落。陈馀非常恼怒，说："我派张黡、陈泽他们带领五千人马先尝试着攻打秦军，结果全军覆没，没有一人幸免。"张耳不信，认为是陈馀把他们杀了，并多次追问陈馀。陈馀大怒，说："不意君之望臣深也！"就解下印信给张耳，独自和他部下亲信几百人到黄河边的湖泽中打鱼捕猎去了。（《史记·张耳陈馀列传》）

这里的"不意君之望臣深也"，翻译成现代汉语就是：没有料到您对我的怨恨是如此的深啊！这里的"望"，是怨恨的意思。

南北朝时的梁武帝萧衍写有一首脍炙人口的诗歌，这就是《河中之水歌》，全诗共 14 句（以标点间隔处为一句），其中前 12 句是：

> 河中之水向东流，洛阳女儿名莫愁。莫愁十三能织绮，十四采桑南陌头，十五嫁为卢家妇，十六生儿字阿侯。卢家兰室桂为梁，中有郁金苏合香。头上金钗十二行，足下丝履五文章。珊瑚挂镜烂生光，平头奴子擎履箱。

莫愁所嫁的婆家可真富有，作者该是在叹羡莫愁生活的美满和幸福吧？莫愁对自己在卢家的生活一定是志满意得、称心如意吧？如果这样想，那就错了。因为最后两句是：

> 人生富贵何所望，恨不早嫁东家王。

意思是，人活在世上，要财富有财富，要地位有地位，还有什么可怨恨的呢？有的，这就是怨恨自己没有能够在成为卢家媳妇前嫁给娘家东邻的那个王姓小伙子。这里"人生富贵何所望"中的"望"，也是怨恨的意思。

"望"除了前面的义项外，还可指月光满盈时，也就是农历的小月十五日、大月十六日；还可讲作"接近"，如望六之年，是指年近六十岁。

✎ 作文课堂

诗歌欲露先藏。作者讲究藏的艺术，深藏，巧藏，以至于每一个读者都意识不到作者的真实意图，还以为作者是在讲一个俗而又俗的故事，直到结尾，作者一语惊醒梦中人。这样，哪一个读者不会为作者的巧妙构思拍案叫绝呢？

# 第64日
# 刘颇命令仆人"悉推瓮于崖下"

**悉** 全部、都——详尽——知道

**作文课堂**

如果作文给这则材料，可以有如下立意：

1. 不囿于常规，敢于创新。

2. 危难之时，需要见义勇为。

3. 非常情况下，需要当机立断。

通往渑池的路上，有辆满载坛子的车子卡在了狭窄的山路上。天气寒冷，冰雪堆积，路滑，车子进不得、退不得。到黄昏的时候，官府和私人的行客成群结对，车辆有数千，都拥挤在后面，大家一点儿办法也没有。有个叫刘颇的行客骑着马来到，看到这种情况，问道："车上的坛子值多少钱？"坛子的主人回答说："七八千文钱。"刘颇就解开包袱取出细绢，当即交付给那人作为赔偿，然后命令仆人登上那辆车，割断缚在车上的绳索，"悉推瓮于崖下"。一会儿，车子变轻，往前走动了，大队人马随后喧哗着向前进发。

（《国史补》）

这里的"悉推瓮于崖下"，翻译成现代汉语就是：把坛子全部推到山崖下。其中的"悉"，讲作"全部、都"。

散骑郎裴遐娶了太尉王夷甫的女儿为妻。婚后第三天，几个女婿在一起聚会，"当时名士，王、裴子弟悉集"。郭子玄也在座，他领头和裴遐清谈。郭子玄学识非常渊博，开始几次交锋，还觉得不够痛快，于是极力铺陈张扬，气势非常宏大，裴遐则缓缓地梳理说过的话题，义理情趣都很精微，满座的人无不赞叹叫好。王夷甫非常惊奇，对大家说："你们不要再辩论了，不然就要被我女婿难倒了。"（《世说新语·文学》）

这里的"当时名士，王、裴子弟悉集"，翻译成现代汉语就是：当时的名士和王、裴两家子弟都聚集在一起。其中的"悉"，也讲作"全部、都"。

一次，张释之随从汉文帝出行，来到了上林苑中养禽兽的地方。文帝向主管上林苑的尉官询问各种禽兽登记在册的情况，一共问了十几个问题，尉官左边瞅瞅，右边看看，全不能回答。这时，"虎圈啬夫从旁代尉对上所问禽兽簿甚悉"。文帝说："难道当官主事的不应该这样吗？尉官才能低下，不足任使。"于是下诏让张释之将啬夫提升为上林令。张释之上前说："现在陛下因为啬夫的能言善辩而提拔他，我担心天下的人会争着效仿，只注重能言善辩，而不注重做实事。"文帝说："说得对。"于是废除了升迁啬夫的命令。（《史记·张释之冯唐列传》）

✎ 实兵演练

啬夫到底应该不应该被提拔？说说你的看法。

这里的"虎圈啬夫从旁代尉对上所问禽兽簿甚悉"，翻译成现代汉语就是：料理虎圈的小官啬夫从旁代替尉官回答文帝所问禽兽登录在册情况，答得十分详尽。其中的"悉"，讲作"详尽"。

刘备称帝后，对丞相诸葛亮说："国家遭遇不幸，我奉承天命登上天子之位，战战兢兢，小心谨慎，不敢稍稍懈怠，总挂念着如何使百姓过上安定的生活，总怕做不到而无法安心啊！'丞相亮其悉朕意'，不可懈怠！你要匡正我的不足，帮助我重振汉朝累世的德业，来造福普天之下的老百姓！"（《三国志·蜀书·诸葛亮传》）

这里的"丞相亮其悉朕意"，翻译成现代汉语就是：您要知道我的心意。其中的"悉"，是知道的意思。

1971年7月9日，美国总统尼克松的国家安全事务助理基辛格博士秘密来到中国。7月11日，双方就尼克松访华的联合公告稿进行讨论。在关于尼克松来华是谁主动的问题上，双方发生分歧。美方要求在公告中写上"应中国政府邀请"字样，中方不同意，说尼克松访华一事是美方主动提出的。中方所说有根

✎ 思维体操

周总理智慧超群，天下无人不为之折服。

据，1970 年 10 月 1 日，尼克松对《时代》杂志记者发表谈话，说："如果说在我去世之前有什么事情要做的话，那就是到中国去。如果我不能去，我希望我的孩子能够去！""官司"打到周恩来那里，周恩来考虑到在这个问题上应该顾全美方的面子，于是提出可加"获悉"一词，即："获悉尼克松总统曾表示希望访问中华人民共和国，周恩来总理代表中华人民共和国政府邀请尼克松总统于 1979 年 5 月以前的适当时间访问中国。尼克松总统愉快地接受了这一邀请。"对此，美方很满意，特别是基辛格，还在"接受邀请"前主动加上了"愉快地"一词。这里的"获悉"，是指得到消息知道某事，其中的"悉"也是知道的意思。

**许** 答应、同意——表示约数——住处——这样——准许、许可——期
望——认可、相信

在舜为领袖的时候，有苗氏凭借着周边险要
的地势不臣服。大禹请求讨伐，"而舜不许"，说：
"这是由于我的开导教化还没有做到家。"经过长
期的开导教化，有苗氏请求臣服。天下人听说这
件事情后，都鄙薄大禹的见识，赞美舜的道德。其实，大禹请求讨伐的原
因，是想显扬舜的道德。（《韩诗外传》卷三）

> **思维体操**
> 舜禹之所以是圣人，
> 总有与众人不同的地方。

这里的"而舜不许"，翻译成现代汉语就是：可是舜不答应。其中的
"许"，讲作"答应、同意"。

蓟子训是齐国人，一次，他只是和一些白发老人
坐在一起说了会儿话，第二天早晨这些老人的头发就
都变黑了。京城里的达官贵人们听说了，都一心渴望
能够见到他，只是没有机会。后来，他们听说一个太
学生和蓟子训是邻居，便将他叫去，说："你这么辛苦
地读书，也不过是想要富贵，你现在只要能够把蓟子
训请来，我们就能让你富贵。"这个太学生于是回了家，并且见到了蓟子
训。蓟子训说："我某一天一定会去的，不会让你失去做官发达的机会。"

> **作文课堂**
> 蓟子训真是神通广
> 大。我们也不妨给自己
> 的作文加一些魔幻色彩，
> 让其中的人物神通广大。

153

到了该动身的那天，蓟子训却没动身。太学生的父母就来拜见蓟子训，蓟子训说："我答应的事情怎么会忘记了呢？我今天饭后就出发。"只用了半天，他就走了两千里路。来到京城后，这个太学生急忙磕头迎接。蓟子训就问都有谁想见他，太学生说："想见您的人太多了，不敢让您屈尊过去，只要他们知道您来了，就会自己过来找您。"蓟子训说："我走了上千里的路都不累，还在乎多走两步路吗？你告诉那些想见我的人，让他们谢绝别的客人，我明天就一一去他们家。"太学生把蓟子训的话告诉了达官贵人，于是那些达官贵人都谢绝了客人，把宅院打扫干净。到了第二天约定的时间，蓟子训果然来了，一共有二十三家，每家都有一个蓟子训。后来上朝的时候，达官贵人们相互打听蓟子训什么时候到对方家的，发现他们二十三家都是在同样的时间见到蓟子训的，并且他穿的衣服、长的样子都一模一样，只是说的话随着主人的提问而回答不一样。

整个京城都被蓟子训这样的神通变化震惊了。达官贵人们想一起去拜见蓟子训，蓟子训对太学生说："那些人说我眼睛有两个瞳仁，眉毛有八种颜色，所以才想见我。现在他们都看到我了，我却没有遇到能够与之讲道的人，我走了。"刚出门，达官贵人们的车马就都来了，把道路挤得水泄不通。太学生说他刚走，东边小路上骑骡子的就是。达官贵人们骑马来追，但都追不上，"常相去一里许"，最后还是没有追到他，只好各自回去了。(《神仙传·蓟子训》)

这里的"常相去一里许"，翻译成现代汉语就是：总是距离他有一里路的样子。其中的"许"，表示约数。

**思维体操**

评论他人时，有一说一，有二说二，实事求是，这也是一种优秀品质。

东晋时，有一次"刘尹至王长史许清言"，当时王濛的儿子王荀子十三岁，靠在床边听。刘尹（即刘惔）走后，王荀子问父亲王濛："刘尹的谈论和您相比怎么样？"王濛回答说："在美好的音调和言辞方面，他不如我；在辩论起来总能切中要害方面，他却比我强多了！"(《世说新语·品藻》)

这里的"刘尹至王长史许清言"，翻译成现代汉语就是：丹阳尹刘惔到长史王濛的住处清谈。其中的"许"，讲作"住处"。

"许"除了前面的义项外，还可讲作"这样"，如"问渠那得清如许，为有源头活水来"（《观书有感》）；讲作"准许、许可"，如"只许州官放火，不许百姓点灯"；讲作"期望"，如"塞上长城空自许，镜中衰鬓已先斑"（《书愤》）；讲作"认可、相信"，如"明足以察秋毫之末，而不见舆薪，则王许之乎"（《孟子·梁惠王章句上》）。

## 第 66 日
## 兴师以与楚战

兴 音"xīng"，发动——音"xīng"，成功——音"xīng"，兴旺、兴盛——音"xīng"，起、起来——音"xìng"，兴致、情趣

春秋时，宋景公没有儿子，收养了公孙周的儿子得和启，但还没有确定立谁为太子。当时，负责景公和大臣们联系的是景公身边的宠臣大尹。大尹常常按照自己的意愿假称君命发号施令。大臣们看在眼里，恨在心里。

这年十月，宋景公在空泽这个地方游玩。初四，宋景公在馆舍中去世。"大尹兴空泽之士千甲"，秘密护送宋景公的尸体回到宫中。大尹以"地方上有战事"为由召集大臣们进宫，在大臣们来了后命武装士兵劫持了他们，说："国君有重病，请大家盟誓：绝不做对朝廷不利的事情。"盟誓之后，才发布了宋景公去世的消息，并立启为国君。原来的国君没有了，新君又是大尹所立，大臣们自然不服。这样，大尹与大臣们的矛盾越来越尖锐，斗争越来越激烈。最后，大尹侍奉着启逃到了楚国，得被大臣们立为国君，这就是宋昭公。（《左传·哀公二十六年》）

这里的"大尹兴空泽之士千甲"，翻译成现代汉语就是：大尹发动空泽的士兵千人。其中的"兴"，音"xīng"，讲作"发动"。

战国时，有一次，秦国包围了赵国的首都邯郸，赵国派平原君去楚国合纵求救。毛遂自我推荐，跟随前往。在楚国，平原君陈说合纵抗秦的好处以及不合纵的害处，从太阳刚出来就开始谈，一直到中午时分还没有说服楚王。毛遂按着宝剑，一个台阶一个台阶快步走进会谈的地方，对楚王说："现在楚国方圆五千里，有士卒百万，这是称霸天下的资本。凭着楚国的强大，天下谁能抵挡呢？然而遗憾的是，秦国的白起'兴师以与楚战'，攻下了楚国的别都及首都，纵火烧毁了楚国先王的墓地。这是百世的仇怨，然而大王您却不知道羞愧。要知道，合纵抗秦首先是为了楚国，并不是为了赵国。"楚王听后，说："的确如先生所说的那样，我愿意以整个楚国来合纵抗秦。"（《史记·平原君虞卿列传》）

> **思维体操**
>
> 毛遂自荐的本质是勇于展现自己的才能。没有开拓进取的精神，没有敢为天下先的思想，怕是也难以做到。现在，"毛遂自荐"已经演变为一个成语，比喻自告奋勇，自己推荐自己担负某项工作。

这里的"兴师以与楚战"，翻译成现代汉语就是：发动军队和楚国作战。其中的"兴"，也是发动的意思。

春秋时，楚庄王要德高望重又博学的士亹（音"wěi"）做太子箴的老师，士亹感到责任重大，推辞说："我没有才能，不能对太子有所教益啊！"楚庄王诚恳地说："太子应该成为一个品德高尚的人，我思来想去，只有您能够做太子的师傅，您就不要推辞了！"

> **思维体操**
>
> 十年树木，百年树人。中国自古便有重视教育的好传统，我们应该发扬光大。

教育太子，为楚国培养未来的接班人，这可是天大的事情。为此，士亹就太子教育的事情向楚大夫申叔时请教，申叔时说：教太子读《春秋》，可以让其扬善抑恶；教太子读《诗经》，可以让其具有高尚的品德；教太子读《礼》，可以让太子懂得上下尊卑。说完这番话，申叔时又假设了许多可能出现的情况，并给出了教育的方法，最后说："如果所有教育手段都用了而太子仍然不听从，那他就不是可教之人、可造之材，'其可兴乎'！"（《国语·楚语·申叔时论傅太子之道》）

这里的"其可兴乎"，翻译成现代汉语就是：难道这样的人还能成就一番事业吗！其中的"兴"，音"xīng"，讲作"成就一番事业"，也就是成功的意思。

唐朝贞观二年（公元 628 年），唐太宗下令在国子监建立孔子庙堂，称孔子为"先圣"。这年大批招收天下儒士，并破格提拔，他们在朝廷上做官的很多。国子监新建学舍四百多间，国子学、太学、四门学、广文馆也增加了学生名额。不仅如此，唐太宗还几次亲临国子监，让祭酒、司业、博士开设讲座。讲完后，太宗赐给每人一束帛。不久，吐蕃、高句丽、新罗等部族政权的首领也派遣子弟来长安请求入学。当时，在国子监带着书箱登上讲台讲课的，有上万人。"儒学之兴，古昔未有也。"（《贞观政要·崇儒学》）

**文化常识**

祭酒、司业为国子监管理人员，博士为教学人员。

最后两句，翻译成现代汉语就是：儒学的兴旺，是古代没有过的。其中的"兴"，音"xīng"，讲作"兴旺、兴盛"。

除了前面的义项外，"兴"还可讲作"起、起来"，音"xīng"，如"夙兴夜寐"；讲作"兴致、情趣"，音"xìng"，如"兴尽晚归舟"（《如梦令·常记溪亭日暮》）。

# 第67日
## 妃衔块请死

衔 用口含着——含在心里——包含、含有

衔，音"xián"，是一个会意字，中间是一个"金"字旁，表明与金属有关。除了"金"字旁，余下的是一个"行"，说明与行走有关。清朝学者段玉裁在《说文解字注》中说，"衔"是含在马口里的金属小棒，即马嚼子，所以用"金"字；马嚼子与马缰绳相连，用来控制马的行走，所以用"行"字。

马嚼子是含在马口里的，由此引申，"衔"又有了用口含着的意思。宋朝欧阳修《秋声赋》中有这样的句子："又如赴敌之兵，衔枚疾走，不闻号令，但闻人马之行声。"枚，其形状像我们吃饭用的筷子，两端有带子。使用时，将枚用口含着，两端的带子系在脖子上。古代行军尤其是夜间行军的时候，"衔枚"可以防止士兵喧哗，以免被敌人发觉。

古代风俗习惯，人死的时候，口里必须含着东西。不同身份的人含的东西是不同的。皇帝含珍珠，诸侯含玉，大夫含玑（不圆的珠子），士人含贝壳，老百姓含粮食，罪犯含土块。如果一个人犯了错误，请求处分，也要在口中含土块，表示罪该万死，愿意接受处

> **实兵演练**
>
> 这是一个比喻句，其本体是秋风。关于秋风，你能够连续用几个比喻句来描绘吗？相信你能够！写出后，不妨搜索欧阳修的《秋声赋》，看一看欧阳修描绘秋风还用了哪些比喻，并将自己所写和欧阳修所写一比高低。

分。《新唐书·后妃传》中说，唐玄宗打算让太子监管军队，然后将皇位让给太子。这对靠杨贵妃起家的杨姓外戚显然不利。怎么办？"妃衔块请死。"意思是杨贵妃口含土块请求皇帝把她处死。这还了得，皇帝一想，不管怎么说，不能让杨贵妃受委屈，也就打消了传位给太子的打算。

有个成语为"结草衔环"。"衔环"是说用口含着玉环。南朝梁吴均《续齐谐记》中说，杨宝小时候看到一只黄雀被猫头鹰啄伤了掉到树下，又被蚂蚁包围。杨宝将黄雀带回家精心饲养了好多天，黄雀伤好之后就飞走了。这天夜晚，一个穿黄衣服的小孩将四枚白玉环赠送给杨宝，说自己是西王母的使者，现在来感谢他。后来，人们用"结草衔环"比喻感恩报德，至死不忘。

> **◇思维体操**
>
> 这则故事是劝人行善。在当今，保护飞禽走兽，就是保护生态环境，就是保护我们人类自己。

由"用口含着"引申，"衔"又有了含在心里的意思。如关汉卿《窦娥冤》写到窦娥在刑场和婆婆告别时，说："婆婆也，再也不要啼啼哭哭，烦烦恼恼，怨气冲天。这都是我做窦娥的没时没运，不明不暗，负屈衔冤。"所谓"衔冤"，也就是心里含有冤屈的意思。

"衔"还可引申出包含、含有的意思。如范仲淹《岳阳楼记》："予观夫巴陵胜状，在洞庭一湖。衔远山，吞长江，浩浩汤汤，横无际涯；朝晖夕阴，气象万千。"这里说"衔远山"，是因为远山（指君山）在洞庭湖中。所谓"衔远山"，也就是洞庭湖包含着远山的意思。

第 68 日

# 李商隐：向晚意不适，驱车登古原

**向** 后窗——刚才——以前——接近、临近——假如——面朝——奔向

　　在古代，同是窗户，由于朝向不同，名字也不同。具体来说就是，前窗叫"牖"，后窗叫"向"，朝上的叫"窗"。《诗经》中有一首《七月》，其中有两句是"穹窒熏鼠，塞向墐户"，翻译一下就是：把所有鼠穴都找到，加以堵塞，用烟熏赶老鼠；用泥涂抹门窗缝隙，把后窗封住。这里的"向"，就是指后窗。

　　唐朝诗人杜牧，初次考试没有考中。太学里的博士吴武陵拜见当时主管考试的侍郎崔郾，说："侍郎凭借高尚的品德和很大的名望来为明君选拔人才，我怎敢不尽心推荐人才。刚才我偶然间看到有十几个文士，扬眉击掌，在一起读一篇文章，一看，原来是杜牧的《阿房宫赋》。这个人，具有辅佐帝王的才能啊！"于是掏出书卷，把笏板插好朗诵起来，崔郾也大加赞赏。吴武陵说："请您定他为第一名。"崔郾说："状元已经定下别人了。"吴武陵说："不行的话，就请定他第五名。再不行，就请您把赋还给我！"崔郾回答道："诸多考生都说杜牧放荡，不拘生活小节，但是敬依您的指教，不敢再改变。"（《唐才子传·杜牧》）

> **✎ 作文课堂**
> 写作文涉及力荐人才，可用这则材料。

　　这里的"刚才我偶然间看到有十几个文士"，用文言来说就是"向偶见文士十数辈"，其中的"向"，是刚才的意思。

陶渊明在《桃花源记》中说有一个渔人无意中发现了一个幸福的所在，这就是桃花源。渔人在这里住了几天后，便驾着自己的船顺着从前的路回去，且处处都做了标记。到了郡城，渔人拜见了太守，说了自己的这番经历。太守立即派人跟随他前往，"寻向所志"，竟然迷了路，再也找不到通往桃花源的路了。

这里的"寻向所志"，翻译成现代汉语就是：寻找以前做的标记。其中的"向"，是以前的意思。

唐朝诗人李商隐有一首诗《登乐游原》，其中写道："向晚意不适，驱车登古原。夕阳无限好，只是近黄昏。"这里的"向"，是接近、临近的意思。"向晚"，就是接近晚上、临近晚上，自然也就是傍晚的意思。

"向"除了前面的这些义项外，还可讲作"假如"，如"向吾不为斯役，则久已病矣"（《捕蛇者说》）；还可讲作"面朝"，如"小弟闻姊来，磨刀霍霍向猪羊"（《木兰辞》）；讲作"奔向"，如"即从巴峡穿巫峡，便下襄阳向洛阳"（《闻官军收河南河北》）。

◇ **知识拓展**

李商隐这首诗的最后两句好是好，但消极了点。现代著名散文家朱自清五十一岁生日时，将这两句稍加改造，便成了一副励志联，这就是：

但得夕阳无限好，
何须惆怅近黄昏。

## 第 69 日
## 柳亚子：开天辟地君真健，
## 说项依刘我大难

**项** 脖子的后面——脖子——姓

汉武帝元光四年（公元前 131 年）夏天，丞相田蚡娶了燕王的女儿做夫人，太后下诏叫列侯宗室都前往祝贺。在宴会上，灌夫敬酒，轮到田蚡这里时，田蚡说："我不能喝满杯。"轮到临汝侯灌贤这里时，灌贤正在和程不识耳语，且又不离座。刚才田蚡不给其面子，现在灌贤也不给面子，灌夫感觉受了莫大的侮辱，便大骂灌贤。在宴会上大骂，田蚡自然很生气，便当众指责灌夫。这犹如火上浇油，灌夫说今天准备着被砍头，什么也不怕。客人们一看情况不妙，都借口去上厕所走了。田蚡更是生气：这算是办的哪门子宴会？不吉利！便说："这是我平时娇宠灌夫的过错。"于是命令手下的军士扣留灌夫。田蚡的门客站起来为灌夫谢罪，"案灌夫项令谢"。刚直的灌夫更加气愤，坚决不肯。最后，灌夫被捆绑了起来准备治罪。（《史记·魏其武安侯列传》）这就是著名的"灌夫骂座"的故事。

这里的"案灌夫项令谢"，翻译成现代汉语就是：按着灌夫脖子的后面叫他低头道歉。其中的"项"，是指脖子的后面。我们现在常用的成语"望其项背"中的"项"，也是指脖子的后面。

东汉董宣做洛阳县令时，湖阳公主的家奴杀了人。一天，公主出门，

✎ **实兵演练**

感兴趣的同学，不妨百度"灌夫骂座"视频欣赏。

这个家奴跟从侍候。早已等候多时的董宣拦住公主的车马，以刀画地，大声列举公主的过失，呵斥家奴下车。公主没有办法，只好让这个家奴下车。这个家奴下车后，便被打死了。打狗还要看主人，董宣不讲这个，湖阳公主自然十分生气。她回到宫里向光武帝告状。光武帝极为愤怒，召来董宣，要用刑杖打死他。董宣叩头说："希望允许我说一句话再死。"光武帝问："想说什么话？"董宣说："皇帝您因德行圣明而中兴复国，现在您姐姐却放纵家奴杀害百姓，您将拿什么来治理天下呢？我不用杖打，请允许我自杀。"当即用脑袋去撞击柱子，顿时血流满面。光武帝命令董宣向公主叩头道歉，董宣不答应。宦官按着董宣的脖子，强迫他叩头，他两手撑地，一直不肯低头。湖阳公主说："过去弟弟您做百姓的时候，隐藏逃亡犯、死刑犯，官吏不敢到家门搜捕。现在您做了皇帝，难道威严不能施加给一个县令吗？"光武帝笑着说："做皇帝和做百姓不一样。"说完，当即命令："强项令出！"并赏赐董宣三十万钱。董宣把这三十万钱全部分给了手下官吏。从此，董宣捕捉打击倚仗权势横行不法之人，没有谁不害怕得发抖。（《后汉书·酷吏列传》）

这里的"强项令出"，直译就是：硬脖子县令给我出去。意译则是：强硬不低头的县令给我出去。其中的"项"，是指脖子。我们所熟悉的"审视，巨身修尾，青项金翅"（《促织》）中的"项"，也是指脖子。

毛泽东有两句脍炙人口的诗："牢骚太盛防肠断，风物长宜放眼量。"这两句诗出自他的《七律·和柳亚子先生》。柳亚子的原诗《七律·感事呈毛主席》，首联是："开天辟地君真健，说项依刘我大难。"上句是赞美毛泽东创建了新中国，功如开天辟地；下句是说自己不善于说人的好话，也不愿意去投靠权势，表明自己的清高。"依刘"，是指建安七子中的王粲因长安大乱到荆州投靠刘表，但始终没有被重用。这是用典，容易理解。"说项"，是指替人说好话。这又是为什么呢？唐朝时，项斯在没有中第之前曾带着自己的诗作去拜谒诗人杨敬之。杨敬之读

**作文课堂**

写作谈秉公执法、不向权势低头、刚正不阿时，都可以用这则材料。

**实兵演练**

毛泽东的和诗、赠诗不少，大家可就此组织一个专题，进行探究学习。

后，写了一首《赠项斯》："几度见诗诗总好，及观标格过于诗。平生不解藏人善，到处逢人说项斯。"翻译成现代汉语就是："多次读到你的诗又总是觉得很好，等到看见你的气度品格，知道你的气度品格更高于诗。我一生也不愿意藏匿人家的长处，无论到哪里见人都会推荐你项斯。"随着这首诗的广为流传，也就逐渐形成了现在人们常说的"说项"这个典故。显然，杨敬之诗歌中的"项"，是指姓。

第**70**日

# 樊姬：又焉得为忠贤乎

**焉** 于之——之——怎么——接着、之后——助词

　　晋灵公在位的时候，宋国人杀死了宋昭公，晋国的大臣赵盾向晋灵公请求出兵宋国。晋灵公说："这不是晋国的紧要事情。"赵盾说："不是这样的。就事理而言，大的是天地之道，其次便是君臣之义，这是必须理顺的。现在宋人杀死自己的国君，违反天地之理，违反为人之道，'天必加灾焉'。晋国作为盟主却不救助被害者，那么上天的惩罚恐怕要到来了。《诗经》说：'凡民有丧，匍匐救之。'何况对于一国之君呢？"于是，晋灵公便同意赵盾出兵。（《韩诗外传》卷一）

◇ 文化常识

　　盟主：诸侯会盟中的领袖或主持者。

　　这里的"天必加灾焉"，翻译成现代汉语就是：上天一定降灾难给他们。其中的"焉"是兼词，相当于"于之"，这里可讲作"给他们"。

　　卫灵公在天气寒冷的时候开凿水池，宛春劝谏说："天气寒冷动工，恐怕会让百姓冻伤。"卫灵公说："天冷吗？"宛春回答说："您穿着狐皮大衣，坐着熊皮垫子，室内又有火灶，所以不觉得冷。如今百姓是衣衫破旧，自然是感觉地冻天寒，冷得很呢。"卫灵公说："你说得好。"于是就下令停止开凿水池。卫灵公身边的近臣劝阻说："您下令凿池，不知

◇ 思维体操

　　宛春敢于为民进谏，卫灵公肯用贤纳谏、不听信谗言，这些都是美德，值得人们学习。

道天冷，现在凭着宛春对下情的了解而停止凿池，这是让百姓把恩德归于宛春、把怨恨归于您。"卫灵公说："不是这样的。宛春只是鲁国的一个平民，我提拔了他，'民未有见焉'。现在要让百姓通过这件事了解他。况且宛春有善行，现在我又有了宛春，宛春的善行不就是我的善行吗？"（《新序·刺奢》）

　　这里的"民未有见焉"，翻译成现代汉语就是：卫国的百姓还没有见过他。其中的"焉"是代词，用在动词之后，代人，相当于"之"，这里可讲作"他"。

　　楚庄王在朝廷上处理政务散朝晚了，樊姬到厅堂阶下来迎接庄王，问："怎么结束得这么晚啊？不饥饿疲倦吗？"庄王回答说："今天听忠诚贤明之人谈治国之道，忘掉了饥饿疲倦。"樊姬说："大王所说的忠诚贤明之人，是从其他诸侯国来的客人呢，还是我们国

✎ **实兵演练**

如果作文给我们这则材料，那么又该确定怎样的立意呢？

内的臣民呢？"庄王说："是沈令尹。"樊姬捂着口笑了起来。庄王感到不解，问道："你笑什么啊？"樊姬回答说："沈令尹做楚国的相已经多年，不曾见他进荐贤人而斥退小人，'又焉得为忠贤乎？'"庄王第二天上朝，把樊姬的话告诉了沈令尹。沈令尹便向楚庄王推荐了孙叔敖。孙叔敖治理楚国三年，楚庄王便称霸诸侯。楚国史官执笔在史书上写道："楚国称霸，是樊姬的功劳。"（《韩诗外传》卷二）

　　这里的"又焉得为忠贤乎"，翻译成现代汉语就是：又怎么能算是忠诚贤明的人呢？其中的"焉"是疑问代词，可讲作"怎么"。

　　周穆王乘坐八匹骏马拉的车到远方游览。一天，他来到了昆仑山，观赏黄帝的宫殿，接着便去拜见西王母，并与西王母在瑶池设宴饮酒。在酒宴上，西王母为周穆王唱起了动听的歌谣，周穆王则随声而和。"焉乃观日之出入"，他们是日行万里。（《列子·周穆王》）

　　这里的"焉乃观日之出入"，翻译成现代汉语就是：之后在西王母的陪同下去观看太阳是怎样落山的。其中的"焉"是连词，相当于"乃""则""就"，可讲作"接着、之后"等。

　　"焉"除了前面的义项外，还可做助词，用在句末，用来增强断定

的语气，可译作"了""啊""呢"，也可不翻译，如"一出门，裘马过世家焉"（《促织》）；用在形容词后，作形容词词尾，可译作"……的样子"，如"盘盘焉，囷囷焉，蜂房水涡，矗不知其几千万落"（《阿房宫赋》）。

第**71**日
于谦：粉骨碎身浑不怕，
要留清白在人间

**要** 音"yāo"，邀请——音"yāo"，拦截——音"yāo"，要挟——音
"yāo"，困顿——音"yào"，关键、重要——音"yào"，想要、希望

　　西晋时期，石崇每次邀请客人宴饮，总让美女劝
酒，客人中如果有饮不尽的，石崇就把美女交给内侍
杀掉。有一回，丞相王导和大将军王敦一起参加石崇
的宴会，王丞相平时不能喝酒，现在也只能勉强喝下，
以至于都喝醉了。每次轮到王大将军时，他坚决不喝，
以观察石崇怎么办。已经杀了三个人，王大将军神色没有改变，依旧不肯
喝酒。王丞相责备他，王大将军说："他杀他家的人，关你什么事？"（《世
说新语·汰侈》）

　　石崇每次邀请客人宴饮，这句话用文言来说就是"石崇每要客燕集"，
其中的"要"讲作"邀请"。

　　孟子正打算去朝见齐王，却碰上齐王派人来
传话道："本来我是打算来看望您的，无奈受了风
寒，不能来了。明天早晨，我将临朝听政，不知
您是否肯来，让我能够见到您？"孟子回话道：
"我也不幸生了病，不能到朝廷上去。"第二天，
孟子出门到东郭氏家去吊丧。公孙丑提醒说："昨

天您推说有病，今天却去吊丧，这样做也许不大合适吧？"孟子说："昨天有病，今天好了，怎么不能去吊丧呢？"齐王派人来探望孟子，医生也来了。孟子的堂兄弟孟仲子应付来人说："昨天大王命令召见，恰好先生病了，不能到朝廷去。今天病稍好了点，已经急匆匆赶赴朝廷去了，不知道现在到了没有？"说完，孟仲子托故出去了一趟，"使数人要于路"，告诉孟子说："请您一定不要回家，赶快到朝廷去！"（《孟子·公孙丑章句下》）

这里的"使数人要于路"，翻译成现代汉语就是：孟仲子随即派了几个人到路上去拦截孟子。其中"要"是拦截的意思。

臧孙纥因为得罪孟孙氏受到攻伐而逃到了邻国，不久从邻国回到他的封地防城，并凭借防城这块根据地而派人向鲁国国君要求立他的异母兄弟臧为做卿大夫，如果鲁国国君答应，他便可以交出防城。鲁国国君答应了臧孙纥的条件，臧孙纥便交出防城流亡到齐国去了。孔子对此评论说："虽曰不要君，吾不信也。"（《论语·宪问》）

孔子的话翻译成现代汉语就是：即使有人说他这不是要挟君主，我也不相信。其中的"要"，是要挟的意思。

实兵演练
关于完人，你有过思考吗？你的思考和孔子所言有何不同？

子路曾问孔子什么是完人。孔子回答说："像臧武仲那样睿智，像孟公绰那样不贪心，像卞庄子那样勇敢，像冉求那样多才多艺，再用礼乐加以修饰，也就可以成为完美无缺的人了。"接着，他又补充说："现今的所谓完人何必一定如此？见到利益能想到是否合乎义，见到危难肯于献身，'久要不忘平生之言'，现在做到这样也可以称作完人了。"（《论语·宪问》）

这里的"久要不忘平生之言"，翻译成现代汉语就是：久处困顿之境而不忘平生所立誓言。其中的"要"，是困顿的意思。

除了上面的意思外，"要"还可以讲作"关键、重要"，如"立片言而居要，乃一篇之警策"（《文赋》）；还可以讲作"想要、希望"，如"千锤万凿出深山，烈火焚烧若等闲。粉骨碎身浑不怕，要留清白在人间"（《石灰吟》）。

最后需要指出的是，"要"讲作"邀请""拦截""要挟""困顿"时，读"yāo"；讲作"关键、重要""想要、希望"时，读"yào"。

# 第72日
# 田子方：此何马也？

**也** 表判断语气——表疑问语气——表肯定语气——表感叹语气——表停顿，以舒缓语气

越王勾践，大家对他的卧薪尝胆的故事都很熟悉。都说强将手下无弱兵，我们所说的就是他的臣子廉稽的故事。一次，廉稽奉命出使楚国。楚王的一个臣子自作聪明，对楚王说："'越，夷狄之国也。'请允许我愚弄一下他们的使者。"楚王头脑倒是清醒，说："越

🖊 **实兵演练**

廉稽是用什么方法折服楚王的呢？

王是个贤明的人，他的使者也贤明，你可要慎重。"这个臣子出来会见廉稽，说："你戴上帽子，我们的国君就能按楚国风俗接见；你不戴帽子，我们的国君就不接见你了。"廉稽回答说："越国也是周王朝分封的诸侯之一，没有处在大国林立的中原，却处在江海岸边，与鱼鳖做伴，在身上刺上花纹，剪短头发，然后才能居住在那里。现在来到贵国，一定说要戴上帽子贵国国君才能接见，否则就不接见。照这样，那么贵国使者到越国，也将要身刺花纹，剪短头发，然后我们的国君才会以越国风俗接见，可以吗？"楚王听了这话，知道果真遇到了对手，便赶紧穿上衣服出来道歉。（《韩诗外传》卷八）

这里的"越，夷狄之国也"，直译成现代汉语就是：越国，是夷狄之国。夷、狄，都是少数民族。意译就是：越国是没有开化的落后国家。其

中的"也"，表示判断语气。我们所熟悉的"死生，昼夜事也"（《〈指南录〉后序》）、"吾师肺肝，皆铁石所铸造也"（《左忠毅公逸事》）中的"也"，也都是表示判断语气。

田子方是战国时期魏国人，一次出游，看见路上有一匹老马，感慨之情油然而生，因此问赶马的人说："此何马也？"赶马的人说："原来是诸侯家的马，因为老弱无力就不再使用它，所以被卖到外边来了。"田子方说："年轻时用尽了力，老了却被抛弃了。这是有仁爱之心的人做不出来的。"于是花大价钱将老马买了回去。后来，那些落魄之士听到这件事，都知道该信赖谁了。（《韩诗外传》卷八）

这里的"此何马也"，翻译成现代汉语就是：这是什么马？其中的"也"，表示疑问语气。

孟子与淳于髡（音"kūn"）都是战国时代的辩才。如果他们相遇时有一场交锋，一定会精彩绝伦。这里所说的就是这么一场交锋。孟子游说齐宣王，齐宣王不感兴趣。淳于髡在一边陪侍，孟子对他说："今天我劝说您的国君，您的国君不感兴趣，我想他该是不知道好的东西是好的吧？"淳于髡回答说："先生您也的确没什么好的理论啊！从前瓠（音'hù'）巴弹瑟，连水底的鱼都浮上水面倾听；伯牙弹琴，六匹吃草的马都抬起头倾听。鱼和马都知道好的东西是好的，更何况是国君呢？"孟子说："电闪雷鸣时，能击破竹子，折断树木，震惊天下，然而却不能使耳聋的人一下子就听见；太阳和月亮的光辉，照遍了天下，然而却不能使盲人一下子就看见。'今公之君若此也。'"淳于髡哪能服气，他说："不对！从前绵驹生活在齐国的高唐，齐国人便喜欢唱歌；齐国大夫杞梁死于战争，他的妻子哭得十分悲哀，城墙因此而崩塌，风俗因此而改变，许多人竟竞相模仿她哭。声音没有细微到听不见的，行为没有隐晦到别人看不见的。如果先生您真正有才能，住在鲁国而鲁国却被削弱，这是为什么呢？"孟子说："不任用有德有才的人，还有什么削弱不削弱呢？能吞掉大船的鱼不深藏在湖泽中，有气度的人不待在污浊的社会里。植物到了冬天必然凋零，我也恰好遇上了这样一个无法施展才能的时代，我有什么办法呢？"（《韩诗外传》卷六）

这里的"今公之君若此也"，翻译成现代汉语就是：现在您的国君就像这样。其中的"也"，表示肯定语气。我们所熟悉的"吾上恐负朝廷，下恐愧吾师也"（《左忠毅公逸事》）中的"也"，也是表示肯定语气。

"也"除了可以用在句末表示判断语气、疑问语气、肯定语气外，还可以表示感叹语气，如"君美甚，徐公何能及君也"（见初中课文《邹忌讽齐王纳谏》，出自《战国策》）；还可以用在句中表示停顿，以舒缓语气，如"师道之不传也久矣"（《师说》）。

## 第73日
## 惠子：魏王贻我大瓠之种

 **贻** 赠送——留下、遗留

◇ **思维体操**

东西之所以没有用处，是因为放错了位置。如果放对了地方，那就是无价之宝；如果放错了地方，那自然就是垃圾。人也是如此。

一天，惠子和庄子在一块聊天。惠子说："'魏王贻我大瓠之种'，我把它种在地里，收获的葫芦竟有五石大。用它盛水，它的坚固程度却不能使自己在被举起来以后不破裂。剖开来做瓢呢，也太大了，没有什么东西可装。我看了看，想了想，觉得也没有什么用处，三下五除二，就将这些葫芦给毁掉了。"

庄子听后，不禁发出了重重的叹息，说："先生您确实不善于使用大的物件。宋国有个人，他家世世代代以漂洗棉絮为职业，即使是北风凛冽，滴水成冰，也要去河中凿开厚厚的冰层，为人漂洗，这样，双手自然是年年被冻裂。但随着时间的流逝，他家也找到预防手冻裂的药方。有个人听说后，请求用百金购买他的药方。宋人召集全家族的人来商量，说：'我们家世世代代做漂洗棉絮的工作，收入不过数金。如今一旦出卖药方，就可得到百金。多好的事情啊！我们卖给他，怎么样？'全家族的人一听，还有这么好的事情，便都主张卖药方。这个人买到药方后，就去将消息报告了吴王。后来，越国出兵入侵吴国，吴王派他率领军队抗击越军。到了冬天，双方在水上交战，越军没有预防手冻裂的药保护，双手被冻裂，握不住长矛和宝剑，结果大败。吴王非常高兴，划出了一块肥沃的土地封赏他。同样是使手不冻裂，有人因此有了广大的封地，有人却摆脱不了漂洗棉絮的事，这就是用途的不同啊！现在你有可容五石的大葫芦，为什么想不到用它系在腰上去漂游江湖，反而愁它太大派不了用场呢？"（《庄子·逍遥游》）

这里的"魏王贻我大瓠之种"，翻译成现代汉语就是：魏王赠送给了我一些大葫芦的种子。其中的"贻"，讲作"赠送"。我们熟知的"余嘉其能行古道，作《师说》以贻之"（《师说》）中的"贻"，也是这个意思。

后稷是帝喾的儿子，是农耕始祖，居功甚伟，《诗经·周颂》中的《思文》便是赞颂他的诗歌。这首诗歌不长，仅八句，这就是：

> 思文后稷，克配彼天。立我烝民，莫匪尔极。
> 贻我来牟，帝命率育。无此疆尔界，陈常于时夏。

翻译成现代汉语就是："追思后稷治理国家、发展经济的丰功伟绩，知道他是能够和上天一同享受祭祀的。他养育了我们民众，可谓立下了无量功德。他留给了我们优良麦种，用以保证了广大百姓的繁衍生息。农耕不分疆界，应该在全国普遍推广。"其中"贻我来牟"中的"贻"，讲作"留下、遗留"。我们常用的成语"贻笑大方"中的"贻"，也是这个意思。

> ✎ **实兵演练**
>
> "贻我来牟"，"来"指小麦，"牟"指大麦。
>
> 关于后稷的传说很多，就你知道的讲一个给父母或同学听，好吗？

第**74**日

# 士匄：天子所右，寡君亦右之

**右** 右边——支持——战车上站在右边负责保护将帅的武士——指较高的地位，引申为"上"

**实兵演练**

这段文字表现了商汤怎样的品质？

网开一面：把捕鸟的网撤去三面，只留一面。比喻采取宽大态度，给人一条出路。

一天，商汤在野外散步，看到一个张网捕猎的人，那人一边在四面张设网罗，一边祈祷说："从天上飞落的，从地下钻出的，或是从四面八方到来的，都落入我的网中吧！"商汤听后，不禁一惊，说："啊！全部入网了！除了夏桀，谁能够这样做呢？"于是，商汤要其撤除了三面的网罗，只在一面设置，并教他祈祷说："想往左边飞的，就往左边飞；'欲右者右'；想往高处飞的，就往高处飞；想往低处飞的，就往低处飞。我只获取命里注定要撞入网里的鸟儿。"汉水以南的国家听说后，都说："商汤的恩德，推及飞禽走兽了！"前前后后有四十个国家归顺了商汤。捕鸟的人四面张网，未必能够捕到鸟；商汤去掉三面，只在一面设网，却网到了四十个国家，其意义不仅仅是在网鸟呢。（《新序·杂事》）

这里的"欲右者右"，翻译成现代汉语就是：想往右边飞的，就往右边飞。其中的"右"，指右边。

周灵王的臣子王叔陈生和伯舆争权。周灵王支持伯舆，王叔陈生发怒出走，到了黄河边，周灵王杀了王叔陈生厌恶的史狄，请他回来。王叔陈生没有答应，就在河边住了下来。晋悼公听说后，派士匃（音"gài"）来调停。王叔陈生派出家宰，伯舆派出大夫瑕禽，在周王的朝堂上面同士匃争辩是非曲直。王叔陈生的家宰说："蓬门小户的卑贱人却要凌驾于地位比他高的人之上，这让地位比他高的人脸往哪儿放？"瑕禽说："当年周平王东迁，我们祖先备齐了祭祀用品跟从，平王对我们祖先十分信赖，允诺我们世世代代做官。请想一想，我们如果是蓬门小户，能来到东方安居下来吗？现在自从王叔辅佐天子后，政事全凭贿赂才能办

成，有关官员富到无法形容，我们能不变成蓬门小户吗？在下者有理不能申诉辩白，那么还有什么公正呢？"士匃听后说："'天子所右，寡君亦右之'；天子所反对的，我国国君也同样反对他。"于是让王叔陈生和伯舆相互对证，王叔陈生拿不出令人信服的证词来。之后，王叔陈生放弃高位，出逃了。（《左传·襄公十年》）

这里的"天子所右，寡君亦右之"，翻译成现代汉语就是：凡是天子所支持的，我国国君也支持他。其中的"右"，讲作"支持"。

鲁庄公和宋国军队在乘丘交战，县（音"xuán"）贲（音"bēn"）父给他驾车，卜国"为右"。不料马突然受惊吓狂奔起来，兵车脱离了行列并翻倒了。庄公一下子从车上摔了下来，倒在地上，浑身是土。副车上的人见状，立即递给他绳索，救他上了副车。庄公说："没有勇力啊，卜国！"县贲父说："以往不曾出现今天的情况，今天想不到翻了车，是怪我们没有勇力啊！"于是，县贲父和卜国从地上爬起来，拿起武器冲向敌人。后来，他们都不幸战死了。战争结束后，饲养员给马洗澡，发现有流箭射进了马大腿内侧的肉中。庄公知道后，说道："原来是马因为中箭受惊而使我坠车，不是县贲父和卜国的罪过啊。"于是追述他们的功德，写诔文以示悼念。（《礼记·檀弓上》）

这里"为右"中的"右"，是指战车上站在右边负责保护将帅的武士。

　　除了前面的义项外，"右"还指较高的地位，引申为"上"，因为古代以右为尊，如"既罢，归国，以相如功大，拜为上卿，位在廉颇之右"（《史记·廉颇蔺相如列传》），再如"既入宫中，举天下所贡……一切异状遍试之，无出其右者"（《促织》）。

# 第75日
## 之子于归，宜其室家

**宜** 应该——合乎情理——和顺——表推测——适宜——相称

魏国曾经有个疑难案件，一半大臣认为应当判有罪，另一半大臣认为应当判无罪。最后报到魏王那里，魏王也拿不定主意。怎么办呢？魏王想起了陶朱公：陶朱公开始不过是一个平民，可现在他富可敌国。能够做到富可敌国，一定是因为有超乎常人的智慧。何不请教一下他呢？于是，魏王就召见陶朱公，将这件难以判决的案子的情况做了介绍，之后问道："如果让您来判决这个案件，您会怎么判呢？"陶朱公说："我是个卑贱的小民，也不懂得如何断案，既然大王让我断，那么，我就举个例子吧。我家有两只白玉璧，它们的颜色、大小、光泽都差不多，但是它们的价钱一只卖千金，一只卖五百金。"魏王不解，问："这是因为什么呢？"陶朱公回答说："从侧面看它们，其中的一只白玉璧比另一只厚了一倍，所以这只厚的就能够卖千金。"魏王听后，恍然大悟，就下命令：判案时若出现疑难的情况，就对嫌疑人采取释放的政策；奖励时如果遇上可奖可不奖的情况，就一定奖励。命令传达后，魏国老百姓都非常高兴。

由此看来，墙壁薄了就容易坍塌，丝织品薄了就容易挣裂，器物薄了就容易被毁坏。凡是薄的但又能够永久不坏的东西，大概是没有的。所

> **作文课堂**
>
> 以"宽厚仁爱"为话题作文，或者是以"虚心听取不同意见"为话题作文，都可以运用这则材料。

以，拥有国家、实施刑赏与教化的国君，"宜厚之而可耳"（《新序·杂事》）。

这里的"宜厚之而可耳"，翻译成现代汉语就是：应该宽厚处事就可以了。其中的"宜"，是应该的意思。我们所熟悉的"世易时移，变法宜矣"（《吕氏春秋·慎大览·察今》）中的"宜"，也是这个意思。

战国时，有一次，齐军攻占了燕国，许多诸侯国商讨准备援救燕国。齐宣王向孟子征求意见，孟子说："大王您现在要赶快发布命令，把俘虏的老小送回去，停止运走燕国的宝器，跟燕国的大众共同商议拥立新的燕王，然后撤出军队，那就还来得及阻止各国的兴兵。"齐宣王一听，心想：这怎么行？结果呢？虽然诸侯国没有出兵，但燕国人又共同拥立了太子平，这便是燕昭王。这说明，齐国的武力并没有能够征服燕国。

消息传到齐国，齐宣王对大夫陈贾说："我对孟子感到很惭愧。当初怎么就没有接受他的建议呢？"陈贾回答说："您别为这个难过。请让我去见孟子做些解释。"

陈贾见到孟子，便问："周公是个怎样的人呢？"孟子回答说："古代的圣人。"陈贾又问道："周公派遣管叔监督殷国，管叔却率领殷国一道反叛周朝，有这件事情吗？"孟子回答说："有！"陈贾又问："周公是事先知道他将会反叛却仍派遣他的吗？"孟子回答说："不知道。"陈贾紧接着又问道："那么，圣人也有过错了？"孟子回答道："周公是弟弟，管叔是哥哥，周公即使有过失，'不亦宜乎'？古代的君子，他们的错误像天上发生的日食、月食一样，百姓都可以看到；当其改正错误时，百姓也都能抬头看见。现在的君子，不但将错就错，而且还要千方百计找借口、编谎话来为自己的错误做辩护。"（《孟子·公孙丑章句下》）

这里的"不亦宜乎"，翻译成现代汉语就是：不也是合乎情理的吗？其中的"宜"，是合乎情理的意思。

《诗经·国风》中有一首祝贺年轻姑娘出嫁的诗歌，共三节。第一节是："桃之夭夭，灼灼其华。之子于归，宜其室家。"第一、二句描写桃树枝叶茂盛，鲜艳的桃花正在绽开。仔细体味，知道诗人是以桃花为喻来描写新娘的美丽。其中的"华"，同"花"。第三、四句是说这个姑娘出嫁后，一定会让新建立的家庭和顺美满。其中的"之"为指示代词，译作"这个"。所谓"之子"，意为这个姑娘。"归"，出嫁。古代男以女为室，女以男为家，男女结合组成家庭。至于"宜"，朱熹在《诗集传》中说："宜者，和顺之意。"

齐王召见孟子，孟子借口生病不去。齐国大夫景丑是孟子的好朋友，做孟子的思想工作，他说："《礼》这本书，你是再熟悉不过了。其中说：'父亲召唤儿子时，儿子轻轻答应一声，便立即起身，绝不可只慢条斯理地应答却不行动。君主下令召见臣子，臣子应该立即动身，绝不能等待驾好车子再走。'你本来准备上朝，听到齐王召唤反而不去了，'宜与夫《礼》若不相似然'？"（《孟子·公孙丑章句下》）

实兵演练

景丑劝说孟子有理有据，但他能够说服孟子吗？

最后一句，翻译成现代汉语就是：大概跟《礼》上所说的不大符合吧？其中的"宜"，表推测，讲作"大概、也许、恐怕"。

"宜"除了前面的义项外，还可讲作"适宜"，如我们常用的成语"因地制宜"，意思是根据不同地区的具体情况规定适宜的办法；讲作"相称"，如"欲把西湖比西子，淡妆浓抹总相宜"（《饮湖上初晴后雨》）。

# 第76日
## 中行文子：吾好珮，此人遗我玉环

**遗** 音"yí"，遗留——音"yí"，丢失——音"yí"，抛弃——音"wèi"，赠送——音"yí"，遗漏——音"yí"，丢失的东西——音"yí"，离开、脱离

✎ **实兵演练**
用4个字概括常摐告诉老子的道理。

老子，姓李名耳，字聃（音"dān"），是道家学派创始人。老子这么伟大，他的老师是谁呢？也非常了不起吧？他的老师是常摐（音"chuāng"）。常摐晚年生重病，老子前去探望。在问候之后，老子对老师说："老师您的病这么重，我感到很悲伤，'无遗教可以语诸弟子者乎'？"常摐回答说："即使你不问，我也要告诉你了。"常摐说完，便张开嘴给老子看，问道："我的舌头还在吗？"老子回答说："在。"常摐又问："我的牙齿还有吗？"老子回答说："没有了。"常摐再问："你知道其中的道理吗？"老子回答说："舌头存在，难道不是因为它的柔软吗？牙齿都掉了，难道不是因为它的刚强吗？"常摐听到弟子的回答，感到很欣慰，说："啊！这就对了。天下的事情已都说尽了，还有什么话再跟你讲呢？"（《说苑·敬慎》）

这里的"无遗教可以语诸弟子者乎"，翻译成现代汉语就是：没有遗嘱告诫我这个弟子吗？其中的"遗"，音"yí"，是遗留的意思，特指即将去世的人留下的。

在日常生活中，我们有时因为不小心将随身携带的物品丢失了。这个时候，我们常常感到懊丧。古人是怎么做的呢？楚共王出外打猎，将他的弓丢失了。左右侍从请求前去寻找，共王说："算了。'楚人遗弓'，由楚国人捡到，又何必去寻找呢？"孔子听说这件事后，说："可惜啊，共王的心胸还不够宽广，说'人丢失了弓，由人捡到'就行了，何必一定是楚国人呢？"（《说苑·至公》）

◇ 作文课堂

以"心胸要宽广"为话题作文，这则材料可用。

这里的"楚人遗弓"，翻译成现代汉语就是：楚国人丢失了弓。其中的"遗"，音"yí"，是丢失的意思。

在中国历史上，一直存在着入世与避世两种思想主张的矛盾和斗争。儒家肯定避世者的耿介清廉，但反对其消极避世的做法。有一天，孔子的学生子贡遇上了穿着破旧衣服、拿着畚箕在路边采野菜的隐士鲍焦。子贡不禁吃了一惊，心想：鲍焦怎么落魄到了这个境地啊？于是便问缘由。鲍焦回答说："'天下之遗德教者众矣'，我怎么能不到这步田地呢？我听说：社会不理解自己却还不停为社会做事情，这是丧失自己的高尚品行；君主不任用自己，却还去乞求君主任用，这是败坏自己的清廉。品行丧失，清廉败坏，还不停止，一句话，就是由于迷恋私利。"子贡面对鲍焦的振振有词，回答说："我听说：否定自己所生活的社会，就不获取这个社会的利益；厌恶自己的君主，就不踏君主的土地。现在您厌恶自己的君主却脚踏他的土地，否定自己所生活的社会却采摘它的野菜，又该怎么讲呢？《诗经》上说：'普天之下，没有哪里不是王的领土。'你脚踏的土地，你采摘的野菜，是属于谁的呢？"鲍焦倒是有骨气，听了子贡的话，便扔掉了手中所采的野菜，在洛水边绝食而死。（《韩诗外传》卷一）

◇ 知识拓展

用文言来说，就是：普天之下，莫非王土。出自《诗经·小雅·北山》。

这里的"天下之遗德教者众矣"，翻译成现代汉语就是：天下抛弃道德教化的人太多了。其中的"遗"，音"yí"，是抛弃的意思。

晋国的中行文子出逃，经过一个县邑，跟随他的人提醒说："本地长官是您的老相识，您何不到他家中休息一下，也好等一等后面的车马？"

中行文子回答说："'吾尝好音，此人遗我鸣琴；吾好珮，此人遗我玉环。'这是在为我犯错误创造条件啊！以前用投我所好来讨好我，现在怕是他要拿我去讨好别人了！"于是没有停留，离开了这个地方。这个地方长官果然扣留了中行文子后面的两辆车，并将其献给他的主子了。(《韩非子·说林下》)

✎ 作文课堂
以"识人"为话题作文，可用这则材料。

这里的"吾尝好音"等句，翻译成现代汉语就是：我曾经喜好音乐，这个人就赠给我一把音色很好的琴；我喜好佩玉，这个人就赠给我一个玉环。其中的两个"遗"，音"wèi"，都讲作"赠送"。

"遗"除了前面的义项外，读"yí"时，还可以讲作"遗漏"，如"句读之不知，惑之不解，或师焉，或否焉，小学而大遗，吾未见其明也"(《师说》)；讲作"丢失的东西"，如"夜不闭户，路不拾遗"；讲作"离开、脱离"，如"飘飘乎如遗世独立，羽化而登仙"(《赤壁赋》)。

## 第**77**日
## 郭子仪"尝以二画张于坐侧"

**以** 认为——因为——把——在——凭借——用——表修饰

　　王安石编《百家诗选》，从宋次道处借了一本诗集，其中收入了诗人皇甫冉的《归渡洛水》。这首诗中的"暝色赴春愁"，宋次道将"赴"字改作了"起"字，王安石又改了回去，并且把这事告诉了宋次道，说："如果是起字，哪个人不会用？"对此，宋朝叶少蕴的《石林诗话》评论说："次道以为然。"

　　这里的"次道以为然"，翻译成现代汉语就是：宋次道认为他的意见很对。其中，"以"讲作"认为"。

　　唐朝诗人刘禹锡作九日诗，想用"糕"字，"以六经中无之"，就不再用了。宋朝词人宋祁认为不应该这样，特地在九日诗中用"糕"字，成为千古绝唱。这首诗中与"糕"字有关的诗句为："刘郎不敢题糕字，虚负诗中一世豪。"（《历代诗话》）

◇ 思维体操

不因循守旧，敢为人先，写诗需要这样，做其他事情也需要这样。

　　这里的"以六经中无之"，翻译成现代汉语就是：因为六经中没有这个"糕"字。其中的"以"，讲作"因为"。

　　韩干、周昉是唐朝两位著名的画家，他们都曾给大将郭子仪的女婿赵纵画像。郭子仪"尝以二画张于坐侧，未能定其优劣"。后来，他的女儿

◇ 思维体操

这里说的是形似和神似的问题。

评论说，周昉画得好。因为韩干只是画出了赵纵的面貌，周昉却画出了赵纵的性格和音容笑貌。(《图画见闻志》)

这里的"尝以二画张于坐侧"，翻译成现代汉语就是：曾经把两幅画像挂在座旁。这里的"以"，是把的意思。

唐朝诗人杜牧的《过华清宫》诗为："长安回望绣成堆，山顶千门次第开。一骑红尘妃子笑，无人知是荔枝来。"宋朝胡仔《苕溪渔隐丛话》评论说："据《唐纪》，明皇以十月幸骊山，至春即还宫，是未尝六月在骊山也。然荔枝盛暑方熟，词意虽美，而失事实。"这个评论太过于拘泥史实，因为杜牧是在写诗，不是在写史。诗要反映历史的本质真实，但不一定处处都合历史事实。

**✎ 实兵演练**

孟郊、贾岛都留下了脍炙人口的佳作。你熟记在心的是哪些呢？请和大家说一说。

这里的"明皇以十月幸骊山"，翻译成现代汉语就是：唐明皇在十月间到骊山。其中的"以"，讲作"在"。

《苕溪渔隐丛话》中有这样一段：

或谓郊、岛孰贫，曰："岛为甚也。"曰："何以知之？""以其诗知之。郊曰'种稻耕白水，负薪斫青山'。岛曰'市中有樵山，客舍寒无烟。井底有甘泉，釜中尝苦干'。孟氏薪米自足，而岛家俱无，以是知之耳。"

"郊"，是孟郊；"岛"，是贾岛。这里从诗中找谁更贫苦的依据，是不合适的，因为诗歌毕竟是文学作品，而文学作品毕竟不全是写实。这段文字中，"何以知之""以其诗知之"中的"以"，都是凭借的意思。

"以"作为动词时，还可讲作"用"，如"忠不必用兮，贤不必以"(《楚辞·涉江》)；作为连词时，还可表示修饰关系，连接状语和中心语，译为"而"，或省去，如"木欣欣以向荣，泉涓涓而始流"(《归去来兮辞》)。

## 第78日
## 赵禹功：不易街头米，归来雪满罂

**易** 换取——改变——轻视

赵禹功是明末清初浙江山阴人，他九岁时家境十分贫寒。一日，北风呼啸，大雪飘飘，他的父亲见家中无米，便拿出珍藏多年的一幅古画让赵禹功去换米。谁知竟无人肯换。这可怎么办？父亲满脸愁云。赵禹功轻轻关上门，吟道："吾家有古画，其价重连城。不易街头米，归来雪满罂。"父亲听了，眉头舒展开了，说："有这样优秀的儿子，饿点又有什么？"

✎ 实兵演练
与这首诗的结尾方式一致的诗歌不少，请举一例。

这里的"不易街头米"，翻译成现代汉语就是：到街头用它来换米，却没有人肯换。其中的"易"，是换取的意思。

秦国在灭韩亡魏之后，又企图吞并安陵这个方圆只有五十里的小国。秦王施展欺诈惯技，派人对安陵君说："我打算'以五百里之地易安陵'，你能够答应我吗？"安陵君回答说："安陵是我从祖先那里继承下来的，我只想好好地守住它。"（《战国策·秦王使人谓安陵君》）

这里的"以五百里之地易安陵"，翻译成现代汉语就是：用五百里的地方换取安陵国的国土。其中的"易"，也是换取的意思。

战国时期，韩国派出水工郑国帮助秦国设计开发水利工程，目的是转移秦国的人力物力，减轻秦国对韩国的军事威胁。后来事情败露，秦国的贵族便趁机劝秦王驱逐客卿，即在秦国做官的别国人。其中，李斯也在被逐之列。在被逐途中，李斯写了《谏逐客书》，其中说秦孝公采用了商鞅的变法之策，"移风易俗"，人民因此富足，国家因此强盛，百姓愿为国效力，诸侯亲顺听命。

这里的"移风易俗"，翻译成现代汉语就是：改变旧的风俗习惯。其中的"易"，是改变的意思。

明末张溥的《五人墓碑记》脍炙人口，其中有这样的句子："大阉之乱，缙绅而能不易其志者，四海之大，有几人欤？""缙绅而能不易其志者"，意思是能够不改变志向的官员，这里的"易"也是改变的意思。另外，"不易之论""改弦易辙"中的"易"，也都是改变的意思。

"易"除了前面的义项外，还可以讲作"轻视"，如"是以古之易财，非仁也，财多也"（《韩非子·五蠹》）。

## 第79日
## 敝，予又改造兮

**造** 到——拜访——制作——功劳

战国时代，弱肉强食。公孙衍率兵进攻黄国，路过卫国。卫国国君没有派人前来慰问，竟也成了罪过。公孙衍派人对卫国国君说："我国军队路过贵国郊外，您竟连一个使者也不派来慰问吗？'今黄城将下矣，已将移兵而造大国之城下。'"卫国是小国，国君又怎么不害怕？自然是抓紧准备礼物并派使者送去。(《战国策·犀首伐黄》)

这里的"今黄城将下矣，已将移兵而造大国之城下"，翻译成现代汉语就是：现在黄国的城邑就要被攻下了，攻下后我们就将调兵到贵国的城下。其中的"造"，是到的意思。我们熟知的成语"登峰造极"中的"造"，也是到的意思。

郭林宗是东汉末年太学生的领袖。他到汝南的时候，"造袁奉高"，当时车子还没有停稳，车铃声还在震响，他就走了。后来，他拜访黄叔度，竟然整日交谈，还连住了两夜。前后对比鲜明，有人就问原因。他说："叔度犹如万顷池塘，不会因为澄清它而显清澈，也不会因为搅扰它而显浑浊。他的气度的宽广，

◇ 思维体操

读罢这段文字，我们看到的是蛮横，看到的是杀机。让人不禁发问：公理何在？

◇ 实兵演练

怎样赞美人？郭林宗是用比喻。具体地说，是亮出比喻之后，抓住喻体给以扩展。你也用比喻写一段话，赞美你最崇拜的人，怎么样？

实在难以测量。"（《世说新语·德行》）

这里的"造袁奉高"，翻译成现代汉语就是：拜访袁奉高。其中的"造"，是拜访的意思。

《诗经·国风·郑风·缁衣》是一首赠衣诗，是写家庭亲情的，用的是夫妻之间日常所说的话语，表现了女主人对丈夫无微不至的体贴之情。其中第二节是：

缁衣之好兮，敝，予又改造兮。适子之馆兮，还，予授子之粲兮。翻译成现代汉语就是："黑色朝服多美好啊，破了，我再为你做一套。你到官署办公去啊，回来，我就给你试新袍。"其中的"造"，是制作的意思。

春秋时，晋厉公派遣吕相去和秦国断绝外交关系，说："郑国人侵犯君王的边界，我们文公率领诸侯和秦国共同包围了郑国。秦国的大夫不和我们国君商量，擅自和郑国订立了盟约。诸侯痛恨这件事，打算和秦国拼命，文公恐惧，安抚诸侯，'秦师克还无害，则是我有大造于西也'。"（《左传·成公十三年》）

这里的"秦师克还无害"等句，翻译成现代汉语就是：文公使秦军得以平安回国而没有受到损害，这说明我国对西方秦国是有大功劳的。其中的"造"，是功劳的意思。

# 第**80**日
# 李淳风：如果日全食不发生，"则臣请死之"

**则** 那么——却、可是——马上、立即——准则、法则——就是——不是……就是……

李淳风是唐代杰出的天文学家、数学家。英国著名学者李约瑟评价说："他大概是整个中国历史上最伟大的数学著作注释家。"

有一次，李淳风校订新岁历书以后，向皇帝报告说，某月初一那天，太阳、月亮相会，会发生日全食。用占卜的话来说，这是不吉祥的预兆。唐太宗李世民很不高兴，说："如果到时不发生日全食，那么你该如何处置自己？"李淳风回答说："如果日全食不发生，'则臣请死之'。"到了那天，皇帝便来到庭院里观察太阳，过了一会儿，见没有发生日全食，就对李淳风说："我放你回家一趟，好与老婆孩子诀别。"李淳风回答称时间还早了一刻，并指着测时仪器日晷上的日影说："到这里就会发生日全食了。"李世民只好等着。到了李淳风说的那个时刻，果真发生了日全食，丝毫不差。(《隋唐嘉话》)

这里的"则臣请死之"，翻译成现代汉语就是：那么我就请求一死。其中的"则"，是用在假设复句后半部分中，讲作"那么"。

唐代刘禹锡的堂伯父刘素芝，官至刑部侍郎、左散骑常侍。他曾经讲

✎ **实兵演练**
中国古代的科学家，你知道的还有哪些人？请写出他们的名字。

过一个故事。他说："我居住的安邑里，巷口有个卖饼的人，每天都起得很早。早上经过他家门口，没有哪一天不是听见他唱着歌卖饼的。有一

天，我叫他来聊了一会儿，知道他十分贫困。出于同情，我就给了他一万文钱，让他多点本钱，扩大经营，以后我每天去取他的饼来吃作为偿还。他高兴地拿着钱走了。可是以后再经过他家门口的时候，'则寂然不闻讴歌之声'，我还以为他离开这里了。一喊他，他却来了。我问他：'你怎么这么快就不唱歌了？'他说：'本钱大了，心思变

得复杂起来，没有时间唱《渭城曲》了。'"讲完这个故事，刘素芝说："我想做官的人也是这样。"于是引起了在座宾客的一阵大笑。（《刘宾客嘉话录》）

这里的"则寂然不闻讴歌之声"，翻译成现代汉语就是：却静悄悄的，听不见唱歌的声音。其中的"则"，表转折，讲作"却、可是"。

在西汉，刘敬是个值得重视的人物。刘敬，原姓娄。汉高祖七年，刘邦决心和匈奴开战，刘敬提出了反对意见。刘邦非但不听，反将他押在广武。刘邦先到平城，主力未至，冒（音"mò"）顿（音"dú"）单于倾全国之兵，趁刘邦巡视白登之际，将刘邦团团围住。陈平解白登之围后，刘邦

又回到广武，特赦刘敬，并当面认错，封其为建信侯。就是这个刘敬，最早提出在长安建都。当时，他作为齐国的戍卒正被发往陇西戍边，同乡虞将军引荐他见刘邦，他力陈都城不宜建在洛阳而应建在关中长安。

刘敬说："秦地地形险要，突然有战事，百万大军可聚集起来。秦地资源丰美、土地肥沃，可以成为天然府库。陛下进入关中并以此为国都，崤山以东即使有战乱，秦国的旧地仍可保全并占有。如果与人发生战斗，不扼住他的咽喉，打击他的脊梁，不可能大获全胜。如今陛下入关中并建国都在此，这也是扼天下的咽喉并打击它的脊梁呀。"刘邦问大臣们是什么意见。大臣们争着说，周王在洛阳建都，结果统治长达数百年，"秦二

世则亡"，这么看来，不如建都洛阳。刘邦十分犹豫而不能决定在哪儿建都。直到留侯张良主张建都长安，刘邦这才拿定主意。因为娄敬是最早主张建都关中长安的人，有功，刘邦赐他姓刘。这样，娄敬便成了刘敬。（《汉书·郦陆朱刘叔孙传》）

这里的"秦二世则亡"，翻译成现代汉语就是：秦朝建都长安，仅仅经过了二世，马上就灭亡了。其中的"则"，是马上、立即的意思。

"则"除了前面的义项外，还可讲作"准则、法则"，如"以身作则"；表示肯定，相当于"就是"，如"此则岳阳楼之大观也"（《岳阳楼记》）；与"非"构成"非……则……"的句式，表示选择，可以翻译成"不是……就是……"，如"非死则徙尔"（《捕蛇者说》）。

# 第81日
## 孟子：贼仁者谓之贼，贼义者谓之残

 **贼** 偷窃财物的人——敌人——大害虫——损害——祸害——作乱叛国、危害人民的人

**◇ 思维体操**

晋文公不计前嫌，采用里凫须的计策，安定了国家，表现了他作为政治家的博大胸怀。

当年晋文公重耳在流亡经过曹国时，作为随从的里凫须盗取了重耳的资财后逃走了。后来，重耳回到晋国做了国君，里凫须又前来拜见重耳。在一般人看来，这不是送上门来找死吗？但事实是，重耳不但没有杀他，反而采用了他的计策。里凫须见到重耳后说了些什么呢？他说："过去那些反对您的人，现在是人人自危。这样，晋国又怎么会安定呢？但我有个办法让晋国安定。"重耳说："你能有什么办法？"里凫须回答说："当年我偷走了您的全部资财躲避在深山里，您没有粮食吃，饿得不能走路，介子推割下自己大腿上的肉给您吃，这件事天下人没有不知道的。'臣之为贼亦大矣'，即使惩罚到灭我十族，也不足以抵偿我的罪责。但是，如果您能够赦免我的罪过，让我陪您坐车周游全国，这样一传十、十传百，没有谁不知道您不会念旧恶，这样人心也就自然安定下来了。"晋文公听后连连点头，就让里凫须陪着自己周游全国，结果晋国很快安定了下来。（《韩诗外传》卷十）

这里的"臣之为贼亦大矣"，翻译成现代汉语就是：我作为一个偷窃财物的人罪过也够大了。其中的"贼"，讲作"偷窃财物的人"。

关于什么是老师、朋友、敌人，有句名言："非我而当者，吾师也；是我而当者，吾友也；谄谀我者，吾贼也。"（《荀子·修身》）翻译成现代汉语就是：批评我且恰当的人，是我的老师；肯定我且恰当的人，是我的朋友；谄媚阿谀我的人，是我的敌人。其中的"贼"，是敌人的意思。我们所熟悉的句子"环顾国内，贼氛方炽"（《黄花岗七十二烈士事略序》）中的"贼"，也是这个意思。

社会上那些不讲原则的好好先生，孔子称之为乡愿。孔子怎么评价乡愿呢？孔子说："乡愿，德之贼也！"（《论语·阳货》）孔子的话，翻译成现代汉语就是：好好先生，是损害道德的大害虫！其中的"贼"，是大害虫的意思。

以上所说的"贼"，都是名词。"贼"还可以作为动词。

一次，孟子去拜见齐宣王。齐宣王问道："商汤流放夏桀，周武王攻打商纣王，有这些事情吗？"

这是历史事实，还用问吗？其实，是齐宣王有意来问，他是设了一个圈套，只要孟子承认是历史事实，孟子也就进了自己设的圈套。孟子不是善辩吗？这次，齐宣王想的是难倒孟子，看孟子的尴尬相。

✎ 实兵演练

就你所知，哪些人和孟子辩论过？请写出他们的名字。有占孟子上风，让孟子无话可说的吗？

孟子回答道："这些事情在古代的史书上是有记载的。"

齐宣王一听孟子这么回答，心中暗喜，马上问道："做臣子的杀掉他的君主，这样行吗？"

齐宣王知道，孟子一贯反对犯上作乱。商汤、周武王就是犯上作乱，现在看你孟子怎么回答。

孟子不慌不忙，回答道："'贼仁者谓之贼，贼义者谓之残。'残贼这样的人，叫作独夫。我只听说周武王杀了个独夫纣王，没有听说杀过君主。"（《孟子·梁惠王章句下》）

这里的"贼仁者谓之贼，贼义者谓之残"，翻译成现代汉语就是：损害仁爱、暴虐无道的人叫作贼，损害正义、颠倒是非的人叫作残。"贼仁者""贼义者"中的"贼",都是损害的意思。

　　"贼"除了前面的义项外,还可讲作"祸害",如"淫侈之俗日日以长,是天下之大贼也"(《论积贮疏》);讲作"作乱叛国、危害人民的人",如"愿陛下托臣以讨贼兴复之效"(《出师表》)。

第82日
婴：越兵威者，吴也；兄死者，
我也

**者** 助词，凑足音节——代词，指代上文所说的几种情况或几种人或几件事——表示判断——和相关词语组成"者"字结构——定语后置标志

韩婴《韩诗外传》中有这样一个故事。从前周王朝政治昌明的时候，邵伯在朝中辅政，有关主管官吏请求为邵伯建造邵邑来居住。邵伯说："唉！为了我一个人而使百姓大众劳苦，这不是我们先君文王的意愿。"于是，他离开国都到农田里

主动接近老百姓，为他们处理诉讼问题。邵伯露宿于野外，后来在树下搭了一间草屋居住。老百姓十分高兴，耕田养蚕，加倍努力，当年家家丰衣足食。到后来，做官的骄淫奢侈，赋税繁多，百姓贫困。于是，有诗人来到当年树下邵伯休息的地方作诗赞美歌颂邵伯，这就是《诗经·国风·召南·甘棠》篇，诗歌共三节：

> 蔽芾甘棠，勿翦勿伐，召伯所茇。
> 蔽芾甘棠，勿翦勿败，召伯所憩。
> 蔽芾甘棠，勿翦勿拜，召伯所说。

"从前周王朝政治昌明的时候"，这句话用文言来说就是"昔者周道之盛"。其中的"者"，是助词，用在时间词后面，起凑足音节的作用，不翻译。

当代著名作家巴金，原名李尧棠，字芾甘。熟悉了《甘棠》一诗，我

们很容易知道巴金的名与字都源自"蔽芾甘棠"一句，取为人赞美之意。

《韩诗外传》中还有一个关于孔门弟子闵子骞的故事。闵子骞开始跟从孔子学习的时候面黄肌瘦，过了一个阶段则是容光焕发。同学子贡很不理解，便问

他原因。他回答说："老师在家庭关系方面教导我们信奉孝道，在社会事务方面为我们讲述治理天下的政治主张，我很喜欢。然而出门看到达官贵人乘坐的用翠羽装饰车盖的豪华车子，打的画有交龙图案的艳丽旗帜，后面跟随的身穿皮毛服装的随从，我又很羡慕。'二者相攻胸中而不能任'，因此面黄肌瘦。现在受老师的教育更加深入，又靠同学们与我研讨以使我进步，我内心明白了取舍的道理，出门看到达官贵人的车子、旗子和随从，便看得如同郊野平地中的泥土一样了，所以容光焕发。"

这里的"二者相攻胸中而不能任"，翻译成现代汉语就是：这两方面在我心中矛盾斗争，使我难以承受。其中的"者"，是代词，用在数词之后，指代上文所说的几种情况或几种人或几件事。再如"老而无妻曰鳏，老而无夫曰寡，老而无子曰独，幼而无父曰孤。此四者，天下之穷民而无告者"（《孟子·梁惠王章句下》）。

《韩诗外传》中还有这样一个故事。鲁国守门人的女儿名字叫婴，她和同伴一起搓麻线。搓到半夜时，她忽然哭了起来。同伴很是诧异："你怎么哭了啊？"她回答说："我听说卫国太子品行不好，为此很伤心。"同伴说："卫国太子品行

不好，那是诸侯、君王所担忧的事，与你有什么关系？"她说："从前宋国的桓司马得罪了宋国国君，出逃到鲁国，他的马跑了，跑到我家的园子里打滚，还吃了园子里的葵菜。当年，竟损失了一半收成。越王勾践起兵攻打吴国，诸侯国害怕他的威势，鲁国到越国进献美女，我姐姐也在所献之列。后来，我哥哥去越国探望姐姐，途中因担惊受怕而死。'越兵威者，吴也；兄死者，我也。'由此看来，祸和福是互相关涉牵连的啊。现今卫国的太子品行不好，喜好打仗，我有三个弟弟，能不担忧吗？"

这里的"越兵威者, 吴也; 兄死者, 我也", 翻译成现代汉语就是: 越国军队施威的对象是吴国, 死去兄弟的却是我啊。其中的"者", 与后面的"也"联合起来表示判断。

"者"除了具有上面的意义和用法外, 还可用在形容词、动词、动词短语或主谓短语之后, 组成"者"字结构, 用以指代人、事、物, 翻译成"……的人""……的东西""……的事情"等, 如"知人者智, 自知者明"(《老子》), 再如"逝者如斯夫! 不舍昼夜"(《论语·子罕》); 还可作为定语后置的标志, 如"马之千里者, 一食或尽粟一石"(《马说》)。

第**83**日

# 孟子：君之视臣如土芥，则臣视君如寇仇

**之** 动词（到）——代词（他、她、它、这、此）——助词（的，或不翻译）

◇ **知识拓展**

杀鸡焉用牛刀：比喻办小事情用不着花大气力。

孔子到武城，听到弹琴唱歌的声音，不禁微微一笑，说："杀鸡何必用宰牛的刀呢？"意思是治理武城这个小县城用不着礼乐教化。任武城县长的言偃回答说："以前我听您说过：'做官的学习了礼乐的道理就会爱人，老百姓学习了礼乐的道理就容易接受领导。'"显然，聪明的言偃这是以子之矛攻子之盾。孔子听后，笑了笑，对跟随前来的弟子们说："言偃的话说得对。我刚才说的那句话不过是和他开玩笑罢了。"（《论语·阳货》）

"孔子到武城"，用文言文来说，就是"子之武城"，其中的"之"，是动词，讲作"到"。

◇ **作文课堂**

以"善良"或"知恩图报"为话题作文，可用这则材料。

东吴丞相顾雍的孙子顾荣，与陆机、陆云兄弟并称为"三俊"。顾荣在洛阳的时候，曾经应友人之邀赴宴。在宴席上，他发现端送烤肉的人脸上显露出对烤肉渴求一尝的神色，便将自己的那份烤肉送给了他，让他吃。同席的人都耻笑他有失身份。顾荣说："岂有终日执之，而不知其味者乎？"顾荣后来遭遇八王之乱，南渡长江，每当遇到危难，总有一个人帮助自己。顾荣感到很奇怪，便问他这样做的缘故，才知道他就是当年接受烤肉的人。(《世说新语·德行》)

这里的"岂有终日执之"等句，翻译成现代汉语就是：哪有整天做烤肉却不知道烤肉味道的人呢？其中的"之"，是代词，代烤肉。

孟子有一段名言："君之视臣如手足，则臣视君如腹心；君之视臣如犬马，则臣视君如国人；君之视臣如土芥，则臣视君如寇仇。"(《孟子·离娄章句下》)翻译成现代汉语就是：君主如果把臣下看得如同自己的手足，臣下就会把君主看得如同自己的腹心；君主如果把臣下看得如同狗马，臣下就会把君主看得如同一般国人；君主如果把臣下看得如同土块草芥，臣下就会把君主看得如同仇敌。其中的三个"之"，都是助词，用在主谓之间取消句子的独立性，不用翻译。

唐朝时，杨国忠权倾天下，来自四方的士人争着上门求见。进士张象气节高尚，从来不肯屈身事人。有人劝告张象，让他去拜见杨国忠，这样可以求得显赫荣耀的官职。张象回答说："你们认为，依靠杨公的权势，可以像依靠泰山一样安稳。照我看来，不过像冰山一样，到了阳光普照的时候，这座山就会害人的。"后来，张象被授予华阴县尉的官职。当时，华阴县令和华州刺史常常做违法的勾当。自然，公正廉洁的张象每次申报事情，他们都压制他，不听从他的意见。张象说："'大丈夫有凌霄盖世之志'，却被拘束在卑微的官位上，就像站在低矮的屋子里，让人不能抬头。"于是愤怒地辞官而去，隐居在嵩山里。(《开元天宝遗事》)

这里的"大丈夫有凌霄盖世之志"，翻译成现代汉语就是：大丈夫有凌云盖世的志向。其中的"之"是助词，用在定语和中心词之间，表示偏正关系，可以翻译成"的"。

公输般给楚王制造的攻城的机械云梯已经造成，即将用来进攻宋国。墨子获知这个消息后就从鲁国动身，急行了十天十夜赶到楚国，见到了公输般。公输般问道："先生来有什么指教呢？"

墨子说："北方有一个侮辱我的人，我希望借你的力量杀了他。"公输般听了很不高兴，说："我一向行义，绝不杀人！"墨子说："请允许我说说你这个'义'。我在北方听说你造了云梯，将用来攻打宋国。'宋何罪之有？'楚国在土地方面有多余，而在人口方面却很缺少。牺牲自己缺少的人民去争夺多余的土地，这不能说是明智。宋国没有罪过却要攻打它，这不能说是仁爱。明明知道却不直言规劝楚王，这不能说是忠诚。"（《墨子·公输》）

这里的"宋何罪之有"，翻译成现代汉语就是：宋国有什么罪过呢？其中的"之"是宾语前置的标志，不翻译。

四川省乐山市凌云寺乐山大佛后的东坡读书楼有一副对联，是这样写的：

万户侯何足道哉，顾乌帽青鞋，难得津梁逢大佛；

三神山如或见之，问黄楼赤壁，何如乡郡挟飞仙。

这里下句的"之"对上句的"哉"，"黄"对上句的"乌"，"赤"对上句的"青"，十分工整。由于"哉"是个助词，这样，"之"自然也该是助词，只起凑足音节的作用，不用翻译。

# 第84日
# 管仲：生我者父母，知我者鲍子也

**知** 知道——知识——了解、赏识——主持——音"zhì"，通"智"

"知之为知之，不知为不知，是知也"（《论语·为政》）是大家熟知的名言，翻译成现代汉语就是：知道就是知道，不知道就是不知道，这才是明智的。前四个"知"，都是知道的意思。唐朝韩愈因上《谏迎佛骨表》，触怒了唐宪宗，被贬为潮州刺史。韩愈只身一人，仓促上路，走到蓝田关口时，他的侄孙韩湘赶来与他同行，韩愈写下了脍炙人口的《左迁至蓝关示侄孙湘》，尾联为："知汝远来应有意，好收吾骨瘴江边。"意思是：知道你远道而来定会有所打算，正好在瘴江边收殓我的尸骨。这里的"知"，也是知道的意思。

"吾生也有涯，而知也无涯。以有涯随无涯，殆已！已而为知者，殆而已矣"（见高中课文《庖丁解牛》，出自《庄子》）也是大家熟知的名言，翻译成现代汉语就是：我的生命是有限的，而知识是无限的。以有限的生命去追求无限的知识，自然是疲困不堪，神伤体乏！已经疲困不堪，还要执着地去追求知识，那么除了神伤体乏以外就什么都没有了。这里的两个"知"，都是知识的意思。

鲍叔牙和管仲，一个侍奉公子小白，一个侍奉公子纠。小白和纠两兄弟争王位，结果是小白获胜，纠失败被杀，管仲被关进监狱。长期和管仲交往的鲍叔

◇作文课堂

这则材料作文时适用的话题有"伯乐""胸怀""知音""感恩"。

牙知道管仲非等闲之辈，便向小白（也就是齐桓公）力荐管仲，思贤若渴的齐桓公便将管仲从监狱中放出，任命他为上卿。管仲不负期望，辅佐齐桓公称霸诸侯，成就了一番大事业。管仲谈起鲍叔牙，曾深情地说："吾始困时，尝与鲍叔贾，分财利多自与，鲍叔不以我为贪，知我贫也。吾尝为鲍叔谋事而更穷困，鲍叔不以我为愚，知时有利不利也。吾尝三仕三见逐于君，鲍叔不以我为不肖，知我不遭时也。吾尝三战三走，鲍叔不以我为怯，知我有老母也。公子纠败，召忽死之，吾幽囚受辱，鲍叔不以我为无耻，知我不羞小节而耻功名不显于天下也。生我者父母，知我者鲍子也。"（《史记·管晏列传》）

最后一句翻译成现代汉语就是：生我的是父母，但了解、赏识我的却是鲍叔啊！其中的"知"，是了解、赏识的意思。唐朝诗人王勃的名诗句"海内存知己，天涯若比邻"，其中的"知"也是这个意思。

子产因为在攻打陈国的时候立下了大功，郑伯赏给他六个城邑，子产却不接受，郑伯坚决要给他，最后子产接受了三个。当时有一个名叫公孙挥的人说："子产其将知政矣！让不失礼。"（《左传·襄公二十六年》）

公孙挥的话翻译成现代汉语就是：子产大概将要主持政事了！他谦让而不失礼节。这里的"知"，是主持的意思。我们看古装剧常遇到的"知县""知府""知事"，其中的"知"也是主持的意思。

"知"，还通"智"，音"zhì"，比如前面所说的"知之为知之，不知为不知，是知也"中最后一个"知"。再如"故木受绳则直，金就砺则利，君子博学而日参省乎己，则知明而行无过矣"（《荀子·劝学》），翻译成现代汉语就是：所以木材用墨线量过，再经辅助工具加工就能取直，刀剑等金属制品在磨刀石上磨过就能变得锋利，君子广泛地学习而且每天检查反省自己，那么他就会聪明机智而行为不会有过错了。其中的"知"，也通"智"。

第 85 日

# 来归相怨怒，但坐观罗敷

**坐** 犯了……罪——因为——把臀部放在椅子、凳子或其他物体上，支持身体重量

晏子到了楚国，楚王设宴招待他。酒兴正浓时，两个官吏捆着一个人来见楚王，楚王问道："被捆着的人是干什么的？"其中一个官吏回答道："是齐国人，'坐盗'。"楚王看着晏子说："齐国人生来就是善于偷盗的吗？"晏子离开坐席回答说："我听说橘树长在淮南就结橘子，生长在淮北就结出枳，仅仅叶子相似，它们果实的味道完全不同。这样的原因是什么呢？水土不同啊。现在这个人生长在齐国不偷盗，到了楚国就偷盗，莫非是楚国的水土使百姓善于偷盗？"楚王笑着说："圣人是不能与他开玩笑的，我这反而是自讨没趣了。"（《晏子春秋·内篇·杂篇》）

◇ **实兵演练**

面对挑战，晏子一出手，对方便无招架之力，败下阵来。晏子用了什么妙法？请做些分析。

这里的"坐盗"，翻译成现代汉语就是：犯了偷盗的罪。其中的"坐"，可讲作"犯了……罪"。

《陌上桑》是大家熟悉的作品，其中有"行者见罗敷，下担捋髭须。少年见罗敷，脱帽著帩头。耕者忘其犁，锄者忘其锄。来归相怨怒，但坐观罗敷"。最后一句的意思是"回来后埋怨自己，只是因为贪看了罗

◇ **作文课堂**

这里对罗敷美貌用了侧面描写法。什么是侧面描写法？你能举几个例子吗？

敷的美貌"。其中的"坐",是因为的意思。唐朝诗人杜牧的《山行》,脍
炙人口,全诗仅四句:"远上寒山石径斜,白云生处有人家。停车坐爱枫
林晚,霜叶红于二月花。""停车坐爱枫林晚",翻译一下就是:停下车子,
是因为喜爱枫林的晚景。这里的"坐",也是因为的意思。

据说宋徽宗一天晚上和爱妃在御花园赏月,徽宗口吟"二人土上坐",
他的多才多艺的爱妃便对出了恰切的下句"一月日边明"。徽宗不禁大喜。
这里,上句"人""土"合为"坐",下句"日""月"合为"明",自然有趣。
更妙的是,下句将皇帝喻为日,自己喻为月,且是月因日明,新颖别致。

当年郑板桥去扬州赶考,由于盘缠不足,只好
搭乘他人租的船前往。船主姓曹,自以为做了一件
大善事,对郑板桥颐指气使。靠岸要下船了,又非
要郑板桥吟一首诗顶船钱不可。郑板桥沉思片刻,
吟道:

　　可恨青龙偃月刀,华容道上未诛曹。

　　如今留下奸雄种,逼迫诗人坐后艄。

这个姓曹的船主在郑板桥下船后才回味过来,结果气得七窍生烟,但
已无计可施。艄公在一旁掩口胡卢而笑。

"二人土上坐""逼迫诗人坐后艄"两句中的"坐",都是一个意思,
即:把臀部放在椅子、凳子或其他物体上,支持身体重量。

## 第86日
## 遥夜忽大治装

**治** 治理、管理——大治——准备——医治——训练——研究——惩处

一天，杨朱拜见梁惠王，说治理天下犹如在手掌上运转东西一样容易。梁惠王说："你连自己的妻妾都管不了，连自己的三亩田园都难以耕种好，现在却说治理天下如此容易，这是为什么？"杨朱回答说："您看见放羊的了吧？那么大的一群羊，牧童手持鞭子跟在后面，想往东走就往东走，想往西去就往西去，多么容易啊！可是，如果让尧牵着一头羊，让舜拿着鞭子跟在后面，怕是一步也不能前进。我听说：吞舟的大鱼不在小河中遨游，在云天飞翔的鸿鹄不在水池之上停步。这是为什么呢？是因为它们的目标远大。'将治大者不治细'，将要成就大业的人不成就小的成功，就是说的这个道理。"（《列子·杨朱》）

这里的"将治大者不治细"，翻译成现代汉语就是：将要治理大局的不治理细节。其中的两个"治"，都讲作"治理、管理"。

一天，魏文侯问狐卷子说："父亲贤明可以依赖吗？"狐卷子说："不能依赖。"魏文侯又连问儿子、兄长、弟弟、臣子是否可以依赖，狐卷子给出的都是否定的回答。魏文侯不解，问道："你

207

的理由是什么？"狐卷子回答说："父亲贤明超不过虞舜，而虞舜的儿子丹朱却被流放；儿子贤明超不过虞舜，而虞舜的父亲瞽叟却被拘捕；兄长贤明超不过虞舜，而虞舜的弟弟象却被流放；弟弟贤明超不过周公，而他的哥哥管叔却被诛杀；大臣贤明超不过商汤和周武王，而夏桀、商纣却被征伐。一心希望别人帮助自己的人达不到目的，依赖别人的人事业不会久远。'君欲治'，还是应该从自身开始，别人怎么可以依赖呢？"（《韩诗外传》卷八）

这里的"君欲治"，翻译成现代汉语就是：君王您如果想使国家达到大治。其中的"治"，讲作"大治"。所谓大治，是指国家政治稳定、社会安定、经济繁荣。

**思维体操**

多读一些神话故事，可以培养自己丰富的想象力。

东汉时的王遥有个仅几寸长的竹箱，其弟子跟随了他几十年，也没有见他打开过一次。一天晚上，大雨倾盆，昏暗阴沉，王遥让弟子带着竹箱冒着大雨出门。一路上，他们二人的衣服都没有被淋湿，且一直有两个火把在前面引路。大概走了三十多里路，爬上了一座小山，走进了一个石屋中。

屋里有两个人，王遥来到后，从弟子带的竹箱中取出三个五舌的竹簧，王遥自己吹一个，另两个给了屋里的那两人，大家一起坐着吹奏。过了好久，王遥告辞，屋子里的两个人出来送行，说："您应该早点过来，为什么在尘世间待那么久呢？"王遥回答说："我办完事自然就来了。"

王遥回家待了一百天，天又开始下雨，"遥夜忽大治装"。王遥以前有套葛布单衣和葛布头巾已经五十多年没有穿了，现在都找出来穿上。他妻子问他："你想舍下我走了吗？"王遥说："暂时离开一下。"妻子说："带着弟子吗？"王遥回答说："不，我一个人离开。"这时，妻子哭了，说："为我就再多留些日子吧。"王遥说："我办完事就回来。"说完，就自己带着竹箱走了，再也没有回来。（《神仙传·王遥》）

这里的"遥夜忽大治装"，翻译成现代汉语就是：王遥夜里忽然翻箱倒柜，准备出行用的服装。其中的"治"，讲作"准备"。

宋国的阳里华子得了健忘症，在路上忘记行走，在家里忘记坐下，现

在记不得从前，过后又忘记现在，全家人都为此苦恼。请史官占卜，不获
应验；请巫师祈祷，请医生治疗，也都不奏效。

后来，"鲁有儒生自媒能治之"，华子的家人听后
非常高兴，许诺病治好后，将一半的家产送给他。儒
生说："这本来就不是占卜问卦所能应验的，不是祷告

**实兵演练**

你同意阳里华子
的观点吗？为什么？

祈求所能遂愿的，不是药石所能攻治的。我试着变化他的心意，改变他的
思虑，或许能够治好吧！"于是试着让华子赤身露体受冻，华子就要求穿
衣；让华子挨饿，华子就要求吃饭；把华子关在昏暗的地方，华子就要求
看到光亮。儒生欣然告诉华子的儿子说："病可以好了。不过，我的方法
保密，不能告诉外人。请让我单独和你父亲在屋子里待上七天。"七天后，
阳里华子恢复了记忆。但出人意料的是，阳里华子十分生气，别人问他原
因，他回答说："过去我浑浑沌沌不知道天地的存在，现在一下子想起了
以往，几十年的存亡、得失、哀乐、好恶一起涌上心头，我没有了片刻的
宁静，这样我能不烦躁生气吗？"（《列子·周穆王》）

这里的"鲁有儒生自媒能治之"，翻译成现代汉语就是：鲁国有个儒
生自荐能够医治他的病。其中的"治"，讲作"医治"。

"治"除了前面的义项外，还可讲作"训练"，如"今治水军八十万
众，方与将军会猎于吴"（见高中课文《赤壁之战》，出自《资治通鉴》）；
讲作"研究"，如治学；讲作"惩处"，如治罪。

# 第87日
# 杨国忠：念终不能致令名

**致** 得到——招致——情致——交付——表达

　　华清宫新扩建的温泉池宏大壮丽，美不胜收。安禄山在范阳用白玉石雕成鱼、龙、野鸭、大雁，又做了石桥和石莲花进献，精雕细刻很巧妙，几乎不像是人工做成的。唐玄宗非常高兴，命令把石雕放在温泉池里，将石桥横架在池上。

　　唐玄宗要驾临华清宫的消息传来，作为陪同的杨贵妃姊妹们忙了起来。她们制作了一辆牛车，用金子、翡翠装饰，又点缀上珍珠玉石，花费不下几十万贯钱。结果呢，车子很重，牛拉不动，就又报告皇上，请求各自骑马。于是，她们又抢着买好马，用黄金做马的勒口、络头，用丝织品做马的障泥。她们会聚在杨国忠的住所，准备一起进宫。车马的装饰物光彩照人，旁观的人多得形成了人墙。从杨国忠住所到城东南角的路上，仆从、车夫随着车马来来往往。杨国忠正和宾客坐在大门下，指着这个情形对宾客说："我家原来是普通百姓，仰仗着贵妃到了今天这个地步。我现在也不知道将来怎样的归宿，'念终不能致令名'，还是在富贵的时候尽情享受一番吧。"（《明皇杂录》）

> **◇ 文化常识**
>
> 　　障泥：垫在马鞍下、垂在马背两旁用来挡泥土的垫子。障泥都是丝织品做的，仅由此便可见杨贵妃姊妹们的奢华。

　　这里的"念终不能致令名"翻译成现代汉语就是：心想终归不能得到

好名声。其中的"致"，是得到的意思。

现在出门在外，不需要带大量的现金，只需要带着银行卡或者手机就可以了。其实在唐朝，那个时候也不需要带现金。唐朝赵璘在《因话录》中，记录了这么一件事情。有个人在外地卖掉货物，得了几百贯钱，担心路途上不便随身携带，就请求认识的人帮忙将钱交给了官府仓库，换得文书，也就是世人所说的"便换"，然后将便换放在旅行袋里返乡。一天，他喝醉了酒，指着旅行袋对别人说："不要小看这个旅行袋，其中很有些好东西呢。"有个强盗在旁边听见了，以为袋中有金子，当天夜里杀了这个人，拿走了他的旅行袋。打开袋子，见里面并没有金子，不识字的强盗就把文书扔到了水里。后来，强盗被公差捕获，供出了作案的经过。作者赵璘在讲完故事后评论说，自己在外的言行表现难道能随随便便吗？"此所谓不密而致害也。"

最后一句，翻译成现代汉语就是：这就叫作出言不慎而招致祸害。其中的"致"，是招致的意思。

唐朝诗人卢藏用原先在终南山隐居，唐中宗时曾接连担任要职。道士司马承祯被皇帝征召来到京城，临返回时，卢藏用见到了他。卢藏用用手指着终南山说："这里面大有好地方，何必隐居在远方呢？"这个道士回答道："依我看来，这里其实是做官的捷径。"（我们现在所用的成语"终南捷径"就出自这里）听了这话，卢藏用露出了惭愧的神色。卢藏用在没有出来做官的时候，曾经不吃五谷练气功，"颇有高尚之致"；等到入朝做官，依附武则天的女儿太平公主，放纵情意，奢侈作乐，终于被贬远方而死，岂不悲哀？（《大唐新语》）

这里的"颇有高尚之致"，翻译成现代汉语就是：很有高尚的情致。其中的"致"，是情致的意思。

尧要把天下让给许由，说："太阳出来了，可火把还不熄灭，火把要想发光不也太难了吗？及时雨已经降落，还要用人力灌溉，这对于润泽作物来说不是徒劳的吗？先生在位，天下就可以太平，而我还占据着这个位子，自己觉得很不安。'请致天下。'"许由回答说："在您的治理下，天下已经获得了大治，可我还来代替您，我是为了名吗？鹪鹩在深林中筑巢，一根树枝就够了；鼹鼠到河里饮水，尽管河里水很多，但所需要的不过是喝饱肚子。回去吧，君主！天下对我一点用处也没有！"（《庄子·逍遥游》）

实兵演练

无论是尧还是许由，说理时都运用了什么手法？

这里的"请致天下"，翻译成现代汉语就是：请让我把天下交付给您。其中的"致"，是交付的意思。

我们现在写信，写完之后要写上"此致""敬礼"。所谓"此致"，"此"是代指上面所写的内容，"致"是表达的意思。连起来说就是，上面所写的就是我所要向您表达的。

# 王子狐为质于郑

**质** 人质——盟誓——信用——通"贽",指初次拜见尊长时所送的礼物——资质——质询、问——通"锧",即砧板,行斩刑时用的垫板

继郑武公之后,郑庄公继续担任周平王的执政大臣。但周平王又暗中将一些政事交给虢公处理。郑庄公埋怨周平王,周平王说:"你放心好了,根本没有这回事。"所以,周平王与郑庄公交换人质,"王子狐为质于郑",以保证自己所说的话真实可信,不会将政事交给郑庄公以外的人。郑庄公让儿子忽在周平王那里做人质,以保证自己对周平王绝对忠诚。(《左传·隐公三年》)

这里的"王子狐为质于郑",翻译成现代汉语就是:周平王的儿子狐在郑国做人质。其中的"质",讲作"人质"。

晋国的赵鞅去世后,他的儿子赵无恤将服丧

> ## 文化常识
>
> 郑庄公,名窹生,谥号"庄"。谥号,是帝王及国君死后依据其生前事迹所给的称号。它分褒、贬、同情三种。褒的如文、景、武、穆、忠、庄、献、惠等,贬的如厉、炀、幽、灵、缪、丑等,同情的如悼、哀、怀、愍等。除了帝王、国君死后有谥号外,有的大臣去世后朝廷也给谥号。

期间的饮食标准比平时降低了许多。这时,越国包围了吴国。赵无恤听到这个消息,提出再将饮食标准降低一些。他的家臣楚隆不理解,赵无恤说:"哀公十三年黄池会盟时,'先主与吴王有质',说:'同生死,共患难。'现在越国包围了吴国,我想帮助吴国,但又没有力量,所以只好让

饮食标准再降一些，以表示悲悼和自责吧。"（《左传·哀公二十年》）

这里的"先主与吴王有质"，翻译成现代汉语就是：我的父亲与吴王有盟誓。其中的"质"，讲作"盟誓"。

楚平王听说蛮国发生了动乱，"与蛮子之无质也"，就派然丹诱骗蛮国国君嘉前来并趁机杀了他，于是占领了蛮国。不久，又立嘉的儿子为蛮国国君。（《左传·昭公十六年》）

这里的"与蛮子之无质也"，翻译成现代汉语就是：以及蛮国国君不讲信用。其中的"质"，讲作"信用"。

晋国大臣中行穆子率领军队包围了狄人建立的鼓国国都，命令军官喊话，说晋国军队即将攻城。很快，鼓国军队就投降了。中行穆子将鼓国君主苑支带回晋国，命令鼓国人各自复归其所，如果不是苑支的僚属，就不要随从苑支到晋国。

苑支有一个名叫夙沙鳌的大臣，带着妻子儿女要跟随苑支到晋国，晋军军官将他给抓了起来，夙沙鳌说："我侍奉的是鼓国国君，而不是鼓国的土地。名叫君臣，怎能称为土臣？现在鼓国国君要走了，我还留在鼓国做什么？"夙沙鳌的话上报到中行穆子那里，中行穆子认为夙沙鳌这个人与众不同，就召见了他，说："鼓国已经立有新国君了，你如果有心侍奉新国君，我现在就可以定下你的爵禄。"夙沙鳌回答说："'臣委质于狄之鼓，未委质于晋之鼓也。'我听说，作为臣子，是不能有二心的。我既然将我的忠心交给了狄人建立的鼓国，那么自然会效忠至死，这也是自古以来侍奉君主应有的原则。我怎么敢为一己私利来麻烦您破坏侍奉君主至死的原则呢？否则，晋国今后如何应对意料之外的叛离事件呢？"中行穆子听后不禁为之感叹，对身边的人说："我应该怎样修德，才能有这样的臣子呢？"于是让夙沙鳌随鼓国国君苑支同行。

中行穆子回到晋国向朝廷献功之后，将夙沙鳌的情况报告给了晋顷公，晋顷公赐给苑支黄河以南的土地，派夙沙鳌辅佐他。（《国语·晋语九》）

这里的"臣委质于狄之鼓，未委质于晋之鼓也"，翻译成现代汉语就是：我送礼物给了狄人建立的鼓国，没有送礼物给晋人建立的鼓国。意思是说，我已经将我的忠心交给了狄人建立的鼓国，是不可能再交给晋国人建立的鼓国了。其中的"质"通"贽"，指初次拜见尊长时所送的礼物。这里的"质"，代指忠心。

除了前面的义项外，"质"还可讲作"资质"，如"其业有不精，德有不成者，非天质之卑，则心不若余之专耳，岂他人之过哉"（《送东阳马生序》）；可讲作"质询、问"，如"余立侍左右，援疑质理，俯身倾耳以请"（《送东阳马生序》）；通"锧"，即砧板，行斩刑时用的垫板，如"君不如肉袒伏斧质请罪"（《史记·廉颇蔺相如列传》）。

第**89**日
# 茅君与父母亲族辞别

 家族，即同姓的亲属——类——灭族——丛聚、集结之处——众，一般的

**◇作文课堂**

写作文谈公正无私，谈不恃权位，可以使用这则材料。

楚国令尹子文的族人有触犯刑法的，法官将他逮捕了。还没有审讯，有人说这人是令尹的族人，法官就将其释放了。子文听说后将法官叫来，责备他说："国家设立法官，是要他对违反大王法令和国家法律的人给以处罚的。只有这样，大王法令才能得以贯彻，国家法律才不会被破坏。现在我的族人犯法，你碍于我的情面对他不予处罚，难道是我有谋求私利的思想吗？我作为国君下最高级别的官员，因为你的缘故，让老百姓认为我将私利凌驾于法律之上，这是你想看到的吗？今天你不惩处我的族人，我就去死！"法官听后很害怕，"遂刑其族人"。楚成王听说这件事后，连鞋子都没有来得及穿就来到了子文的办公室，说："我年纪轻，法官用人不当，因此违背了您的心意。"国人听说这件事后，说："像令尹这样办事公正，我们还有什么可担心的呢？"（《说苑·至公》）

这里的"遂刑其族人"，翻译成现代汉语就是：于是惩治了令尹犯法的族人。这里的"族"，是指家族，即同姓的亲属。

茅盈是道教茅山派祖师，他的弟弟做官做到一年有二千石的俸禄，要去履职的时候，乡里来给他送行的有好几百人。茅盈在送行的宴会上说："我虽然没有当成俸禄二千石的官，但在仙界也有职位，过些日子，我也会去当官的。"在座的客人们都说："到时候，我们也送您一程。"茅盈说："愿意为我送行，诚然是你们的好意，只是到时空手过来就行，不要破费买什么礼品，我会好好招待大家的。"

**✎ 实兵演练**

神话故事，都是用浪漫主义手法写的。什么是浪漫主义呢？请查词典或上网搜索，之后归纳浪漫主义的特点。

到了茅盈去仙界任职的那天，客人们都来了。茅盈办了一场很大的宴会。地面铺设着白色的地毯，桌子上铺设着青色的绢布。包括果品在内的食物都十分新奇，散发着芳香。还有奏乐和跳舞的女子。宴会开始后，钟磬齐鸣，声音响彻天地，几里外的人都能听到。当时客人有一千多人，个个尽情吃喝。迎接茅盈的仙官，其中的文官都穿着红色衣服，扎着白色腰带，有几百人之多；武官都穿着盔甲，带着兵器，高举旗帜，各种兵器在阳光的照耀下光彩夺目，队伍连起来有几里远。在送行客人的注目下，"茅君与父母亲族辞别"，登上有羽毛帷盖的车子走了。

神仙的队伍中，各种旗帜迎风飘扬，仙人们有驾龙的，有骑虎的，还有孔雀、雄鹰等在队伍上空飞翔，流云和彩霞环绕在队伍左右。整个队伍离家十几里后，忽然就不见了。送行的人们站在那里，看了好久好久。（《神仙传·茅君》）

这里的"茅君与父母亲族辞别"，翻译成现代汉语就是：茅君与父母、亲戚及族人告别。其中的"族"，也是指同姓的亲属。

"族"，由家族还可引申为"类"，如"士大夫之族，曰师曰弟子云者，则群聚而笑之"（《师说》）；还讲作"灭族"，就是把罪犯的家族成员全部处死，如"族秦者，秦也，非天下也"（《阿房宫赋》）；讲作"丛聚、集结之处"，如"每至于族，吾见其难为，怵然为戒"（见高中课文《庖丁解牛》，出自《庄子》）；讲作"众，一般的"，如"良庖岁更刀，割也；族庖月更刀，折也"（见高中课文《庖丁解牛》，出自《庄子》）。

217

# 第**90**日
# 齐景公：虽有粟，吾得而食诸？

**诸** 各、众——之于——之乎——第二人称代词——第三人称代词

◇ **思维体操**

一个人有那么一个方面十分突出，有所成就，已经很了不起了。而王阳明是有多个方面十分突出，且有大成就，这又怎么不让人肃然起敬呢？

1519 年，明王朝分封在南昌的宁王朱宸濠起兵反叛。王阳明当时正在江西，在没有接到朝廷命令的情况下就传檄各府县官员率义师共赴丰城会合，准备平定叛乱。虽然兵力远远少于宁王，但由于调度有方、指挥若定，仅用 40 天就收复了南昌，并与叛军在鄱阳湖一带激战，打败叛军，生擒了朱宸濠。1527 年，广西思恩、田州发生动乱，在乡讲学已经 6 年的王阳明，奉命带兵前往围剿。王阳明沿途走访，了解了动乱发生的原因，改以安抚为主，结果是不折一兵一卒就平息了动乱，胜利返师。王阳明是大军事家，但更是大哲学家。他曾在给弟子薛尚谦的信中写道："破山中贼易，破心中贼难。区区剪除鼠窃，何足为异？若诸贤扫荡心腹之寇，以收廓清之功，此诚大丈夫不世之伟绩。"（《与薛尚谦书》）心中贼，当是指影响个人道德修养提高的各种不良欲望。王阳明在这里形象地道出了修养之难，换用现在的话来说，就是：一个人最大的敌人不是别人而是自己，因为最难征服的就是自己的各种不良欲望。可以说，一个人如果能够征服自己，那么他必定天下无敌，能够干出一番人生大事业。王阳明书信中的"诸贤"，也就是各位贤人的意思。其中的"诸"，讲作"各、众"。

太行、王屋两座大山，方圆七百里，高达万仞。年纪已近九十的愚公，面山而居。他苦于道路的阻塞、来往的迂曲，就召集全家人商量将这两座山搬掉。他的妻子问："往哪里放土石呢？"家人都说："投诸渤海之尾，隐土之北。"后来，由于愚公一家挖山不止，天帝感动了，便命令夸娥氏的两个儿子将太行、王屋这两座大山背走了。（《列子·汤问》）

愚公家人的话翻译成现代汉语就是：把它们扔到渤海的末端，隐土的北面。这里的"诸"相当于"之于"，其中的"之"代指土石，"于"是到的意思。

齐景公向孔子询问为政之道，孔子回答说："臣子要把国君当作国君，国君要把臣子当作臣子，儿子要把父亲当作父亲，父亲要把儿子当作儿子。也就是，君臣父子要认识到自己的身份，各守其道。"齐景公听后非常满意，说："说得好啊！如果国君不像国君，臣子不像臣子，父亲不像父亲，儿子不像儿子，'虽有粟，吾得而食诸'？"（《论语·颜渊》）

◇ 思维体操

每个人都认识到自己的身份，各守其道，那么每个人都会成为彬彬君子，我们的社会自然就充满了尊重，就具有良好的秩序。

这里的"虽有粟，吾得而食诸"，翻译成现代汉语就是：即使有粮食，我能够吃到它吗？其中的"诸"，相当于"之乎"，"之"代指粮食，"乎"是语气词"吗"。

端木赐，字子贡。他善于雄辩，办事通达，曾任鲁国、卫国之相。他还善于经商，富致千金，为孔子弟子中首富。后人所说的"端木遗风"，就是指子贡遗留下来的诚信经商的作风。一次，他问老师孔子："贫穷但不去谄媚人，富裕但不骄傲自大，这种人怎么样？"孔子回答说："这也算可以了，但还是不如虽贫穷却仍然快乐、虽富裕却谦虚好礼的人。"子贡说：《诗经》上说'如切如磋，如琢如磨'，就是讲的这个意思吧？"孔子说："赐也，始可与言《诗》已矣，告诸往而知来者。"（《论语·学而》）

孔子最后的话，翻译成现代汉语就是：赐呀，现在可以和你谈论《诗经》了。我告诉你一件事，你可以领悟到另一件事。其中的"诸"，相当于"之",是第二人称代词,讲作"你"。

**作文课堂**

以"与人为善"或
"人类命运共同体"为
话题作文,都可用这则
材料。

春秋时代,晋国发生饥荒,派人到秦国请求购买
粮食。秦穆公问百里奚:"与诸乎?"百里奚是秦穆公
用五张黑羊皮从市井之中换回的一代名相,所以又称
"五羖大夫"。百里奚会怎么回答呢?他这样回答:"天
灾流行,总会在各国交替发生的。救援灾荒,周济邻
国,这是正道。按正道办事会有福禄。"秦国于是把粮
食运送到晋国,船队从雍城到绛城接连不断,人们把这次运粮称为"泛舟
之役"。(《左传·僖公十三年》)

秦穆公的问话翻译成现代汉语就是:给他们吗?其中的"诸"相当于
"之",是第三人称代词,讲作"他们"。

一日一字
学好
文言文

第2册

闫会才 ◎ 著

中国人民大学出版社
·北京·

**图书在版编目（CIP）数据**

一日一字　学好文言文. 第2册 / 闫会才著. —— 北京：中国人民大学出版社，2021.5

ISBN 978-7-300-29062-1

Ⅰ. ①—⋯ Ⅱ. ①闫⋯ Ⅲ. ①文言文—中学—课外读物 Ⅳ. ①G634.303

中国版本图书馆 CIP 数据核字（2021）第 034066 号

一日一字　学好文言文（第2册）

闫会才　著

Yiriyizi　Xuehao Wenyanwen（Di-er Ce）

| | | |
|---|---|---|
| **出版发行** | 中国人民大学出版社 | |
| **社　　址** | 北京中关村大街31号 | 邮政编码　100080 |
| **电　　话** | 010-62511242（总编室） | 010-62511770（质管部） |
| | 010-82501766（邮购部） | 010-62514148（门市部） |
| | 010-62515195（发行公司） | 010-62515275（盗版举报） |
| **网　　址** | http://www.crup.com.cn | |
| **经　　销** | 新华书店 | |
| **印　　刷** | 天津中印联印务有限公司 | |
| **规　　格** | 170mm×228mm　16开本 | **版　　次**　2021年5月第1版 |
| **印　　张** | 14.25 插页1 | **印　　次**　2021年5月第1次印刷 |
| **字　　数** | 202 000 | **定　　价**　88.00元（2册） |

# 目 录

1

# 第❶日
# 吾君爱人如此，福未艾也

**爱** 爱护——喜爱——喜好——爱惜——贪——爱情

当年安禄山、史思明叛军逼近京城，形势危急，唐玄宗率领王公大臣西撤，经过延秋门时，他看见有千余人手拿火把，便命令停车，问："这是要做什么？"宰相杨国忠回答："将仓库中的物品全部烧掉，不给叛军留下。"唐玄宗听后，严肃地说："这样的话，叛军到后，就会重重地搜刮老百姓。我们不如留给叛军，以免加重老百姓的负担。"于是下令熄灭火把，然后才出发。听说这件事的人都感动得流下了眼泪，互相告诉说："吾君爱人如此，福未艾也。"（《次柳氏旧闻》）

"吾君爱人如此，福未艾也"这句话翻译成现代汉语就是：我们的君主这样爱护百姓，福气并没有到尽头。其中的"爱"，是爱护的意思。

明朝吏部尚书王翱的女儿嫁给了一个在京城附近做官的人。"公夫人甚爱女"，每当接女儿回去团聚，女婿总是满腹怨气不让走，说："咱父亲把我调进京城，你就可以朝夕陪伴母亲了。咱父亲那么大的官，办这件事情像摇下正在凋落的树叶一样容易，可他就是不给办，也不知是什么道理。"王翱的女儿托人把话捎给了母亲。王翱的夫人想来想去，觉得女婿的要求并不过分，便炒上好菜，摆上好酒，然后跪着告诉了王翱。王翱一生做官最反感的就是以权谋私，他听夫人这么一说，不禁怒从中来，随手拿起桌上的器物扔向夫人，结果将夫人给打伤了。（《记王忠肃公翱事》）

"公夫人甚爱女"中的"爱"，讲作"喜爱"。我们现在说的"爱祖国，爱人民，爱劳动"中的"爱"，也是这个意思。

北宋周敦颐的《爱莲说》脍炙人口，文章仅百十字，我们抄在下面：

> 水陆草木之花，可爱者甚蕃。晋陶渊明独爱菊；自李唐来，世人甚爱牡丹；予独爱莲之出淤泥而不染，濯清涟而不妖，中通外直，不蔓不枝，香远益清，亭亭净植，可远观而不可亵玩焉。

> 予谓菊，花之隐逸者也；牡丹，花之富贵者也；莲，花之君子者也。噫！菊之爱，陶后鲜有闻。莲之爱，同予者何人？牡丹之爱，宜乎众矣！

这篇文章中，"爱"出现了 7 次，都是喜好的意思。唐朝杜牧《阿房宫赋》中"秦爱纷奢，人亦念其家"，清朝袁枚《祭妹文》中"予幼从先生授经，汝差肩而坐，爱听古人节义事"，其中的"爱"，也都是喜好的意思。

南宋文天祥在他的《〈指南录〉后序》中说，德祐二年（1276 年）二月十九日，自己被授予统率全国兵马的右丞相兼枢密使职务的时候，元朝军队已经逼近南宋的首都临安，无论是交战还是迁都，都已经来不及了。元军邀约宋朝主持国事的人前去会面，文天祥认为"国事至此，予不得爱身"，于是以资政殿学士的身份前往，以便窥探元兵的虚

实，回来后寻求救国的计策。

"国事至此，予不得爱身"，翻译成现代汉语就是：国事到了这种地步，我不能爱惜自己了。这里的"爱"，讲作"爱惜"。

"爱"还可讲作"贪"，如"文臣不爱钱，武臣不惜死，天下太平矣"（《宋史·岳飞传》）；还可指男女间爱情，如"结发为夫妻，恩爱两不疑"（《留别妻》）。

## 第❷日
## 杜甫：逼仄何逼仄，我居巷南子巷北

**逼** 靠近、接近——强迫——被……威胁——狭窄

在历史上，平民百姓与达官贵人为邻，产生矛盾后，从来只能是忍气吞声，或举家搬迁。但也有例外，比如唐高宗时的首都市长李晦，在平民邻居委婉地提出意见后便马上从自身做起进行整改，显得毫无官气。唐朝胡璩在他的《谭宾录》中是这样记载的：李晦住宅里有一幢楼，俯对着一家酒家。一天，这家酒家的主人见到李晦后说："我是一个低微卑贱的人，虽说'礼不下庶人'，但我家里也有长幼，不想让外人看到。""家逼明公之楼"，我们出入不方便，请允许我从此告辞。李晦听其这么一说，当天就拆掉了这幢楼。这里的"逼"，是靠近、接近的意思。

东晋时的淝水之战大家都很熟悉。前秦的军队"逼肥水而陈"，东晋的军队无法渡过淝水。谢玄派使者去对前秦的苻融说："如果贵军能够移动阵势，稍微后退一点，让晋军得以渡水，然后两军决一胜负，不是很好吗？"苻融和统帅苻坚一商量，觉得可以，于是便指挥部队退却。前秦的军队一退，结果就停不下来了。

◇ 思维体操

李晦作为一市之长，度量宽宏，让人不禁生出敬意。

◇ 知识拓展

淝水之战发生于公元383年，是中国历史上著名的以少胜多的战例。具有八万兵力的东晋打败了拥有八十余万军队的前秦，东晋趁机北伐，把边界推进到了黄河，并且此后数十年间东晋再无外族进犯。

谢玄趁机带领部队攻击，前秦大败。(《资治通鉴·晋纪二十七》)

这里的"逼肥水而陈"，翻译成现代汉语就是：靠近淝水摆好阵势。其中的"逼"，是靠近、接近的意思。

《孔雀东南飞》是我国文学史上最长的一首叙事诗。这首诗前面有一条小序："汉末建安中，庐江府小吏焦仲卿妻刘氏，为仲卿母所遣，自誓不嫁。其家逼之，乃投水而死。仲卿闻之，亦自缢于庭树。时人伤之，为诗云尔。"这里的"其家逼之"，翻译成现代汉语就是：刘兰芝家人强迫她改嫁。其中的"逼"，是强迫的意思。

东汉末年赤壁之战前，诸葛亮前往拜见孙权，给孙权分析天下形势，说"荆州之民附操者，逼兵势耳"(《见高中课文《赤壁之战》，出自《资治通鉴》)。意思是，荆州民众之所以归附曹操，只是迫于曹操的兵威而已。这里的"逼"是"被……威胁"的意思。

**思维体操**

用事实说话，破除迷信，才能让人信服。

清朝纪昀在《阅微草堂笔记》中写道，据民间传说，未成年的孩子没长牙齿死了不会有煞，长了牙死后便有煞。巫师能预先算出回煞的日期。纪昀的两个仆人都通晓这种巫术。他曾经将他们的书要来看，发现只不过是以年月日干支来推算，没有什么其他奥妙之处。书里的"某日逢某凶煞，当用某符禳解"，不过是危言耸听，骗取钱财罢了。也有的人家"室庐逼仄"，没有躲避煞的地方，巫师便又有"压制之法"，使煞不出来，这就更加荒诞了。

这里的"室庐逼仄"，是居室狭窄的意思，其中的"逼"，讲作"狭窄"。杜甫《逼仄行赠毕曜》中"逼仄何逼仄，我居巷南子巷北"的"逼"，也是狭窄的意思。

# 第3日
## 孔子：君子周而不比，小人比而不周

**比**　挨着、靠近——接连——勾结——等到——比喻——认为和……一样

　　晏子出使楚国，楚王问道："齐国没有人才了吗？"晏子回答说："临淄有三百间人家，展开衣袖可以遮住太阳，每人挥把汗珠就会成为大雨，'比肩接踵而在'，怎么能说没有人呢？"楚王说："既然这样，为什么派你出使楚国呢？"晏子回答道："齐国派遣使臣，各有各的出使对象。贤明的人，派他出使访问贤明的国君；无能的人，派他出使访问无能的国君。我晏婴是无能的人中最无能的，所以直接被派出使楚国了。"（《晏子春秋·内篇·杂下》）

> ◇ **知识拓展**
>
> 成语"挥汗如雨"就出自这里，现在形容天热出汗多。

　　这里的"比肩接踵"，翻译成现代汉语就是：人多得肩挨肩、脚挨脚。其中，"比"是挨着的意思。"海内存知己，天涯若比邻"（《送杜少府之任蜀州》）中的"比"也是挨着的意思。所谓"比邻"，也就是近邻。

　　汉字传说是仓颉创造的。这只是传说。女真文字是完颜希尹创造的，这不是传说，而是《金史·完颜希尹传》中白纸黑字记载的。除此之外，《金史·完颜希尹传》还说，完颜希尹本名谷神，是欢都的儿子，自从太祖起兵以来，他就常在军中，有时跟随太祖，有时与各位将领一起征战，"比有功"。所谓"比有功"，意思是接连地立下了功劳。这里的"比"，讲作"接连"。

孔夫子有句名言："君子周而不比，小人比而不周。"（《论语·为政》）翻译成现代汉语就是：君子讲团结而不互相勾结，小人互相勾结而不讲团结。这里的"比"是勾结的意思。我们所熟知的成语"朋比为奸"，意思是坏人勾结在一起做坏事。其中的"比"，也是勾结的意思。

✍ 作文课堂

读后让人想到的就四个字：骄兵必败。写作文《骄兵必败》，用这则材料就很恰切。

《史记·项羽本纪》记载，项梁的军队从东阿出发，西进，"比至定陶"，第二次击败秦军，加上项羽等在这之前又杀了李由，就更加轻视秦军，骄傲起来。宋义劝说项梁道："打了胜仗而将骄兵怠，就必然失败。现在，士兵有些懈怠涣散了，秦兵又每天得到增援，我替您感到害怕。"项梁不听。结果，秦动员全部兵力增援，在定陶大败楚军，项梁战死。

这里的"比至定陶"，翻译成现代汉语就是：等到达定陶。其中的"比"，是等到的意思。我们熟悉的"比去，以手阖门"（《项脊轩志》），翻译成现代汉语就是：等到祖母离开时，用手关上门。其中的"比"，也是等到的意思。

"比"还可讲作"比喻"，如"风雅颂赋比兴"中的"比"；还可讲作"认为和……一样"，如诸葛亮"每自比于管仲、乐毅"（《三国志·蜀书·诸葛亮传》）。

# 第❹日
# 孔子：吾少也贱，故多能鄙事

**鄙** 卑贱——浅陋、见识浅薄、目光短浅——乡下——看不起——边疆，边远的地方——周代地方组织单位之一

一天，有个太宰见到了孔子的弟子子贡，说："有个问题我埋在心底很久了。今天，我问问您，您作为孔夫子的高足，一定能够给我一个满意的答案。"子贡愣住了，问道："什么高深的问题啊？"太宰说："孔夫子是一位圣人吗？如果说是圣人，那他怎么又会那么多卑贱的人才会的技艺呢？"子贡回答说："这本来是上天要让他成为圣人，又使他多才多艺啊！"

✎ **实兵演练**
孔子能够成为圣人，与他小时候的经历有关系吗？为什么？

后来，孔子在和弟子们交谈的时候知道了这件事情，说："太宰哪里能够了解我呢？'吾少也贱，故多能鄙事。'一般的君子会这么多的技艺吗？即使会一些，也不会像我一样，会这么多的。"（《论语·子罕》）

这里的"吾少也贱，故多能鄙事"，翻译成现代汉语就是：我小时候贫贱，所以会许多在君子看来与圣人不搭界、不沾边的卑贱的技艺。其中的"鄙"，讲作"卑贱"。《史记·廉颇蔺相如列传》中，当廉颇知道蔺相如处处回避自己，不与自己争高低的原因后，主动登门道歉，他对蔺相如说："鄙贱之人，不知将军宽之至此也。"意思是，我是一个卑贱的人，不知道将军您对我竟宽大到这个地步。其中的"鄙"与"贱"是同义复词，

7

都是卑贱的意思。

中学课文《曹刿论战》出自《左传》。文章开头说，鲁庄公十年（公元前 684 年）春天，齐国的军队大举进攻鲁国。在鲁庄公准备率领部队抵抗的时候，曹刿请求拜见鲁庄公。曹刿的同乡知道了这件事，很不以为然，对曹刿说："面对齐国入侵，到底应该怎么办，做官的人自会谋划，你又何必参与呢？"曹刿回答说："肉食者鄙，未能远谋。"曹刿排除阻扰，见到了鲁庄公。鲁庄公在他的指导下，将齐军打了个落花流水。事实说明，曹刿确实是非凡之人。

曹刿的话翻译成现代汉语，就是：做官的人目光短浅，不能深谋远虑。其中的"鄙"，讲作"浅陋""见识浅薄""目光短浅"。

有一次，有人称赞孔子学富五车，没有不知道的事情，没有难住他的问题。孔子怎么说呢？他说："我是这样的人吗？我不是啊！'有鄙夫问于我，空空如也。'我从他所问问题的正反两方面加以思考，得出答案后告诉他。"（《论语·子罕》）

这里的"有鄙夫问于我，空空如也"，翻译成现代汉语就是：有一个乡下人问我，我对他的问题一无所知。其中的"鄙夫"，指乡下人。"鄙"，讲作"乡下"。我们熟知的"鄙人"，是用于自称的谦辞。这是为什么呢？原因就在于"鄙人"也指乡下人。明明不是乡下人，现在却用乡下人来自称，意思是没有见识。这自然是谦辞了。

司马光在《训俭示康》中写道："管仲镂簋朱纮，山节藻棁，孔子鄙其小器。"这句话的意思是：管仲使用的器具上都精雕细刻着多种花纹，戴的帽子上缀着红色的帽带，住的房屋里连斗拱上都刻绘着山岳图形，梁上短柱都画着精美的水藻图案加以装饰。孔子看不起他，认为他器量狭小。其中的"鄙"，讲作"看不起"。

"鄙"除了上面的这些义项外，还可讲作"边疆，边远的地方"，比如"蜀之鄙有二僧：其一贫，其一富"（《为学一首示子侄》）；还是周代地方组织单位之一，当时五家为"邻"，二十五家为"里"，五百家为"鄙"。

最后需要指出的是，"鄙"与"卑"连用为"卑鄙"，现在是指品质低劣、阴险狡诈，如北岛的著名诗句"卑鄙是卑鄙者的通行证，高尚是高尚者的墓志铭"。但在古代，"卑鄙"则是指身份低微、见识短浅，如"先帝不以臣卑鄙，猥自枉屈，三顾臣于草庐之中，咨臣以当世之事，由是感激，遂许先帝以驱驰"（《出师表》）。

第 **5** 日

# 杜荀鹤：必能行大道，何用在深山

**必** 一定——完全肯定——倘若、假如

✎ **作文课堂**

以"劝说的艺术"为话题作文，可以运用这则材料。

晋平公外出打猎，看到一只鹞雀，立即弯弓射箭。鹞雀被射中，但没有死，晋平公派竖襄去捕捉，没有捕到。晋平公很生气，下令手下把竖襄拘禁起来，准备杀掉。叔向听说后，晚上去见晋平公。叔向还没有开口，晋平公便说了起来。晋平公说完后，叔向说："'君必杀之！'从前我们先君唐叔在徒林射犀牛，一箭就射死了，用它的皮做成了一副大铠甲，唐叔因为这种勇敢行为而被封为晋君。现在您继承了先君唐叔的王位，射个小小的鹞雀还射不死，捉又没捉到，这是多么耻辱的事情啊！您还是快些把他杀死，不要让这件事传到远处去。"晋平公听后，再也坐不住了，就赶快赦免了竖襄。（《国语·晋语·叔向谏杀竖襄》）

这里的"君必杀之"，翻译成现代汉语就是：你一定要杀掉他！其中的"必"，讲作"一定"。

"三人行，必有我师焉。"（《论语·述而》）翻译成现代汉语就是：与众人相处，其中一定有可以做我老师的人。这里的"必"，也讲作"一定"。"明主之吏，宰相必起于州部，猛将必发于卒伍。"（《韩非子·显学》）翻译成现代汉语就是：英明君主任用的官吏，宰相一定是从地方低级官吏中提升起来的，猛将一定是从士兵中涌现出来的。这里的两个"必"，也

10

都讲作"一定"。

"故天将降大任于是人也，必先苦其心志，劳其筋骨，饿其体肤，空乏其身，行拂乱其所为，所以动心忍性，曾益其所不能。"（《孟子·告子章句下》）翻译成现代汉语就是：所以上天要将重大使命降临到某人身上，一定要先使他内心痛苦受煎熬，使他筋骨受劳累，使他饱尝饥饿的滋味，使他身受穷困之苦，使他所做的每一件事都要受到干扰，这样便可以坚定他的志向，使他更加坚韧不拔，从而增强他的能力。这里的"必"，仍是讲作"一定"。

"必"还可以讲作"完全肯定"，如："子绝四：毋意，毋必，毋固，毋我。"（《论语·子罕》）翻译成现代汉语就是：孔子杜绝了四种毛病，他不凭空猜测，不完全肯定，不拘泥固执，不自以为是。这里的"必"讲作"完全肯定"。

"必"还可以讲作"倘若、假如"。唐朝诗人杜荀鹤宏图不能施展，只好隐居在深山，所以他在《题会上人院》中写道："必能行大道，何用在深山？"这里的"必"，表假设，可翻译成"如果""倘若""假若"等。"王必无人，臣愿奉璧往使"（《史记·廉颇蔺相如列传》）中的"必"，也是这个意思。

# 第 **6** 日
# 敝乡文章数进士，进士跟我学文章！

**敝** 破旧——损害——谦辞

孔子家的狗死了，叫子贡拖出去埋掉，并吩咐说："我听说：'敝帷不弃，为埋马也；敝盖不弃，为埋狗也。'我很贫穷，连破旧的车盖都没有，不过把狗放进坑里时也得用张席子裹着，不要把它直接埋在泥土里。"（《礼记·檀弓下》）

这里的"敝帷不弃，为埋马也；敝盖不弃，为埋狗也"，翻译成现代汉语就是：破旧的帷幔不要抛弃，是为了用来埋马；破旧的车盖也不要抛弃，是为了用来埋狗。其中的两个"敝"，都是破旧的意思。

**思维体操**

信陵君是礼贤下士的模范。

战国四公子之一的信陵君，听说有个叫侯嬴的守门人很有本事，这天便带着车马亲自去请侯嬴赴宴。"侯生摄敝衣冠"，直接登上车，坐在上位，并不谦让，想以此观察信陵君礼贤下士是不是真的。信陵君呢，手执辔头，表情愈加恭敬。（见高中课文《信陵君窃符救赵》，出自《史记》）

"侯生摄敝衣冠"，翻译成现代汉语就是：侯生穿戴着破旧的衣帽。其中的"敝"，也是破旧的意思。我们现在使用的成语"敝帚自珍""弃之如敝屣"中的"敝"，也都是破旧的意思。"敝帚自珍"，意思是一把破扫帚自己却当宝贝爱惜，比喻东西虽不好，可是自己珍视。"弃之如敝屣"，意思是当作破鞋子一样扔掉，表示毫不可惜。

　　春秋时期，秦晋联军包围了郑国的都城，佚之狐向郑国国君推荐了烛之武，说只要烛之武出马，那么秦晋联军一定会撤退。从善如流的郑国国君紧急召见了烛之武，请他前往劝说联军撤军。烛之武会见了领兵前来的秦国国君，向他分析了灭掉郑国

**知识拓展**

　　烛之武、佚之狐，"之"都是介于姓、名之间的助词。

的危害以及保留郑国的好处，结果秦国国君被说服了，做出了撤军的决定。晋国大夫狐偃看到秦军撤退，便向晋国国君建议袭击秦军，晋国国君没有答应，说"微夫人之力不及此。因人之力而敝之，不仁"。（《见高中课文《烛之武退秦师》，出自《左传》）

　　这里的"微夫人"等句翻译成现代汉语就是：假如没有秦国国君的力量，自己不会即位做国君。现在凭借别人的力量做了国君，却损害他，是不仁义的。其中的"敝"，是损害的意思。

　　宋神宗时，有一年，江苏如皋、泰兴两县闹蝗灾。如皋县令钱毅下令全县百姓驱赶捕杀蝗虫，尽量减少蝗灾带来的损失。泰兴县令却对州官睁眼说瞎话，说泰兴没有蝗灾。后来，州官到了泰兴，看到蝗虫遮天蔽日，不禁大发雷霆。泰兴县令非常刁钻，说都是从如皋飞来的，栽赃如皋县令。州官昏庸，竟信以为真。后来，钱毅听说了这件事情，给泰兴县令修书一封，派衙役送去。这封信其实是四句诗，是这样写的：

　　　　蝗虫本是天灾，

　　　　怎由小官遣派？

　　　　既自敝邑飞去，

　　　　却请贵县押来！

**思维体操**

　　这首诗是匕首，是投枪，直击要害，让对方无招架之力。

　　这首打油诗后来传到了州官那里，州官终于醒悟，以蒙骗之罪撤职查办了泰兴县令。这首诗第三句"既自敝邑飞去"中的"敝"，是谦辞。

　　有一年，广西三江县出了个进士，县令脸面有光，大摆宴席庆贺。席间，大家只顾称赞进士才学过人，却把进士的老师冷落了。这个老师连饮三杯酒后，站了起来，高声吟道：

> ✎ **思维体操**
>
> 　　进士的这个老师，无限抬高自己，确实不够谦虚，但就这首诗而言，水平还是蛮高的。

　　天下文章数三江，

　　三江文章数敝乡。

　　敝乡文章数进士，

　　进士跟我学文章！

　　此诗用顶真手法，一环扣一环，把自己捧上了天。这里的"敝"，是谦辞。"敝乡"，就是我乡的意思。再如敝人、敝姓、敝处、敝校等。

## 第 7 日
## 旌蔽日兮敌若云，矢交坠兮士争先

蔽　遮住——掩护——概括——判决——隐蔽——蒙蔽

在《楚辞》中，有一首楚人祭祀为国捐躯的英雄的诗歌《国殇》。全诗以激越的感情，通过对悲壮激烈的战斗场面的描写，歌颂了楚国将士可歌可泣、视死如归的英雄主义精神，充满了爱国主义的热情。其中有两句是："旌蔽日兮敌若云，矢交坠兮士争先。"翻译成现代汉语就是：战旗遮住了天上的太阳啊，敌人像天上的乌云，滚滚而来；飞来的箭头交相坠落啊，战士们争先向前勇敢杀敌。其中的"蔽"，是遮住的意思。

驻扎在鸿门的项羽，在得到刘邦要在关中称王的情报后，发出了第二天攻打消灭驻扎在灞上的刘邦的命令。当时，项羽军队40万，刘邦军队10万，刘邦根本不是项羽的对手。项羽的叔父项伯想到经此一仗自己在刘邦处谋事的恩人张良凶多吉少，便跑到灞上将消息告诉了张良，要张良跟他赶快离开刘邦。张良对刘邦十分忠诚，哪里能跟项伯逃走，他将消息告诉了刘邦，并给刘邦出主意，要他向项伯表态不敢反对项羽。见了项伯后，项伯则要求刘邦明天到鸿门向项羽道歉。刘邦答应了。这样，也就

⟡ 实兵演练

你所知道的爱国主义诗歌有哪些？请写出篇名。

⟡ 思维体操

项伯，是地地道道的内奸。

项庄舞剑，意在沛公：比喻说话或行动虽然表面上另有名目，其真实意图却在于对某人某事进行威胁或攻击。

有了后来的鸿门宴。在宴会上，项羽的谋士范增要项羽的堂弟项庄做舞剑表演，然后找个机会杀死刘邦。于是，"项庄拔剑起舞。项伯亦拔剑起舞，常以身翼蔽沛公，庄不得击"（见高中课文《鸿门宴》，出自《史记》）。

这里的"常以身翼蔽沛公"，翻译成现代汉语就是：常用身体像鸟翅膀一样掩护沛公。其中的"蔽"，是掩护的意思。

子曰：《诗》三百，一言以蔽之，曰：'思无邪。'"这是《论语·为政》中的话，翻译成现代汉语就是：孔子说，《诗经》三百篇，用一句话来概括它，就是"思想主旨纯正无邪"。其中的"蔽"，是概括的意思。

◇ 文化常识

《尚书》是我国现存最古老的一部历史文献。一般学者认为，"尚"与"上"同义通用，"尚书"就是"上古的书"的意思。

周武王死后，成王继位。因为成王年幼，周公摄政。不久，武王弟弟管叔、蔡叔、霍叔勾结武庚发动叛乱，周公率兵东征，讨平叛乱。此后，周公把周武王同母弟弟康叔封在殷商故地卫，以统治殷商逸民。周公担心康叔年少，所以在他上任之前特地训诫一番，这就是《尚书》中的《康诰》。周公说：对触犯法律的人，要低头深思五六天，甚至于十天、三个月，"丕蔽要囚"。

这里的"丕蔽要囚"，翻译成现代汉语就是：才依法对已经审过的囚犯给予判决。其中的"蔽"，是判决的意思。

"蔽"除了前面的义项外，还可讲作"隐蔽"，如"（虎）蔽林间窥之"（《黔之驴》）；还可讲作"蒙蔽"，如"由此观之，王之蔽甚矣"（见初中课文《邹忌讽齐王纳谏》，出自《战国策》），再如"屈平疾王听之不聪也，谗谄之蔽明也"（《史记·屈原贾生列传》）。

# 第8日
# 诸将皆从壁上观

**壁** 墙壁——军营的围墙——军营——驻扎

汉朝时的司马相如原本不叫这个名字，而是名犬子。后来，他由于非常仰慕蔺相如的为人，就改名相如。一次，在卓王孙家饮酒，酒兴正浓时，临邛县令说："我听说您特别喜欢弹琴，希望聆听一曲，以助欢乐。"相如便弹奏了两支曲子。这是两支什么曲子呢？我们来欣赏一下：

> 有一美人兮，见之不忘。一日不见兮，思之如狂。凤飞翱翔兮，四海求凰。无奈佳人兮，不在东墙。将琴代语兮，聊写衷肠。何时见许兮，慰我彷徨。愿言配德兮，携手相将。不得于飞兮，使我沦亡。

> 凤兮凤兮归故乡，遨游四海求其凰。时未遇兮无所将，何悟今兮升斯堂！有艳淑女在闺房，室迩人遐毒我肠。何缘交颈为鸳鸯，胡颉颃兮共翱翔！凤兮凰兮从我栖，得托孳尾永为妃。交情通意心和谐，中夜相从知者谁？双翼俱起翻高飞，无感我思使余悲。

这是两首爱情曲。司马相如为什么会弹奏这两支曲子呢？原来司马相如与卓王孙的女儿卓文君一见钟情。可怎么表白呢？恰好县令邀请他弹琴，他想机会来了，于是弹奏了这两支曲子。第一支曲子，表达了对卓文君的无限倾慕和热烈追求；第二支曲子，写得更为大胆炽烈，暗约文君半

17

夜幽会，并一起私奔。卓文君心领神会，便夜里逃出自己的家，去投奔相如，相如就和她赶着马车返回了成都。进门一看，"家居徒四壁立"。后来，司马相如和卓文君又回到临邛，开了一家酒店。卓文君当垆卖酒，司马相如则与雇工们一起操作忙活，在闹市中洗涤酒器。这简直是在羞辱卓王孙，卓王孙不得已，只好分给文君家奴一百人、钱一百万。于是，卓文君就同相如回到成都，买了田地房屋，成为了富有的人家。(《史记·司马相如列传》)

这里的"家居徒四壁立"，意思是卓文君进家所见，空无一物，只有四面墙壁立在那里。其中的"壁"，讲作"墙壁"。

知识拓展

破釜沉舟：比喻下决心，不顾一切干到底。

巨鹿被秦朝军队包围后，项羽率领全部军队前往救援。在渡过漳河时，他下令把船只全部弄沉，把锅碗全部砸破，把军营全部烧毁，只带上三天的干粮，意思是这次渡河后没有退路了：要么把敌人打败，生；要么被敌人打败，死。当时，前来救援的诸侯军队人数并不少，可没有敢首先和秦军较量的。"及楚击秦，诸将皆从壁上观。"项羽的士兵无不以一当十，他们杀声震天，诸侯军队人人战栗胆寒。打败秦军后，项羽召见各诸侯将领，进入军门时，他们一个个都跪着用膝盖向前走，没有谁敢抬头仰视。自此，打出了威风的项羽真正成了诸侯的上将军，各路诸侯都隶属于他。(《史记·项羽本纪》)

这里的"及楚击秦，诸将皆从壁上观"，翻译成现代汉语就是：等到楚军攻打秦军时，各位将领都只在军营的围墙上观望。其中的"壁"，是指军营的围墙。

"壁"除了具有上面的义项外，还可讲作"军营"，如"还至定陶，驰入齐王壁，夺其军"(《史记·高祖本纪》)；还可讲作"驻扎"，如"魏王恐，使人止晋鄙，留军壁邺"( 见高中课文《信陵君窃符救赵》，出自《史记》)。

## 第**9**日
## 郭隗：今王诚欲必致士，请从隗始

**诚** 确实、的确——诚实——果真

　　唐宪宗时，裴垍（音"jì"）曾任宰相。他有个老朋友，官做得也很大。一天，这个朋友从远方来探望他。有朋自远方来，不亦乐乎？裴垍高兴之余，自然是盛情招待。两个人叙谈恳切融洽。

这个朋友在和裴垍交谈的时候，找了个机会，要求裴垍让自己做京兆府的判司。裴垍听了一惊，但很快平静下来，说："'公诚佳士'，不过这个官职与您的能力不相符合，我不敢因为您是我的老朋友而败坏朝廷的法度。以后如果有瞎眼宰相怜惜您，不妨再得到这个官职，我却是一定不能答应的。"（《因话录》）

　　这里的"公诚佳士"，翻译成现代汉语就是：您确实是个不错的人。其中的"诚"，是确实、的确的意思。

　　唐玄宗宠爱安禄山，认他做干儿子。一次，唐玄宗和杨贵妃在便殿游玩，安禄山也在场。按说，皇帝赐座，臣子应该向皇帝拜谢。可安禄山却不，他是向杨贵妃拜谢。唐玄宗就问安禄山其中的原因。安禄山怎么回答呢？他说他们胡人只知道有母亲，不知道有父亲。唐玄宗笑了起来，不再计较这事。安禄山身体肥胖，肚子很大，唐玄宗曾经问他肚子这么大，其中有什么东西，安禄山回答说他的肚子里没有别的东西，只有一颗赤心而已。"上以言诚而益亲善之。"（《开天传信记》）

最后一句翻译成现代汉语就是：皇上认为安禄山言语诚实，从此待他更加亲近。其中的"诚"，是诚实的意思。

✎ 作文课堂

招揽人才，也需要讲方法。以"人才"为话题作文，可用这则材料。

战国时，燕国是主要诸侯国中相对较弱的一个国家，曾屡次被外敌入侵并经历过一段内乱时期，后来燕昭王即位。燕昭王对郭隗说："对燕国的弱小，我非常清楚。但是如果能得到贤士，和其一起治理国家，将来能够向齐国报仇雪恨，我也就没有遗憾了。请您推荐贤才，我亲自侍奉他，好吗？"郭隗说："古时候有个国君，用千金求买千里马，三年也没有买到。这时有个臣子愿意去寻找，国君就派他去了。三个月后，这个臣子用五百金买了一匹千里马的骨头回来了，国君大怒，说：'我寻求的是活马，你这个呆子给我买匹死马，就是匹万里马，它能跑吗？白白给我扔了五百金！'这个臣子说：'死马尚且用五百金去购买，何况是活马呢？天下人必定认为大王您能够买马，千里马很快就要来了。'果然，不到一年，千里马就来了两匹。'今王诚欲必致士，请从隗始。'像我这样的人尚且被大王重用，何况比我更有才能的呢？"燕昭王一听，觉得很有道理，便为郭隗建造了一座宫室，拜他为师。果然，乐毅从魏国来，邹衍从齐国来，剧辛从赵国来，士人都争先奔赴燕国。（《新序·杂事》）

这里的"今王诚欲必致士，请从隗始"，翻译成现代汉语就是：如果大王果真想招纳贤士，那么请从我郭隗开始。其中的"诚"，表假设，相当于现代汉语中的"果真"。

# 第10日
## 宗悫：愿乘长风破万里浪

**乘** 音"chéng"，骑——音"chéng"，凭借——音"chéng"，趁着——
音"chéng"，冒着——音"shèng"，一车四马——音"shèng"，四

春秋时期，秦穆公的小女儿弄玉在梦中见一翩翩少年从天而降来到她
的闺房。少年自我介绍说姓萧名史，说完，取出一
只玉箫娴熟地吹了起来。箫声婉转悠扬，弄玉听得
如痴如醉。萧史临走时，说自己住在华山。

第二天，弄玉将这个奇怪的梦告诉了父亲，言
辞中有的是对萧史的倾慕之情。爱女心切的秦穆公
将大臣孟明找来，把去华山寻找萧史的任务交给了他。

孟明不负重托，果真在华山找到了萧史。秦穆公和萧史见面后，也为
萧史的风度和才学所折服，非常同意女儿弄玉和萧史的这门婚事。很快，
两个年轻人便结了婚。婚后，两人如胶似漆，好不幸福！

日子不知不觉地一天天过去了。有一天晚上，皓月当空，二人正在楼
台赏月，一条赤龙和一只紫凤从天而降，落在他们身旁。萧史说，自己是
天上的神仙，是玉皇大帝要他前来与弄玉喜结良缘，现在是回天宫的时候
了。"于是萧史乘赤龙，弄玉乘紫凤"，双双飞往仙界。"今人称佳婿为'乘
龙'，正谓此也。"（《东周列国志·弄玉吹箫双跨凤》）这里的"乘"，便是
骑的意思。再比如"昔人已乘黄鹤去，此地空余黄鹤楼"（《黄鹤楼》）中

的"乘"，也是这个意思。

　　南朝著名将领宗悫（音"què"）小时候便有远大志向。一次，他的叔父宗炳和他聊天，问他有什么志向，宗悫回答说："愿乘长风破万里浪。"（《宋书·宗悫传》）

　　宗悫的话翻译成现代汉语就是：愿意驾船凭借大风的力量在大浪中驰骋。其中的"乘"，是凭借的意思。我们现在使用的成语"乘风破浪"就来自这里，比喻不畏艰险勇往直前，也形容事业迅猛地向前发展。

　　"乘"，还可讲作"趁着"，如"于是乘其厉声以呵，则噪而相逐"（《五人墓碑记》）；讲作"冒着"，如"自京师乘风雪，历齐河、长清……至于泰安"（《登泰山记》）。

　　以上的"乘"，音"chéng"。下面的"乘"，音"shèng"。

作文课堂

　　以"求贤若渴"为话题作文，可以用这则材料。

　　齐桓公听说有一个基层官员品质高尚、能力出众，便亲自前往拜访，遗憾的是去了三次都没有见着。

　　在回宫的路上，一个随从官员说："不就是一个小官吗？您作为一国之主，前往拜访，对他来说，该是多大的荣誉啊！可他一次次地就是不见您。依我看来，您去了三次也行了，以后就不要去了。"

　　齐桓公说："哎，您这是什么话？我听说布衣之士如果不想富贵，就不会把自己看得比万乘之君轻。万乘之君如果不爱好仁义，也不会把自己看得比布衣之士轻。如果我们前往拜见的这位贤士不愿做高官、享富贵，那么是可以的；我呢，作为一国之君，不爱好仁义却是不可以的。"

　　后来，齐桓公又去了两次，终于见到了他心目中的这位仰慕已久的贤士。

　　天下诸侯听说了这件事后，非常震惊，都说："齐桓公连一个基层官员都能谦恭对待，何况对我们这些国君呢？"于是相约共同来齐国朝见，没有不来的。可以说，齐桓公能够九合诸侯，一匡天下，原因就在这里。

　　这里的"万乘之君"，是指天子。周朝规定：天子的土地方圆千里，有兵车万辆；诸侯土地方圆百里，有兵车千辆。"万乘之君"中的"乘"，指一车四马。

　　因为一车四马为"乘"，所以"乘"有时可以作为"四"的代称。如

"郑商人弦高将市于周，遇之。以乘韦先，牛十二犒师"（见高中课文《崤之战》，出自《左传》），翻译成现代汉语就是：郑国商人弦高要到周去做买卖，恰巧遇上了要偷袭郑国的秦朝军队，就用四张熟牛皮作为先行礼物，然后用十二头牛去"犒劳"秦军。

第 11 日
黎明即起，洒扫庭除

**除** 台阶——除掉——修整——授予官职

✎ **实兵演练**

苏武面对李陵的劝降，是怎样表现的呢？请搜索有关材料并回答。

汉朝时，苏武出使匈奴被扣留后，因兵败而投降的李陵被单于派来劝降。李陵来到北海边上，置办酒宴，陈设乐舞，款待苏武，席间对苏武说：你的大哥做奉车都尉，跟随皇帝到雍城的棫阳宫，"扶辇下除，触柱折辕"，被控告犯了大不敬的罪，他用剑自杀了。（《汉书·李广苏建传》）

这里的"扶辇下除，触柱折辕"，翻译成现代汉语就是：扶着车辇下宫殿台阶时，撞在柱子上，车辕撞断了。其中的"除"，是台阶的意思。流传甚广的《朱子家训》，开头两句为：黎明即起，洒扫庭除。这里的"除"，也是台阶的意思。

✎ **实兵演练**

樊於期会答应荆轲的请求吗？请搜索有关材料并回答。

战国时期，荆轲为了刺杀秦王能够成功，一天找到了樊於期说："希望得到樊将军的首级来献给秦国，秦王一定会高兴地接见我。那时，我左手抓住他的衣袖，用右手刺他的胸膛。'然则将军之仇报，而燕国见陵之耻除矣'，将军是否有这个心意呢？"（见高中课文《荆轲刺秦王》，出自《战国策》）

这里的"然则将军之仇报，而燕国见陵之耻除矣"，翻译成现代汉语就是：这样，将军的仇报了，燕国被欺侮的耻辱也除掉了。这里的"除"是除掉的意思。我们现在所使用的"除恶务尽""斩草除根""除旧布新""除暴安良"中的"除"，也都是这个意思。

　　明朝天启六年（1626 年），宦官魏忠贤派人到苏州逮捕曾任吏部主事的周顺昌，这激起苏州市民的义愤，爆发了反抗宦官统治的斗争。魏忠贤倒台后，张溥写了《五人墓碑记》，颂扬在这场斗争中英勇就义的颜佩韦、杨念如、马杰、沈扬、周文元五人。文章在开头段写道，"至于今，郡之贤士大夫请于当道，即除魏阉废祠之址以葬之"，翻译现代汉语就是：到了现在，本郡的贤明士大夫向当政的官员请示，修整宦官魏忠贤被废的生祠的地基来安葬他们。这里的"除"，是修整的意思。

　　欧阳修敢于说他人不敢说的话，宋仁宗对此特别欣赏。宋仁宗曾经当面赐给欧阳修五品官的服饰，并对侍臣说："像欧阳修这样的人，到哪里去找啊？"按惯例，这个官职必须先考试而后才能任命，"帝知修，诏特除之"（《宋史·欧阳修传》）。

> **✎ 作文课堂**
>
> 　　敢于说他人不敢说的话，需要勇气。以"勇气"为话题作文，可用这则材料。

　　这里的"帝知修，诏特除之"，翻译成现代汉语就是：仁宗了解欧阳修，直接下诏特意授予他这一官职。其中的"除"，是授予官职的意思。

## 第⑫日
## 山川异域，风月同天

**川** 河流——平地、平野、平原

◇ **思维体操**

　周厉王的下场，就是专制独裁者的下场。

　　周厉王异常暴虐，国都里的人纷纷指责他。一天，召公来到王宫，将情况报告给了厉王，希望厉王能够有所收敛。没有想到的是，厉王大怒，从卫国找来了一个巫师，让他给自己当密探。只要是被这个巫师告发的人，就立刻抓起来杀掉。这样，国都里的人连说话也不敢了，熟人在路上相遇只能用眼色相互示意。这天，厉王召见召公，喜滋滋地说："我能制止人们对我的指责了，没有谁敢再讲我的坏话了。"召公听后，更加忧虑，说："这只是堵住了老百姓的嘴。'防民之口，甚于防川。'河流堵塞了，就会决口，伤害的人一定很多；不让老百姓说话，其危害也是如此。因此，治理河流的人要排除壅塞，使水流畅通；治理百姓的人要开导他们，叫他们说出心里话。"厉王没有听从召公的劝告。过了三年，人们便把厉王放逐到彘地去了。（《国语·周语上》）

　　这里的"防民之口，甚于防川"，翻译成现代汉语就是：堵住老百姓的嘴，比堵截河流、不让其流淌还危险。其中的"川"，是河流的意思。

　　大概在一千三百年前，崇尚佛法的日本长屋王造了千件袈裟，布施给唐朝众僧。袈裟上绣着四句偈语："山川异域，风月同天。寄诸佛子，共

结来缘。"后来，鉴真和尚听闻此偈，很受触动，决定东渡日本，弘扬佛法。(《唐大和上东征传》)

日本长屋王往唐朝运袈裟是否真有其事，尚待考证。但一千多年后的 2020 年春天，当中国武汉新型冠状病毒肆虐、医护人员急需 N95 口罩时，日本汉语水平考试事务局捐赠了 20 000 个口罩和一批红外体温计，物资外包装的标签上写着八个字"山川异域，风月同天"，感动了我们千千万万的中国人。是的，我们处在不同的地域，拥有不同的高山、大川，但我们拥有同一轮明月，我们命运与共，我们心意相通、惺惺相惜。

"山川异域，风月同天"中的"川"，也是河流的意思。我们熟悉的"子在川上曰：'逝者如斯夫，不舍昼夜。'"(《论语·子罕》)、成语"川流不息"，其中的"川"，也都是河流的意思。

"川"除了讲作"河流"外，还可讲作"平地、平野、平原"。忧愁作为一种情感，是看不见、摸不着的。在文学作品中，怎样将其写得具体形象呢？贺铸这样写："试问闲愁都几许？一川烟草，满城风絮，梅子黄时雨。"(《青玉案·凌波不过横塘路》)看来，贺铸是巧妙地使用了比喻。将贺铸的词翻译成现代汉语就是：如果要问我的忧愁有多少？就像那烟雨笼罩的

> ◇ 作文课堂
>
> 　　贺铸运用比喻之巧妙，在于连续使用了三个喻体，即博喻，在于用三个形象的喻体将抽象的本体"闲愁"变得具体可感了。

一望无际的满地青草、满城铺天盖地随风飞舞的柳絮、梅子黄时淅淅沥沥没有停歇的雨。其中的"川"，就是平野的意思。

北朝乐府民歌《敕勒歌》虽然是由鲜卑语译成汉语的，但脍炙人口，千古流传。全诗寥寥二十余字，便展现出我国古代牧民生活的壮丽图景。这首诗是："敕勒川，阴山下。天似穹庐，笼盖四野。天苍苍，野茫茫，风吹草低见牛羊。"前两句翻译成现代汉语就是：阴山脚下，有个敕勒族生活的大平原。其中的"川"，讲作"平原"。我们熟悉的成语"一马平川"，意思是能够纵马疾驰的一片广阔平地，指广阔的平原。其中的"川"，也讲作"平原"。

第**13**日
## 帝自捉刀立床头

**床** 坐具——睡觉的用具——井边的栏杆

谈到床，人们自然会想到是指我们晚上睡觉的地方。但在古代呢？它还是一种坐具。东汉许慎的《说文解字》说："床，安身之坐者。"

◇**知识拓展**

我们常用的词语"捉刀"就出自这里，现在比喻替别人代笔作文的人。

《世说新语》中有这么一则故事。匈奴派使者前来，曹操想接见又怕自己形象不佳有失国威，于是便想了个办法，让一表人才的崔季珪替代自己，自己则作为警卫站立在坐榻前。会见结束后，曹操派密探询问匈奴使者："魏王怎么样？"使者回答说："魏王仪容高雅，非同寻常，不过，坐榻旁那个握着刀的人，才是真正的英雄啊。"

"自己则作为警卫站立在坐榻前""不过，坐榻旁那个握着刀的人"换作文言是这样的："帝自捉刀立床头""然床头捉刀人"。这里的"床"就是坐具，指坐榻。

《世说新语》中还有一则故事，说的是晋元帝司马睿和丞相王导关系非常默契。有一天朝会，王导到后，晋元帝便拉着王导上该自己一人坐的"御床"就坐。王导自然感觉十分不合适，当然是执意推辞，可晋元帝仍是苦苦地拉他。王导说："如果太阳和万物同辉，那臣子们瞻仰什

◇**作文课堂**

王导回答之妙在于使用了比喻。

么呢？"晋元帝听后才作罢。

显然，这里的"床"也是坐具。

说到这里，可能有人会问："在古代，床仅仅是一种坐具吗？"其实不是的，"床"有时也指睡觉的用具。《诗经·小雅·斯干》中有这样的句子：

乃生男子，载寝之床。载衣之裳，载弄之璋。

其泣喤喤，朱芾斯皇，室家君王。

乃生女子，载寝之地。载衣之裼，载弄之瓦。

无非无仪，唯酒食是议，无父母诒罹。

◇ 实兵演练

古人为什么会产生重男轻女思想呢？请予以探究。

译成现代汉语就是：

如若生了个儿郎，就要让他睡床上。给他穿上好衣裳，让他玩弄白玉璋。他的哭声多洪亮，红色蔽膝真鲜亮，将来准是诸侯王。

如若生了个姑娘，就要让她睡地上。把她裹在襁褓中，给她玩弄纺锤棒。长大端庄又无邪，料理家务你该忙，莫使父母颜面丧。

这里的"床"就是指睡觉的用具，只不过那时稀少，属于奢侈用品。一般人都是睡在地上，只有生了男婴，重男轻女的父母才让他睡在上面；如果生的是女婴，则只能和父母在地上睡了。"床"在古代，既指坐具，也指睡觉的用具。这样，也就为我们判断文言文中的"床"到底是什么增加了困难，有时候还真不好判断。《晋书·王羲之传》记载，太尉郗鉴想在王家子弟中选个女婿，就派人前来探访。来人回去后，对郗鉴说："王家子弟个个不错，可是一听到有信使来，都显得拘谨不自然。只有一

◇ 文化常识

王羲之，东晋时期书法家，有"书圣"之称。代表作《〈兰亭集〉序》被誉为"天下第一行书"。在书法史上，他与其子王献之合称为"二王"。

个人坐在东床上，坦腹而食，若无其事。"郗鉴说："这正是我要选的佳婿。"一打听，原来是王羲之。郗鉴就把女儿嫁给了他。

我们现在常用的成语"坦腹东床"就源自这里，其中"东床"也就成了女婿的代称。这里的"床"是指坐具，还是指睡觉用具，就不好判断。

　　除了坐具、睡觉用具外，"床"还可指井边的栏杆。如"妾发初覆额，折花门前戏。郎骑竹马来，绕床弄青梅"（《长干行》），再如"金井银床无处用，随心引用到花畦"（《阅微草堂笔记》卷八）。

第**⑭**日

# 孔子：朝闻道，夕死可矣

**道** 路——方法、途径、措施——道理——学说——说、讲——规律——道义

秦二世继位的这年七月，朝廷征发贫苦百姓九百人去屯守渔阳，他们走到大泽乡时，"会天大雨，道不通，度已失期"。按照秦朝的法律，误期的要处斩。在这种情况下，陈胜、吴广发动了推翻秦王朝的农民大起义。（《史记·陈涉世家》）

"会天大雨"几句，翻译成现代汉语就是：正赶上了连日大雨，道路不通，队伍不能开拔，估计也就超过了规定的到达期限。其中的"道"，是路的意思。我们熟知的成语"任重道远"，本义是担子很重，路很远，比喻责任重大，要经历长期的奋斗。其中的"道"，也是路的意思。

✎ **实兵演练**

许多名人的名字取自成语，如王任重、周而复、成方圆。你了解这是一些什么人吗？如果不了解，请自行搜索。

孔子特别重视仁德。他曾说："富与贵，是人之所欲也，不以其道得之，不处也；贫与贱，是人之所恶也，不以其道得之，不去也。君子去仁，恶乎成名？君子无终食之间违仁，造次必于是，颠沛必于是。"（《论语·里仁》）翻译成现代汉语就是：富裕和显贵是人人所向往的，但不用正当的方法得到它，君子就不会去享受；贫穷与低贱是人人都厌恶的，但不用正当的方法去摆脱它，君子就不会去摆脱。君子如果离开了仁

31

德，怎么能成名叫君子呢？君子没有一顿饭的时间背离仁德，就是在最紧迫的时刻也一定会按照仁德办事，就是在颠沛流离的时候也一定会按仁德去办事。孔子话中出现的两个"道"，讲作"方法、途径、措施"。

韩愈在《师说》中，提出了从师学习的原则："无贵无贱，无长无少，道之所存，师之所存也。"翻译成现代汉语就是：不论是地位高贵，也不论是地位低贱，不论是年长，也不论是年少，道理存在的地方，就是老师存在的地方。其中的"道"，讲作"道理"。孔子曾说："朝闻道，夕死可矣。"（《论语·里仁》）意思是：早晨听到了道理，当天晚上死掉都可以。其中的"道"，也讲作"道理"。

在孔子的弟子中，曾参可以说是他的高足。一次闲聊，孔子说："参呀！'吾道一以贯之。'"曾参答应着，说："是的。"过了一会儿，孔子出去了，别的弟子便问曾参："刚才老师说的这句话是什么意思啊？"曾参笑了笑回答说："夫子之道，忠恕而已矣。"（《论语·里仁》）孔子与曾参话语中含"道"的这两句，翻译成现代汉语就是：（1）我的学说可以用一个根本的原则贯通起来。（2）老师的学说，就是"忠恕"罢了。其中的"道"，都讲作"学说"。

**实兵演练**

你同意金圣叹的观点吗？为什么？

清朝初年的文学大家、被胡适称为中国文学批评史上第一人的金圣叹，称《三国演义》为第一才子书，《水浒传》为第五才子书，《西厢记》为第六才子书，《琵琶记》为第七才子书。他的《读第五才子书法》中有这样的文字："某尝道《水浒》胜似《史记》，人都不肯信，殊不知某却不是乱说。其实《史记》是以文运事，《水浒》是因文生事。以文运事，是先有事生成如此如此，却要算计出一篇文字来，虽是史公高才，也毕竟是吃苦事。因文生事即不然，只是顺着笔性去，削高补低都由我。"其中的"道"，是"说、讲"的意思。

"道"除了上面的意思外，还可讲作"规律"，如"臣之所好者，道也"（《庄子·养生主》）；讲作"道义"，如"得道者多助，失道者寡助"（《孟子·公孙丑章句下》）。

第**15**日

## 淳于髡：羊不得食，人亦不得息

**得** 得到——正确——能够——通"德"，感激——心得——具备——完成

以前，邹忌凭借弹琴见到了齐宣王。邹忌说："琴是用来象征政治的。"于是和宣王讲解了琴象征政治的情形以及建立霸王之业的事情。宣王非常高兴，和他谈了三天，就拜他为宰相。淳于髡等人很瞧不起邹忌，便想出难题，让邹忌难以回答，从而出洋相。这天，淳于髡等人来面见邹忌，问道："白狐毛的皮衣上，补一块破羊皮，你看怎么样呢？"邹忌回答说："请相信我不敢把没有才德的人混杂在贤良之中。"淳于髡等人又问："三个人一起放牧一只羊，'羊不得食，人亦不得息'，怎么办呢？"邹忌回答说："裁减官吏，不使多余的官吏扰民。"淳于髡等人几次提问，邹忌都对答如流。淳于髡等人再也无话可说，只好离去。（《新序·杂事》）

**实兵演练**

邹忌确实非等闲之辈。你还知道邹忌的哪些故事呢？

这里的"羊不得食，人亦不得息"，翻译成现代汉语就是：羊不能得到食物，人也不能得到休息。其中的两个"得"，都是得到的意思。我们熟知的成语"不入虎穴，焉得虎子"中的"得"，也是这个意思。

赵简子在中山打猎，一只受伤的狼走投无路，向东郭先生求救。东郭先生让狼钻进自己装书的口袋里，再将一些书放进去。不一会儿，赵简子来了，东郭先生将其蒙混过去。赵简子驾车走远了，东郭先生将狼放了出

33

来，狼却以饿了为由要吃掉东郭先生，真是以仇报恩。这时，来了一个老人。

东郭先生向老人哭诉自己的冤屈，狼则说东郭先生捆绑它的爪子，把它放在口袋里，还压上书，自己曲着身子不敢喘息，十分痛苦。狼还说东郭先生是想要它死在袋子里，独自得到好处。老人要狼钻进口袋，亲眼看看狼是否痛苦。狼不知是计，就伸爪子给东郭先生，东郭先生又绑了它，把它放进袋子里，扛到驴背上。老人用眼神示意东郭先生拿匕首将狼刺死。东郭先生说："这不是害狼吗？"老人笑道："跟着一起跳进井里救人，脱下衣服救活朋友，'于彼计则得'，但那和置自己于死地有什么不同！要知道，仁慈得陷入愚蠢，本来就是君子所不赞成的啊。"说完便和东郭先生一起将狼杀死，丢弃在路上后离去。(《中山狼传》)

这里的"于彼计则得"，翻译成现代汉语就是：从对方角度来考虑是正确的。其中的"得"，是正确的意思。苏洵《六国论》中有一段话："古人云：'以地事秦，犹抱薪救火，薪不尽，火不灭。'此言得之。"这里的"此言得之"，翻译成现代汉语就是：这话正确。其中的"得"，也是正确的意思。

楚国的狂人接舆唱着歌经过孔子的车前，唱道："凤鸟啊，凤鸟啊，您的德行为什么这样衰微？过去的已经不能挽回，未来的还来得及改正。算了吧，算了吧，今天的从政人物太危险了。"孔子下车，想同他交谈。接舆赶快避开，"不得与之言"(《论语·微子》)。

这里的"不得与之言"，翻译成现代汉语就是：孔子不能够同他交谈。其中的"得"，是能够的意思。

"得"除了前面的义项外，还可通"德"，讲作"感激"，如"为宫室之美、妻妾之奉、所识穷乏者得我欤"(《孟子·告子章句上》)；还可讲作"心得、收获"，如"古人之观于天地、山川、草木、虫鱼、鸟兽，往往有得"(《游褒禅山记》)；讲作"具备"，如"积善成德，而神明自得"(《荀子·劝学》)；讲作"完成"，如"医得眼前疮，剜却心头肉"(《咏田家》)。

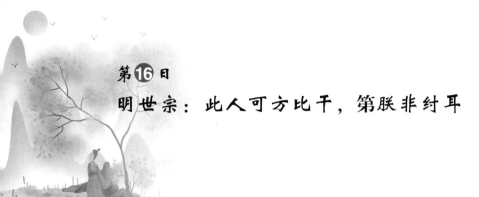

# 第16日
## 明世宗：此人可方比干，第朕非纣耳

第 选官考试的等级——只是——但是——指大官的住宅——表次序

《陈书·袁宪传》记载，当时考生参加考试，大多对考官进行贿赂。袁宪父亲袁君正的门客岑文豪提醒袁宪的父亲给考官准备一些礼品。袁宪的父亲说："我岂能用钱为儿买第耶？"待到袁宪去考试时，没有收到礼品的考官们争相提出最难的问题，可这并没有难住袁宪。袁宪随问随答，剖析问题头头是道，彻底征服了考官们，以优异成绩高中。后来，袁宪以贵公子的身份与南沙公主结婚，南沙公主就是梁简文帝的女儿。

◇ 实兵演练

如果以这则材料作文，那么我们可以从哪些方面立意呢？

这里的"我岂能用钱为儿买第耶"，翻译成现代汉语就是：我怎么能够为了儿子考中而去用钱行贿呢？其中的"第"，是指选官考试的等级。所谓及第，就是考中；落第，就是没有考中。

明朝周叔懋《泾林续记》中有一篇《庚午科》，写一个姓曹的监生到京城参加考试，他和一个姓房的考官达成了协议：曹监生先按谈好的条件在宾馆留下金银细软，房考官让曹监生考中后，再将这些金银细软取走。当时，陪同曹监生去京城的，是曹监生的朋友沈邃州。沈邃州在宾馆里遇到了房考官派来看守金银细软的童仆。沈邃

◇ 实兵演练

招生腐败，自古有之。除此顽疾，该用何法？说说你的观点。

州问他的来历，他支支吾吾，不肯正面回答。"沈心知而不露，第时往觇其动静"。后来，曹监生考中了，这个童仆也就不见了踪影，看来是带着金银细软到房考官那里去了。

这里的"沈心知而不露，第时往觇其动静"，翻译成现代汉语就是：沈邃州心里明白，但表面上却不流露出来，只是隔一会儿就去探看一下他的动静。其中，"第"为只是的意思。

**◇ 思维体操**

海瑞刚正不阿，是条汉子。

《明史·海瑞传》记载，明世宗在位时间长了，不去朝廷处理政务，专心设坛祭祷，以求长生。为此，海瑞上疏劝诫。明世宗大怒，把奏疏扔在地上，大声喊道："快把他抓起来，不要让他跑了。"站在一旁的宦官黄锦说："这个人向来有书呆子的名声。听说他上疏时，自知冒犯皇上该死，就买了一口棺材，和妻儿诀别，奴仆们也四处奔散，没有留下来的，因此他是不会逃跑的。"明世宗听了就默不作声了。过了一会儿，他又把海瑞的奏疏取出来读，一天读了两三遍，被感动得大声长叹，说："此人可方比干，第朕非纣耳。"

"此人可方比干"等句翻译成现代汉语，就是：这个人可和比干相比，只是我不是商纣王。其中的"第"，也是只是的意思。

林觉民在去参加黄兴领导的广州起义前，写下了《与妻书》，其中说："吾诚愿与汝相守以死。第以今日事势观之，天灾可以死，盗贼可以死，瓜分之日可以死，奸官污吏虐民可以死，吾辈处今日之中国，国中无地无时不可以死，到那时使吾眼睁睁看汝死，或使汝眼睁睁看吾死，吾能之乎？抑汝能之乎？"其中，

**◇ 实兵演练**

可抽时间观看同名电影《与妻书》，以加深对林觉民的认识。

"第以今日事势观之"句里的"第"，为但是的意思，表转折。

"第"除了以上义项外，还可指大官的住宅，如"公大怒，取案上器击伤夫人，出，驾而宿于朝房，旬乃还第"（《记王忠肃公翱事》）；还可表示次序，如"此印者才毕，则第二板已具"（《梦溪笔谈·活板》）。

第**17**日

# 岑文本：受吊不受贺

**吊** 安慰——慰问——悼念——忧虑——悲伤——钱币单位

唐代岑文本升任中书令后，回到家里脸上却有忧虑的表情。他的母亲感到奇怪，问他什么缘故，岑文本回答说："我不是功臣，跟皇上也没有旧交，却获得太大的宠幸，被任命为中书令。地位高，责任重，这是古人所警戒的，所以感到忧虑。"有人来向他表示祝贺，他说："今天，'受吊不受贺'。"后来，唐太宗亲征高句丽，军中的物资调拨全部由岑文本负责，导致他劳累过度，精力耗尽。唐太宗忧虑地说："岑文本和我一起来，恐怕不能和我一同回去了。"不久，岑文本生病死在了军中，可谓鞠躬尽瘁，死而后已。（《大唐新语》）

> **作文课堂**
>
> 写作文谈"职位与责任"，谈"鞠躬尽瘁"，都可以用这则材料。

这里的"受吊不受贺"，翻译成现代汉语就是：我只接受安慰，不接受庆贺。其中的"吊"，讲作"安慰"，出自李密《陈情表》的成语"茕茕孑立，形影相吊"，翻译成现代汉语就是：孤单无依靠地独自生活，身子和影子互相安慰。

三国时，鲁肃得到刘表去世的消息后，向孙权分析了天下大势，最后说："'肃请得奉命吊表二子'，并慰劳军中掌权的人，以及劝说刘备，使他安抚刘表的部下，同心一意，共同对付曹操。刘备一定会高兴地接受我们的意见。如果这件事能够成功，天下大势就可以定下来了。"（见高中课

文《赤壁之战》，出自《资治通鉴》）

其中的"肃请得奉命吊表二子"，翻译成现代汉语就是：我希望能够奉命去慰问刘表的两个儿子。其中的"吊"，是慰问的意思。

汉代最早的一篇以亡秦为史鉴的文章，是贾山两千余字的《至言》。其中说："古之贤君于其臣也，尊其爵禄而亲之，疾则临视之亡数，死则往吊哭之。"翻译成现代汉语就是：古代贤明的君主对他的臣子，不仅给其尊贵的爵位，而且将其当作亲人看待。臣子生病后，则无数次地亲临探视；臣子去世后，则前往悼念哭祭。其中的"吊"，是悼念的意思。西汉文学家贾谊有一篇名文《吊屈原赋》，其中的"吊"也是这个意思。

**实兵演练**

以亡秦为史鉴的文章，你知道的名篇有哪些？请写出篇名。

春秋时，卫国国君流亡国外后，鲁襄公派厚成叔来到卫国，厚成叔说："听说你们的君王失去了国家而流亡在别国境内，由于我们是同盟，所以我们的国君要我私下告诉大家：'有君不吊，有臣不敏，君不赦宥，臣亦不帅职，增淫发泄，其若之何？'"卫国的太叔仪回答道："我们臣子没有才能，得罪了国君。国君不把我们依法惩处，反而远远地抛弃了我们，而让你们的君王忧虑。你们的君王不忘记先君的友好，派您来慰问我们，非常感谢。"（《左传·襄公十四年》）

"有君不吊"等句，翻译成现代汉语就是：你们的国君不为国事忧虑，臣子不明达事理，国君不宽恕，臣子也不尽职责，积怨很久后发泄出来，怎么办呢？其中的"吊"，是忧虑的意思。

"吊"除了前面的义项外，还可讲作"悲伤"。《诗经·桧风·匪风》共三小节，其中第二小节的意思是：大风呼啸左右回旋，辚辘响转车儿飞奔。引首以望大道无边，心中悲伤好凄然。其中第四句用文言来说，就是"中心吊兮"，显然，"吊"是悲伤的意思。另外，"吊"还是钱币单位，通常是一千文为一吊。

## 第18日
## "虎负嵎",面向众人

**负**　背着——背弃——依靠、依仗——担负、承担——失败——对不起

当年,蔺相如出使秦国,完璧归赵;参加渑池会,不使赵王受辱。可以说,蔺相如是屡立大功。赵王作为明君,连续破格提拔蔺相如,最后让他"位在廉颇之右"。这一来,廉颇脸上挂不住了。他总觉得自己有攻城野战的大功,官位是提着脑袋换来的,而蔺相如不过就是耍了下嘴皮子而已。于是,他就想找机会羞辱蔺相如。蔺相如呢,总是回避他,以免起冲突。后来,廉颇知道蔺相如如此做,是"以先国家之急而后私仇也",十分感动,"肉袒负荆",到蔺相如府上请罪。(《史记·廉颇蔺相如列传》)

◇ 知识拓展

成语"负荆请罪"就出自这里,表示认错赔罪。

这里的"肉袒负荆",翻译成现代汉语就是:脱去上衣,露出上身,背着荆条。其中的"负",是背着的意思。

1232年,均州城被元军攻破后,完颜陈和尚躲藏在偏僻隐蔽的地方,等到元军杀戮掳掠稍微结束才出来,说:"我是金国大将,要见大帅禀告事情。"几个骑兵将他夹在中间,来到行营军帐前面。元军询问他的姓名,他说:"我是忠孝军总领官完颜陈和尚。大昌原之战取胜的是我,卫州之战取胜的也是我,倒回谷

◇ 思维体操

完颜陈和尚不愧为顶天立地的男子汉,不愧为报效国家的千古典范。

之战胜利的也是我。我如果死在军中，'人将谓我负国家'，今天明明白白地死，天下必定有知道我的人。"当时，元军想叫他归降，但他被砍去脚、折断胫骨也不屈服；嘴被割开，创口一直连到耳朵边，他仍然喷血呼喊，喊声到死也不停止。元军大将认为他很忠义，把马奶浇在地上祭奠他，祈祷说："你是好男子，将来再投生，我应当会得到你。"(《金史·忠义传》)

这里的"人将谓我负国家"，翻译成现代汉语就是：众人将要说我背弃了国家。其中的"负"，是背弃的意思。

冯妇是晋国的猎手，善于和老虎搏斗。后来，他成为善人，不再打虎了，他的名字也几乎被人们忘掉。有一年，某座山里出现了一只猛虎，常常伤害行人。几个年轻猎人联合起来去打虎，他们把老虎追至山的深处，"虎负嵎"，面向众人。它瞪圆了眼睛吼叫，没有人敢靠近它。就在这时，冯妇坐车路过这儿。猎人们见了他，都快步上前迎接，请他帮助打虎。冯妇下了车，挽起袖子与老虎搏斗起来。经过一场拼搏，终于打死了猛虎，为民除了害。(《孟子·尽心章句下》)

这里的"虎负嵎"，翻译成现代汉语就是：老虎依靠着一个山势弯曲险要的地方。其中的"负"，是依靠、依仗的意思。

"负"除了前面的义项外，还可讲作"担负、承担"，如"均之二策，宁许以负秦曲"(《史记·廉颇蔺相如列传》)；讲作"失败"，如"胜负之数，存亡之理，当与秦相较，或未易量"(《六国论》)；讲作"对不起"，如"吾上恐负朝廷，下恐愧吾师也"(《左忠毅公逸事》)。

# 第❶⑨日
## 覆巢之下，复有完卵乎

**复** 再——还——恢复——回答——繁复、重复

田饶侍奉鲁哀公已经有很长时间了，但是一直没有得到赏识和提拔重用。田饶感觉再在鲁哀公这里待下去，那么满腹才学也只有付诸东流，自己是白来人世一遭，于是打算离开鲁哀公，去寻找能够施展自己才华的舞台。

临走的时候，田饶对鲁哀公说："我就要离开您，像天鹅一样远走高飞了。今天，我特地和您打个招呼，做一告别。"鲁哀公说："这是为什么呢？在我这里不是很好吗？"田饶回答说："您难道没看见那鸡吗？头上顶着冠子，这是有文采；脚上带着爪子，这是有武功；面对敌人敢于战斗，这是有勇气；发现食物互相呼唤，这是有仁爱；守夜不会忘记报时，这是有诚信。鸡虽有这五种美德，您还是天天把它炖了吃，原因是什么呢？就是因为它的来处近啊！而天鹅一飞上千里，落到您的园林水池中，吃您的鱼鳖，啄您的庄稼，也没有那五种美德，您还是认为它很珍贵，原因是什么呢？因为它来自远方。所以，我也要离开您，像天鹅那样远走高飞了。"鲁哀公说："别走啊！我要让人将您的教导记录下来。"田饶说："您既然对做臣子的不予以重用，写下他的话又有什么用呢？"于是离开鲁国到了燕国。燕国国君任用他做了宰相。三年之后，燕国经过田饶的治

一日一字 学好文言文 第2册

理，出现了路不拾遗、夜不闭户的好局面。

鲁哀公听说后，慨然长叹，为此华丽服装也不穿了，且独居了三个月反思。他悔恨地说："事前不慎重，事后再悔恨，'何可复得'？"（《韩诗外传》卷二）

这里的"何可复得"，翻译成现代汉语就是：损失了的怎能再获得？其中的"复"，讲作"再"。

东汉末年文学家、"建安七子"之一的孔融因为屡屡反对曹操，而且多次在公开场合使其难堪下不了台，从而成为曹操的眼中钉、肉中刺。公元208年，曹操以孔融"谤讪朝廷""跌宕放言""不遵朝仪"等罪名逮捕了他。

官府来抓捕孔融的时候，孔融九岁的大儿子、八岁的小儿子正在做游戏，没有一点惊慌的神色。孔融看着两个天真无邪的孩子，不禁悲从中

◇ 思维体操

孔融的两个孩子都是智力超群的神童，但让人感到悲伤的是，封建社会的株连制度夺走了他们幼小的生命！

来，对抓捕他的官员说："罪过都在我一人身上，与两个年幼的孩子无关，希望能够放过两个孩子。"两个正在做游戏的孩子听到孔融这样说，非常从容地来到孔融面前，说："大人您难道看见过'覆巢之下，复有完卵乎'？"这话让孔融更是悲伤不已。不久，孔融的两个孩子也被逮捕了。（《世说新语·言语》）

这里的"覆巢之下，复有完卵乎"，翻译成现代汉语就是：倾覆的鸟窝下面还有完好的蛋吗？其中的"复"，讲作"还"。

"复"除了前面的义项外，还可讲作"恢复"，如"余将告于莅事者，更若役，复若赋，则何如"（《捕蛇者说》）；讲作"回答"，如"或遇其叱咄，色愈恭，礼愈至，不敢出一言以复"（《送东阳马生序》）；讲作"繁复、重复"，如"山重水复疑无路，柳暗花明又一村"（《游山西村》）。

# 第20日
# 张良袭击秦始皇，误中副车

**副** 与正相对——次要——助手——相称、符合

副，也就是非正的。清朝文学家全祖望在《梅花岭记》中说，1645年江都（现在的扬州）被清兵包围，在此督师的史可法召集各位将领前来，问道："我誓与扬州城共存亡，然而我不能落入敌人的手中而死，到时候谁能够成全我？"这时，"副将军史德威慨然任之"。这里的"副"就是与正相对的。

司马迁《史记·留侯世家》记载：张良寻到了一个大力士，造了一个120斤重的大铁锤。秦始皇到东方巡游，张良与大力士在博浪沙这个地方袭击秦始皇，误中了副车。秦始皇大怒，于是在全国大肆搜捕他俩。张良于是改名换姓，逃到下邳躲藏起来。这里的"副"是次要的意思。所谓副车，也就是皇帝的侍从车辆。

中学课文《荆轲刺秦王》中说，荆轲前往秦国刺杀秦王，燕太子丹"乃令秦武阳为副"，意思是让秦武阳做助手。这里的"副"是助手的意思。

东汉名士黄琼，顺帝永建年间受到朝廷征聘，走到京都洛阳附近的纶氏（现在的河南省登封市）便称病住了下来。李固得知消息后，写了一封信劝他进京，以在政治上有所作为。这封信就是脍炙人口的《遗黄琼书》。其中写道：

◇ 作文课堂

谈"爱国""忠诚""气节"，这则材料都可以用。

常闻语曰："峣峣者易缺，皦皦者易污。"《阳春》之曲，和者必寡。盛名之下，其实难副。

意思是：曾经听到俗语说："高峻之物容易折断，洁白之物容易污染。"歌唱《阳春》这样的高级曲调，应和的人必然很少。盛大的名声之下，其实际情况往往难以和盛大的名声相称。

这里的"副"，是相称、符合的意思。

✎ 作文课堂

谈"认真""谨慎"，这则材料都可以用。

1983 年 6 月，邓小平为学雷锋标兵朱伯儒题词后，嘱咐办公室的工作人员拿给语言学家过目，看看有没有用字不准确的地方。工作人员将题词送到了语言学家王力教授那里，并转告了邓小平的意思。

邓小平的题词是："学习朱伯儒同志，做一个名符其实的共产党员，全心全意为人民服务。"王教授边看边推敲，说："写得好。不过，'符'字不规范，最好改用作相称讲的'副'字。"邓小平得知后，十分高兴，说："重写一张，用字不规范，这样不好。"后来见报的题词"符"字也就变作了"副"字。

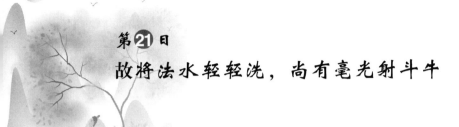

# 第21日
## 故将法水轻轻洗，尚有毫光射斗牛

**故** 原因、缘故——旧有的、原来的——因此——故意——通"固"，本来

古时候，有个在江边走的人，看见有人正抱着一个婴儿，想要把他扔到江中，婴儿吓得大哭。"人问其故"，这人回答说："这孩子的父亲很会游泳，他自然也会游泳啊！"（《吕氏春秋·慎大览·察今》）

这里的"人问其故"，翻译成现代汉语就是：旁人问他这么做的原因。其中，"故"讲作"原因、缘故"。

楚国有个渡江的人，他的宝剑从船上掉到了水里，他便急忙用刀在船上刻了个记号，说："这是我的宝剑掉下去的地方。"船停后，他从他刻着记号的地方下水去打捞宝剑，同船的人都笑话他：船已经动了，但宝剑没有动，这样寻找宝剑不是很糊涂吗？"以故法为其国与此同。"时代已经改变了，法令却不变。用这样的法令来治理国家，难道不会为人耻笑吗？（《吕氏春秋·慎大览·察今》）

这里的"以故法为其国与此同"，翻译成现代汉语就是：用旧的法令制度治理国家也和这一样。其中的"故"，讲作"旧有的、原来的"。

唐德宗时，吴凑被任命为京兆尹，并被要求

立即上任。吴凑急忙率领门客到京兆府衙。到达时，宴席已经摆好。有门客问："宴席怎么摆得这样快？"府里的官员回答说："长安城内的东西两市，每天都有礼席，端起锅来就能办好饭菜，'故三五百人之馔'，常常可以立刻办妥。"（《唐国史补》）看来，唐朝时首都长安的餐饮业相当发达，这也从一个方面说明了长安城的繁荣兴旺。这里的"故三五百人之馔"，翻译成现代汉语就是：因此，几百人的饭食。其中的"故"，讲作"因此"。

朱元璋起兵反元后，有次隐瞒身份来到一座寺庙。庙里的和尚一再询问他的身份和姓名，朱元璋很不耐烦，提笔在墙上写了一首诗：

> 杀尽江南百万兵，
> 腰间宝剑血犹腥。
> 山僧不识英雄主，
> 只顾哓哓问姓名。

和尚一见，吓得不敢再问。后来，时间久了，日晒雨淋，朱元璋的诗也就不见了踪影。朱元璋登基后，听说当年的题诗没有了，就下令将庙中的和尚押解到京城。和尚见到朱元璋后，其中的一个灵机一动，当即吟道：

> 御笔题诗不敢留，
> 留时常恐鬼神愁。
> 故将法水轻轻洗，
> 尚有毫光射斗牛。

这几句诗是辩解，更是吹捧。朱元璋听后，龙颜大悦，当场下令将这几个和尚给放了。这里"故将法水轻轻洗"中的"故"，也是因此的意思。

"故"除了前面的义项外，还可讲作"故意"，如"广故数言欲亡"（《史记·陈涉世家》）；还可通"固"，讲作"本来"，如"此物故非西产"（《聊斋志异·促织》）。

## 第22日
## 孔子：君子固穷，小人穷斯滥矣

**固** 牢固——坚持——坚守——本来——浅陋

唐睿宗的大儿子李宪，将皇太子的位置让给了弟弟李隆基（即唐玄宗）。李隆基即帝位后，封李宪为宁王。有一次，宁王在户县境内打猎，在树林中搜索的时候，忽然看见草丛中有一个柜子，"扃锁甚固"。宁王命令手下人打开一看，里面居然是个妙龄少女。问

✎ **实兵演练**

对宁王处置强盗的方式，你怎么看？

她原委，那少女说自己姓莫，父亲也曾经做过官，她与叔叔伯伯住在庄园里，昨夜碰上了强盗抢劫，其中有两个是僧人，把自己装进柜子，劫持到这里来了。当时正捕获了一头熊，宁王让手下人将这头熊放在柜子中，并像原来一样锁好。过了三天，宁王接到报告，有两个僧人在户县一家旅店用一万文钱单独租下客房一天一夜，抬了一个大柜子进去，说是要做法事。深夜，房间里传出了搏斗声。第二天，太阳出来了，僧人还没有开门，店主觉得奇怪，就摘下门板察看，结果有头熊向人冲来，跑了出去。房间里的两个僧人都已经死了，骨头全露在外面。（《酉阳杂俎》）

这里的"扃锁甚固"，翻译成现代汉语就是：锁得很牢固。其中的"固"，是牢固的意思。

魏元忠在武则天时代做御史大夫，有一次生了病，同僚们前去探望。其中，郭霸后到，他见到魏元忠后

✎ **实兵演练**

请概括郭霸的人品，不超过10个字。

脸上露出忧愁的神色，请求观察魏元忠的粪便，以便检验病的轻重，结果遭到魏元忠的拒绝。"霸固请尝之"，魏元忠十分吃惊。郭霸尝后，高兴地说："您的排泄物如果味道发甜，也许难以治好；现在这味道发苦，病很快就会好的。"魏元忠生性刚直，对郭霸的谄媚很是厌恶，上朝时就在朝堂上向大家公开了这件事情。(《大唐新语》)

这里的"霸固请尝之"，翻译成现代汉语就是：郭霸坚持要尝一下。其中的"固"，是坚持的意思。

**✎ 实兵演练**

如果你是子路，听了老师孔子的话后，会怎么想呢？

孔子周游列国时，在从陈国去蔡国的路途中被陈国人包围，绝粮七天，跟从的弟子们都饿病了，躺在地上起不来。耿直的子路发牢骚，对老师孔子说："君子也有陷入困境的时候吗？"孔子回答说："君子固穷，小人穷斯滥矣。"(《论语·卫灵公》)

孔子的话翻译成现代汉语就是：君子在困境中能够坚守节操，小人在困境中就会胡作非为。其中的"固"，是坚守的意思。

隋朝诗人薛道衡出使陈国，作《人日思归》诗说："入春才七日，离家已二年。"陈国人嗤笑说："这是什么话？谁说这个北房会作诗？"等到他说："人归落雁后，思发在花前。"陈国人高兴地说："盛名之下本来没有虚有其名的人。"(《隋唐嘉话》)

最后一句话用文言来说，就是：名下固无虚士。其中的"固"，是本来的意思。

**✎ 知识拓展**

成语"子虚乌有"就出自这里，指虚构的或不真实的事情。

"固"除了具有上面的意思外，还可讲作"浅陋"，如司马相如《上林赋》结尾段中这样说：子虚、乌有两位先生听了亡是公的一番话，脸色都变了，不禁怅然自愧，说："'鄙人固陋'，不知道什么该说、什么不该说，今天得到您的开导，一定认真听从您的教诲。"这里的"鄙人固陋"，翻译成现代汉语就是：我们见识浅陋。

# 第23日
## 骨肉相顾，不知所以答

 **顾** 回头看——看——拜访——关心、照顾——反而、却——表示轻微的转折

庄子正在濮水上钓鱼，来了两个楚国的大夫，两人自我介绍后，说："我们楚国的大王希望以国内的政事来劳累先生您呢。"

庄子"持竿不顾"，回答说："我听说你们楚国有只神龟，已经死了三千年了。楚王将这只神龟用巾帕包起来放进竹箱里，然后珍藏在庙堂之上。对这只龟来说，您二位认为它是愿意死后留下骨头被人珍重呢，还是愿意活着在泥浆中拖着尾巴爬呢？"

两个大夫说："当然是愿意活着在泥浆中拖着尾巴爬。"

庄子说："回去吧！我也愿意拖着尾巴在泥浆中自由自在地爬呢！"（《庄子·秋水》）

这里的"持竿不顾"，翻译成现代汉语就是：只管拿着钓竿，并不回头看。其中的"顾"，讲作"回头看"。孔子规矩比较多，比如在车中，"不内顾，不疾言，不亲指"（《论语·乡党》），其中的"顾"，也是回头看的意思。

唐朝时，有个姓郑的人被朝廷任命为江南某地官员后，便带着一家老

> **思维体操**
>
> 庄子崇尚的是人格独立和个人的精神自由。

小千里迢迢前往赴任。先是乘车，后是乘船。乘船走了几天后，江中出现了一个小岛。郑某说，到小岛上休息休息再走吧。刚刚靠岸停船，不承想出现了一伙强盗。这可怎么是好？强盗无非是为财而来，只要不伤害家人就行。考虑到这里，郑某要家人把所有的金银细软都摆在岸上，任随强盗们拿取。可奇怪的是，强盗们对钱财并不感兴趣，其中一个说：只要将郑某的小女儿交出来就够了。

郑家的小女儿天生丽质，倾城倾国，这伙强盗的头目暗中知道已经很久了，只是没有得手的机会，一直等到今天。"骨肉相顾，不知所以答。"出乎家人意料的是，小女儿站了出来，她的后面是两个服侍丫头。强盗头目只是听说这女子漂亮，今天见了真人，感觉比自己想象的还漂亮百倍，不禁笑容满面，指着身后的小船说："请！"小女儿高兴地说："好，我久闻大王英明，现在就随您走。"说完，就跳上了强盗头目的船，她的两个随身丫头也随之前往。

船行了很长时间，离开小岛很远了。郑家小女儿对强盗头目说："我家可是官宦人家，我既然成了您的妻子，那么还有必要用无礼的行为来强迫吗？到了您的住处，和您的亲戚们见了面，我们再成夫妻，我就满足了。"

"官宦人家的女儿就是知书达理。多好的姑娘啊！"想到这里，强盗头目说："就按你说的办！"

郑家小女儿又说："我还有一件事拜托您去做，好吗？"

强盗头目说："不用说一件，就是千件，我也乐意去做。"

郑家小女儿说："这两个丫头一直不合我意，您把她们送回我家，让她们服侍我父母。您再给我找两个随身丫头。"

强盗头目回答说："好！就按小娘子的意见办。"说完，就用另一条小船载着两个丫头调转船头后划向了江心小岛。

郑家小女儿估计两个丫头到了江心小岛，便趁身边的强盗不注意，一头扎进了波涛翻滚的大江中。（《玉泉子》）

这里的"骨肉相顾，不知所以答"，翻译成现代汉语就是：亲人们互相看着，不知道怎么回答。其中的"顾"，讲作"看"。我们熟知的"四顾无人""相顾一笑"中的"顾"，也是这个意思。

　　"顾"除了前面的义项外，还可讲作"拜访"，如"三顾茅庐"；讲作"关心、照顾"，如"三岁贯汝，莫我肯顾"（《诗经·魏风·硕鼠》）；讲作"反而、却"，如"人之立志，顾不如蜀鄙之僧哉"（《为学一首示子侄》）；表示轻微的转折，如"吾每念，常痛于骨髓，顾计不知所出耳！"（见高中课文《荆轲刺秦王》，出自《战国策》）。

第 24 日
咏而归

**归** 女子出嫁——返回——归还——投奔

◇ **实兵演练**

脍炙人口的唐诗故事，就你知道的，也讲一个给朋友听，好吗？

唐朝孟棨《本事诗》记载了这么一件事。诗人崔护在清明节的时候到京城南庄游玩，在一处桃花盛开的庄院遇到一位对他颇有好感的妙龄女子。第二年清明，崔护想起这个女子，就又来到这个庄院，遗憾的是大门紧锁。于是，崔护在门扇上题了一首诗：

去年今日此门中，

人面桃花相映红。

人面不知何处去，

桃花依旧笑春风。

过了几天，崔护经过南庄，便又去寻访，结果听到院子里有哭声。怎么回事？他敲门询问，原来是这个女孩子见了崔护所题诗歌后，不吃不喝，死去了。崔护来到室内，哭着祷告说："我在这里，我在这里。"过了一会儿，这个女孩子复活了。这个女孩子的父亲不禁喜出望外，"遂以女归之"。这里的"归"，是女子出嫁的意思。

明朝散文家归有光的《项脊轩志》，是我们都熟悉的名篇。其中有"余既为此志，后五年，吾妻来归，时至轩中，从余问古事，或凭几学书"句，意思是：我写了这篇文章之后，过了五年，妻子嫁到我家来，她时常来到轩中，向我问一些旧时的事情，有时伏在桌旁学写字。这里的"归"也是女子出嫁的意思。

《论语·先进》中有这样的句子："暮春者，春服既成，冠者五六人，童子六七人，浴乎沂，风乎舞雩，咏而归。"意思是：暮春时节，春服已经换上，约上青年五六人，少年六七人，在沂水里洗一洗，在舞雩坛上吹吹风，然后唱着歌返回。这里的"归"，是返回的意思。

◇ 实兵演练

现在的儿童还有这样的幸福快乐吗？请思考：现在儿童的幸福快乐哪里去了？

清朝文学家袁枚在《黄生借书说》中写自己小时候喜欢读书，可因为家里穷，没有钱买书。有个姓张的人家藏书很多，袁枚去借，人家却不肯。现在，黄生也像当年的自己一样，但他向自己借书却能如愿以偿。这么说来，黄生是幸运的，当年的自己是不幸运的。接下来，作者又写道："知幸与不幸，则其读书也必专，而其归书也必速。"意思是：您要是能认识到这种幸和不幸，那么读书时必定用心专一，而且还书也必定迅速。这里的"归"，是归还的意思。我们熟知的出自《史记·廉颇蔺相如列传》的成语"完璧归赵"，其中的"归"，也是这个意思。

◇ 实兵演练

袁枚在《黄生借书说》中提出了"书非借不能读也"的观点，你赞同吗？说说你的理由。

中学课文《荆轲刺秦王》写荆轲刺秦王前向燕太子丹提条件，其中一个就是希望能够得到因得罪秦王而逃到燕国的樊於期的头颅。对此，燕太子丹回答说："樊将军以穷困来归丹，丹不忍以己之私，而伤长者之意，愿足下更虑之！"意思是：樊将军因为走投无路才投奔到了我这里，我不忍心为了自己的私利而辜负了这位长者的一番心意，请您另想别的法子吧。这里的"归"，是投奔的意思。

第**㉕**日
# 齐武帝：经国，一刘系宗足矣！

**国** 国家——周代诸侯国——汉以后侯王的封地——国都

**◆ 思维体操**

你同意谭嗣同的选择吗？如果是你，会做出怎样的选择呢？为什么？

国，我们都知道是指国家。"戊戌变法"六君子之一的谭嗣同，在变法失败后，明明有机会逃生，却放弃了机会。这是为什么呢？他说："各国变法，无不从流血而成，今中国未闻有因变法而流血者，此国之所以不昌也。有之，请自嗣同始。"（《谭嗣同》）谭嗣同所说话中的三个"国"，都是指国家。南朝齐国的刘系宗，深得齐武帝赏识。齐武帝常说："学士辈不堪经国，唯大读书耳。经国，一刘系宗足矣！"（《南史·刘系宗传》）所谓"经国"，也就是治理国家，其中的"国"也是指国家。

国，也指周代诸侯国。宋朝大文学家苏洵有一篇脍炙人口的文章《六国论》。哪六国呢？齐、楚、魏、韩、赵、燕也。这都是当时的诸侯国。这样，《六国论》中的"国"，指诸侯国。梁惠王（即魏惠王）总觉得自己治理国家是尽心尽力，可是邻国的老百姓却没有向魏国迁徙的。要知道，在冷兵器时代，只要人口众多，就意味着有了劳动力、有了充足的兵员，就意味着国家强大了。因此，梁惠王百思不得其解。这天，孟子来了，梁惠王终于遇到了救星，一股脑儿地将自己的问题提了出来。他说："寡人之于国也，尽心焉耳矣。"又说："察邻国之政，无如寡人之用心者。"（《孟子·梁惠王章句上》）这里的"国"都是指诸侯国魏国。

"国"也指汉以后侯王的封地。东汉时期的张衡，是我国历史上著名的科学家。他研制成功了监测地震的候风地动仪。陇西（现在的甘肃省兰州市、临洮县、陇西县一带）发生了地震，远在首都洛阳的候风地动仪已经监测到了。张衡不仅是科学家，还有政治才能。范晔在《后汉书·张衡传》中记载："时国王骄奢，不遵典宪；又多豪右，共为不轨。"张衡做相后，整饬法令制度，暗中探得奸党的姓名，一下子同时逮捕、拘押起来。于是，上下敬畏恭顺，称赞"国"政治理得好。这里"国王骄奢"中的"国"，就是指侯王的封地。

"国"有时也指国都，也就是京城。北宋政治家、军事家范仲淹在他千古流传的名作《岳阳楼记》中说，在淫雨连绵，几个月不开天，阴冷的风怒吼不止，浑浊的浪汹涌腾空，日月星辰隐没了光辉，商人旅客不能通行的时候，登上岳阳楼，"则有去国怀乡，忧谗畏讥，满目萧然，感极而悲者矣"。所谓"去国"，就是指离开国都。自然，这里的"国"指国都。

"国"，是"國"的简化字。1915 年 12 月，袁世凯改中华民国五年为洪宪元年，复辟帝制，全国上下一片反对。北京街头，有人贴出了下面的对联：

> 或在圜中，拖出老袁还民国；
>
> 余临道上，不堪回首问前途。

这副对联妙在巧拆汉字。"圜"中拖出"袁"，置换上"或"，成为"國"；"道"中去"首"加"余"，成为"途"。对联上句写出了对袁的愤恨和自己的希望，下句则写尽了自己忧国忧民的情怀。

20世纪50年代简化汉字的时候，起初是将"國"简化为"囯"，在审定的时候，有人提出现在我们的国家是人民当家作主，让"王"主宰一切非常不合适。后来，"國"就简化成了"国"。"国"中有"玉"，玉是珍宝，又是美好事物的象征，意思是让我们像爱护宝物一样珍爱自己的国家。

第㉖日
# 司马迁：人固有一死，或重于泰山，或轻于鸿毛

**或** 有的人——有时——或许——语气词

**◇知识拓展**

张思德，1933年12月参加红军。1944年9月5日，他带领战士在陕北安塞县执行烧炭任务时，即将挖成的窑洞突然塌方，他奋力把战友推出洞去，自己却被埋在窑洞，牺牲时年仅29岁。

毛泽东有一篇著名的文章《为人民服务》，这是他于1944年9月8日在张思德同志追悼会上所作的演讲。其中有一段是这样的：

> 人总是要死的，但死的意义有不同。中国古时候有个文学家叫做司马迁的说过："人固有一死，或重于泰山，或轻于鸿毛。"为人民利益而死，就比泰山还重；替法西斯卖力，替剥削人民和压迫人民的人去死，就比鸿毛还轻。张思德同志是为人民利益而死的，他的死是比泰山还要重的。

司马迁的这段话源自他的《报任安书》，翻译成现代汉语就是：人本来就有一死，有的人死得比泰山还重，有的人死得却比鸿毛还轻。其中的两个"或"，都讲作"有的人"。

近代学者王国维在他的学术随笔《文学小言》中谈到天才的诞生时说："天才者，或数十年而一出，或数百年而一出，而又须济之以学问，助之以德性，始能产真正之大文学。此屈子、渊明、子美、子瞻等所以旷世而不一遇也。"

这里的"或数十年而一出，或数百年而一出"，翻译成现代汉语就是：

有时几十年出现一个，有时几百年出现一个。其中的两个"或"，都讲作"有时"。

春秋时，郑国的公子兰逃亡到晋国后，曾跟随晋文公攻打郑国。郑国大夫石癸说："我听说姬、姞两姓适合通婚，他们的子孙必定繁衍。姞，就是吉人的意思。现在公子兰是姞氏的外甥，上天或许要使他光大，必然会让他做国君，他的后代必然繁盛。如果接纳他回国做国君，就可以保持他的宠信。"于是，石癸就和孔将鉏、侯宣多在大宫里盟誓，立公子兰为国君，这就是郑穆公，以此与晋国讲和。（《左传·宣公三年》）

这里的"上天或许要使他光大"，用文言来说，就是：天或启之。其中的"或"，讲作"或许"。李白《梦游天姥吟留别》中的"云霞明灭或可睹"中的"或"，徐珂《冯婉贞》中的"莫如以吾所长，攻敌所短，操刀挟盾，猱进鸷击，或能免乎"中的"或"，也是这个意思。

西汉著名的文学家贾谊在《论积贮疏》中写道：如今人们背弃农业这个根本，而趋向工商末业，吃粮食的人甚多，这是国家的大祸；奢侈浪费的风气一天天滋长，这是国家的大害。"残贼公行，莫之或止；大命将泛，莫之振救。"

> ✑ **实兵演练**
> 作为生活在21世纪的你，同意贾谊的观点吗？为什么？

这里的"残贼"等句，翻译成现代汉语就是：这些祸害公开盛行，没有人能够禁止；国家面临覆灭的命运，没有人能够挽救。其中的"或"，是用在否定句中起加强否定语气的语气词。

# 第27日
# 王子期：此君之所以后也

**后** 君主、帝王——君王的正妻——次序不在前面——后代、子孙

后，本义是指君主、帝王。"昔三后之纯粹兮，固众芳之所在。"（《离骚》）翻译成现代汉语就是：古代的三王德行完美啊，本来有众多的贤臣在朝中辅助。"三后"指夏禹、商汤、周文王。其中的"后"，指帝王。后羿是我们熟知的历史人物，其中的"后"，也是帝王的意思。"皇天后土"也是我们熟知的词语。古人行文使用词语讲究对称，往往把意思相同、相反或相关的词语放在等同的位置上。"后"与"皇"处在等同的位置上，意思相同，都是指帝王。皇天后土，是对天地的尊称。之所以在"天"前加"皇"，在"地"前加"后"，是因为天地是王权的象征。

春秋战国以后，"后"专指君王的正妻。《新唐书·后妃传》记载，武则天生了个女孩，王皇后去看望。离去后，武则天偷偷地把孩子弄死在襁褓中。等唐高宗来到，她边笑边去将孩子抱给皇帝看，而孩子已经死了，她便假装吃惊，询问身边的人谁刚才来过。都说："后适来。"武则天听罢，号啕大哭。高宗十分生气，说道："王皇后杀我女儿，她往日与萧妃相互诋毁，现在又这样啊！"从此以后，高宗更加宠爱武则天，开始有废掉王皇后的想法。

这里的"后适来"，翻译成现代汉语，就是：皇后刚才来过。其中的"后"，是皇后的意思。

《韩非子·喻老》记载，晋国国卿赵襄子跟王子期学习驾驭马车，不久和王子期比赛，但是三次换马三次都落后。赵襄子说："您没有将您的技术全部教给我。"王子期回答说："技术是全教了。凡是驾驭所应该重视的，是马的身体与车统

◇ 思维体操

比赛，不仅仅是在比技术，也是在比心理素质。

一，驾驭者的心和马协调，这样才可以跑得快、跑得远。今天您落在后面的时候想追上我，在我前面的时候怕被我追上。凡是驾着马车抢道比拼，不是先就是后。但是，您领先或落后时心里想到的都是我，哪还能和马协调呢？'此君之所以后也。'"

这里的"此君之所以后也"，翻译成现代汉语就是：这就是您落后的原因。其中"后"，是指次序不在前面。宋朝范仲淹的名言"先天下之忧而忧，后天下之乐而乐"，其中的"后"，也是指次序不在前面。

《孟子·梁惠王章句上》记载了梁惠王与孟子的一次对话。梁惠王说："我很乐意听您的指教。"孟子回答说："用木棒打死人和用刀子杀死人有什么不同吗？"梁惠王说："没有什么不同。"孟子又

◇ 知识拓展

始作俑者：比喻恶劣风气的创始者。

问："用刀子杀死人和用政治害死人有什么不同吗？"梁惠王回答："没有什么不同。"孟子于是说："厨房里有肥美的肉，马房里有健壮的马，可是老百姓面带饥色，野外躺着饿死的人。这等于是在上位的人率领着野兽吃人啊！野兽自相残杀，人尚且厌恶它；作为老百姓的父母官，施行政治，却不免于率领野兽来吃人，那又怎么能够做老百姓的父母官呢？孔子说：'始作俑者，其无后乎！'孔子对这个为什么要深恶痛绝呢？就因为用了像人形貌的木偶、土偶去殉葬。照这样看来，作为父母官，又怎么可以使老百姓活活地饿死呢？"

孔子的话，翻译成现代汉语就是：第一个制作殉葬用的木偶、土偶的人，该会没有后代留下吧。这里的"后"，是指后代、子孙。

## 第 28 日
## 臣节如山乎？

 **乎** 表反问——表感叹——表测度——于——形容词词尾

明朝大臣洪承畴兵败后，人们传言他已战死。朝廷特举行祭奠仪式，表彰其忠义。岂不知他没有死，不但没死，而且已叛明降清。一年春节，他在大门口贴了一副对联：

君恩似海

臣节如山

第二天，对联被人改作了：

君恩似海矣

臣节如山乎

洪承畴一看，气得差点昏死过去。

✎ **作文课堂**

可谓虚词不虚！

　　在这里，仅在洪的对联末尾加了两个平平常常的语气词"矣""乎"，意思便完全发生了变化，和原意截然相反：君恩确实似海，但臣节果真如山？"矣"，表感叹；"乎"则表反问，可译为"吗"。

　　"学而时习之，不亦说乎？有朋自远方来，不亦乐乎？人不知而不愠，不亦君子乎？"这是我们非常熟悉的《论语》中孔子的话，其中的三个"乎"，也都可以译作"吗"，表反问。

　　"乎"作为语气词，也可表示感叹。仍是《论语》中孔子的话："已矣乎！吾未见能见其过而内自讼者也。"意思是：算了吧！我没有看到能够发现自己的过错而在内心责备自己的人。这里的"乎"，译成"吧"。柳宗元《捕蛇者说》中的句子："呜呼！孰知赋敛之毒有甚是蛇者乎！"其意思是：唉！谁知道赋税的毒害比这毒蛇更厉害啊！这里的"乎"，译成"啊"。

"乎"也可表示测度语气。一天，齐王的大臣庄暴见到孟子，说："我拜见齐王的时候，他把喜好音乐的事情告诉了我，我没有什么话来回答。您说，喜好音乐又怎么样？"孟子回答说："王之好乐甚，则齐国其庶几乎。"（《孟子·梁惠王章句下》）孟子的意思是：齐王这么喜好音乐，大概齐国已经治理得差不多了吧。这里的"乎"，译作"吧"，表测度语气。

"乎"也可以用作介词，这时它相当于"于"。韩愈《师说》中有这样的句子："生乎吾前，其闻道也固先乎吾，吾从而师之；生乎吾后，其闻道也亦先乎吾，吾从而师之。"这里的两个"乎"，都相当于"于"。所谓"生乎吾前""生乎吾后"，意思是"出生在我前面的""出生在我后面的"。

"乎"也可用于形容词词尾。《庄子·养生主》中的庖丁，杀牛刀用了十九年，刀刃还像是刚在磨刀石上磨出的一样。这是为什么呢？庖丁说，牛身上骨骼之间有空隙，而刀刃又很薄，用很薄的刀刃刺入有空

> **◇知识拓展**
> 游刃有余：比喻做事熟练，轻而易举。

隙的地方，那空隙"恢恢乎其于游刃必有余地矣"。这里的"乎"，就是形容词"恢恢"的词尾，"恢恢乎"可译成"宽余的样子"。

第29日

胡适：胡说

**胡** 颔下的垂肉——疑问代词——姓——乱——古代指西部和北部少数民族

《诗经·豳风》中有一首《狼跋》，共两个小节，每个小节4句。翻译成白话来说，就是：

老狼前行踩下巴，后退又踩长尾巴。公孙挺着大肚子，脚穿红鞋稳步踏。

老狼后退踩尾巴，前行又踩肥下巴。公孙挺着大肚子，品德声望美无瑕。

其中的"老狼前行踩下巴"，用文言来说，就是：狼跋其胡。其中的"胡"，指颔下的垂肉。

汉朝政论家贾谊在《论积贮疏》中谈积累贮藏粮食的重要性时，说："卒然边境有急，数千百万之众，国胡以馈之？"翻译成现代汉语就是：突然间边境有了急事，成千上万的士兵，国家用什么给他们发放粮饷？这里的"胡"，是疑问代词，讲作"什么"。《诗经·魏风·伐檀》中有这样的诗句："不稼不穑，胡取禾三百廛兮？不狩不猎，胡瞻尔庭有县貆兮？"翻译成现代汉语就是：从不见你把地种，为什么粮食搬你家？从不见你把猎打，为什么你家挂着貉？这里的两个"胡"，也都是疑问代词，讲作"为什么"。

新文化运动领导人胡适，一次应邀到大学演讲。他旁征博引，滔滔不绝。他引用了孔子的话，便在黑板上写"孔说"；引用了孟子的话，便在黑板上写"孟说"；引用了孙中山的话，便在黑板上写"孙说"。后来，他阐述自己的观点，便在黑板上写"胡说"，结果引来一片笑声。胡适看看黑板，明白了怎么回事，自己也不禁笑了起来。大家之所以笑起来，是因为"胡"可以有两解：一是可以理解为姓；一是可以理解为"乱"。

"胡"除了可以有上面的讲法外，还是我国古代西部和北部少数民族的统称。如"旦辞黄河去，暮至黑山头。不闻爷娘唤女声，但闻燕山胡骑鸣啾啾"（《木兰诗》）。

### ◇ 知识拓展

20世纪30年代，清华大学招生，国文试题中给出了上句"孙行者"，要求对下句。这一下，难倒了大批考生。有的对以"猪八戒"，有的对以"沙和尚"，有的对以"唐三藏"，他们都不知道这应该是无情对，结果都不得分。

胡适是大名鼎鼎的文学家，字适之。有考生想到了他，认为对以"胡适之"就很好，结果得了满分。也有的考生对以我国古代数学家祖冲之的名字，也得了满分。行、适、冲，都是动词；者、之，都是助词；孙、胡、祖，都是姓氏。这样，上下句确实相对。更难能可贵的是，"胡""孙"，一下子便让人想到了猢狲，"祖""孙"，一下子便让人想到了祖孙，顿生无穷趣味。

# 第 30 日
# 弥仁：万金为之患矣

**患** 灾祸——担心——毛病

**✎作文课堂**

如果写作文"患得患失要不得"，可用这则材料。

后羿是天下无人不晓的神箭手。一天，夏王让他表演箭术。来到现场，后羿看了看远处的靶子，回头面向夏王请来的众多观众挥一挥手，并微微一笑，那个放松劲就不用提了。

后羿拈弓搭箭，刚要射箭，夏王说："慢！我还有话说呢。"

后羿说："请讲。"

夏王高声说："射中靶心，赏你一万金；射不中，当然一金也没有了，就是说，你将损失一万金！"

后羿一听，顿时紧张起来，脸色红了又白，白了又红，胸脯一起一伏，怎么也平静不下来了。

夏王说："开始吧！"

后羿拈弓搭箭，瞄准后再瞄准，唯恐射不中靶心。结果呢，第一箭擦着靶子飞到一边去了，第二箭更是远离了靶子。观众们不禁连连发出嘘声。

夏王问大臣弥仁："后羿射箭那是百发百中，今天是怎么了？怎么连射两箭都脱靶了呢？"

弥仁回答道："'万金为之患矣。'如果能够把厚赏置之度外，再加上

64

刻苦训练，那么普天下的人都能够成为神箭手，一点儿也不会比后羿差的。"（《苻子》）

这里的"万金为之患矣"翻译成现代汉语就是：一万金成为他的灾祸了。意思是，后羿为了得到一万金的赏赐，心情再也难以平静，一万金成为他的精神负担，将他压得喘不过气来。这个时候的他，没有平静的心态，又怎么能射中靶心呢？这里的"患"，讲作"灾祸"。

我们熟知的成语"有备无患""后患无穷""防患于未然"中的"患"，也都讲作"灾祸"。

孔子对一类人很讨厌，表示绝对不能和其一块侍奉君主。这是怎样的一类人呢？孔子说："这类人在没有得到职位的时候，一天到晚总是担心得不到。'既得之，患失之。'如果总是担心失去职位，为了保住职位，这类人什么事情做不出来呢？"（《论语·阳货》）

这里的"既得之，患失之"，翻译成现代汉语就是：已经得到了职位，又担心失去职位。其中的"患"，讲作"担心"。

孔子有两句名言，一句是："不患人之不己知，患不知人也。"（《论语·学而》）另一句是："不患人之不己知，患其不能也。"（《论语·宪问》）前一句的意思是：不担心别人不了解自己，担心的是自己不了解别人。后一句的意思是：不担心别人不了解自己，担心的是自己没有才能。两句中的"患"，都是担心的意思。

✎ 实兵演练

孔子的名言，你最欣赏的是哪几句？说一说，和大家交流一下。

"患"除了前面的义项外，还可讲作"毛病"，如"人之患，在好为人师"（《孟子·离娄章句上》）。孟子这句话，用现在的话来说就是：人们的毛病，在于缺乏自知之明，遇事喜欢充当人家的老师。

# 第31日
# 楚庄王：与寡人饮，不绝缨者，
# 不为乐也

**绝** 拽断——断绝——超越、超过——横渡、横穿——极、非常

楚庄王和群臣喝酒，大家喝得很畅快，都差不多喝醉了。忽然，大殿上的蜡烛熄灭了。这时，有人悄悄拉了一下王后的衣服。王后抓住他的帽缨并且拽断了。王后马上告诉了庄王，并要求庄王赶快点上灯抓出那个断了帽缨的人。庄王说："不要这样。"并且立即下令说："与寡人饮，不绝缨者，不为乐也。"于是，所有的帽缨都被拽断，因而也就不知道被王后拽断帽缨的人是谁了。大臣们你一杯、我一盏，继续喝起来，直喝了个天昏地暗。

后来，吴国发兵攻打楚国，有一个人五次交战都冲锋在前，砍下了吴国将军的首级，从而击退了吴国军队。庄王觉得奇怪，便问他："我对你不曾有什么特别优待，你为什么如此英勇？"那人回答说："我就是先前在殿上被王后拽断了帽缨的那个人。当时我就应该被抓出杀死，可是您宽容了我。我心怀愧疚已经很长时间了，但没有机会为您效劳。现在幸而有机会尽我应尽的做臣子的本分，还可以为大王您打败吴国而使楚国强盛起来出力。"（《韩诗外传》卷七）

楚庄王在听了王后的话后所下的命令，翻译成现代汉语就是：今天和我喝酒，不拽断帽缨的，不算喝得痛快。其中的"绝"，是拽断的意思。

汉乐府中有一首非常有名的爱情诗《上邪》，其中有几句是："山无陵，江水为竭，冬雷震震，夏雨雪，天地合，乃敢与君绝！"诗中这位向其倾心相爱的男子表达爱情的姑娘，从反面设誓，言：山平了，江水干了，冬日里雷雨阵阵，夏天里大雪纷纷，天与地合而为一，这个时候才能与心上人断绝关系。可谓情感真挚，气势豪放，字字千钧，不同凡响。最后一句中的"绝"，是断绝的意思。

**知识拓展**

敦煌曲子词中有一首《菩萨蛮》，和这首诗有异曲同工之妙。这首词是：

枕前发尽千般愿：要休且待青山烂，水面秤锤浮，直待黄河彻底枯。

白日参辰现，北斗回南面。休即未能休，且待三更见日头。

贾充聘美男子韩寿来做属官，他的女儿看中了韩寿。每次宾客聚会，他的女儿都透过窗格子偷看韩寿。后来，他女儿的婢女和韩寿讲了，并且说贾女艳丽夺目。韩寿不禁为之心动，就托这个婢女暗中传递音信，每到约定的日期就去和贾女幽会。贾家围墙非常高，一般人难以翻越，但"寿蹻捷绝人"，挡不住他。后来，贾充闻到韩寿身上有一种异香的味道，很是奇怪，因为他知道，晋

**思维休操**

在讲"父母之命，媒妁之言"的封建社会，贾充能够尊重女儿的选择，确实难能可贵！

武帝只把散发这种异香的由外国进贡的物品赐给了自己和陈骞，其他人家不可能有。于是，他怀疑韩寿和自己的女儿私通，将女儿的婢女叫来拷问，婢女随即把情况都说了出来。开明的贾充没有声张，便把女儿嫁给了韩寿，成就了一段美好姻缘。(《世说新语·惑溺》)

这里的"寿蹻捷绝人"，翻译成现代汉语就是：韩寿动作敏捷，超过常人。其中的"绝"，是超越、超过的意思。

"绝"除了前面的义项外，还可讲作"横渡、横穿"，如"假舟楫者，非能水也，而绝江河"(《荀子·劝学》)；还可讲作"极、非常"，如"四顾奇峰错列，众壑纵横，真黄山绝胜处"(《游黄山日记》)。

第<u>32</u>日
刘邦：何以假为

**假** 不真实——凭借——权且、暂时——代理——借

　　谈到"假"，每个人都知道其意思是不真实，与"真"相对。这确实是"假"常用的一个义项。北齐时，兰陵王高长恭相貌俊美和善，在战场上与敌人对阵交锋时总受到对方轻视。这怎么办？《旧唐书·音乐志》中说："北齐兰陵王长恭，才武而面美，常着假面以对敌。"唐朝崔令钦的《教坊记》中也说："兰陵王长恭，性胆勇，而貌妇人，自嫌不足以威敌，乃刻为假面，临阵着之……"用今天的话来说，就是高长恭戴着假面具上战场。

◇**实兵演练**

狐假虎威：比喻依仗别人的势力来欺压人。以"狐"开头的成语不少，你能说出多少个呢？

　　"假"还有一些别的义项。我们都知道狐假虎威的故事：狐狸在前面走，老虎跟在后面。野兽们见到狐狸后面的老虎，纷纷逃跑。不聪明的老虎还认为是百兽怕狐狸，其实是狐狸凭借了老虎的威风。"狐假虎威"中的"假"就是凭借的意思。"君子生非异也，善假于物也"（《荀子·劝学》）中的"假"，也是这个意思。

　　这里我们讲下晋灵公杀忠臣赵盾的故事。晋灵公杀赵盾，不是一次，而是多次。其中有一次，是派一个名叫鉏麑的大力士前去刺杀赵盾。拂晓时分是人睡得最熟的时候，经过精心策划的鉏麑这个时候潜入了赵盾的家中。原想赵盾卧室的门肯定是关着的，不料现在竟是开着的。将要上朝奏事的赵盾早就起床了，因为还早，穿戴得整整齐齐的他正坐在床上闭目养神呢。《左传·宣公二年》是这样记载的："盛服将朝，尚早，坐而假寐。"所谓"假寐"，是打个盹儿来养神的意思，这里的"假"是权且、暂时的意思。有人将"假寐"解释为假装睡觉，显然不正确。

韩信攻克齐国后，派人对刘邦说齐国这个地方如果不设立一个代理王来统治，怕是难以使局势稳定；并且说，他愿意做这个代理王。当时，刘邦正被项羽的部队所包围，一听这话非常生气，不禁大骂："我从早到晚盼望你来给我解围，现在倒好，你竟然想自立为王！"

> ◇ **实兵演练**
> 试结合这则材料说说刘邦能够成为汉朝开国皇帝的原因。

张良、陈平暗中用脚踩了一下刘邦，附耳低语道："我们现在正处在这样的境地，能够禁止他称王吗？不如趁机立他为王。否则，可能会发生变乱的。"聪明的刘邦一听就明白过来了，就改口骂道："大丈夫平定诸侯，就是真王，为什么还要做个代理王！"于是就派张良前往举行仪式，立韩信为齐王，并征调他的部队前来解围。韩信派人对刘邦说的话，《史记·淮阴侯列传》中是这样记载的："不为假王以镇之，其势不定。原为假王便。"刘邦改口说的话，则是这样记载的："大丈夫定诸侯，即为真王耳，何以假为！"这两句中的"假"，都是代理的意思。

"假"除了前面的义项外，还可讲作"借"，如"以是人多以书假余，余因得遍观群书"（《送东阳马生序》），再如"非夫人之物而强假焉，必虑人逼取，而惴惴焉摩玩之不已"（《黄生借书说》）。

# 第33日
# 魏王使客将军新垣衍间入邯郸

**间** 音"jiān"，一会儿、顷刻——音"jiàn"，稍微好转——音"jiàn"，秘密地、悄悄地——音"jiàn"，缝隙、空隙——音"jiàn"，间或、断断续续——音"jiàn"，挑拨

### ◇ 思维体操

更羸虚拉弓弦就能射落大雁，其原因是什么？是由于更羸细致的观察、严密的分析、准确的判断。这种观察、分析、判断的能力，只有通过长期刻苦的学习和实践才能培养出来。

更羸是战国时期著名的射手。一天，更羸正和魏王在一块散步聊天，不经意间抬头看见一只大雁正从远处飞来，便对魏王说："看到天上那只大雁了吗？我只是虚拉弓弦，便可让其跌落下来。"魏王一听，十分吃惊，说："那就让我见识见识吧。"更羸说："好啊！"

"有间"，大雁飞过来了。只见更羸拉弓扣弦，随着一声弦响，大雁先是向高处猛地一蹿，随后在空中无力地扑打了几下翅膀，便一头栽落下来。

魏王惊奇得半天合不拢嘴，不禁拍掌大叫："您的射箭水平竟这么高啊！"更羸回答说："不是我的射箭水平高，而是因为这只大雁身上带伤。"魏王一听，更是感觉奇怪了，问："大雁在天上飞，您是怎么知道的呢？"更羸笑了笑，回答说："这只大雁飞得很慢，鸣叫的声音异常悲凉。根据我的经验，飞得慢，是因为它身体带伤；鸣叫的声音悲凉，是因为长久失群。这只大雁创伤未痊愈，又惊魂不定，这样，它听到尖利的弓弦响

声便想快速高飞逃走。由于急拍翅膀，短时间内用力过猛，从而让旧伤处崩裂，跌落下来。"（《战国策·天下合从》）

这里的"有间"，是过了一会儿的意思。其中的"间"，音"jiān"，讲作"一会儿、顷刻"。再如"扁鹊见蔡桓公，立有间"（《韩非子·喻老》）。

孔子在回鲁国的路上得了重病，他的学生仲由（字子路）感觉这次老师怕是凶多吉少，便安排同学充当家臣准备料理丧事。后来，"病间"，孔子知道了仲由要同学扮家臣的事情，十分生气，说："很久了吧，仲由做这种欺骗人的事情！我明明没有家臣，却偏要设家臣，这是在骗谁呢？是欺骗上天吗？我与其在家臣的照料下死去，还不如在你们这些学生的照料下死去。再说，即使我死后不能按大夫的隆重礼节安葬，就会死在路边没有人埋了吗？"

按当时礼的规定，大夫去世后才有家臣治丧。孔子虽曾做过大夫，但已经退位，如果去世了，只能享受士的待遇。孔子认为有家臣给自己治丧是僭越，所以知道了仲由在自己病重时的安排后非常生气。这里的"病间"，是疾病稍微好转的意思。其中的"间"，音"jiàn"，讲作"稍微好转"。

公元前260年，秦军攻打赵国长平，大败赵军。第二年，秦国又出兵围困赵国首都邯郸，前后达三年之久。赵王向魏王求救，魏王从道义上不得不派援军，但因惧怕秦军，其援军在距离邯郸百里之外的荡阴徘徊不前，同时，"魏王使客将军新垣衍间入邯郸"，劝说赵国"尊秦为帝"。正在赵国的鲁仲连，挺身而出，和主张投降的新垣衍展开了面对面的说理斗争，并折服了新垣衍。后来，在魏、楚联军的支援下，秦国被迫退兵，鲁仲连谢绝了赵国的答谢而引身离去。（《战国策·秦围赵之邯郸》）

> **◇ 实兵演练**
>
> 鲁仲连是有名的辩士。你还知道哪些有名的辩士？请写出他们的名字。

这里的"魏王使客将军新垣衍间入邯郸"，翻译成现代汉语就是：魏王派遣客将军新垣衍秘密地潜入被围困的邯郸城中。其中的"间"，音"jiàn"，讲作"秘密地、悄悄地"。我们熟知的"又间令吴广之次所旁丛祠中"(《史记·陈涉世家》)、"侯生乃屏人间语"（见高中课文《信陵君窃符救赵》，出自《史记》）中的"间"，也是这个意思。

"间"除了前面的义项外，读"jiàn"时，还可讲作"缝隙、空隙"，如"以无厚入有间"（见高中课文《庖丁解牛》，出自《庄子》）；讲作"间或、断断续续"，如"间以诗记所遭"（《〈指南录〉后序》）；讲作"挑拨"，如"屈平正道直行，竭忠尽智，以事其君，谗人间之"（《史记·屈原贾生列传》）。

第**34**日

# 我有笔在卿处多年矣，可以见还

**见** 看见——拜见——表被动——动作偏指一方，译为"我"——见解、见识——音"xiàn"，通"现"

《史记·老子韩非列传》记载，韩非的著作传到秦国后，秦王读了其中的《孤愤》《五蠹》篇，对韩非佩服得五体投地，说："嗟乎，寡人得见此人与之游，死不恨矣！"翻译一下，就是："唉呀，我要是能见到这个人并且和他交往，就是死也不算遗憾了。"这里的"见"，是看见的意思。

> ◇ **思维体操**
>
> 秦王也是爱才之人。

汉朝刘向《说苑·政理》中有句名言："夫耳闻之，不如目见之；目见之，不如足践之。"翻译成现代汉语就是：从别人那里听来的事情，没有亲眼看见的可靠；亲眼看见，又不如亲自尝试去做。其中的两个"见"，都是看见的意思。

"见"的这个义项，我们现在常用。比如下面的帖子：某君高中时沉迷网络，时常半夜翻墙出校上网。一日，他照例翻墙，翻到一半即拔足狂奔而归，面色古怪，问之不语。从此认真读书，不再上网。学校盛传他见鬼了。后来，他考上名校，昔日同学问及此事，他沉默良久说："那天父亲来送生活费，舍不得住旅馆，在墙下坐了一夜。"

张先是北宋著名词人。一次，"宋子京往见之"，让通报的人说："尚书想见'云破月来花弄影'郎中。"张先听到后，十分开心，在屏风后面便喊道："莫不是'红杏枝头春意闹'尚书啊？"宋子京，就是宋祁。"往见之"，意思是前往拜见张先。这里的"见"，讲作"拜见"。

✎ 作文课堂
　　各以对方最有名的诗词名句指代对方，是尊重，也非常有趣味。

高明，号则诚，元末明初戏曲作家，其剧作《琵琶记》被誉为传奇之祖。他去世后，有人将《琵琶记》进呈给朝廷，皇帝朱元璋看后说："五经、四书，如五谷，家家不可缺；高明《琵琶记》，如珍馐百味，富贵家岂可缺邪？"清朝焦循在《剧说》中评论说："其见推许如此。"这句话的意思是：《琵琶记》是这样地被推崇、赞许。这里的"见"，表被动。

唐朝诗僧皎然拜见诗人韦应物时，将所写的刻意模仿韦应物诗歌特点的诗作为见面礼。韦应物说："'何不但以所工见投'，反而委屈自己来迎合我的爱好呢？人各有各的长处，不是一下子就能改变的。"（《因话录》）

这里的"何不但以所工见投"，翻译成现代汉语就是：为什么不把自己所擅长写的诗交给我。其中的"见"，是动作偏指一方，可以译为"我"。

✎ 实兵演练
　　江淹才尽果真是这个原因吗？谈谈你的看法。

钟嵘《诗品》中记载，江淹被罢免宣城郡太守的职务时，在冶亭住宿，梦见一个自称是郭璞的美男子，对他说："我有笔在卿处多年矣，可以见还。"江淹便从怀里恋恋不舍地取出了一支五色笔交给了郭璞。从此以后，江淹写诗，再也联不成句，"故世传江淹才尽"。

这里的"可以见还"，意思是可以还给我了。其中"见"，也是动作偏指一方，可以译为"我"。现在我们常用的"见恕""见谅"中的"见"，也是这个意思。"见恕"，意思是饶恕我；"见谅"，意思是原谅我。

"见"还可讲作"见解、见识"，如"远见卓识"；还可通"现"，音"xiàn"，如"图穷而匕首见"。

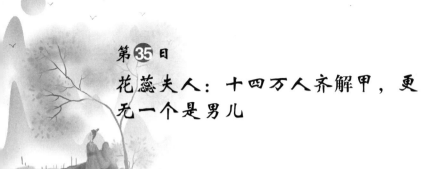

第**35**日
花蕊夫人：十四万人齐解甲，更
无一个是男儿

**解** 音"jiě"，离散——音"jiě"，懂得——音"jiě"，把系着的东西解开——音"jiě"，押解——音"jiè"，护送——音"jiè"，剖开——音"jiě"，缓解

春秋时，鲁国有一个叫周丰的人，很有见地。鲁哀公听说后，带着礼物，在大臣们的簇拥下前往拜访，没有想到吃了闭门羹。鲁哀公回去后感到很遗憾，说："我怎能就算了呢？"于是又派使者来向周丰请教。

思维体操
身教胜于言教。

使者说："虞舜没有对百姓施行信义的教化，百姓却信任他；夏禹没有对百姓施行敬顺的教化，百姓却尊敬他。这是为什么呢？"

周丰回答说："在气氛悲哀的废墟和坟墓之间，不用施行教化使百姓懂得悲哀，百姓自然会悲哀；在庄严肃穆的宗庙之中，不用施行教化使百姓懂得肃敬，百姓自然会肃敬。这说明什么问题呢？这说明：作为一个国君，如果没有礼义忠信、诚实质朴的品质，即使想靠言辞政令来让百姓团结在自己周围，'民其不解乎'？"（《礼记·檀弓下》）

最后一句翻译成现代汉语就是：百姓又怎能不离散而去呢？其中的"解"，音"jiě"，讲作"离散"。我们常用的成语"土崩瓦解"中的"解"，也是这个意思。

从前，宋国有个老头儿，特别喜欢养猴子，今天添一只，明天加一只，时间一长，竟养了一大群。这个老头儿"能解狙之意"，猴子也能听懂他说的话。

除了养家糊口，还要管这群猴子吃饭，还真有点入不敷出。怎么办？老头儿打算在减少猴子的口粮上打主意。一天，他对猴子说："从今天早饭起，你们吃的橡树的果实要定量，具体说，就是早上三个，晚上四个，怎么样？"猴子们一听，个个龇牙咧嘴，蹦来跳去，很不满意。老头儿见了，就又说："大家嫌少是不是？那就早上四个，晚上三个，怎么样？"猴子一听说早上从三个变为四个，都以为橡树果实的数量增加了，一个个摇头摆尾，趴在地上，咧嘴直乐！（《列子·黄帝》）

这里的"能解狙之意"，翻译成现代汉语就是：能够懂得猴子的心意。其中的"解"，音"jiě"，讲作"懂得"。

南唐时，金陵清凉寺有一位泰钦法灯禅师，他性格豪放，平时不太拘守佛门戒规，寺内的和尚都瞧不起他。有一次，法眼禅师在讲经说法时询问寺内众和尚："虎项下金铃，何人解得？"大家苦思冥想了半天，也没有回答出来。这时，法灯刚巧走过来，法眼又向他提出这个问题。法灯不假思索地答道："只有那个把金铃系到老虎脖子上面去的人，才能够把金铃解下来。"法眼听后，认为法灯颇能领悟佛教教义，便当众赞扬了他。这件事之后，法灯深得法眼禅师的赏识，后来协助法眼开创了佛教五宗中著名的法眼宗。（《林间集》）

这里的"虎项下金铃，何人解得"，翻译成现代汉语就是：谁能够把系在老虎脖子上的金铃解下来？其中的"解"，音"jiě"，讲作"把系着的东西解开"。五代时，花蕊夫人费氏写有一首《国亡》诗，共四句："君王城上竖降旗，妾在深宫那得知。十四万人齐解甲，更无一个是男儿。"第三句中的"解"，也是这个意思。

明朝时，名妓苏三和吏部尚书之子王景隆结识，改名玉堂春，誓偕白首。王景隆在妓院钱财用尽，被鸨儿轰出，苏三私赠王景隆银两做盘缠，让他回南京。王走后，鸨儿把苏三骗卖给山西商人沈燕林作妾。沈妻与人私通，毒死沈燕林，反诬告苏三。县官受贿，判苏三死罪。适值王景隆出任山西巡按，探知苏三冤情，即令火速押解苏三案全部人员到太原复审。后来，苏三奇冤得以昭雪，苏三和王景隆终成眷属。

知识拓展

不妨欣赏明朝冯梦龙的《玉堂春落难逢夫》，也不妨欣赏梅派特色剧目《苏三起解》。

《苏三起解》写的是解差崇公道提解苏三自洪洞去太原复审片段。途中，苏三诉说自身的遭遇，崇公道加以劝慰。"苏三起解"中的"解"，以及"解差""提解"中的"解"，音"jiè"，都讲作"押解"。所谓起解，是被押送上路的意思。

大家都知道范进中举的故事。范进参加的是乡试，考中者称举人，其中第一名称解元。为什么称解元呢？唐朝时，由地方推荐并派人护送入京考试，叫作解。因为这个缘故，乡试称为解试，登录乡试录取名单的文书叫解牌，第一名称解元或解首。可以说，这里几个含"解"的名词中的"解"，音"jiè"，都是护送的意思。

"解"除了前面的义项外，读"jiè"时，还可讲作"剖开"，如"庖丁为文惠君解牛"（见高中课文《庖丁解牛》，出自《庄子》）；讲作"缓解"，如"太后之色少解"（见高中课文《触龙说赵太后》，出自《战国策》）。

知识拓展

"剖开"是"解"的本义。《说文解字》言：解，判也，从刀，判牛角。

## 第 36 日
## 今夕何夕，见此良人

**今** 现在——如果——就

◇ **思维体操**

知错就改，善莫大焉！

鲁宣公在夏天到泗水的深潭中下网捕鱼，鲁国太史里革看到后，割破渔网并把鱼扔回去，说："古时候，当鸟兽开始孕育的时候，官员兽虞便禁止用网捕捉鸟兽。当鱼鳖开始孕育的时候，水虞便禁止捕捉鱼鳖。'今鱼方别孕'，却不让它长大，还下网捕捉，真是贪心不足啊！"

宣公听后说："我有过错，里革予以指出纠正，不是很好吗？现在我让主管官吏把这张网收藏好，以使我永远不忘里革的规谏。"这时有个名叫存的乐师正在旁陪同宣公，说道："保存渔网，还不如将里革留在身边，这样就更不容易忘记他的忠告了。"（《国语·鲁语上》）

这里的"今鱼方别孕"，翻译成现代汉语就是：现在正是鱼类孕育的时候。其中的"今"，是现在的意思。我们熟悉的"实迷途其未远，觉今是而昨非"（《归去来兮辞》）、"今夕何夕，见此良人"（《诗经·唐风·绸缪》）中的"今"，也是现在的意思。

◇ **实兵演练**

你同意崔嘉的观点，还是申徒狄的观点？为什么？

申徒狄是一个贤者，因为不满于现实，要投黄河自杀。崔嘉听说后前来劝阻他，说："我听说道德崇高、智能超群的人在世界上的地位作用，如同民众的父母。'今为濡足之故'，便不去救那落水被淹的人，行吗？"申徒狄说："不是您说的这样。从前夏桀杀死关龙逢，商纣王杀死忠诚的比干，结果都丢了自己的天下。吴王杀死了伍子胥，陈灵公杀死进谏的大臣泄冶，结果也让自己的国家灭亡了。看来，国家的灭亡，不是由于没有道德、智能出众的人，而是由于不重用他们。"说完，他就怀抱石头一头扎进了波涛翻滚的黄河里去了。（《韩诗外传》卷一）

这里的"今为濡足之故"，翻译成现代汉语就是：如果是因为怕弄脏了脚的缘故。其中的"今"，表假设，讲作"如果"。我们所熟悉的"今有构木钻燧于夏后氏之世者，必为鲧禹笑矣"（《韩非子·五蠹》）中的"今"，也是表假设，讲作"如果"。

楚平王的太子名叫建，平王派伍奢做他的太傅，费无忌做他的少傅。平王让费无忌到秦国去为太子建娶亲，费无忌见到那个秦国的女子长得很漂亮，心想献殷勤的时候来了，就对平王说："秦国的那位女子绝顶漂亮，大王可以自己娶过来，另外再替太子娶个妻子。"平王便自己娶了那位秦国女子。后来，费无忌就离开了太子而去侍奉平王。他总担心有朝一日平王死了而太子继位，会杀掉自己，所以就极力诋毁太子建。他对平王说："太子建因为那秦国女子的缘故，不能没有怨恨。太子自从到了城父，统领着军队，对外又与诸侯各国结交往来，他是准备着回都城来作乱呢！"平王就召来伍奢审问。伍奢知道是费无忌在平王面前说了太子的坏话，就提醒说："大王为什么要相信那心黑口毒、拨弄是非的小臣，疏远了至亲的骨肉呢？"费无忌又说："大王如果现在不采取措施，将很快被他们捉起来。"于是，平王大为恼怒，把伍奢关进了监牢，又派城父司马奋扬去杀太子。奋扬在还没有到城父之前，就派人先去告诉太子，说："太子赶快走，不然将被杀了。"太子建便逃到宋国去了。

费无忌对平王说："伍奢有两个儿子，都很有本事。可以拿他们的父亲作人质，把他们召来，不然的话将是楚国的后患。"平王于是派人对伍奢说："你要是能把你的两个儿子叫来，就饶你一命；要是不能的话，就把你处死。"伍奢说："我的长子伍尚为人仁慈善良，叫了他，他一定会来的。我的次子伍员为人坚韧不拔，忍辱负重，能干大事，他知道来了会一道给抓起来，是不会来的。"楚王不听这些，派人去召伍尚、伍员，说："你们来了，我就饶你们的父亲活命；'不来，今杀奢也'。"果如伍奢所说，伍尚来了，伍员逃走了。伍尚来后，和他的父亲都被平王杀死了。（《史记·伍子胥列传》）

　　这里的"不来，今杀奢也"，翻译成现代汉语就是：如果你们不来，就杀了你们的父亲。其中的"今"，表假设，但由于是用在假设复句的后半部分，所以讲作"就"。

第 **37** 日
铸以为金人十二

**金** 金子——银子——金属——刀、剑等兵器——五行之一

"金"，其本义就是指金子，如俗话所说的"真金不怕火炼"中的"金"。真金之所以不怕火炼，是因为金的熔点较高，约达 1 064℃，烈火不易烧熔它。北宋司马光在《训俭示康》中说自己不喜欢豪华奢侈，"自为乳儿，长者加以金银华美之服，辄羞赧弃去之"。这里的"金"，用的就是它的本义。

明朝高官左光斗十分正直。当时，宦官魏忠贤把持朝政，独断专行，为非作歹，左光斗上书弹劾，因此被逮捕入狱。后来的抗清名将史可法是左光斗的学生，史可法听说老师遭受了炮烙之

◇ **思维体操**

师生情深！

刑，"旦夕且死，持五十金"，买通了监狱看守，扮作打扫卫生的，得以进入监狱探望左光斗。(《左忠毅公逸事》)这里的"金"，是指银子。所谓"五十金"，也就是五十两银子。

秦朝灭掉六国，统一天下后，为了让老百姓手无寸铁从而无法造反，便下令收缴民间的兵器，并且全汇聚到首都咸阳销毁，"铸以为金人十二"。结果呢？后来，陈胜、吴广振臂一呼，秦朝还是灭亡了。(《过秦论》)这里的"金"，是指金属。所谓"铸以为金人

◇ **实兵演练**

巩固政权，收缴兵器不是根本办法。那么，根本办法是什么呢？请谈谈你的看法。

十二", 也就是铸造成十二个金属人。

说到这里, 我们也就能够明白, "金"可以指金子、银子、铜及其他金属。除此之外, "金"还可以指刀、剑等兵器。《荀子·劝学》中说"木受绳则直, 金就砺则利", 其中的"金", 就是指刀、剑等兵器。我们读书遇到的"金伤""金创", 自然也就是指刀伤、剑伤等。"金"还可以指五行之一。五行为金、木、水、火、土。其中, 春属木, 夏属火, 秋属金, 冬属水。明白了这些, 我们也就能够知道成语"金蝉脱壳"中的"金", 不是金色, 而是指秋。所谓金蝉, 也就是秋蝉。

第**38**日

# 曹丕：经国之大业，不朽之盛事

 **经** 织布的纵线——南北道路——经脉——治理——上吊——经历——

常理

　　织布的纵线叫"经"，横线叫"纬"。刘勰曾在《文心雕龙·情采》中以"经"与"纬"做喻体来说明"情"与"辞"的关系。他说："情者文之经，辞者理之纬；经正而后纬成，理定而后辞畅，此立文之本源也。"用现在的话来说就是：思想感情是文章的经线，语言文辞是文章的纬线。确立了经线，才有纬线；说理清楚，文辞才能畅通，这是写文章最重要的一点。

　　道路以南北为"经"，东西为"纬"。《大戴礼记·易本命》中说："凡地：东西为纬，南北为经。"《周礼·考工记》中有这样的句子："匠人营国，方九里，旁三门。国中九经九纬。"意思是，匠人营建都城，九里见方，都城的四边每边三门。都城中有九条南北大道、九条东西大道。

　　经，也指人体气血运行的通路，即中医上讲的经脉。在课文《庖丁解牛》中，庖丁和文惠君谈杀牛，说："依乎天理，批大郤，导大窾。因其固然，技经肯綮之未尝，而况大軱乎！"翻译成现代汉语就是：依照牛的生理上的天然结构，把刀劈进筋骨相连的大缝隙，然后顺着骨节间的空处用刀。因为完全依照牛体本来的结构用刀，即便是筋脉经络相连的地方和筋骨结合的地方尚且

**✎ 思维体操**

　　尊重规律，按规律办事，在人生的道路上就会无往而不胜。

不曾拿刀碰到过，更何况大骨头呢！

经，也可讲作"治理"。曹丕的《典论》是我国文学批评史上第一部文学专论，其中的《论文》篇有这样的句子："盖文章，经国之大业，不朽之盛事。年寿有时而尽，荣乐止乎其身，二者必至之常期，未若文章之无穷。是以古之作者，寄身于翰墨，见意于篇籍，不假良史之辞，不托飞驰之势，而声名自传于后。"意思是说，文章是关系到治理国家的伟大功业，是可以流传后世而不朽的盛大事业。人的年龄寿夭有时间的限制，荣誉欢乐也只能终于一身，二者都终止于一定的期限，不能像文章那样永久流传、没有穷期。因此，古代的作者投身于写作，把自己的思想意见表达在文章图书中，就不必借史家的言辞，也不依仗权势，而声名自然能流传后世。其中的"经国"，是治理国家的意思。

 作文课堂

王蠋是一个有气节的人。写作文涉及"气节"时，可用这则材料。

经，还可讲作"上吊、缢死"。战国时，燕军攻入齐国的时候，听说画邑人王蠋（音"zhú"）贤能，就命令军队说："画邑周围三十里之内不许进入。"不久，又派人对王蠋说："齐国有许多人都称颂您品德高尚，我们要任用您为将军，还封给您一万户的食邑。"王蠋坚决推辞，不肯接受。燕国人说："您若不肯接受的话，我们就出动大军，荡平画邑！"王蠋回答说："忠臣不能侍奉二君，贞女不嫁二夫。齐王不听我的劝谏，所以我才隐居在乡间种田。齐国已经灭亡，我不能挽救它；现在你们又用武力胁迫我做你们的将领，我若是答应了，就是助纣为虐。与其活着做不义之事，还不如死了好！"于是，他就把自己的脖子吊在树枝上，奋力挣扎，最后折断脖子死去。（《史记·田单列传》）

这里的"于是他就把自己的脖子吊在树枝上"，用文言来说就是"遂经其颈于树枝"。其中的"经"，是上吊的意思。

"经"除了有上面的意思外，还可讲作"经历"，如"自经丧乱少睡眠，长夜沾湿何由彻"（《茅屋为秋风所破歌》）；还可讲作"常理"，如我们熟知的成语"荒诞不经"；还指被奉为典范的著作，如我们古代就以《易》《书》《诗》《礼》《乐》《春秋》为六经；还指某一学科的专门著作，如《山海经》《水经》《茶经》等。

# 第39日
# 竟不闻达

**竟** 一直——指动作完成——到底、究竟——竟然——终于

　　武则天时代，荥阳有个名叫郑蜀宾的人很擅长作五言诗，"竟不闻达"。到年老的时候，他才当上江南的一个县尉。亲戚朋友们在洛阳东门外为他饯行。郑蜀宾在席上作诗告别，诗为："畏途方万里，生涯近百年。不知将白首，何处入黄泉？"喝了很多酒后，他自己念了这首诗，声调哀伤感人，在座的人听了都流下了眼泪。郑蜀宾最后死在为官任上。(《大唐新语》)

　　这里的"竟不闻达"，翻译成现代汉语就是：一直没能当官显达。其中的"竟"，是一直的意思。

　　唐朝人裴佶小时候，他姑父在朝中为官，名声很好。一次，裴佶到姑父家看望姑母，正赶上姑父退朝回来，深深地叹息，说："崔昭是什么人？大家都称赞他，他一定是个会行贿的家伙。像这样子，天下怎么

✎ 作文课堂

写作文谈及两面人，可用这则材料。

会不乱呢？"话还未说完，守门人来报：寿州的崔使君等候拜见。裴佶的姑父生气地呵斥守门人，并且要鞭打他。过了很久，姑父才穿上官服，勉强出去见崔昭。过了一会儿，姑父急忙叫上茶，又叫准备酒菜，又叫人给崔昭喂马，招待崔昭的仆人吃饭。姑母疑惑不解，说："为什么原先那么傲慢，而后来又那么谦恭？"姑父送客回来，进了门，脸上露出得意的神色，向裴佶拱手说："暂且到书房里去休息。"裴佶出屋还没走下门前的台

阶，回头一看，见他姑父从怀中掏出一张纸，原来是崔昭赠送了官绸一千匹。(《唐国史补》)

其中的"话还未说完"，用文言来说，就是"言未竟"。其中的"竟"，是指动作完成，可以解释为"完"。

**◇ 实兵演练**

王祯之的回答妙在何处？

东晋权臣桓玄性情暴烈，而又酷爱书画，喜欢王羲之、王献之的书法，总是以王献之自比。他担任太尉的时候，大会宾客，朝中大臣都来了。"坐裁竟"，桓玄就问王祯之道："我和你七叔王献之相比，谁的书法更好一些？"当时在座的宾客都为王祯之紧张得不敢喘气。王祯之却从容不迫地回答道："我亡叔是一时的典范，您则是千载难遇的英豪。"满座宾客无不喜悦。(《世说新语·品藻》)

这里的"坐裁竟"，翻译成现代汉语就是：才坐好。其中的"竟"，也指动作完成，可以解释为"好"。

**◇ 思维体操**

落井下石，品质恶劣。

殷浩，东晋时的大臣、将领。后赵皇帝石虎病死后，诸子争位而致关中大乱，东晋朝廷开始筹划北伐，并任用殷浩为中军将军。永和九年（公元353年），殷浩中计兵败许昌，其政治对手桓温趁机上表弹劾，朝廷只得将殷浩废为庶人，流放东阳。桓温说："我小时候与殷浩一道骑竹马玩，我骑过后丢弃了的，他总是把它拿去，所以他该当在我之下。"有人问抚军司马昱："殷浩谈竟何如？"司马昱答道："不能超过别人，但还可以满足大家的心思。"(《世说新语·品藻》)

这里的"殷浩谈竟何如"，翻译成现代汉语就是：殷浩的清谈到底怎么样？其中的"竟"，是到底、究竟的意思。关于清谈，这里啰唆几句。清谈是魏晋时承袭东汉清议的风气，就一些玄学问题析理问难、反复辩论的文化现象。讨论结束时，主客双方或协调一致，握手言和，或各执一词，互不相让，这时有人出来调停，暂时结束谈论，称为"一番"，以后还可能会有"两番""三番"，直至得出结论，取胜一方为胜论，失败的一方为败论。士族名流相遇，不谈国事，不言民生，谁要谈及如何治理国家、如何强兵裕民、何人政绩显著等，就被贬讥为专谈俗事，遭到讽刺。

鲁迅曾说："东晋以后，不做文章而流为清谈，由《世说新语》一书里可以看到。"(《魏晋风度及文章与药及酒之关系》)

"竟"除了具有上面的义项外，还可讲作"竟然"，如"竟杀蛟而出"(《世说新语·自新》)；讲作"终于"，如"有志者事竟成"。

# 第40日
# 禹趋就下风

**就** 走向——进……——完成——赴任、就职——登上

**实兵演练**

你认同伯成子高的观点吗？为什么？

尧统治天下的时候，伯成子高被立为诸侯。后来，尧把帝位让给了舜，舜又把帝位让给了禹，伯成子高便辞去诸侯的职位而去做了农民。这一天，禹前去拜见伯成子高，见他正在地里大汗淋漓地耕作。"禹趋就下风"，恭敬地站着问伯成子高道："当年尧统治天下，先生您被立为诸侯。尧把帝位让给了舜，舜又把帝位让给了我，现在先生却辞去了诸侯的职位而来从事耕作。我冒昧地问一句：这是为什么呢？"伯成子高说："当年帝尧统治天下，无须奖励而百姓自然勤勉，无须惩罚而人民自然敬畏。如今你施行赏罚的办法而百姓还是不仁不爱，德行从此衰败，刑罚从此建立，后世之乱也就此开始了。请走开吧，不要耽误我劳作！"于是低下头去用力耕地而不再理睬。（《庄子·天地》）

这里的"禹趋就下风"，翻译成现代汉语就是：禹快步走向下风处。其中的"就"，讲作"走向"。

晋国国君派军队去蒲城攻打晋公子重耳，想置重耳于死地。蒲城人想要出战反击，重耳不同意，说："我依靠父王的恩宠而享有得以生存的俸禄，从而得到人们的拥护。得到人们的拥护以后就反抗父王，没有比这更大的罪过了。我还是逃走吧。"于是，他逃到了狄人那里。狄人攻打廧咎

如，俘虏了他们首领的两个女儿叔隗、季隗。重耳娶了季隗，生了伯儵、叔刘。叔隗嫁给了重耳的臣子赵衰，生了盾。重耳准备到齐国去，临走时握着季隗的手说："等我二十五年，二十五年以后我不回来你再嫁人。"季隗泪流满面，回答说："我已经二十五岁了，再过二十五年然后改嫁，'则就木焉'。请让我等着您。"（《左传·僖公二十三年》）

这里的"则就木焉"，翻译成现代汉语就是：就要进棺材了。其中的"就"，讲作"进……"。

冯肇杞是清朝画家。他曾经给朋友画照壁，他或蹲或站，挥动画笔，"顷刻就"。看了他画的画，人会觉得像是走进了繁茂的树林中，清风拂面而来。他还在朋友的书房画了数枝竹子，燕雀见了，成群地飞过来落脚，以致跌落在地。有朋友捧来几丈长的条幅请求给画兰花。冯肇杞挥笔作画，还没有画完，就香气满屋，宾客们没有闻不到的。（《读画录》）

这里的"顷刻就"，翻译成现代汉语就是：一会儿就完成了。其中的"就"，讲作"完成"。我们熟知的"三窟已就，君始高枕为乐矣"（《战国策·齐人有冯谖者》）中的"就"，也是完成的意思。

"就"除了前面的义项外，还可讲作"赴任、就职"，如"永元中，举孝廉不行，连辟公府不就"（《后汉书·张衡传》）；讲作"登上"，如"于是荆轲遂就车而去"（见高中课文《荆轲刺秦王》，出自《战国策》）。

# 第41日
# 唐伯虎：举头红日白云低，
# 万里江山都在望

**举** 抬——告诉——推荐、推举——攻占——发动——全

◇作文课堂

铺垫是画龙，升华是点睛。龙有了眼睛，岂有不破壁腾飞之理？

一日，明朝著名画家、文学家唐伯虎到外地登山游览，正遇上一群秀才在赋诗，便上前去凑个热闹。他拿起笔，写了第一句"一上一上又一上"，秀才们便都掩口胡卢而笑，有个秀才说："这也算诗？"唐伯虎也不回答，继续写下去。待他写完第四句，秀才们不禁拍起手来。一问，这才知道是大名鼎鼎的唐伯虎。唐伯虎写的诗是：

一上一上又一上，

一上上到高山上。

举头红日白云低，

万里江山都在望。

整首诗四句，前两句是铺垫，第三、四句是升华。前两句容易写，让人感觉很平常，第三、四句就不是一般人能够写得出来的了。第三句中的"举"，是抬的意思。

孔子曾说："不愤不启，不悱不发。举一隅不以三隅反，则不复也。"（《论语·述而》）用今天的话来说就是：我不到学生苦思冥想而想不通的时候，不去开导他；不到学生口里想说而不能明确地说出来的时候，不去

90

启发他。我告诉他一个角落的样子而他不能推知其他三个角落的样子，我就不再教导他了。这里的"举"，是告诉的意思。我们现在常用的成语"举一反三"就出自这里。

春秋时，在晋国任中军尉的祁奚请求退休，晋悼公向他询问接替他职位的人。祁奚推举了他的仇人解狐。晋悼公将要任命解狐为中军尉，解狐却死了。晋悼公又问祁奚，祁奚回答说："我的儿子祁午可以。"正在这个时候，任中军佐的羊舌职死了。晋悼公问祁奚："谁可以接替羊舌职的职位？"祁奚回答说："他的儿子羊舌赤可以。"于是，晋悼公让祁午做了中军尉，让羊舌赤辅佐他。

> ✎ **作文课堂**
> 写作文谈公心，
> 可以用这则材料。

"君子谓祁奚于是能举善矣。"推荐他的仇人，而不谄媚；推立他的儿子，而不偏袒。（《左传·襄公三年》）

这里的"君子谓祁奚于是能举善矣"，翻译成现代汉语就是：君子认为祁奚在这件事情上能够推举贤人。其中的"举"，是推荐、推举的意思。

唐朝杜牧的《阿房宫赋》是脍炙人口的名篇。杜牧行文时，该用繁笔的地方，绝不吝惜笔墨，比如对阿房宫宏伟壮丽的外观的描写，对宫内美女、歌舞和珍宝的描写，可谓洋洋洒洒；该用简笔的地方，是惜字如金，比如对秦朝的灭亡，只用了十四个字："戍卒叫，

> ✎ **作文课堂**
> 简笔与繁笔，各
> 得其宜，各尽其妙。

函谷举，楚人一炬，可怜焦土。"翻译成现代汉语就是：陈涉、吴广率领士卒一声呼叫造起反来，紧接着刘邦攻入关中，秦国的天险函谷关被攻占，最后项羽一把大火，可怜那庞大的宫殿变成了一片焦土。其中的"举"，是攻占的意思。

"举"除了上面的意思外，还可讲作"发动"，如"今亡亦死，举大计亦死，等死，死国可乎"（《史记·陈涉世家》）；讲作"全"，如"举国上下"。

第**42**日

# 克勤于邦，克俭于家

**克** 能、能够——消灭、战胜、打败——完成——好胜——克制

**✎ 知识拓展**

结合"克"的义项，请说说"以柔克刚""克敌制胜""战无不克"中"克"的含义；说说诗人臧克家的名字，好在哪里。

**✎ 思维体操**

克勤于邦，克俭于家。无论是过去，还是现在，抑或是将来，都是值得褒扬的优秀品质。

虞舜对大禹有段话是这样说的："洪水滔天时，你不畏艰难，完成了治理洪水的工作，这是你的贤能。'克勤于邦，克俭于家'，不自满自大，这是你的贤能。你不自以为能，所以天下的人没有谁与你争能；你不炫耀自己的功劳，所以天下的人没有谁与你争功。我褒扬你的德行，赞美你的大功，你将会荣登帝王之位。我需要提醒你的是，一定要恭敬地去做人民所希望做的事。如果在你的治理下，天下的人民困苦贫穷，上天赐给你的福禄就会永远终结了！"（《尚书·大禹谟》）

这里的"克勤于邦，克俭于家"，翻译成现代汉语就是：能勤于国事，能节俭持家。其中的两个"克"，都讲作"能、能够"。再如"如其克谐，天下可定也"（见高中课文《赤壁之战》，出自《资治通鉴》）中的"克"，也是这个意思。

"武王克殷"，召见姜太公，问他："殷朝的这些士人和百姓，我们应该怎样处治呢？"姜太公对这个问题早有过思考，回答说："我听说喜爱一个人，同时会喜爱他房屋上的乌鸦；憎恨一个人，同时也会厌恶他的篱笸。殷朝的这些士人和百姓，可恶至极，我看还是全部杀掉，一个不留，以绝后患！"周武王说："绝对不行！"

周武王喜欢听取每位大臣的意见，而且是逐个听取。姜太公出去后，召公进来陈述自己的意见。召公说："有罪的杀掉，无罪的就让他活在人世，区别对待。"对于召公的意见，周武王仍旧没有采纳。

召公出去后，周公进来陈述意见。周公说："无论是士人，还是百姓，让他们各自居住在自己的宅第，各自耕种自己的田地，不要因为改换了朝代而有所改变。只要实行仁爱，就要亲近每一个人。百姓若有过错，都在我一人身上。"武王听后，十分赞赏，说："多么宽广的胸怀呀，足可以平定天下了！"（《说苑·贵德》）

> **✎ 实兵演练**
>
> 姜太公、召公、周公三人的观点，你赞同谁的呢？为什么？

这里的"武王克殷"，翻译成现代汉语就是：周武王消灭了殷朝。其中的"克"，讲作"消灭、战胜、打败"。再如"彼竭我盈，故克之"（见初中课文《曹刿论战》，出自《左传》）中的"克"，也是这个意思。

《公羊传·宣公八年》中有这样的记载：冬十月己丑这一天，鲁国为顷熊举行葬礼。因为天下雨而没有能够完成葬礼。到了第二天，"日中而克葬"。顷熊是谁呢？是宣公的母亲。

> **✎ 作文课堂**
>
> 先说为顷熊举办葬礼，再说顷熊是谁，这在写法上叫后交代手法。我们写记叙文时不妨使用这种手法，让文章的构思更巧妙。

这里的"日中而克葬"，翻译成现代汉语就是：中午完成了葬礼。其中的"克"，是完成的意思。再如"出图书，空囊橐，徐徐焉实狼其中，前虞跋胡，后恐疐尾，三纳之而未克"（《中山狼传》）中的"克"，也是这个意思。

原宪是个喜欢思考和提问的学生。一次，原宪见老师孔子正在散步，便走上前去，边走边问："孔老师，您说什么是羞耻？"孔子没有给以抽象的回答，而是举了个例子回答，说："国家政治清明，那么可以去做官；国家政治黑暗，如果还去做官，那就叫不知羞耻！"

> **✎ 思维体操**
>
> 老师喜欢什么样的学生呢？喜欢那些能够提出问题的学生。你是这样的学生吗？

原宪准备了好多问题呢。孔子回答完第一个问题，他马上亮出了第二个，问道："克、伐、怨、欲不行焉，可以为仁矣？"孔子听后，略一思考，回答说："作为一个人，没有这四种毛病，可以说是难能可贵的，至于是否达到了仁的境界，那我就不知道了。"（《论语·宪问》）

原宪所问的第二个问题，用现在的话来说就是：为人好胜，喜欢自夸，动不动就怨恨他人，具有极强的贪欲，这四种毛病都没有，可以说也就到达仁的境界了吧？其中的"克"，讲作"好胜"。

"克"除了前面的义项外，还可讲作"克制"，如"克己奉公""克己复礼"。

第**43**日

## 有若：君子务本，本立而道生

立 站立——让……站着——确立——即位——存在、生存——立刻、马上

齐国有个人对齐王说："河伯是黄河中的大神，君王何不设法同他会会面呢？我愿意想办法使您同他会面。"齐王信以为真，便在黄河边上修筑了祭坛，"而与王立之焉"。过了一会儿，有条大鱼在水中游动，那个人便说："这就是河伯啊！"（《韩非子·内储说上》）

◇ **实兵演练**

看了这段文字后，如果要你续写，你会怎么写呢？接下来会发生怎样的故事呢？

这里的"而与王立之焉"，翻译成现代汉语就是：那个人和齐王一同站在祭坛上。其中的"立"，是站立的意思。我们熟悉的"提刀而立，为之四顾，为之踌躇满志"（见高中课文《庖丁解牛》，出自《庄子》）及"从弟子女十人所，皆衣缯单衣，立大巫后"（《史记·滑稽列传》）中的"立"，也都是站立的意思。

楚康王和秦国人联合偷袭郑国。郑国的皇颉出城与楚军交战，被打败了，自己也被穿封戌俘虏了。公子围看到皇颉被俘虏，就同穿封戌争了起来。俘虏了皇颉的穿封戌自然不让给公子围：一是，确实是自己抓住的皇颉；二是，抓住皇颉也是

◇ **知识拓展**

成语"上下其手"就出自这里，比喻玩弄手法，暗中作弊。

一大功劳。公子围于是拉着穿封戌去找做大宰的伯州犁评判。伯州犁说："让我问问这个俘虏吧。"很快，皇颉被士兵押来了。"乃立囚。"伯州犁

95

问道："他们两人争夺的，是您这位君子，您难道还有什么不明白的吗？"说完，他高举着手说："这一位是公子围，我们国君尊贵的弟弟。"伯州犁又用手向下指着说："这人名叫穿封戌，是方城之外的一个县官。是谁抓到您的？"皇颉自然明白伯州犁的用意。伯州犁一会儿称自己这个俘虏是君子，一会儿又介绍公子围、穿封戌的身份，无非是要自己说是公子围俘虏了自己。于是，他说："我遇上了公子围，打不过他，被他俘虏了。"穿封戌一听，简直气坏了，抽出戈来就去追杀公子围，也不管他是不是国君的弟弟了，最后没有追上。(《左传·襄公二十六年》)

这里的"乃立囚"，翻译成现代汉语就是：于是让俘虏皇颉站着。其中的"立"，是"让……站着"的意思。

有若是孔子的弟子。他有过一段话，是这样说的：假如为人孝顺父母，敬重兄长，却喜好冒犯长上的，极为少有；不喜好冒犯长上，却喜好造反作乱的，从未有过。"君子务本，本立而道生。"孝顺父母和敬爱兄长，大概就是仁爱的根本吧。(《论语·学而》)

这里的"君子务本，本立而道生"，翻译成现代汉语就是：君子致力于根本，根本确立了，那么做人的原则也就形成了。其中的"立"，是确立的意思。

知识拓展

滥竽充数：比喻没有真正的才干而混在行家里面充数，或拿不好的东西混在好的里面充数。

齐宣王让人给他吹竽听，每次必得三百人一齐吹。有个姓南郭的先生请求给齐宣王吹竽，齐宣王对此很高兴，便答应了他的要求，发给他的薪水跟那几百人的一样。齐宣王死后，"湣王立"，湣王不喜欢合奏，而是喜欢独奏，南郭先生本来不会吹竽，合奏的时候可以混在人群中装模作样，现在独奏，需要每个人拿出真本事了，他自然非常害怕，于是找个机会逃走了。(《韩非子·内储说上》)

这里的"湣王立"，翻译成现代汉语就是：湣王继承了王位。其中的"立"，讲作"继承了王位"，也就是即位的意思。

"立"除了前面的义项外，还可讲作"存在、生存"，如"势不两立"；讲作"立刻、马上"，如"沛公至军，立诛杀曹无伤"（见高中课文《鸿门宴》，出自《史记》)。

# 第44日
## 杨守勤：萧萧行李上长安，
## 此际谁怜范叔寒

**怜** 同情——爱戴——疼爱——遗憾

后唐长兴年间，侍卫使康义诚常常从军队里抽调士兵到自己家中充当奴仆，有时也稍加打骂。有一天，他看到一个佝偻着腰的仆人，不禁"怜其老而询其姓氏"，这个仆人毕恭毕敬地站在那里，回答说姓康。又问他家乡、家族和子女后代，才知道原来是自己失散多年的父亲。于是，两个人抱在一起哭了起来。听说这件事情的人没有不感到惊异的。(《玉堂闲话》)

思维体操

唐末五代战乱频仍，给老百姓带来深重灾难。如果不是战乱，康义诚又怎么会和父亲失散。

这里的"怜其老而询其姓氏"，翻译成现代汉语就是：同情他年老，询问他的姓氏。其中的"怜"，讲作"同情"。

明朝万历三十一年（1603 年），杨守勤赴京赶考，途经扬州时因盘缠不够，便向在此地做县令的旧时同窗求借。让他没有想到的是，那个同窗竟假装不认识，在他的名帖上批了四个字：查名回报。杨守勤十分生气，但也无可奈何。他一路上含辛茹苦，忍辱负重，终于到了京城。第二年春天，杨守勤金榜高中，夺得了头名状元。这时，他想起了去年冬天查名拒见、不肯接济自己的同窗县令，便特意写了一首诗寄赠。这首诗是：

思维体操

这首诗表达了杨守勤夺魁后溢于言表的得意之情，也有力地嘲讽了势利、无情义的同窗县令。

萧萧行李上长安，

此际谁怜范叔寒。

寄语江南贤令尹，

查名须向榜头看。

"长安"是旧时帝都，这里是借指京城。范叔是范雎，其字叔，起初在魏国中大夫须贾门下混事。有一次，须贾到齐国办事，范雎也跟着去了。当时，齐襄王得知范雎很有口才，就派人给范雎送去了十斤黄金以及牛肉美酒之类的礼物。须贾知道了后大为恼火，认为范雎必是把魏国的秘密出卖给齐国了，所以才得到这种馈赠。回到魏国后，须贾把这件事报告给宰相魏齐。魏齐听后大怒，命令左右近臣用板子、荆条抽打范雎，打得他胁折齿断。当时，范雎假装死去，魏齐就派人用席子把他卷了卷，扔在厕所里；又让宴饮的宾客喝醉了，轮番往范雎身上撒尿，故意污辱他，借以惩一儆百，让别人不敢再乱说。卷在席里的范雎悄悄地对看守说："您如果放走我，我日后必定重重地谢您。"看守就向魏齐请示把席子里的"死人"扔掉算了。魏齐正喝得酩酊大醉，顺口答应了。范雎因而得以逃脱。后来，范雎到了秦国，秦王封他为应侯。这里，杨守勤是以范雎自比。第二句翻译成现代汉语就是：这时有谁同情我呢。其中的"怜"，仍讲作"同情"。

◇ 思维体操

陈胜是一个关心时事的人，是一个长于计谋的人。

秦朝暴虐，民不聊生，陈胜、吴广揭竿而起。在发动起义前，陈胜、吴广是怎么商议的呢？陈胜说："天下苦于秦的统治很久了。我听说秦二世是秦始皇的小儿子，不应立为皇帝，当立的该是秦始皇的大儿子扶苏。扶苏因为屡次规劝秦始皇，秦始皇派他在外面带兵。现在有人听说他本没有罪，秦二世却把他杀了。老百姓很多人只听说扶苏贤惠，但不知道他已经死了。项燕原是楚国的将领，屡次建立战功，爱护士卒，'楚人怜之'。有的人以为他死了，有的人以为他跑了。现在假使把我们的部队假称是公子扶苏、项燕领导的，对天下人民发出起义的号召，一定会有很多人响应。"(《史记·陈涉世家》)

这里的"楚人怜之"，翻译成现代汉语就是：楚国的人爱戴他。其中的"怜"，讲作"爱戴"。

　　除了前面的义项外，"怜"还可讲作"疼爱"，如"丈夫亦爱怜其少子乎"（见高中课文《触龙说赵太后》，出自《战国策》）；讲作"遗憾"，如"所怜者，吾自戊寅年读汝哭侄诗后，至今无男"（《祭妹文》）。

　　说到这里，常用的成语"同病相怜""顾影自怜""怜香惜玉"中的"怜"该怎么讲，我们也就能够知道了。

## 第45日
## 杨遇春：你倒睡得好，一睡万事了

**了** 明白——全——了结——聪明——明亮、光亮

**◇ 实兵演练**

难道真有心灵感应，还是顾雍能掐会算？说说你的看法。

三国时吴国的豫章太守顾劭，是顾雍的儿子。顾劭在郡守的任上死的时候，顾雍正在大请同僚部属聚会。外面禀报说豫章有送信人来了，却没有他儿子的书信。"虽神气不变，而心了其故。"他悲痛得用指甲紧掐手掌，掐得血流出来沾湿了坐垫上的褥子。(《世说新语·雅量》)

这里的"虽神气不变"等句，翻译成现代汉语就是：顾雍虽然神态不变，可是心里已明白其中的缘故。其中的"了"，是明白的意思。

南朝人蔡撙很有个性。一次，梁武帝因为推荐人的程序问题，对他很不满意，说："卿殊不了事。"蔡撙非但不认错，反而说："我做官这么多年，还从来没有得到过不明事理的评价！"说完就离开了朝廷。(《南史·蔡撙传》)

梁武帝的话用现代汉语来说，就是：您太不明白事理了。这里的"了"，也讲作明白。

前秦苻坚国势强盛，经常出兵攻打东晋，东晋众将领接连败退。在这种情况下，谢安派遣他的弟弟谢石和侄儿谢玄等出兵征讨，连战连捷。后来，苻坚率领号称百万的大军而来，震动了东晋的京城，人们恐惧不安。

谢安被任命为征讨大都督，负责指挥抵御前秦的战争。在谢安的精心部署下，苻坚被打败了。驿站传递的报告前线胜利的信件来到时，谢安正与客人下围棋。他看完了信，便顺手折叠了一下放到了床榻上，"了无喜色"，继续下棋。客人询问，他才慢悠悠地回答："小孩子们已打败敌寇。"下完棋回内室，过门槛的时候，由于心里过于高兴，屐齿折断了他还不知道。（《晋书·谢安传》）

实兵演练

谢安是一个怎样的人？作者是用什么手法表现的呢？

这里的"了无喜色"，是脸上全没有一点喜色的意思。其中的"了"，讲作"全"。

清朝乾隆年间的武举人杨遇春，官至陕甘总督，是靖边保国的功臣。一日，几个旗人翰林与杨遇春游览北京西山的卧佛寺。这些翰林总觉得杨遇春的本事也就是舞拳弄棒，吟诗作文是外行，于是便提议以卧佛为题吟诗寄兴，并要杨遇春先吟，以让他出丑。杨遇春心知肚明，但不说破，便吟道：

思维体操

自以为是的人，到头来总是搬起石头砸自己的脚。

> 你倒睡得好！
>
> 一睡万事了。
>
> 我若陪你睡，
>
> 江山谁人保？

杨遇春吟出第一句后，众翰林忍俊不禁。可当他吟出结尾句后，翰林们这才知道杨遇春是借题发挥，语带讥讽，甚觉尴尬。这里的"一睡万事了"中的"了"，是了结的意思。

东汉末年的孔融，自幼有出众的才智。十岁的时候，他随父亲去拜访河南太守李膺。李膺命令守门人，除了当世著名人物以及和李家世代友好的人，其他人都不能通报。孔融对守门人说："我是和李大人世代友好的人家的孩子。"守门人就将这话禀报给了李膺。李膺请孔融进来，问他："您的祖辈父辈曾经和我有过交情吗？"孔融说："是的。我的祖先孔子和您的祖先李耳才德相仿，李耳曾经做过孔子的老师，交情很深，这样我和您就是几代的交情了。"在座的人听后没有不惊叹孔融才智的。太中大夫陈韪晚到，有人把孔融的话告诉了他。他说：
"'夫人小而聪了'，长成后未必就有本事。"孔融
立刻回答他："从您的话听来，您莫非是自幼聪明
的？"李膺听了，大笑着说："你将来一定会成为
很有才能的人。"（《后汉书·孔融传》）

这里的"夫人小而聪了"，翻译成现代汉语就
是：人小时候聪明。其中的"了"，是聪明的意思。

"了"除了前面的义项外，还可讲作"明亮、光亮"，如"吹到一片秋
香，清辉了如雪"（《琵琶仙·中秋》）。

清朝曹雪芹的《红楼梦》中有一首《好了歌》，多次使用"了"，大家
不妨想一想其中的"了"是什么意思。

好了歌

世人都晓神仙好，惟有功名忘不了！

古今将相在何方？荒冢一堆草没了。

世人都晓神仙好，只有金银忘不了！

终朝只恨聚无多，及到多时眼闭了。

世人都晓神仙好，只有娇妻忘不了！

君生日日说恩情，君死又随人去了。

世人都晓神仙好，只有儿孙忘不了！

痴心父母古来多，孝顺儿孙谁见了？

## 第46日
## 贪生怕死，莫入此门

**莫** 通"暮"，日落的时候——没有谁——没有什么——不、不要

石钟山之所以名为石钟山，郦道元、李渤等人各执一词。为了探个究竟，苏轼和他的大儿子苏迈进行了实地考察，之后写了《石钟山记》一文。其中写道："至莫夜月明，独与迈乘小舟，至绝壁下。"这里的"莫"，通"暮"，指日落的时候。所谓"莫夜"，也就是晚上。

《北史·柳庆传》中说，雍州一家姓胡的被抢劫，郡县官吏审问追查，"莫知贼所"，结果附近邻居被怀疑，官吏囚禁了许多人。柳庆到任了解情况后，施了一计，破了此案。他先是假造了一些匿名信，分贴在好些官府门上，信中说："我等合伙抢劫胡家，同伴中什么样的人都有，恐怕终究要泄露出来。现在想要自首伏罪，又怕难免一死。如果允许自首的免罪，我就愿来告发。"之后，又张贴了一张写有只要自首就可免罪内容的文牒。过了两天，广陵王元欣的一个家奴反绑双手前来自首，柳庆顺藤摸瓜，将抢劫团伙一网打尽。"莫知贼所"，也就是没有谁知道盗贼藏身的地方。其中的"莫"，讲作"没有谁"。

《孟子·告子章句上》中有两句话："如使人之所欲莫甚于生，则凡可以得生者何不用也？使人之所恶莫甚于死者，则凡可以避患者何不为也？"意思是，如果人们所想要的东西没有什么能比生命更重要的，那么

> **思维体操**
>
> 柳庆和罪犯打的是心理战，最后他赢了。柳庆确实是破案高手。

凡是可以保全生命的方法有什么不可以用的呢？如果人们所厌恶的事情没有什么比死亡更严重的，那么凡是可以躲避祸患的手段有什么不可以采用的呢？这里的两个"莫"，都是没有什么的意思。

三国时代，曹操给孙权下了战书，说："今治水军八十万众，方与将军会猎于吴。"意思是要率领八十万大军进攻吴国。孙权和属下商议对策，被敌人吓破了胆的张昭等人极力主张投降，以保一命。只有鲁肃反对投降，他在做了一番为什么不能投降曹操的分析后，说："愿早定大计，莫用众人之议也！"（见高中课文《赤壁之战》，出自《资治通鉴》）

这里"莫用众人之议也"中的"莫"，是不要的意思。"望尘莫及""一筹莫展"中的"莫"，讲作"不"。"莫愁前路无知己，天下谁人不识君？"（《别董大》）中的"莫"，讲作"不要"。

✎ **实兵演练**

只调换或修改文字，意思大变，这样的对联故事，就你知道的说一说，和大家交流。

1924年，孙中山先生在中国共产党和苏联的帮助下，在广州黄埔创办了陆军军官学校，通称"黄埔军校"。中共领导人周恩来、叶剑英、恽代英、肖楚女等都曾在军校任职。黄埔军校前期，培养出了很多政治和军事上的骨干力量，为北伐和东征的胜利做出了贡献。当时，军校门口贴有下面的对联：

升官发财，请走别路；

贪生怕死，莫入此门。

对联上下句16个字，明白如话，道出了黄埔军校的性质和使命。据说孙中山先生见到此联后，连连称赞："好，革命军人应当如此！"

1927年4月12日，蒋介石发动了"四一二"反革命政变，疯狂屠杀共产党人，全国上下处在一片血雨腥风之中，第一次大革命失败了。黄埔军校里的共产党人也被迫离去，军校被蒋介石一手操持，其性质发生了根本的变化。有人感于此，将对联作了改写：

升官发财，莫走别路；

贪生怕死，请入此门。

对联仍是原来的16个字，只是将"请""莫"的位置调换了一下。二字位置一换，整副对联意思完全发生了变化：黄埔军校不再是培养革命军官的摇篮，而是投机家投机发财的终南捷径。由于对联改得好、改得妙，很快在人们中间流传开去了。

两副对联中的"莫"，位置不同，但意义一样，都讲作"不要"。

# 第47日
# 王翱"内所著披袄中"

**内** 里面——女色——妻子——通"纳"——内心——帝王所居之处——
国内

东晋时的一个晚上,桓温和郗超商议铲除一些朝
廷大臣,名单拟好后,他们便在一起歇息。桓温第二
天早晨起来,叫谢安、王坦之进来,将拟好的名单扔
给他们看,这时,"郗犹在帐内"。谢安一句话也没说,
王坦之直接将名单丢还给桓温,说:"铲除的人太多
了!"桓温拿过笔来想划掉一些朝臣的名字,郗超不
自觉地悄悄在帐子内与他说话。谢安笑着说:"郗先生真可称得上是入幕
之宾啊!"(《世说新语·雅量》)

这里的"郗犹在帐内",翻译成现代汉语就是:郗超还在帐子里面睡
觉。其中的"内",与"外"相对,讲作"里面"。

《左传·僖公十七年》记载:春秋五霸之首的齐桓公有三位夫人——

王姬、徐嬴、蔡姬,遗憾的是她们都没有儿子。
"齐侯好内",除了夫人,受他宠爱的女人还有很
多,其中名位如同夫人的有六个,即生了武孟的
长卫姬、生了齐惠公的少卫姬、生了齐孝公的郑
姬、生了齐昭公的葛嬴、生了齐懿公的密姬、生

了公子雍的宋华子。

这里的"齐侯好内",用今天的话来说就是：齐桓公喜好女色。其中的"内",讲作"女色"。

齐国齐惠公的族人栾氏和高氏都嗜好喝酒，"信内多怨"，势力比陈氏、鲍氏大，非常看不起陈氏、鲍氏。于是，有人搬弄口舌，造谣生非，对陈氏说："栾氏和高氏正在准备消灭陈氏和鲍氏。"这话也告诉了鲍氏。陈氏向手下人发放铠甲兵器后，前往鲍氏家中商量对策，在路上遇见了喝醉了酒的高氏在驾车飞奔。鲍氏也向手下人发放了铠甲兵器。陈、鲍二人派人去察看栾氏、高氏的动静。派去的人回来报告说，二人正在准备喝酒。陈氏说："看

来攻打消灭我们的消息不实，但是如果栾氏、高氏听说了我们发放铠甲兵器，也一定会来攻打消灭我们。我看，不如趁他们正在喝酒没防备，将他们一举歼灭！"（《左传·昭公十年》）

这里的"信内多怨"，翻译成现代汉语就是：时时处处、不加分辨地相信妻子所说的话，因而招来很多怨言。其中的"内"，讲作"妻子"。我们现在常说的"内兄""内弟""内侄"，其中的"内"，也是这个意思。

王翱是明朝盐山人，曾任吏部尚书等官，为人刚正廉洁，为明朝名臣。王翱在辽东任职时，和其中的一个同事相处得非常好。后来，王翱调离辽东，这个同事给了他四枚西洋珠赠别。王翱坚决不收，急得这个同事都哭了，他说："你放心好了，这西洋珠不是我

所受的贿赂，是从前皇帝赏赐给我的，一共是八枚，我送您四枚，以作留念。"王翱这才收下了西洋珠，"内所著披袄中"，用线缝好。后来，王翱调回朝廷，找到了以西洋珠赠别的同事的后人，将西洋珠完璧归赵。（《记王忠肃公翱事》）

这里的"内所著披袄中"，翻译成现代汉语就是：放入自己所穿的外面的上衣内的口袋中。其中的"内"，通"纳"，讲作"放入"。

　　"内"除了前面的义项外，还讲作"内心"，如"今将军外托服从之名而内怀犹豫之计，事急而不断，祸至无日矣"（见高中课文《赤壁之战》，出自《资治通鉴》）；讲作"帝王所居之处"，如"侍卫之臣不懈于内，忠志之士忘身于外"（《出师表》）；讲作"国内"，如"今由与求也，相夫子，远人不服而不能来也，邦分崩离析而不能守也，而谋动干戈于邦内"（《论语·季氏》）。

# 第48日
## 见娘喜容媚，愿得结金兰

**娘** 母亲——年轻女子——指长一辈或年长的妇女

娘，就是母亲。这是我们都熟悉的。北朝民歌《木兰诗》中有这么一段：

> 旦辞爷娘去，暮宿黄河边。不闻爷娘唤女声，但闻黄河流水鸣溅溅。旦辞黄河去，暮至黑山头。不闻爷娘唤女声，但闻燕山胡骑鸣啾啾。

这里"娘"字出现了三次，每次都是"爷娘"连称，说明"娘"都是指母亲。

唐朝诗人杜甫的《兵车行》，是一首揭露唐玄宗长期以来穷兵黩武，连年征战，给人民造成了巨大的灾难的现实主义诗歌。其中前几句为：

> 车辚辚，马萧萧，行人弓箭各在腰。耶娘妻子走相送，尘埃不见咸阳桥。牵衣顿足拦道哭，哭声直上干云霄。

这里也是爷（"耶"通"爷"）娘连称，显然，"娘"也是指母亲。

明朝散文家归有光的《项脊轩志》，是一篇亲情散文，感动了一代又一代的读者。归有光的母亲25岁的时候就去世了，当时归有光才8岁。关于母亲，归有光在文章中从乳母的视角给予了深情的回忆。他写道：

> 妪每谓余曰："某所，而母立于兹。"妪又曰："汝姊在吾怀，呱呱而泣；娘以指叩门扉曰：'儿寒乎？欲食乎？'吾从板外相为应答。"

这里的"娘"是指归有光的母亲。

《玉篇·女部》解释道："娘，母也。娘，少女之号。"看来，娘也指年轻女子。元朝著名杂剧作家王实甫《西厢记》写的是张生和崔莺莺自由恋爱的故事。二人初次见面是在普救寺。张生见了崔莺莺是什么感觉呢？王实甫是这样写的："可喜娘的脸儿百媚生，兀的不引了人魂灵！"看来，崔莺莺确实长得美，偶然相遇第一面已经迷倒了张生。这里的"娘"就是指年轻女子。古乐府《子夜歌》中有这么两句诗："见娘喜容媚，愿得结金兰。"这里的娘，也是指年轻女子。

娘也指长一辈或年长的妇女，如大娘、婶娘。

第 **49** 日
## 今者晏子来聘鲁

**聘** 出国访问——聘请、延请——以礼物订婚

　　一天，子贡问他的老师孔子："齐国的晏子懂得礼节吗？'今者晏子来聘鲁'，上殿堂时恭敬地快步走，举行授玉的礼节时下跪，这是为什么呢？"孔子回答说："晏子是贤人，他这样做总有这样做的道理。等他来见我的时候，我问一问其中的缘由。"

◇ **实兵演练**
　　你能谈谈懂礼节的重要性吗？在现实生活中，你是怎样做的？

　　晏子到鲁国出访，其中有个安排就是拜见孔子。晏子来了落座后，孔子便将学生子贡所提问题抛给了晏子。自然，子贡是洗耳恭听。晏子回答说："上殿堂的礼节是：国君走一步，臣子要走两步。现在国君走得很快，我敢不恭敬地快步走吗？国君举行授玉仪式时姿势很低，我敢不下跪吗？"孔子说："您回答得好！礼节之中还有礼节啊。子贡出使少，哪里懂得这些啊！"子贡听后，心想：原来出使还有这么多学问，真让人想不到。（《韩诗外传》卷四）

　　这里的"今者晏子来聘鲁"，翻译成现代汉语就是：现在晏子来访问鲁国。其中的"聘"，是出国访问的意思。《礼记·曲礼下》中说："诸侯使大夫问于诸侯曰聘。"用现在的话来说，就是：诸侯之间派大夫问候叫聘。

　　齐王对孟尝君说："我可不敢把先王的臣子当作我的臣子。"这实际上

是下了逐客令。孟尝君没有办法，只好到自己的领地薛那里去。往后怎
么办呢？齐王不重用自己也就罢了，如果加害自己呢？孟尝君为此很忧

虑。这时候，冯谖给他出了一个计策，孟尝君同
意了。于是，冯谖往西到了魏国，对魏王说：
"现在齐国把他的大臣孟尝君放逐了，哪位诸侯
先接纳他，就可使自己的国家富庶强盛。"于是，
魏王把相位空出来，把原来的相国调为上将军，
并派使者带着一千金、百辆车子，"往聘孟尝君"。
冯谖先赶车回去，告诫孟尝君说："一千金，这
是很重的聘礼了；带着百辆车子，这算是显贵的使臣了。齐王大概听说
这事了吧？"魏国的使臣往返了三次，孟尝君坚决推辞而不去魏国。

齐王听到这些情况，就派遣太傅送一千金、两辆彩车、一把佩剑给孟
尝君，并写了一封书信向孟尝君道歉，信中说："我被那些逢迎讨好的臣
子所迷惑，得罪了您。希望您能顾念先王的宗庙，姑且回来统率全国人民
吧！"（《战国策·齐人有冯谖者》）

这里的"往聘孟尝君"，翻译成现代汉语就是：前往聘请孟尝君。其
中的"聘"，是聘请、延请的意思。

陈平是西汉王朝的开国功臣之一，官至丞相。他
年轻时，家中十分贫穷。到了成家的年龄，富有的人
家没有谁肯把女儿嫁给他，娶穷人家的媳妇陈平又感
到羞耻。有个叫张负的富人，他的孙女嫁了五次人，
丈夫都死了，没有人再敢娶她。陈平却想娶她。张负
同意了，但他的儿子张仲却说："陈平又穷又不从事生
产劳动，全县的人都耻笑他的所作所为，为什么偏把
我的女儿嫁给他呢？"张负说："哪有仪表堂堂像陈平这样的人会长久贫
寒卑贱的呢？"张仲再没有话说，也就同意了。因为陈平穷，"乃假贷币
以聘"，还给他置办酒宴的钱来娶亲。张负告诫他的孙女说："不要因为陈
家穷，侍奉人家就不小心。侍奉兄长陈伯要像侍奉父亲一样，侍奉嫂嫂要
像侍奉母亲一样。"陈平娶了张家女子以后，资财日益宽裕，交游也越来

越广。(《史记・陈丞相世家》)

　　这里的"乃假贷币以聘",翻译成现代汉语就是:(张家)就借钱给他订婚。其中的"聘",是以礼物订婚的意思。

# 第50日
## 公孙鞅"年虽少，有奇才"

**奇** 音"qí"，特殊的、罕见的——音"qí"，对……感到惊异——音"jī"，单数，与"偶"相对——音"jī"，运气坏——音"qí"，出人意料——音"jī"，余数，零头，不是整数者

◇ **思维体操**

商鞅是旷世奇才，对此，公叔座有清醒的认识，但魏惠王有眼无珠。

起初，公孙鞅在魏国国相公叔座那里做中庶子。一天，魏惠王去看望生病的公叔座，问道："你的病倘有不测，国家怎么办呢？"公叔座回答说："我的中庶子公孙鞅，'年虽少，有奇才'，希望大王能把国政全部交给他，由他去治理。"魏惠王听后没有说话。当魏惠王要离开时，公叔座屏退左右随侍人员，对魏惠王说："大王您假如不任用公孙鞅，就一定要杀掉他，千万不要让他离开魏国为他国所用。"魏王点了点头答应了。

魏王走后，公叔座召来公孙鞅，道歉说："刚才大王询问能够出任国相的人，我推荐了你。看大王的神情，他不会同意我的建议。我应该先忠于国君再顾及臣子，因而劝大王假如不能任用你，那么就该将你杀掉。大王答应了我的请求。你赶快离开吧，不然的话你就要被抓起来了。"（《史记·商君列传》）

后来，公孙鞅到了秦国，辅助秦国国君变法图强，秦国国君封给了他於、商等十五个城邑，号商君。正因为这样，公孙鞅又名商鞅，且商鞅这个名字因为"商鞅变法"而让人们耳熟能详。

这里的"年虽少，有奇才"，翻译成现代汉语就是：虽然年轻，但有特殊的、罕见的才能。其中的"奇"，音"qí"，讲作"特殊的、罕见的"。

韩信是举世闻名的大军事家，但起初并没有人了解他、重用他。项梁率领抗秦义军渡过淮河向西进军的时候，韩信带了宝剑去投奔他，留在他的帐下，一直默默无闻。项梁失败后，韩信投

> **◇ 思维体操**
>
> 被人赏识，成就一番事业，往往不是一帆风顺的。

奔项羽，项羽任命他做郎中。他好几次向项羽献计策，都没有被采纳。刘邦率军进入蜀地时，韩信脱离项羽去投奔他，当了一名接待来客的小官。有一次，韩信犯了案，被判了死刑，和他同案的十三个人都被杀了，轮到杀他的时候，他抬起头来，正好看到滕公，就说："汉王不打算得天下吗？为什么要杀掉壮士？"滕公"奇其言"，见他的状貌威武，就放了他；同他谈话，更加佩服得不行，便把他推荐给了汉王刘邦。（《史记·淮阴侯列传》）

这里的"奇其言"，翻译成现代汉语就是：对他的话感到十分惊异。其中的"奇"，音"qí"，讲作"对……感到惊异"。我们熟知的"大将军邓骘奇其才，累召不应"（《后汉书·张衡列传》）中的"奇"，也是这个意思。

《山海经·海外西经》中说，奇肱国里的人，只有一根胳膊，但有三只眼睛，眼睛有阴有阳，阴在上，阳在下，常乘一种名叫吉良的马。那儿还有一种鸟，长着两个头，其羽毛是红黄色的。《博物志》中说，奇肱国里的人，虽然只有一只手，但很灵巧，能制作各种捕鸟的小器具以捕杀鸟禽，又能制作飞车，乘风远行。

> **◇ 实兵演练**
>
> 奇肱国，好奇特的国度！根据这段文字，展开丰富的联想和想象，构思一则几千字的故事，怎么样？

商汤王时，有一天，奇肱国刮起了很大的西风，将他们的飞车连同人一起吹到了河南一带。汤王派将士砸坏了他们的飞车，他们再也回不到奇肱国了，只好留在了河南。过了十年，河南刮了一次很大的东风，他们重新制作了飞车，乘车回到了奇肱国。奇肱国在哪里呢？据说在距离玉门关四万里远的地方。

"奇肱国"中的"奇"，音"jī"，单数，与"偶"相对。

元狩四年（公元前 119 年），李广随大将军卫青征讨匈奴。出边塞以后，卫青捉到敌兵，知道了单于住的地方，就自己带领精兵去捉拿单于，

而命令李广和右将军的队伍合并，从东路出击。东路有些迂回绕远，而且大军走在水草缺少的地方，势必不能并队行进。李广就亲自请求说："我的职务是前将军，如今大将军却命令我改从东路出兵，况且我从少年时就与匈奴作战，到今天才得到一次与单于对决的机会，我愿做前锋，先和单于决一死战。"大将军卫青曾暗中接受皇上的吩咐，认为李广年老，"数奇"，不要让他与单于对决，否则恐怕不能实现俘获单于的愿望。那时，公孙敖刚刚丢掉了侯爵，任中将军，随从大将军出征，大将军也想让公孙敖跟自己一起与单于对敌，所以特意将作为前将军的李广调开。李广当时也知道内情，因此坚决要求大将军收回调令。大将军没有答应他的请求，命令长史写文书发到李广幕府，并对李广说："赶快到右将军的军部去报到，照文书上写的办。"（《史记·李将军列传》）

这里的"数奇"，是命运不好的意思。其中的"数"，讲作"天命、命运"；"奇"，音"jī"，单数，讲作"运气坏"。

"奇"除了前面的义项外，还讲作"出人意料"，音"qí"，如"出奇制胜"；讲作"余数，零头，不足整数者"，音"jī"，如"舟首尾长约八分有奇"（《核舟记》）。

## 第51日
## 出自幽谷，迁于乔木

**迁** 飞、往高处飞——升官——迁移、搬动——改变——官职调动——贬谪——放逐

"乔迁"是如今使用频率很高的一个词语，多用于祝贺，指人搬到好的地方去住或官职高升。这个词语为什么会有这两个意思呢？

《诗经·小雅·伐木》共三个小节，第一小节是："伐木丁丁，鸟鸣嘤嘤。出自幽谷，迁于乔木。嘤其鸣矣，求其友声。相彼鸟矣，犹求友声。矧伊人矣，不求友生？神之听之，终和且平！"翻译成现代汉语就是："咚咚作响伐木声，嘤嘤群鸟相和鸣。鸟儿出自深谷里，飞往高高大树顶。小鸟为何要鸣叫？只是为了求知音。仔细端详那小鸟，尚且求友欲相亲。何况我们这些人，岂能不知重友情？天上神灵请聆听，赐我和乐与宁静！"

诗句"迁于乔木"中的"迁"，是飞、往高处飞的意思。这点搞明白了，出自"迁于乔木"的"乔迁"喻指人搬到好的地方去住或官职高升，也就能够理解了。说到这里，有人可能会问，"迁"讲作"往高处飞"有来历吗？回答是有。许慎《说文解字》中说："迁，登也。"登，自然是往高处移动。正因为这样，"迁"单独运用时，也可讲作"升官"。李肇《唐国史补》中记载了这么一件事：唐德宗贬了嫉贤妒能、陷害大臣的宰相卢

117

◇ **实兵演练**

亲近忠良，疏远奸邪，是封建帝王都知道的道理。既然如此，为什么历史上还常有帝王信用奸邪、误国误民呢？

杞的官后，却还常常想念他。"后欲稍迁"，朝中的大臣们个个恐惧，都上书劝阻。唐德宗不理解，便问汧国公李勉："卢杞的奸邪表现在什么地方啊？"李勉回答说："天下人都认为他奸邪，您却不知道，这正是他之所以奸邪的地方。"这里的"后欲稍迁"，翻译成现代汉语就是：后来想稍微提升他一下。其中的"迁"，就是升官的意思。《史记·屈原贾生列传》中说，贾谊担任博士职务时才二十有余，在博士中是最年轻的。每次汉文帝下令让博士们讨论一些问题，那些年长的老先生们都无话可说，贾谊却能一一回答，人人都觉得他说出了自己想说的话。博士们都认为贾谊才能杰出，无与伦比。汉文帝非常喜

◇ **思维体操**

自古英雄出少年；不拘一格降人才！

欢他，"超迁，一岁中至太中大夫"。最后两句，用现在的话来说就是：对他破格提拔，一年之内他就升到了太中大夫。其中的"迁"，也是升官的意思。

◇ **思维体操**

近朱者赤，近墨者黑。

"迁"还讲作"迁移、搬动"。"孟母三迁"的故事，我们都熟悉。其中的"迁"，讲作"搬家"，这个意思就是由"迁移、搬动"引申来的。还有个成语"迁兰变鲍"，比喻潜移默化。这个成语出自《孔子家语》，相关文字是："与善人居，如入芝兰之室，久而不闻其香，即与之化矣。与不善人居，如入鲍鱼之肆，久而不闻其臭，亦与之化矣。""迁兰变鲍"中的"迁"，讲作"迁移"。《诗经·卫风·氓》是我们都熟悉的一首诗，其中有两句是"以尔车来，以我贿迁"，翻译成现代汉语就是：赶着你的车子来，为我搬运好嫁妆。其中的"迁"，是搬动、搬运的意思。

除了前面的义项外，"迁"还可讲作"改变"，如"时过境迁"，再如"齐人未尝赂秦，终继五国迁灭，何哉"（《六国论》）；讲作"官职调动"，如"而翁长铨，迁我京职，则汝朝夕侍母；且迁我如振落叶耳，而固吝者何"（《记王忠肃公翱事》）；讲作"贬谪"，如"予出官二年，恬然自安，感斯人言，是夕始觉有迁谪意"（《琵琶行（并序）》）；讲作"放逐"，如"（令尹子兰）卒使上官大夫短屈原于顷襄王。顷襄王怒而迁之"（《史记·屈原贾生列传》）。

# 第 52 日
## 庞恭：今邯郸去魏远于市

**去** 离开——距离——过去的——除去——表示动作的趋势

接舆是春秋时代楚国的隐士，佯狂不仕。一天，楚王派使者携带着两千金登门拜见他，使者说："我们大王希望您能当官治理河南。"接舆只笑笑不答话。使者很无奈，只好离开。当然，那两千金，接舆也没有收。

✎ **实兵演练**

真是一对志同道合的夫妻！你同意接舆妻子的观点吗？为什么？

接舆的妻子刚才去市场买菜了，没有在家。回家后，妻子对接舆说："你从年轻时就修身养性，难道快到老年了要前功尽弃吗？咱家门外的车辙怎么那么深啊？"

接舆很佩服妻子的眼力与洞察力，说："刚才君主派使者送咱们两千金，想让我出仕去治理河南呢。"

妻子问道："你答应了没有？"

接舆回答道："自然没有。"

妻子说："对君主的命令不听从，是不忠；听从，则丢掉了道德节操。'不如去之。'"

接舆很赞同妻子的看法，于是就背着锅笼之类的炊具，与顶着纺织用的器具的妻子，改变姓氏名字，去了没有人知道的地方。（《韩诗外传》卷二）

这里的"不如去之"，翻译成现代汉语就是：不如离开他。其中的"去"，是离开的意思。

唐朝著名画家阎立本，一次到湖北荆州，看到了梁朝画家张僧繇留下的手迹，感觉画得不过如此，便对身旁的人说："必定是虚得名声罢了。"

回去之后，他想：张僧繇既然是有名的画家，该很有功底，今天莫不是我看走眼了吧？于是，第二天，他又去欣赏，看了一会儿，说："还算得上是近代的名手！"

晚上躺在床上，回忆白天所看的张僧繇的画，阎立本总觉得还有些地方自己没有看透，需要再仔细看看。于是，第三天，阎立本又去欣赏，他坐卧画前，反复观看，还留在画旁过夜，"十日不能去"。(《隋唐嘉话》)

这里的"十日不能去"，翻译成现代汉语就是：过了十天还舍不得离开。其中的"去"，也是离开的意思。

战国时，魏国大夫庞恭将要陪同太子到赵国都城邯郸做人质。在临行之时，庞恭对魏王说："现在如果有人来向您报告说集市上有老虎，大王您相信吗？"

魏王回答说："自然不相信。"

庞恭又说："有两个人来报告呢？"

魏王回答说："我会将信将疑了。"

庞恭接着说："有三个人来报告呢？"

魏王回答说："这时，我一定会相信集市上有老虎了。"

庞恭说："集市上没有老虎是确定无疑了。然而三个人都说有老虎，人们也就相信真有老虎了。'今邯郸去魏远于市'，我和太子去了赵国邯郸后，议论我的人也定会超过三个，到时候，还希望大王您保持清醒的头脑，能够给以明察。"

魏王说："我明白您的意思了。您就放心和太子去赵国邯郸吧。"

后来，庞恭从赵国邯郸返回魏国的时候，果然有许多人在魏王面前诋毁他，于是，庞恭最终也没有再得到魏王的召见。(《新序·杂事》)

这里的"今邯郸去魏远于市"，翻译成现代汉语就是：现在赵国的都城邯郸距离魏国比集市远得多。其中的"去"，是距离的意思。

"去"，除了"离开""距离"外，还可讲作"过去的"，如"我从去年辞帝京，谪居卧病浔阳城"（《琵琶行》）；讲作"除去"，如"当横行天下，为汉家除残去秽"（见高中课文《赤壁之战》，出自《资治通鉴》）；还可表示动作的趋势，如"舞榭歌台，风流总被雨打风吹去"（《永遇乐·京口北固亭怀古》）。

第53日
苏轼：惟愿孩儿愚且鲁，无
灾无难到公卿

**且** 快要——而且——尚且——暂且——又……又……

**实兵演练**

古代计时方法还有哪些？请说说看。

唐朝刘餗《隋唐嘉话》记载，唐太宗得到了一只矫健不凡的鹞子，非常喜欢，常常将鹞子放在臂膀上玩。一天，他看见魏征从远处走过来了，就把鹞子藏在了怀里。魏征把这一切都看在了眼里，便心生一计，和唐太宗说起古代帝王安闲享乐而灭亡的事，而且一说就是好长时间，还没有打住的意思。"帝惜鹞且死"，却又一向敬重魏征，不好意思不让魏征把话说完。结果，到最后，鹞子就闷死在了唐太宗的怀里。

这里的"帝惜鹞且死"，翻译成现代汉语就是：唐太宗很喜爱这只鹞子，担心它快要闷死了。其中的"且"，意思是快要。

宋神宗元丰六年（1083 年），苏东坡喜得一子。满月那天，按风俗举办洗儿会，请来亲朋好友热闹一番。客人们都说孩子聪明，长大后一定像苏东坡一样有才智，可苏东坡偏偏叹口气说："我呀，就是上了聪明的当。"接着，他顺口吟了一首诗：

> 人皆养子望聪明，我被聪明误一生。
> 惟愿孩儿愚且鲁，无灾无难到公卿。

这里的"惟愿孩子愚且鲁"，翻译成现代汉语就是：只祝愿孩子愚笨并且鲁钝。其中的"且"，讲作"而且"。"不义而富且贵，于我如浮云"

（《论语·述而》）中的"且"，也是这个意思。

刘邦到鸿门去给项羽赔不是，项羽设宴。在宴会上，项庄舞剑，意在刺杀沛公。为了保护刘邦，樊哙闯入。项羽在了解了进来的是谁后，先是赏酒，后是赏猪腿，之后又问还能不能饮酒，樊哙回答说："臣死且不避，卮酒安足辞。"（见高中课文《鸿门宴》，出自《史记》）

樊哙的话翻译成现代汉语就是：我死尚且不回避，一杯酒怎么值得推辞。其中的"且"，讲作"尚且"。

明朝江南第一才子唐伯虎有一首《叹世》诗：

富贵荣华莫强求，强求不出反成羞。

有伸脚处须伸脚，得缩头时且缩头。

地宅方圆人不在，儿孙长大我难留。

皇天老早安排定，不用忧煎不用愁。

🖊 **实兵演练**

唐伯虎的《叹世》，你最喜欢哪两句？说说理由。

这里的"得缩头时且缩头"，翻译成现代汉语就是：能够缩头的时候，暂且将头缩回。其中的"且"，是暂且的意思。

"且"除了前面的义项外，还可讲作"又……又……"，这时的"且"连接了两个动词或形容词，如"王不行，示赵弱且怯也"（《史记·廉颇蔺相如列传》），再如"先生且喜且愕，舍狼而前，拜跪涕泣"（《中山狼传》）。

# 第54日

# 杜甫：却看妻子愁何在

## 却　倒退——不接受——去——还、再——回头

**作文课堂**

杨国忠为中国古代十大奸相之一。其他奸相，你知道几个？请写出他们的名字，以便写作文时作为反面素材使用。

唐朝时，宰相杨国忠的儿子杨暄参加科举考试，没有考中，主考官达奚珣因为惧怕杨国忠便派儿子达奚抚去见杨国忠，详细说明情况。达奚抚到杨国忠住所的时候，刚刚敲过五更鼓，灯火照亮庭院，杨国忠正要上朝，车马众多，就像到了集市一样。杨国忠刚要上马，达奚抚快步走过去，在烛光下拜见他。杨国忠料想他的儿子一定能够高中，他摸着伞盖微笑着，神态很愉快。达奚抚说："我奉父亲之命报告，您家郎君考试不合格，但是也不敢随意让他落榜。"听了达奚抚的话，"国忠却立"，大喊起来："我的儿子何愁不富贵？难道还要为了一个科名，让你们这些无名鼠辈耍弄吗？"说完头也不回地上马走了。达奚抚十分惊慌，急忙回去告诉他的父亲说："杨国忠倚仗权势，口出狂言，怎么能够与他分辩是非曲直呢？"达奚珣没有办法，就把杨暄列入了优等。(《明皇杂录》)

这里的"国忠却立"，翻译成现代汉语就是：杨国忠听了，倒退站立。其中的"却"，是倒退的意思。我们熟知的"感我此言良久立，却坐促弦弦转急"(《琵琶行》)中的"却"，也是这个意思。

仍是唐朝时的故事。崔膺性情狂放粗疏，节度使张建封欣赏他的才能，召他做自己的幕僚。一天夜里，崔膺突然大喊大叫，惊动了全军，士兵们都很气愤，说要食其肉、寝其皮。不得已，张建封将他藏了起来。第二天，军中设宴，席上朝廷派来的监军使向张建封建议说："我和您定个约，我们两人如果谁有请求，互相都不能拒绝。"张建封回答说：

"好！"监军使说："我有个请求，请崔膺。"意思是想让张建封交出崔膺。张建封回答说："遵守约定。"过了一会儿，张建封又说："我有个请求。"监军使说："请说。"张建封说："不接受请崔膺的请求。"满座的人听后，都笑了起来。这样，崔膺避免了受处罚。（《唐国史补》）

这里的"不接受请崔膺的请求"，用文言来说就是：却请崔膺。其中的"却"，是不接受的意思。现在我们常用的成语"却之不恭"中的"却"，也是这个意思。

"却"除了前面的义项外，还可讲作"去"，如"医得眼前疮，剜却心头肉"（《咏田家》）；讲作"还、再"，如"何当共剪西窗烛，却话巴山夜雨时"（《夜雨寄北》）；讲作"回头"，如"却看妻子愁何在，漫卷诗书喜欲狂"（《闻官军收河南河北》）。

第 55 日
来俊臣：请兄入此瓮

请　请求——邀请——请示——谒见、拜见——请教——问

◇ 思维体操

求学应该诚恳、主动、谦虚，应该尊师。

孟尝君想跟闵子学习，于是乘车前去接闵子。闵子说："按照礼，有前来老师处学习的学生，而没有到学生处教育学生的老师。老师到学生处教授知识，对于老师所讲的知识，学生难以掌握好；老师到学生处教育学生，尽管老师苦口婆心，也难以感化学生。"孟尝君听后说："恭领教诲了！"第二天，"祛衣请受业"（《韩诗外传》卷三）。

最后一句，翻译成现代汉语就是：撩起衣服，亲自前往请求闵子允许自己跟随他学习。其中的"请"，讲作"请求"（相当于"请你允许我做某事"）。再如我们熟悉的"老妪力虽衰，请从吏夜归。急应河阳役，犹得备晨炊"（《石壕吏》）中的"请"，也是这个意思。

◇ 思维体操

请君入瓮：比喻以其人之道，还治其人之身。

唐朝女皇武则天，为了镇压反对她的人，任用了一批酷吏。其中有两个最为狠毒，一个叫周兴，一个叫来俊臣。他们利用诬陷、控告和惨无人道的刑讯逼供，杀害了许多正直的文武官吏和平民百姓。有一回，一封告密信送到武则天手里，内容竟是告发周兴与人联络谋反。武则天大怒，责令来俊臣严查此事。来俊臣心里直犯嘀咕，他想，周兴是个狡猾奸诈之徒，仅凭一封告密信是无法让他说实话的，可万一查不出结果，皇上怪罪下来，自己也担待不起呀。这可怎么办呢？苦苦思索半天，终于想出一条妙计。他准备了一桌丰盛的酒席，把周兴请到自己家里。两个人你劝我喝，边喝边聊。酒过三巡，来俊臣叹口气说："兄弟我平日办案，常遇到一些犯人死不认罪，不知老兄有何办法？"周兴得意地说："这还不好办！"说着端起酒杯抿了一口。来俊臣立刻装出很恳切的样子说："哦，请快快指教。"周兴阴笑着说："你找一个大瓮，四周用炭火烤热，再把犯人放到瓮里，你想想，还有什么犯人不招供呢？"来俊臣连连点头称是，随即命人抬来一口大瓮，按周兴说的那样，在四周点上炭火，然后回头对周兴说："现在有人密告你谋反，上边命我严查。对不起，现在就'请兄入此瓮'。"周兴一听，手里的酒杯啪哒掉在地上，跟着又扑通一声跪倒在地，连连磕头说："我有罪，我有罪，我招供！"（《资治通鉴·唐纪二十》）

　　这里的"请兄入此瓮"中的"请"，讲作"请求"（请求对方做某件事）。再比如我们熟悉的"至于今，郡之贤士大夫请于当道，即除魏阉废祠之址以葬之；且立石于其墓之门，以旌其所为"（《五人墓碑记》）中的"请"，也是这个意思。

　　汉宣帝刘询，西汉王朝第十位皇帝，汉武帝刘彻曾孙。刘询少时游历长安三辅，体察了解民情，深知百姓疾苦和吏治得失。在位期间，他重视选贤任能，贤臣循吏辈出，出现了"麒麟阁十一功臣"；他励精图治，减轻人民负担，恢复和发展农业生产。作为中国历史上有名的贤君，他统治期间，政治清明、社会和谐、经济繁荣、四夷宾服，综合国力强盛，史称"孝宣之治"。在以制定庙号和谥号严格而著称的西汉王朝，刘询成为拥有正式庙号的四位皇帝之一。

> **◇ 实兵演练**
>
> 　　"巫蛊之祸"后，尚在襁褓中的刘询因祖父刘据被诬陷而被投入监狱。"巫蛊之祸"是怎么回事呢？请上网查询。

　　汉宣帝的婚姻，颇有传奇色彩。《资治通鉴》记载："贺乃置酒请广汉。"饮到兴浓时，张贺对许广汉说："皇曾孙为皇上近亲，将来最不济也是一个关内侯，你可将女儿嫁给她。"许广汉答应了。当然，这时候的刘询还没有做皇帝，不仅如此，他还处在逆境之中。这里的"贺乃置酒请广汉"，翻译成现代汉语就是：张贺就摆下酒席，邀请许广汉前来赴宴。其中的"请"，讲作"邀请"。

孔子对周公一生的三个阶段曾给以评论。一是以儿子身份侍奉文王时，从不自以为是，而是谨慎恭敬，充分显示了对父亲的尊重。二是辅助幼小的成王处理国家大事时，诛杀、赏赐之类的大事都果断决定，不依赖他人，充分显示了他作为执政者的气魄和非凡才干。三是当成王长大成人、自己还政以后，却又能北面称臣，"请然后行"，没有一点骄傲自夸的表情，充分显示了他作为辅弼大臣的忠诚与谦恭。（《韩诗外传》卷七）这里的"请然后行"，翻译成现代汉语就是：凡事先请示后办理。其中的"请"，讲作"请示"。

张汤，西汉时人，曾助汉武帝推行盐铁专卖，打击富商，剪除豪强，颇受汉武帝宠信，多行丞相事，权势远在丞相之上。元鼎二年（公元前115年）十一月，因为御史中丞李文及丞相长史朱买臣的诬陷，张汤被逼自杀。死后其家产不足五百金，都是所得的俸禄及皇帝赏赐，没有其他产业。兄弟子侄想厚葬张汤，张汤的母亲说："张汤身为天子的大臣，被恶言污蔑而死，怎么能厚葬呢？"于是用牛车载运他的尸体，有内棺却没有外椁。皇上听说了此事，说："不是这样的母亲不能生出这样的儿子啊！"《汉书·张汤传》记载："其造请诸公，不避寒暑。"翻译成现代汉语就是：张汤前往问候拜见各位公卿大夫，从不回避天寒和酷暑。其中的"请"，讲作"谒见、拜见"。我们熟悉的"公子往，数请之，朱亥故不复谢"（见高中课文《信陵君窃符救赵》，出自《史记》）中的"请"，也是这个意思。

"请"除了前面的义项外，还讲作"请教"，如"余立侍左右，援疑质理，俯身倾耳以请（《送东阳马生序》）"；讲作"问"，如"诸将请所之，愬曰：'入蔡州取吴元济'"（《资治通鉴·唐纪五十六》）。

第**56**日

# 毛泽东：宜将剩勇追穷寇，
# 不可沽名学霸王

 **穷** 阻塞不通——走投无路——不得志——尽

宋国有个叫曹商的人为宋国出使秦国。临行前，宋王送给他好几辆车子。到了秦国，由于他能说会道，秦王十分高兴，竟赠送给他一百辆车子。这下，曹商简直高兴死了。

回到宋国，他见了庄子，喜不自禁地夸耀说："'处穷闾厄巷，困窘织屦，槁项黄馘者'，这是我做不到的，可一旦有施展才能的舞台，便能使随从的车辆达到百乘之多，这又是我超过他人的地方。"

庄子很明白，曹商言"处穷闾厄巷，困窘织屦，槁项黄馘者"，其实是讥刺挖苦自己。能言善辩的庄子会怎么反击呢？庄子说："秦王得病请医生，使痈疽痤疮破溃的可得马车一辆，舔尝痔疮的可得马车五辆，所治疗的部位越低下，得到的马车也就越多。您难道是给他治疗痔疮吗？不然，您为什么得到了这么多车子呢？"（《庄子·列御寇》）

所谓"处穷闾厄巷，困窘织屦，槁项黄馘者"，是说住在闭塞不通的小胡同里，困窘到靠编织麻鞋谋生，以致脖颈干瘪、面色饥黄。其中的"穷"，意思是阻塞不通。我们熟知的比喻到了末日的成语"日暮途穷"，其字面意思是天黑下来，路走到头了。其中的"穷"也是阻塞不通的意思。

由阻塞不通，又可引申出走投无路的意思。有个成语叫"穷鼠啮狸"，直解就是走投无路的老鼠也会咬猫。1949 年 4 月，解放军占领南京后，毛泽东写了一首七律，其中有两句已经成为名言："宜将剩勇追穷寇，不可

沽名学霸王。"意思是应该彻底、干净、全部地歼灭走投无路的敌人，不能沽名钓誉学习项羽，放走敌人。这里的"穷"，也是走投无路的意思。

"穷"还可引申出不得志的意思。孟子曾经说过："古之人，得志，泽加于民；不得志，修身见于世。穷则独善其身，达则兼善天下。"（《孟子·尽心章句上》）前面谈得志与不得志，显然后面的"穷"是指不得志，"达"是指得志。唐朝诗人王勃的《滕王阁序》脍炙人口，无人不知。其中有名句："老当益壮，宁移白首之心？穷且益坚，不坠青云之志。"翻译成现代汉语就是：年纪老迈而情怀更加豪壮，岂能因白发而改变初衷？不得志时境遇艰难而意志越发坚定，绝不会放弃直凌青云的志向。这里的"穷"，也是不得志的意思。

高中课文《荆轲刺秦王》写荆轲受燕太子丹之托前往刺杀秦王。为了取得信任受到秦王的接见，以便有机会刺杀秦王，荆轲带了两样礼物，一是从秦国叛逃到燕国的樊於期的头颅，二是燕国督亢的地图。到了秦国，一说带了这两样礼物，秦王非常高兴，自然要见荆轲。荆轲很有心计，他将匕首藏

在了卷起的地图中，躲过了安检。见到秦王后，"发图，图穷而匕首见"。"图穷"，也就是图尽，意思是全部打开。唐朝诗人王之涣《登鹳雀楼》中的"欲穷千里目，更上一层楼"，宋朝杨万里《晓出净慈寺送林子方》中的"接天莲叶无穷碧，映日荷花别样红"，都是名句，其中的"穷"也都是尽的意思。

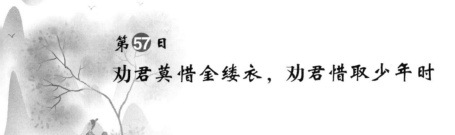

# 第57日
# 劝君莫惜金缕衣，劝君惜取少年时

**劝** 勉励、鼓励——规劝、劝说

鲁成公二年（公元前589年）的一个早晨，齐国和晋国在鞌交战。当时，给齐顷公驾车的是邴夏，车右是逢丑父。齐顷公对打败晋军信心满怀，说："我们将敌人消灭后再吃早饭吧。"于是，一场激战开始了。晋军并不像齐顷公想的那样不堪一击，而是个个勇猛顽强。后来，齐顷公的战车在前面跑，晋军韩厥的战车在后面追。逢丑父感觉不妙，弄不好就会被追上，于是和齐顷公换了位置。快到华泉时，拉车的马被树木绊住了，不能前进。逢丑父前几天晚上睡觉时手臂被蛇咬伤了，想下来推车也没有力气。这样，韩厥的战车追了过来，横在了齐顷公战车的前面，跟随韩厥的士兵则将齐顷公的战车包围了。逢丑父机智沉着，以国君的口吻命令齐顷公下车，赶紧乘坐副车去华泉取水。在韩厥看来，反正齐顷公也跑不了，现在他要人去取水，就随他吧。齐顷公乘坐副车走后，韩厥将逢丑父从战车上请了下来，他还认为逢丑父是齐顷公呢。

◇ 文化常识

古人乘车尚左（以左方为尊），尊者在左，御者在中，另有一人在右陪乘。陪乘叫作骖乘，又叫车右。兵车情况不同。君王或主帅的指挥车，君王或主帅居中自掌旗鼓，御者在左，车右都是有勇力之士，任务是执干戈以御敌，并负责战争中的力役之事（如地势险阻需下车助推等）。一般兵车则是御者居中，左边甲士一人持弓，右边甲士一人持矛。

逢丑父被带到了晋军主帅郤克面前。在郤克看来，将齐国国君处死，齐国群龙无首，那么再降服整个齐国就容易了，于是打算将逢丑父处死。逢丑父知道郤克也把自己误认作齐顷公，就大声喊道："到现在为止，还没有听说有谁能够代替他的国君受难！现在有一个这样的人在这里，还要被杀死吗？"郤克听后，

**思维体操**

忠诚，无论是过去，还是现在，还是将来，永远是最宝贵的品质。

觉得蹊跷，便问缘由，这才知道站在自己面前的不是齐顷公，而是逢丑父。他为逢丑父对国君的忠诚所感动，说："人不难以死免其君，我戮之不祥，赦之以劝事君者！"（《左传·成公二年》）

郤克的话翻译成现代汉语就是：一个人不怕牺牲自己来使自己的国君免于祸患，我杀了他是不吉祥，赦免了他用来勉励侍奉国君的人吧！其中的"劝"，是勉励、鼓励的意思。

商鞅担任秦相十年，强力推行变法，损害了秦国宗室贵戚的利益，他们中的一些人恨不能将商鞅食肉寝皮。后来，一个名叫赵良的秦国隐士拜见商鞅，说："现在你的处境很危险，我看你最好交还受封的十五个城邑，在偏远僻静的乡下灌溉菜园，'劝秦王显岩穴之士'，赡养老人，抚养孤儿，尊敬父兄，让有功之人得到应有的地位，尊崇仁德之人，这样你才可以稍微求得平安。如果不是这样，秦王一旦离开人世，秦国想要抓捕你的人可能马上就会到来。"后来的事实确实如赵良所言。秦孝公去世后，太子即位，抓捕商鞅，竟以车裂之刑将其五马分尸。（《史记·商君列传》）

**实兵演练**

含有"劝"字的诗句不少，试着再找出一些。

这里的"劝秦王显岩穴之士"，翻译成现代汉语就是：规劝秦王任用长居山林的贤才。其中的"劝"，讲作"规劝、劝说"。我们熟知的"劝君更尽一杯酒，西出阳关无故人"（《送元二使安西》）、"劝君莫惜金缕衣，劝君惜取少年时"（《金缕衣》）、"劝君今夜须沉醉，尊前莫话明朝事"（《菩萨蛮》）中的"劝"，也是这个意思。

第**58**日
## 有美一人，婉如清扬

**如** 到——像——如果——词尾——赶得上

公元前 311 年，秦国打算将汉中割给楚国，同楚国讲和。楚王说，不愿得到土地，只要能够得到张仪就可以了。张仪听说后，说："用我一个张仪而抵汉中，'臣请往如楚'。"楚王原本是想得到张仪后就治他的罪，以解过去张仪欺骗自己的仇恨。谁知张仪不是等闲之辈，他到了楚国后通过贿赂让楚王宠爱的妃子郑袖为自己说话，结果糊涂的楚王又放走了张仪。待屈原提醒，楚王也想过来了，又去追赶张仪，又哪里能够追得上呢。(《史记·屈原贾生列传》)

"臣请往如楚"，翻译成现代汉语就是：请允许我到楚国去。这里的"如"，讲作"到"。

孔子出外游历，见到了两个孩子在辩论。一个孩子说，"日初出大如车盖"，到了中午就像盘子那么大了，由此知道太阳刚出来时离人近，中午时离人远。另一个孩子则持反对意见。谁对谁错呢？竟把孔子给难住了。(《列子·汤问》)

◇ **实兵演练**

孔子不是非常博学吗？读了这则故事后，你会产生怎样的感想？

"日初出大如车盖"，翻译成现代汉语就是：太阳刚出来时像车盖那么大。这里的"如"，讲作"像"。

张衡在公元 132 年用精铜制造了候风地动仪。"如有地动"，仪器外面

✎ **实兵演练**

我国古代的科学家，除了张衡外，还有哪些？就你知道的，写出他们的名字。

的龙就震动起来，机关发动，龙口吐出铜丸，下面的蛤蟆就把它接住。铜丸震击的声音清脆响亮，守候机器的人因此得知发生地震的消息。(《后汉书·张衡传》)

"如有地动"，翻译成现代汉语就是：如果发生地动。这里的"如"，讲作"如果"。我们熟知的"洛阳亲友如相问，一片冰心在玉壶"(《芙蓉楼送辛渐》)中的"如"，也是这个意思。

《诗经·郑风》中有一首《野有蔓草》，其中有几句是："有美一人，婉如清扬。邂逅相遇，与子偕臧。"翻译成现代汉语就是：漂亮姑娘有一位，眉清目秀容貌美。今日有缘喜相遇，与你携手把路行。其中的"如"，与"空空如也""突如其来"中的"如"一样，都是词尾，没有实在意义。

"如"除了前面的义项外，还可讲作"赶得上"，如"天时不如地利，地利不如人和"(《孟子·公孙丑章句下》)，再如"臣之壮也，犹不如人"(见高中课文《烛之武退秦师》，出自《左传》)。

## 第59日
## 非大王孰能用是

**孰** 谁、哪一个——通"熟",仔细——和"与"组成"孰与",讲作"与……比,哪一个……"

春秋时,齐国大夫陈子车在卫国死了,他的妻子和家宰商量用人为他殉葬,商定之后,孔子的学生、陈子车的弟弟陈子亢来了。陈妻和家宰很怕陈子亢不同意用人为陈子车殉葬,就说:"他老人家有病,在地下没有人侍奉,肯定也希望能用人为他殉葬。"子亢听后说:"殉葬是不合礼的。虽然如此,但兄长有病,应当去侍奉他的,哪一

**◇ 思维体操**

　智慧的陈子亢在这里用了以其人之道还治其人之身的方法,制止了用人殉葬。

　家宰:为大夫办理家务的总管。

个能够赶得上他的妻子和家宰呢? 如果殉葬这件事情可以取消,那我愿意取消;如果不能取消,那我就想用您二位来侍奉我哥哥了。"陈妻和家宰听后,顿时吓得面如土色,连说糊涂,没有想到殉葬不合礼。这样,也就没有用人为陈子车殉葬。(《礼记·檀弓下》)

这里的"哪一个能够赶得上他的妻子和家宰呢",用文言来说就是:孰若妻与宰。其中的"孰",讲作"谁、哪一个"。

齐宣王喜欢射箭,特别喜欢听别人夸他能拉硬弓。左右的随从摸透了他的脾气,专挑好听的字眼说,将他捧得晕晕乎乎,连东西南北也分不清了。有一天,齐宣王为了显示自己的能耐,故意让手下人挨个儿试拉他的

135

"宝弓"。他的弓实际上只要有三石的力气就可拉开，可他的手下人呢？有的才拉开一小半，就又是鼓胸脯又是喘大气；有的拉开一半，就连连伸胳膊蹬腿，说是闪了肩膀扭了腰。他们都说："没有九石的力气是拉不开这弓的，'非大王孰能用是'！"齐宣王听了呵呵大笑，张大的嘴巴半天也合不拢。齐宣王用的不过是三石力的弓，但直到进棺材，他却始终以为自己拉的是九石力的弓。（《尹文子·大道上》）

这里的"非大王孰能用是"，翻译成现代汉语就是：如果不是大王您，谁能用这弓呢？其中的"孰"，也讲作"谁、哪一个"。

古代庆典祭祀，按照礼的规定，天子的舞队由六十四人组成，诸侯的舞队由四十八人组成，大夫的舞队由三十二人组成，士的舞队由十六人组成。季氏只不过是鲁国的一个大夫，却用六十四人组成的舞队，也就是用了天子的规格，对此孔子怒不可遏，说："是可忍也，孰不可忍也？"（《论语·八佾》）

孔子的话，翻译成现代汉语就是：如果这件事情都可以容忍的话，那么还有哪一件事情不能容忍呢？其中的"孰"，讲作"哪一件"。

有一天，蜘蛛对蚕说："你每天吃饱桑叶，一天天长大，然后从嫩黄的嘴里吐出纵横交错的长丝，织成茧壳，把自己牢牢地封裹起来。蚕妇把你放进开水中，抽出长丝，最后毁了你的身躯和茧壳。你口吐银丝的绝技恰恰成了杀死自己的手段，这样做不是太愚蠢了吗？"蚕回答道："我固然是杀死了自己，但是，我吐出的银丝可以织成精美的绸缎，皇帝穿的龙袍、百官穿的朝服，'孰非我为'？你也有吐丝织网的绝技。你张开罗网，坐镇中央，蝴蝶、蚊子、蜜蜂等只要撞入你的罗网，就统统成了你口中的美餐，没有一个能够幸免。你的技术是够高超的了，但专门用来捕杀别的动物，是不是太残忍了呢？"蜘蛛很不以为然，说："为别人打算，说得多好听！我宁愿为自己！"（《雪涛小说·蛛蚕》）

这里的"孰非我为"，翻译成现代汉语就是：哪一件不是用我吐出的长丝织成的？其中的"孰"，也讲作"哪一件"。

除了前面的义项外，"孰"还通"熟"，讲作"仔细"，如"明日，徐公来，孰视之，自以为不如"（见初中课文《邹忌讽齐王纳谏》，出自《战国策》）；和"与"组成"孰与"，讲作"与……比，哪一个……"，如"我孰与城北徐公美"（见初中课文《邹忌讽齐王纳谏》，出自《战国策》）。

# 第60日
# 因知少君是数百岁人矣

**数** 音"shù"，几——音"shù"，运数——音"shǔ"，列举——音"shuò"，屡次、多次——音"shù"，数量——音"shǔ"，计算

◆ **知识拓展**

我们熟知的"忽逢桃花林，夹岸数百步，中无杂树"（陶渊明《桃花源记》）中的"数"，也是这个意思。

李少君是汉武帝时的方士，西汉司马迁在《史记》中记载他曾给汉武帝献长生不老的药方。葛洪《神仙传》中说，一次李少君看见汉武帝那里有个旧的铜器，就说："当年齐桓公经常在床头放着这个东西。"汉武帝听他这么说，就看看上面所刻的字，果然是以前齐国的东西，"因知少君是数百岁人矣"，但看上去，他就像五十几岁的人，面色红润，皮肤有光泽，说话的声音也像少年一样。

这里的"因知少君是数百岁人矣"，翻译成现代汉语就是：因此知道李少君是几百岁的人了。其中的"数"，音"shù"，讲作"几"。

周国有一尹氏，其家中的仆役起早摸黑得不到休息。其中有个老仆人，白天呻吟着去劳作，到了晚上就昏昏然疲惫得熟睡。他夜夜梦见自己做了国君，在宫殿楼台中游乐宴饮，随心所欲，快乐无比。但毕竟是梦，醒来后还要去劳作。有人见他可怜就宽慰他，他却说："人生百年，昼夜各一半。我白天为仆役，苦是很苦了，可是到了晚上就做国君，其快乐是无可比拟的。我又有什么怨言呢？"

尹氏白天这里走走，那里看看，唯恐有人偷奸耍滑，唯恐有人偷其钱财，也是身心疲惫，到了晚上也是昏昏然疲惫而睡，也是夜夜做梦，但他是梦见自己为人奴仆，奔走服役，遭受责骂鞭打，通宵达旦痛苦呻吟说梦话。

尹氏十分苦恼，便去向朋友求教。这个朋友说："你的地位足以让自己荣耀，你的财富超过别人很多，但晚上做梦当了奴仆。苦乐相互交替，'数之常也'。你想醒时睡时都得到快乐，哪里能够办得到呢？"（《列子·周穆王》）

这里的"数之常也"，翻译成现代汉语就是：这也是运数的常理。其中的"数"，音"shù"，讲作"运数"。

唐太宗有一匹好马，有一天这马无病却突然死了。唐太宗既悲伤又生气，扬言要杀死养马的宫人。长孙皇后说："从前齐景公因为马死了要杀人，'晏子请数其罪云'：'你养的马死了，是你的第一条罪；让国君因马杀人，百姓知道了，必

> **思维体操**
> 长孙皇后不愧为贤内助。唐太宗能够虚心听取他人的意见，难能可贵。

定怨恨我们的国君，是你的第二条罪；诸侯知道了，必定轻视我们齐国，是你的第三条罪。'齐景公听后便赦免了养马人的罪。陛下读书曾经读到过这件事情，难道忘记了？"太宗听了这话才平下气来。他对房玄龄说："皇后在很多事情上启发帮助我，对我很有好处。"（《贞观政要·论纳谏》）

这里的"晏子请数其罪云"，翻译成现代汉语就是：晏子请求列举他（指养马人）的罪状说。其中的"数"，音"shǔ"，是列举的意思。我们熟知的"数吕师孟叔侄为逆"（《〈指南录〉后序》）中的"数"，也是这个意思。

秦穆公发现西戎的将领由余是不可多得的奇才，便用王廖之计，送给戎王两队歌伎舞伎以让戎王痴迷歌舞，荒疏朝政，让正直的由余与其产生隔阂。戎王果然中计，他每日大摆筵席，欣赏歌舞，日夜不停，一年到头都在纵酒作乐。由余

> **思维体操**
> 秦穆公能够富国强兵，与他重视人才，千方百计获取人才是分不开的。

"数谏不听"，于是便离开西戎到了秦国。秦穆公大喜，亲自迎接，拜他为上卿。有了由余的帮助，秦国吞并了西戎十二国，开辟疆土上千里。（《韩诗外传》卷九）

　　这里的"数谏不听"，翻译成现代汉语就是：多次规劝戎王，戎王不听。其中的"数"，音"shuò"，讲作"屡次、多次"。我们熟知的"范增数目项王，举所佩玉玦以示之者三，项王默然不应"（见高中课文《鸿门宴》，出自《史记》）中的"数"，也是这个意思。

　　除了前面的义项外，"数"还可讲作"数量"，音"shù"，如"五陵年少争缠头，一曲红绡不知数"（《琵琶行》）；讲作"计算"，音"shǔ"，如"今操得荆州，奄有其地，刘表治水军，蒙冲斗舰乃以千数"（见高中课文《赤壁之战》，出自《资治通鉴》）。

# 第61日
# 晋平公：有说则生，无说则死

**说** 音"shuì"，劝说——音"shuō"，陈述——音"yuè"，通"悦"——音"shuō"，说法——音"shuō"，谈说、讲说——音"shuō"，评议、谈论

　　春秋时，流亡国外的晋文公重耳回到晋国后，三次对跟随自己流亡的人员进行奖赏，但都没有陶叔狐。陶叔狐对晋文公的舅父狐偃说："我随君主流亡十一年，也受了不少累，吃了不少苦。可是君主每次奖赏都没有我，是君主把我给忘了吗？"狐偃把这件事跟自己的外甥晋文公说了，晋文公说："我怎么会忘了陶叔狐呢？我的奖赏是有标准的。对于那些用道理明示我，'说我以仁'，让我德才兼备的人，我给予最高奖赏；对于那些用道义规范我、约束我，让我不做错事的人，我给予次一等的奖赏；对于那些勇武雄健，不怕牺牲，将我从危难中解救出来的人，我给予更次一等的奖赏。至于陶叔狐，该不在这三类人之中。"（《韩诗外传》卷三）

　　这里的"说我以仁"，翻译成现代汉语就是：用仁德劝说我。其中的"说"，音"shuì"，是劝说的意思。我们熟知的"公子患之，数请魏王，及宾客辩士说王万端"（见高中课文《信陵君窃符救赵》，出自《史记》）中的"说"，也是这个意思。

　　管仲、隰朋"说其义"，给齐桓公讲述治国策略。正月之初，齐桓公

思维体操

齐桓公能够成为春秋五霸之一，与其重视人才不无关系。

祭祀列祖列宗。他面向西站着，管仲、隰朋面向东站着。齐桓公说："我得到二位先生后，我的眼睛更明亮，我的耳朵更灵敏。我今天向列祖列宗报告一下，让他们也知道，高兴高兴。"（《韩诗外传》卷七）

这里的"说其义"，翻译成现代汉语就是：陈述他们的主张。其中的"说"，音"shuō"，是陈述的意思。

思维体操

齐景公的臣子个顶个都是非凡人物，即使君王弱一些，其他国家也不敢小觑。

晋平公企图攻打齐国，于是先派范昭前往齐国打探虚实。在齐景公举办的宴会上，范昭说："请把君王用过的酒杯给我。"齐景公说："给我的酒杯斟满酒，进献给客人。"范昭饮完酒后，晏子对手下人说："把这个酒杯撤了，换上新的。"范昭假装酒醉，"不说而起舞"，对太师说："你能为我演奏周王朝的音乐吗？我给你配舞。"太师回答说："我没有学过呢。"范昭听后，便从宴会厅离开了。

齐景公对晏子说："今天您激怒了晋国的来使，打算怎么办？"晏子回答说："范昭并非不懂礼节，他是来试探我们君臣的，所以我撤了您的酒杯。国君您使用的酒杯，他一个臣子怎么能使用呢？"齐景公问太师："您为什么不给客人演奏周王朝的音乐呢？"太师回答说："那周王朝的音乐，是天子才能享用的，范昭仅是一个臣子，怎么配享用？"

范昭回到晋国，将情况向晋平公作了汇报，说："我想试探他们的君王，却被晏子识破了；我想冒犯他们的音乐礼仪，却被太师一眼看穿了。如此看来，齐国不能攻打。"（《晏子春秋·内篇·杂篇》）

这里的"不说而起舞"，翻译成现代汉语就是：不高兴地起身跳舞。其中的"说"，通"悦"，音"yuè"，高兴的意思。我们熟知的"学而时习之，不亦说乎"（《论语·学而》）中的"说"，也是这个意思。

晋平公藏宝的台子突然起火了，大火三天三夜才被扑灭。公子晏听说后，拿着五匹帛前来祝贺。晋平公十分生气，说："百官都跑来救火，只有你不但不来救火，还来祝贺，是因为什么？'有说则生，无说则死！'"

公子晏回答说："我怎么敢无理取闹？我听说，帝王的宝物藏在天下人民中间，诸侯的宝物藏在全国百姓之中。现在百姓连糟糠都吃不饱，大王您的赋税却仍然征收不止，且所收大半都藏在这个台子里，所以上天降火烧它。我还听说，过去夏桀残害百姓，赋税没完

◇ 作文课堂
如果作文时给你这则材料，你又将如何立意呢？

没了，百姓十分艰难，所以商汤消灭了他，他也被天下人耻笑。现在上天降火烧了藏宝的台子，这是大王您的福气，而大王您却没有悔悟，我担心大王也会被邻国耻笑。"晋平公听后，说："好！从今以后，我要把宝物藏在百姓之中。"（《韩诗外传》卷十）

这里的"有说则生，无说则死"，翻译成现代汉语就是：你如果能给出个说法，那么就活下去；如果给不出个说法，那么就只有死了。其中的"说"，音"shuō"，是说法的意思。

"说"除了前面的义项外，读"shuō"时，还可讲作"谈说、讲说"，如"低眉信手续续弹，说尽心中无限事"（《琵琶行》）；讲作"评议、谈论"，如"稻花香里说丰年，听取蛙声一片"（《西江月·夜行黄沙道中》）。

# 第62日
# 吕习"悲喜不能自胜"

**胜** 能承受——尽——超过、胜过——战胜——好、吉祥——胜利——优美的

✎ **实兵演练**

请以吕习的口吻写作《难忘的一天》，字数不限。

吕恭带着一个男仆和一个婢女去太行山中采药，遇到了仙人，和仙人在一起生活了两天，仙人给了他长生不死的秘方。仙人说："您可以回家看看了。"吕恭就磕头告辞。仙人又说："你虽然来了两天，人世间却已经过去二百年了。"

吕恭回到家，只看到自己的房子里空空荡荡，已经没有人居住了。他遇到一个叫赵辅的，就问他吕恭的家人现在都在哪里。赵辅问道："您从哪里来啊？怎么问这么久的人？我以前听先人们说，以前有个叫吕恭的，带着仆人婢女去太行山采药，再也没有回来，都认为他被虎狼等野兽吃掉了，已经过去了二百多年了。吕恭有个好几代的孙子吕习，住在城东十几里远的地方，您去打听一下很容易就能找到。"

吕恭按照赵辅的话，找到了吕习的家，敲了一阵门后，家中的仆人出来问道："您从哪里来啊？"吕恭说："这是我家，我以前跟着仙人走了，到今天已经二百多年了。"仆人听说后，跑回去告诉了吕习。吕习惊喜万分，赤着脚就跑了出来，连忙磕头说："仙人回来了啊！"吕习"悲喜不能自胜"。吕恭也十分高兴，就把秘方传授给了吕习，住了几天后，又离去

了。(《神仙传》)

这里的 "悲喜不能自胜"，翻译成现代汉语就是：又是悲伤，又是喜悦，以致不能承受。其中的 "胜"，讲作 "能承受"。

张道陵住在鹄鸣山，通过练习精思来锻炼心志。一天，忽然有无数天人从天而降，他们的坐骑成千上万，车子都是金子做的，车顶都用羽毛装饰，拉车的不是龙就是虎，"不可胜数"。有的天人自称柱下史，有的自称东海小童，他们传授给了张道陵新出的道法。

**实兵演练**
张道陵让不参加修复道路的人生病，对此，你怎么看？

张道陵学了道法后，能给人看病，于是老百姓都来找他，将他当天师供奉，他收的弟子达到好几万。张道陵于是设立了祭酒的职位，对弟子进行管理。他还带领众人去修复道路。那些不参加的人，张道陵就让他们生病，以此作为惩罚。(《神仙传》)

这里的 "不可胜数"，翻译成现代汉语就是：不能够尽数。也就是多得数不过来的意思。其中的 "胜"，讲作 "尽"。我们熟知的 "何可胜道也哉"(《游褒禅山记》)中的 "胜"，也是这个意思。

沈建想去远游，就将家中的一个婢女、三个仆人、一头驴、十只羊安置在了一户人家，并给了他们各自一粒药丸服下。他对这户人家的主人说："只需要您家的房子安顿一下他们即可，不需要您为他们提供饮食。"沈建走后，这户人家的主人万分奇怪，说："存放了十五口人畜，却没有留下一分钱。说是不用提供饮食，难道他们不吃不喝？"

**实兵演练**
沈建远游回来后，这户人家的主人见到沈建，他们之间会有怎样的对话呢？

到了吃饭的时候，善良的主人还是给奴婢们送去了饭食，但他们一闻到饭菜的味道，就马上反胃。主人又给驴和羊喂草，但那些驴和羊都走开了，一口草也不吃，甚至还要顶撞人。一百多天后，奴婢们肌肤的光泽 "胜食之时"，驴和羊也都肥壮得像一直被喂养着一样。(《神仙传》)

这里的 "胜食之时"，翻译成现代汉语就是：超过吃饭的时候。也就是都比之前吃饭的时候还要好的意思。其中的 "胜"，讲作 "超过、胜过"。我们熟知的 "日出江花红胜火，春来江水绿如蓝"(《忆江南》)中的

"胜"，也是这个意思。

晋文公与楚国打仗，取得重大胜利，烧了楚国的营垒，大火三天不灭。晋文公班师回朝后有忧愁的表情，左右侍臣很不理解，问道："'君大胜楚而有忧色'，这是因为什么呢？"晋文公说："我听说通过战争获取胜利又能长治久安的只有圣人，至于那些靠欺诈获取胜利的人，没有不陷入危险境地的，我因此才忧愁。"（《韩诗外传》卷七）

这里的"君大胜楚而有忧色"，翻译成现代汉语就是：国君您大大地战胜了楚国却有忧愁的表情。其中的"胜"，讲作"战胜"。我们熟知的"其势弱于秦，而犹有可以不赂而胜之势"（《六国论》）中的"胜"，也是这个意思。

贞观五年（公元631年），主管部门给唐太宗上书说："皇太子即将举行冠礼，应当在二月里举行才吉祥，请增加兵卫仪仗，使礼节齐备。"唐太宗不同意，说："如今春耕生产刚刚开始，怕会妨碍农事。"于是下令改在十月里。太子少保萧瑀上奏章说："按照阴阳家推算，'用二月为胜'。"唐太宗说："阴阳讲究禁忌，我从来不搞那一套。如果一举一动都必须按照阴阳家所说的去办，不顾实际情况，却想求得福佑吉祥，这难道可能得到吗？如果所做的都遵照正道，自然经常吉祥，而且吉祥取决于人，怎能依靠阴阳禁忌？农时很要紧，一刻也不能耽误啊！"（《贞观政要·务农》）

这里的"用二月为胜"，翻译成现代汉语就是：在二月里为好。其中的"胜"，讲作"好、吉祥"。

除了前面的义项外，"胜"还可讲作"胜利"，如"是故百战百胜，非善之善者也"（《孙子兵法·谋攻》）；讲作"优美的"，如"四顾奇峰错列，众壑纵横，真黄山绝胜处"（《游黄山日记》）。

第**63**日

# 孔子：弟子识之，足以诚矣

**识** 知道——认识——知识、见识——音"zhì"，记住

沈羲曾在蜀地学道术，能够给人消灾治病，救济百姓，虽然还不知道炼丹服药成仙，但他的功德感动了上天，"天神识之"。一次，他和妻子乘车去儿媳妇孔宁家，回来的路上遇到了三辆车，拉车的分别是白鹿、青龙、白虎，每辆车都有几十个骑马的随从，这些随从都穿着红色的衣服，手中拿着长矛，腰里挎着宝剑。其中一个随从问沈羲："你是沈羲吗？"沈羲有点惊愕，不知道发生了什么事情，于是回答说："是的。"这个随从又说："你对

老百姓有功劳，心里也不忘求道。现在黄帝和老子派仙官来接你。坐在白鹿车上的是侍郎薄延之，坐在青龙车上的是度世君司马生，坐在白虎车上的是迎接的迎使者徐福。"过了一会儿，三位仙人下了车，他们都穿着羽毛做的衣服，拿着符节，走到沈羲面前，将他请到车上，一起升天走了。升天走的时候，在路边田地里劳作的人们都看到了。不长时间，天地间起了大雾，等雾散了，人们就看不见他们了，只看到原来给沈羲夫妻拉车的牛还在路边吃草。（《神仙传》）

这里的"天神识之"，翻译成现代汉语就是：天上的神仙知道了他。

其中的"识"，讲作"知道"。我们所熟悉的"知可以战与不可以战者胜，识众寡之用者胜"（《孙子兵法·谋攻》）中的"识"，也是这个意思。

> ◇ **文化常识**
>
> "辟谷"源自道家养生中的"不食五谷"，是古人常用的一种养生方式。它源于先秦，流行于唐朝，又称却谷、去谷、绝谷等。传统的辟谷分为服气辟谷和服药辟谷两种主要类型。服气辟谷主要是通过绝食、调整气息（呼吸）的方式来进行，其效用目前缺乏科学依据；服药辟谷则是在不吃主食（五谷）的同时，通过摄入其他辅食（坚果、中草药等）对身体机能进行调节。

孔元方是河南许昌人，他在河岸边挖了一个长宽都有一丈多的地下室，住在里面辟谷不食，有时一个月，有时两个月。这个地下室的入口处有一棵柏树，生长在弯弯曲曲、十分隐蔽的道路深处的草丛中，以至于孔元方的弟子有急事来找他都找不到。后来有一个名叫冯遇的少年，喜欢道术，想要服侍孔元方，找了一个阶段，终于找到了他。孔元方说："人们都来找过我，却都没有找到。你能找到，说明你与我有缘。"于是就给了他两卷道书，说："这是学道的要诀，四十年内要传给下一个人，如果找不到可传授的人，那么就等到八十年，在这期间传给两个人。可以传授却不传，就是把天道关闭了；不能传授却传了，就是泄露天机。这两种情况都会让子孙遭殃。我已经找到了我的传人，我可以走了。"他回家告别了妻子儿女，去了西岳华山。后来又过了五十多年，他回了趟家，"时人尚有识之者"（《神仙传》）。

最后一句，翻译成现代汉语就是：当时还有认识他的人。其中的"识"，讲作"认识"。我们熟知的"莫愁前路无知己，天下谁人不识君"（《别董大》）中的"识"，也是这个意思。

> ◇ **文化常识**
>
> 三王，指夏禹、商汤、周文王（有说是周武王）。五帝，一般是指黄帝、颛顼、帝喾、唐尧、虞舜。三皇，一般是指伏羲、女娲（有说是燧人）、神农。

宋国的太宰去拜见孔子，问道："您是圣人吗？"孔子听后，笑了笑，回答说："说我是圣人，我哪里敢当？'然则丘博学多识者也。'"太宰又问："三王是圣人吗？"孔子回答道："三王善于任用智慧勇敢的人，是不是圣人我还真不知道。""那么，五帝该是圣人吧？""我只知道五帝善于任用推行仁义的人，是不是圣人我也不知道。""三皇是圣人吗？"看来，太宰今天是非要找出几个圣人来不可。"三皇善于任用适应时代发展的人，是不是圣人我也不知道。"太宰听了十分吃惊，说道："三王、五帝、三皇，您这么博学都不敢肯定他们是不是圣人，那么世上是没有圣人了？"孔子沉默了一会儿，回答说："西方有个圣人，不治理天下而天下不混乱，不发表言论而天下人自然信任他。我揣度着他就是圣人，不知道他真的是圣人，还是真的不是圣人？"（《列子·仲尼》）

这里的"然则丘博学多识者也"，翻译成现代汉语就是：我不过是一个能够广泛学习、知识比较多的人罢了。其中的"识"，讲作"知识、见识"。我们熟知的"非学无以致疑，非问无以广识"（《问说》）中的"识"，也是这个意思。

孔子和弟子们正乘车在路上走着，突然传来非常悲哀的哭声。孔子催促道："快赶车！快赶车！前面有位贤人。"到了一看，原来是披着粗布衣服、拿着镰刀的皋鱼正蹲在路边哭泣。孔子赶紧下车，来到皋鱼身边，问道："你家人最近身体都挺健康的，你还有什么伤心事啊？"皋鱼回答说："我失去了三样东西。"孔子一愣，问道：哪三样？皋鱼回答说："年轻时把时间放在学习和周游列国方面，这期间我的父母去世

◇ 作文课堂

写以"孝敬父母"为话题的作文时，常引用出自这里的"树欲静而风不止，子欲养而亲不待"，同学们不妨背熟。

了，这是一大损失；我注重修养，忠于事业，不侍奉昏庸的国君，但结果老来还是一事无成，这是又一大损失；我和朋友感情深厚，但后来断了关系，这是第三大损失。唉，'树欲静而风不止，子欲养而亲不待'。过去了就追不回来的是年华，失去了就不能再见的是父母。"孔子听后，回头对弟子们说："弟子识之，足以诫矣。"（《韩诗外传》卷九）

孔子听了皋鱼的话后对弟子们所说的话，翻译成现代汉语就是：同学们记住这些话，这些话值得引以为戒。其中的"识"，音"zhì"，讲作"记住"。还是孔子的话，大家很熟悉——"小子识之，苛政猛于虎也。"（《礼记·檀弓下》）其中的"识"，也是这个意思。

## 第64日
## 新人工织缣，故人工织素

**素** 没有染色的绢——白色的——质朴的、本色的、不加修饰的——白白地——向来、一向

◇ 思维体操

看来，作为领导人或社会公众人物，一言一行必须谨慎，必须充分考虑社会影响，否则将造成严重的后果。

穿衣戴帽，各有所好。这是就一般人而言。如果是国君，那情况就不一样了。当年的齐桓公特别喜欢穿紫衣服，无论是在朝廷处理国家大事，还是在家中与妻子儿女相处，都是一身紫衣服。上行下效，全国的老百姓都以穿紫衣服为荣为美。结果呢，在市场上"五素不得一紫"。桓公了解到这种情况后，很是不安，对管仲说："因为我喜欢穿紫衣服，全国百姓便都喜欢穿紫衣服，导致紫衣服特别贵，我该怎么办呢？"管仲说："君王想要改变这种状况，为什么不尝试着自己不去穿紫衣服呢？在您身体力行的同时，将您不喜欢紫衣服的信息传出去，比如近侍中恰巧有穿紫衣服进见的人，您就说：'稍微退后一点，我厌恶紫衣服的气味。'"桓公说："我试试您所说的办法。"齐桓公按管仲所说的办法做了，过了几天，齐国境内也就没有人穿紫衣服了。不用说，紫衣服的价格也一落千丈，甚至无人问津了。（《韩非子·外储说左上》）

这里的"五素不得一紫"，翻译成现代汉语就是：五匹没有染色的绢也换不到一匹紫色的布。其中的"素"，是指没有染色的绢。

150

《玉台新咏》中有一首名为《上山采蘼芜》的乐府诗，基本上是用对话写成，浅显易懂，全诗如下：

> 上山采蘼芜，下山逢故夫。
>
> 长跪问故夫，新人复何如？
>
> 新人虽言好，未若故人姝。
>
> 颜色类相似，手爪不相如。
>
> 新人从门入，故人从阁去。
>
> 新人工织缣，故人工织素。
>
> 织缣日一匹，织素五丈余。
>
> 将缣来比素，新人不如故。

> **◇ 知识拓展**
>
> 还有一首古乐府诗《饮马长城窟行》，其中有几句是："客从远方来，遗我双鲤鱼。呼儿烹鲤鱼，中有尺素书。"其中的"素"，也是指没有染色的绢。大家不妨找这首诗来读读。

这首诗歌叙述了一对被迫离异的夫妻在一次偶然相遇时共诉衷肠，表达对彼此的思念，从而曲折地控诉、抨击了封建礼教。在这首诗歌中，"素"字出现了三次，也都是指没有染色的绢。当然，最后两句是一语双关，表面上是说新人所织的缣赶不上故人所织的素，实质上是说新人赶不上故人，也就是新娘子赶不上原来的爱人！"故夫"内心苦楚溢于言表。

春秋时，秦穆公派大军偷袭郑国不成，在回国途中经过崤山时遭到晋国军队伏击，秦军大败，将领孟明视、西乞术、白乙丙被俘，后来由于秦穆公的女儿、晋文公的夫人文嬴向晋襄公求情，才被放回国。

> **◇ 作文课堂**
>
> 作为国家最高领导人，能够有勇气承认错误，也是难能可贵的。写作文论证"贵在知错能改"，不妨使用秦穆公的这个例子。

大军出发之前，秦穆公曾去咨询蹇叔，蹇叔极力反对远道偷袭郑国。秦穆公鬼迷心窍，不但听不进蹇叔的意见，而且还派人去诅咒蹇叔。现在秦穆公后悔不迭，"素服郊次"，对着被释放回来的孟明视等人哭着说："我没有听蹇叔的话，以致让军队打了败仗，使你们几位受辱，这是我的罪过啊！"（见高中课文《崤之战》，出自《左传》）

这里的"素服郊次"，翻译成现代汉语就是：穿着白色衣服在郊外等候。其中的"素"，讲作"白色的"。

窦娥被张驴儿诬陷毒死了他的父亲，官府不分青红皂白，将她判为死刑。临刑时，窦娥发下了三桩誓愿，一是血溅白练，二是六月飞雪，三是亢旱三年。在发下第二桩誓愿后，窦娥还说："若果有一腔怨气喷如火，定要感的六出冰花滚似棉，免着我尸骸现；要什么素车白马，断送出古陌荒阡？"（《窦娥冤》）

> ✎ **实兵演练**
> 行文力避重复。你能够再举几个例子吗？

这里的"素车白马"，就是白车白马的意思，其中的"素"，也讲作"白色的"。之所以用"素"不用"白"，是为了力避重复。

"素"除了前面的义项外，还可讲作"质朴的、本色的、不加修饰的"，如"素面朝天"；讲作"白白地"，如"彼君子兮，不素飧兮"（《诗经·魏风·伐檀》）；讲作"向来、一向"，如"素不相识"。

# 第65日
## 柳庄：君反其国而有私也

私　私心——私自——悄悄地——私人的、自己的——偏爱——贿赂

　　鲁襄公十四年（公元前559年）卫孙文子作乱，卫献公逃亡到了齐国，卫国人立公孙剽为君。鲁襄公二十六年（公元前547年），宁喜杀公孙剽，献公复归卫国。献公到了城郊，想到跟随他逃亡十几年的臣子一个个都赤胆忠心，便要分赏封地给他们。柳庄对此很忧虑，规劝道："如果都守卫国家，那谁来奔走效力跟随着您呢？如果都寸步不离跟着您，那谁来守卫国家呢？'君反其国而有私也'，这恐怕不可以吧？"献公听后，想了想，认为柳庄说的很有道理，就没有再拿土地来赏赐跟随自己的臣子。（《礼记·檀弓下》）

　　这里的"君反其国而有私也"，翻译成现代汉语就是：国君返回国家而有私心。其中的"私"讲作"私心"，也就是不公道的意思。

　　猱身体轻捷，善于爬树，一对爪子像小刀一样尖利。它经常向老虎献媚，博取老虎的欢心。这几天老虎的头皮发痒，在树干上蹭。猱柔声蜜语地说："大王，在树上蹭多不卫生啊，再说也不解痒。我给您搔搔吧。"说着便跳上了虎头，用尖利的爪子给老虎搔

✎作文课堂

　　如果作文给你这则材料，你会怎样立意呢？

✎作文课堂

　　是写老虎，更是写人。古往今来，由于爱听奉承话，把坏人当作好人，误了大事，害了自己的，多矣！写作文谈要时刻警惕谄媚，可用这则材料。

起来。老虎感到舒服极了，眯缝着双眼，直想打瞌睡。猱呢？是越搔越用力，不一会儿便在老虎的后脑勺上抠了一个小窟窿，然后用爪子一点一点掏老虎的脑浆吃。吃够了，把吐出来的剩渣给老虎，说："大王啊，趁您打瞌睡的时候，我弄到了一点荤腥。'不敢私。'这些是孝敬您老人家的，您可别嫌少啊！"老虎听后非常感动，说："你对我真是忠心耿耿。森林中我的臣民，都像你一样就好了。"

天长日久，老虎的脑浆被猱给掏空了，头疼得像要裂开一样。这时，老虎才发现上了猱的当，挣扎着要去找猱算账。猱正躲在高高的树枝上向老虎笑呢。老虎愤怒地狂吼着，在地上打了几个滚，便倒在地上死了。（《贤奕编》）

这里的"不敢私"，翻译成现代汉语就是：不敢私自（享用）。其中的"私"，讲作"私自"。

✎ 作文课堂
神话也要写得让人相信。作者是如何增加故事的真实性的呢？

焦先，字孝然，河东人。他每天上山砍柴，然后分送给各家。先从村头第一家开始送，再一家接一家送，周而复始。他背着木柴放到人家门口，人家看到了，就给他铺上席子让他坐，并给他送些吃的。他呢，先坐下，再吃饭，也不跟人说话。要是背着木柴来见不到人，"便私置于门间"，然后离开，年年如此。

在曹丕接受汉献帝禅让的那一年，焦先到河边水草茂盛的地方盖了间小屋。后来，小屋被野火烧了，人们去看他，见他在室内直身跪坐不动，直到小屋被烧成灰烬，他才慢慢起身，衣服什么的都没有被烧到。他又盖了一间小屋。有年冬天下大雪，人们的房子大多被雪压塌了，他的小屋也不例外，人们去看他，没有见到人，都担心他冻死了，就一起动手拆他的小屋寻找他。众人七手八脚一阵忙活，发现他正躺在大雪下面熟睡，脸上红扑扑的，呼呼喘气，像大夏天喝醉酒睡着了一样。（《神仙传》）

这里的"便私置于门间"，翻译成现代汉语就是：就悄悄地将木柴放到人家门前。其中的"私"，讲作"悄悄地"。

除了前面的义项外，"私"还讲作"私人的、自己的"，如"汉之为汉，几四十年矣，公私之积，犹可哀痛"（《论积贮疏》）；讲作"偏爱"，如"吾妻之美我者，私我也"（见初中课文《邹忌讽齐王纳谏》，出自《战国策》）；讲作"贿赂"，如"门者故不入，则甘言媚词，作妇人状，袖金以私之"（《报刘一丈书》）。

第 **66** 日

# 楚国使者：不虞君之涉吾地也

涉　蹚水过河——渡过——进入——阅览——经历、经过——散步

◇ **思维体操**

世界上的一切事物都在运动、变化、发展着。人们要达到预定的目的，收到预期的效果，就一定要不断研究新情况，使自己的认识跟上客观事物的发展变化。否则，认识一成不变，思想僵化、老化，做起事情来没有不碰壁的。

楚国人想偷袭宋国。怎样偷袭呢？夜渡澭水来个神不知鬼不觉，从而将宋国军队打败。为此，楚国统帅派人逐段测量澭水的深度，以选择最浅的一处地段偷渡。工作做得很到家，澭水最浅的一段找到了，也做好了标志。到了行动的那天晚上，澭水突然暴涨，但楚军并不知道，"循表而夜涉"，结果，渡河的一千多名士兵全部被激流卷走了。当时士兵惊叫的声音如同城市里成片的房屋倒塌发出的声音一样可怕。(《吕氏春秋·慎大览·察今》)

这里的"循表而夜涉"，翻译成现代汉语就是：仍旧按照原先设下的标志深更半夜时蹚水过河。其中的"涉"，讲作"蹚水过河"。我们熟知的"送子涉淇，至于顿丘"(《诗经·卫风·氓》)及成语"跋山涉水"中的"涉"，都是这个意思。

孔子的学生子夏到晋国去，经过卫国时遇到一个读史书的人，两个人交谈起来。这个人说："晋师三豕涉河。"子夏说："你错了，该是己亥。那个'己'与'三'字形相近，'豕'与'亥'字形相近。"到了晋国一问

这件事情，晋国人果然说："晋师己亥涉河。"（《吕氏春秋·慎行论·察传》）

晋国人所说的"晋师己亥涉河"，翻译成现代汉语就是：晋国的军队在己亥这天渡过黄河。其中的"涉"，讲作"渡过"。我们熟知的"楚人有涉江者，其剑自舟中坠于水"（《吕氏春秋·慎大览·察今》）、"涉江采芙蓉，兰泽多芳草"（《古诗十九首》）中的"涉"，也是这个意思。

鲁僖公四年（公元前656年）的春天，齐桓公率领宋、鲁、陈、卫、郑、许、曹等多个诸侯国的军队去攻打蔡国，蔡国被打败，之后齐国又讨伐楚国。楚成王派了一个使者前来。齐桓公让能说善道的管仲陪同自己接待。一见面，楚国使者便质问齐桓公道："贵国在北方，我国在南方，两国相距千山万水，可谓风马牛不相及。'不虞君之涉吾地也'，这是为什么呀？"管仲回答说："我给你答案。从前，召康公代表周天子命令我们齐国的姜太公说：'天下的诸侯，不论谁犯了罪，你都可以征伐，以便辅佐王室。'当时还赐予了我们讨伐的范围：东到大海，西到黄河，南到穆陵，北到无棣。你们楚国，该进贡的包茅没有进贡，以致天子没有东西可以滤酒、祭祀神明，现在我们特意来问罪；周昭王南巡到汉水至今也没有音讯，我们今天来责问你们。"面对管仲的咄咄逼人，楚国使者回答说："贡品没有送去，这是我们国君的罪过，我们岂敢不供给？周昭王南巡没有了音讯，你还是去汉水边打听打听吧！"（《左传·僖公四年》）

这里的"不虞君之涉吾地也"，翻译成现代汉语就是：没有想到您进入了我国的领土。其中的"涉"，讲作"进入"。这里是外交辞令，其实是"侵入"的委婉说法。

仲长统，字公理，山阳高平人。他从小喜爱学习，"博涉书记"，富有文采。二十余岁时，在青州、徐州、并州、冀州一带四处求学。并州刺史高干是袁绍的外甥，一向很高贵，有名望，喜欢招纳贤士。仲长统拜访高仲长统是东汉末年的政治家，在用人、刑罚、税制、俸禄等方面都有前人未曾言及的卓越见解，著有十余万言的《昌言》。

干，高干非常热情，并且款待了他。在交谈中，仲长统说："您有高远的志向，但缺乏杰出的才智；您喜爱士人，但不能识别贤愚。我之所以不揣冒昧说这番话，就是想来提醒您。"高干自认为很了不起，没有将仲长统的意见放在心上。没有过多久，高干在并州叛乱，最终身败名裂。并州、冀州的读书人都因为这件事对仲长统十分佩服。后来，尚书令荀彧推荐仲长统做了尚书郎。（《后汉书·仲长统传》）

这里的"博涉书记"，用现在的话来说就是博览群书。其中的"涉"，讲作"阅览"。现在我们常用的词语"广泛涉猎"，其中的"涉"也是这个意思。

除了前面的义项外，"涉"还讲作"经历、经过"，如"杭有卖果者，善藏柑，涉寒暑不溃"（《卖柑者言》）；讲作"散步"，如"园日涉以成趣，门虽设而常关"（《归去来兮辞》）。

# 第67日
# 宋穆公"召大司马孔父而属殇公焉"

**属** 音"zhǔ"，集合、会合——音"zhǔ"，通"嘱"，托付——音"zhǔ"，专注——音"zhǔ"，刚刚——音"shǔ"，类、族、班、辈——音"shǔ"，归属——音"shǔ"，系、是——音"zhǔ"，继续、连接

春秋时，晋国荀瑶率兵攻打郑国，郑国国君派驷弘到齐国求救。齐国军队准备出发时，"陈成子属孤子"，分三天接受国君的会见，并且准备了一辆车、两匹马，再加五座城邑，作为对作战勇敢、立下战功者的封赏。陈成子召见颜涿聚的儿子晋时，说："在隰地战役，你父亲冲锋在前，英勇无比，为国家牺牲了。由于国家困难，一直没

**思维体操**

有高昂的士气才能无往而不胜。陈成子懂得这点，才别出心裁，巧做战前动员。作战是这样，做其他工作也是如此。

有对你抚恤。现在国君命令把这座城邑封赏给你，你应该驾车去朝见国君谢恩。"于是出兵救援郑国。晋国统帅荀瑶听说后，便收兵而回，说："我占卜过攻打郑国，但没有占卜和齐国作战。"（《左传·哀公二十七年》）

这里的"陈成子属孤子"，翻译成现代汉语就是：陈成子集合阵亡将士的孩子。其中的"属"，讲作"集合、会合"。

春秋时，宋宣公没有立太子与夷，而是立弟弟穆公为国君。后来，宋穆公重病在身，到了临终时刻想起了哥哥对自己的恩德，"召大司马孔父而属殇公焉"，说："我哥哥不立他的儿子而立我为国君，这天大的恩德我

不敢忘记。如果我现在没有立与夷为国君，到了那边，我还有什么脸面见我哥哥呢？"孔父回答说："群臣愿意侍奉您的儿子冯啊！"宋穆公说："不行！我哥哥认为我有德行，才让我主持国家事务。如果丢掉了道德而不让位，这就是愧对我哥哥的提拔，哪里还能说有什么德行？"于是命令公子冯到郑国去居住。八月十五日，宋穆公去世，宋殇公与夷即位。(《左传·隐公三年》)

这里的"召大司马孔父而属殇公焉"，翻译成现代汉语就是：召来大司马孔父，将殇公与夷托付给他。其中的"属"，通"嘱"，讲作"托付"。

春秋时，有一次，晋国军队得胜回国，范文子最后一个进城。他的父亲范武子见到他后说："你不知道我也在盼望第一时间见到你吗？"儿子去了战场，生死未卜，做父亲的自然放心不下。

范文子回答说："军队打了胜仗，国都内的人们高兴地迎接他们。先进城的人们，'必属耳目焉'，这是代替统帅接受荣誉，所以我不敢走在前面。"范武子听儿子这么一说，说："你能够如此谦让，自然可以免于祸害，我对你也就放心了。"(《左传·成公二年》)

这里的"必属耳目焉"，翻译成现代汉语就是：一定格外受到人们的注目。其中的"属"，讲作"专注"。

西汉王朝建立后，汉高祖刘邦封赏立了大功的臣子二十多人。其他臣子由于日夜争功，刘邦一时难以做出决定，所以未能对其及时封赏。刘邦在洛阳的南宫看到众将领常常三三两两地窃窃交谈，便问张良："他们在谈什么呢？"张良回答说："陛下难道不知道吗？他们在商议谋反啊！"刘邦很是不解，问道："'天下属安定'，为什么要造反呢？"张良回答说："现在将士们计算战功，认为天下的土地不够封赏，这班人害怕您不能全部封赏，又担心自己有过失而被处死,所以聚集在一起图谋造反呢。"刘邦很是担忧,问道:"该怎么办好呢?"张良说:"您平生最憎恨的,且群臣都知道的,是谁呢?"刘邦说:"雍齿啊。他曾多次使我窘困受辱。我想杀他,因为他功劳多,所以没有忍心。"张良建议道:"那就赶紧封赏雍齿给群臣看看,以安定人心吧。"于是,刘邦置备酒宴,封雍齿为什方侯,并催促丞相和御史论功封赏功臣。群臣饮酒完毕后,都欢喜异常,说:"雍齿尚为侯,我属无患矣。"(《史记·留侯世家》)

这里的"天下属安定",翻译成现代汉语就是:天下刚刚安定。其中的"属",讲作"刚刚"。最后一句翻译成现代汉语就是:雍齿尚且获封侯爵,我们这班人就不必担心了。其中的"属",讲作"类、族、班、辈"。

除了前面的义项外,"属"还讲作"归属",如"十三学得琵琶成,名属教坊第一部"(《琵琶行》);讲作"系、是",如"今营中枪弹火药皆在荣贼之手,而营哨各官,亦多属旧人"(《谭嗣同传》);讲作"继续、连接",如"亡国破家相随属"(《史记·屈原贾生列传》)。

最后需要指出的是,讲作"类、族、班、辈""归属""系、是"时,"属"音"shǔ";讲作其他义项时,"属"音"zhǔ"。

第 68 日

孔子：予所否者，天厌之！天厌之！

所　大约——如果、假若——"……的地方"——"为……所……"句式，表示被动——与"以"组成"所以"，表示行为所凭借的方式、方法或依据——表示原因

"汉初三杰"之一的张良年轻时有一次散步来到了下邳桥上，有一个穿着粗布衣裳的老人走到他的面前，故意把自己的鞋扔到桥下，对张良说："小子，下去给我把鞋捡上来！"张良有些惊讶，想打他，因为见他年事已高，便勉强地忍了下来，下去把鞋捡上来了。老人又说："给我把鞋穿上！"张良想，既然已经替他把鞋捡了上来，就好人做到底吧。于是，他就跪着替老人穿上。老人把脚伸出来穿上鞋，笑着离去了。张良十分惊讶，随着老人的身影注视着他。"父去里所"，又返回来，说："你这个孩子值得教导。五天以后天刚亮时，跟我在这里相会。"张良觉得这件事很奇怪，便答应了下来。五天后的拂晓，张良去到那里。老人已先在那里，生气地说："跟老年人约会，反而后到，为什么呢？"老人离去，并说："五天以后早早来会面。"五天后鸡一叫，张良就去了。老人又先到了，生气地说："又来晚了，这是为什么？"老人离开时说："五天后再早点儿来。"五天后，张良不到半夜就去了。过了一会儿，老人也来了，高兴地

说："应当像这样才好。"老人拿出一部书，说："读了这部书就可以做帝王的老师了。十年以后就会发迹。"说完便走了。天明时，张良一看老人送的书，原来是《太公兵法》。(《史记·留侯世家》)

这里的"父去里所"，翻译成现代汉语就是：老人离开了约有一里路。其中的"所"，是大约的意思，用在数量词后面，表示大概的数目。

春秋时，卫灵公的夫人南子把持朝政，作风混乱。她想见孔子，便派使者对孔子说："来自四方的君子想与卫灵公结交的，都要先拜见南子夫人，现在南子夫人愿意见你。"孔子不想去，但如果不去的话，按卫国当时的情形，对想在卫国有所作为的孔子是不利的。孔子不得已，勉强去见了。子路为此很不高兴。孔子发誓说："予所否者，天厌之！天厌之！"(《论语·雍也》)

孔子的话翻译成现代汉语就是：我如果做了不正当的事情，上天厌弃我吧！上天厌弃我吧！其中的"所"，讲作"如果""假若"。

宋朝大文学家苏轼在《答谢民师书》中写道："所示书教及诗赋杂文，观之熟矣。大略如行云流水，初无定质，但常行于所当行，常止于所不可不止。"翻译成现代汉语就是：您寄给我的文章、诗赋和杂著，我看了好多遍。大体说，您的文章如行云流水，开始没有固定的形状，只是在该行的地方便行，在该止的地方即止。最后两句中的两个"所"，都讲作"……的地方"。

"所"除了前面的义项外，还可以与"为"呼应，构成"为……所……"句式，表示被动，如"其后楚日以削，数十年，竟为秦所灭"(《史记·屈原贾生列传》)；还可以与"以"组成"所以"，表示行为所凭借的方式、方法或依据，可译为"用来……的方法""是用来……的"，如"吾知所以距子矣，吾不言"(《墨子·公输》)，又如"故择先王之成法，而法其所以为法"(《吕氏春秋·察今》)；也可以表示原因，可译为"……的原因（缘故）"，如"亲贤臣，远小人，此先汉所以兴隆也"(《出师表》)。

## 第69日
## 狐相率逃于重丘之下

**率** 带领——一般、大致——直率——与"相"组成"相率"，即"一个接一个"——顺着——都、一概——自、由、从

杨子的邻居发现丢了羊后，"既率其党"，同时，又派家人来请杨子的童仆帮忙。杨子问道："丢了一只羊，为什么要那么多人去追呢？"这个邻居的家人回答说："岔路很多呀！"邻居家忙了一天，中午饭也没有能够吃，傍晚时分回来了。杨子问道："羊找到了吗？"邻居家的主人说："跑了。""为什么跑了呢？""岔路当中又有岔路，我们不知道该走哪条路，所以没有追到就回来了。"（《列子·说符》）

这里的"既率其党"，翻译成现代汉语就是：已经带领了一家老小去追赶。其中的"率"，讲作"带领"。我们熟知的"瑜等率轻锐继其后，雷鼓大震，北军大坏"（见高中课文《赤壁之战》，出自《资治通鉴》）中的"率"，也是这个意思。

唐朝贞观八年（公元634年），陕县县丞皇甫德参上书触怒了唐太宗。太宗认为皇甫德参居心不良，完全是不顾事实的毁谤。魏征说："从前贾谊在汉文帝时上书，曾说到'可以为帝王痛苦的事情有一件，可以为帝王叹息的事情有六件'。从古以来上书奏事，'率多激切'，如果不激切，就

不能打动皇上的心。言辞激切自然近似毁谤，希望陛下仔细详察我的话是否正确。"太宗听后，脸上没有了怒气，说："不是你谁也不会讲出这样中肯的话来啊！"于是下令赏赐给皇甫德参二十段帛。（《贞观政要·论纳谏》）

这里的"率多急切"，翻译成现代汉语就是：言辞一般来说，往往很激切。其中的"率"，讲作"一般、大致"。

唐朝王式做京兆府少尹时，喜欢开怀畅饮，京城里的人都称他作王邓子。王式"性复放率"，不拘小节。长安的住宅区里有户人家在街道上摆设了祭祀用的器具，从半夜开始祭祀神明，天快放亮了还没有结束。王式有事早起骑马经过，就停下来观看。祭祀神明的舞蹈者高兴地祝贺办事的人家，端着酒杯恭敬地跪在王式的马前说："主人真有福气，祭祀神明，大官都来了。这酒味道还算好，现在冒昧地献上，为您祝福。"王式听后，笑着接过酒杯，一饮而尽，说声"愧领"，就离开了。刚走了一百多步，王式又调转马头，对那些祭祀人员说："刚才的酒很是不错，可以再来一杯。"于是又在马背上喝了满满的一大杯，这才离去。（《金华子》）

这里的"性复放率"，翻译成现代汉语就是：性情又放任直率。其中的"率"，讲作"直率"。

从前，周国有个特别喜爱名贵毛货和精美食品的人。为了制作一件价值千金的皮袍，他去森林中找到了狐狸，说："你们中间谁长得最大，谁的毛最长最软，请站到我的面前来，让我把皮剥下来做皮袍吧。"狐狸们一听，哪里有站到他面前的，"狐相率逃于重丘之下"。为了办一桌丰盛的祭品，他又去跟山羊商量："你们中间谁长得最肥，肉质最细嫩，请站到我的面前来，让我宰了做一桌丰盛的祭品吧。"山羊们一听，一窝蜂似的跑向了森林深处。就这样，过去了五年，这个周国人也没有能够办成一桌丰盛的祭品；过了十年，他也没有能够制作出一件精美的皮袍。（《荀子》）

　　这里的"狐相率逃于重丘之下"，翻译成现代汉语就是：狐狸们一个接一个、忙不迭地逃到了连绵起伏的山丘下。其中的"率"与"相"组成"相率"，讲作"一个接一个"。

　　"率"除了前面的义项外，还可讲作"顺着"，如"此吾所以敢率性就死不顾汝也"（《与妻书》）；讲作"都、一概"，如"或曰：'六国互丧，率赂秦耶？'"（《六国论》）；讲作"自、由、从"，如"溥天之下，莫非王土；率土之滨，莫非王臣"（《诗经·小雅·北山》）。

## 第70日
## 褚遂良：善既必书，过亦无隐

善 好——正确——认为……好——好事——应答之词，表示同意——善于、擅长——羡慕——通"缮"，修治

从前有个人捉到了一只鳖，便想煮熟了吃肉喝汤，滋补身体，却又不愿意落个杀生的恶名。他背着手转了几圈，想出了一个法子。他先用猛火将锅中的水烧得滚开，然后在水面上横搁了一根细竹子当桥。他对鳖说："咱们讲好条件，你如果能够爬过这座竹桥，我就将你放回河里。"这只鳖知道他的用心，但为了活命，还是冒着高温，费尽气力，极其勉强地爬了过去。这个人却说："'汝能渡桥，甚善！'看你过桥，简直就是在欣赏最高水平的艺术。我还想欣赏一遍，你就满足我的愿望，再过一回桥吧！"（《桯史》）

这里的"汝能渡桥，甚善"，翻译成现代汉语就是：你能够渡过这座桥梁，非常好！其中的"善"，表肯定，讲作"好"。

一天，鲁国国君定公和孔子会面。寒暄过后，定公问孔子："一言而可以兴邦，有这样的话吗？"孔子回答说："没有，但接近这样的话是有的，有人说：'做君主很难，做臣子不容易。'如

> ◇ 思维体操
>
> 对于那种干了坏事还要用花言巧语来粉饰自己，欺骗受害者的人，我们要特别警惕，因为他比明火执仗的坏人更加阴险、更为毒辣。

> ◇ 思维体操
>
> 孔子不愧为大思想家。如果不是思想深刻，又怎么能够做出这样让人信服的回答呢。

果知道做君主很难而兢兢业业工作，这不是接近于一句话就可以使国家兴旺吗？"孔子刚说完，定公又问："一言而丧邦，有这样的话吗？"孔子笑了笑，回答说："没有，但接近这样的话是有的，有人说：'我做君主没有什么可高兴的，唯一高兴的是我说话没有什么人敢违抗。'如果说的正确而没有人违抗，不也很好吗？'如不善而莫之违也'，这不是接近于一句话就可以使国家灭亡吗？"（《论语·子路》）

这里的"如不善而莫之违也"，翻译成现代汉语就是：如果说的话不正确而没有人违抗。其中的"善"，讲作"正确"。我们熟知的"择其善者而从之，其不善者而改之"（《论语·述而》）中的两个"善"，也是这个意思。

◇ 思维体操
　　孔子以事实为根据做出自己的判断。这样的判断自然是正确的。跟随孔子的子贡有福了，因为他有一个高明的老师！

子路治理蒲地三年，孔子乘车经过那里，"入境而善之"，说："好啊！仲由谦恭有礼，讲究信义。"来到城内，走了一段，说："好啊！仲由忠诚可靠，为人宽厚。"子贡手执辔头，想不明白，便问道："老师您还没有见到我的同学仲由，就几次说好，这是为什么呢？"孔子笑了笑，回答说："我进入蒲地，发现没有荒芜的土地，庄稼都长势良好。这是因为他谦恭有礼，讲究信义，所以百姓都乐意尽力劳作。来到城内，发现城墙、房屋都很高大，树木茂盛。这是因为他忠诚可靠，为人宽厚，所以百姓不轻薄。"（《韩诗外传》卷六）

这里的"入境而善之"，翻译成现代汉语就是：进入他的境内就认为他治理得很好。其中的"善"，讲作"认为……好"或"赞许"。

◇ 思维体操
　　褚遂良坚持原则，是忠臣；唐太宗严格要求自己，是明君。正是因为有了明君、忠臣，才有了"贞观之治"。

贞观十六年（公元642年），唐太宗对谏议大夫褚遂良说："你负责记录我的言行，近来所记录的我所做的事情是正确的还是错误的？"褚遂良回答说："国家设置史官的初衷，是要记录君主的一言一行。'善既必书，过亦无隐。'"唐太宗听后说："我现在坚持三条，也是希望史官永无记录我过失的机会。一是要以前代成功、失败的事实为借鉴；二是要任用品质高尚的人，共同办好政事；三是斥退小人，不听信谗言。这三条，我能够坚

持，始终不会改变。"(《贞观政要·论杜谗邪》)

这里的"善既必书，过亦无隐"，翻译成现代汉语就是：好事既然必须记录，过失也不会加以隐瞒。其中的"善"，讲作"好事"。

葛玄是《神仙传》作者葛洪祖父的哥哥，特别擅长治病，那些让人生病的妖魔鬼怪在他面前都会原形毕露，他将它们或遣送走，或干脆杀掉。葛玄能在一堆燃着大火的木柴上坐着，而他的衣服、帽子都不会被烧焦；他经常在喝酒后去流着泉水的山沟里睡觉，身上的衣服却一点也不湿。

有个道士从中原过来，骗人说他有几百岁了。有一次，这个道士又在吹嘘，葛玄清了清嗓子，高声说："大家想知道这个人的真实年龄吗？"在场的人都说："善！"话音刚落，就看到有个人从天上降落下来，在座的人都盯着看了好一会儿。等那人落地，只见他穿着大红衣服，戴着黑色帽子，来到道士面前，说："天帝让我来问你多大年龄，你不要欺骗老百姓。"道士十分害怕，赶紧跪在地上，回答说："是我无知有罪，我实际年龄是七十三岁。"葛玄拍手大笑，那个红衣人忽然就不见了。道士十分惭愧，感觉无地自容，只好灰溜溜地走了。(《神仙传》)

这里的"善"，是应答之词，表示同意的意思。

除了前面的义项外，"善"还可讲作"善于、擅长"，如"奕秋，通国之善弈者也"(《孟子·告子章句上》)；讲作"羡慕"，如"善万物之得时，感吾生之行休"(《归去来兮辞》)；通"缮"，讲作"修治"，如"善刀而藏之"(见高中课文《庖丁解牛》，出自《庄子》)。

第71日
# 孔子：见不善如探汤

汤 热水——开水——商汤——中药的汤剂——食物加水煮熟后的液汁

**◇ 思维体操**

没有坚定的志向，没有良好的心态，面对外在的诱惑，不是难以拒绝，就是自暴自弃。还是应该像宋濂学习，这样才会有所成就。

宋濂（1310—1381年），曾参与制定明朝开国典章制度，明太祖朱元璋称他是"开国文臣之首"。谈到当年去拜师求学，他说背着书箱，在大山深谷中奔走。寒风凛冽，雪深数尺，手脚都冻裂了，自己还不知道。等赶到住处，四肢也冻僵了，不能动弹。"媵人持汤沃灌"，再给盖上棉被，过了很长时间才暖和过来。而同学呢，个个穿着绫罗绸缎，头上戴着缀有宝石的帽子，腰上系着白玉环佩，左挂刀剑，右垂香囊，光彩照人，如同天上的神仙一样。宋濂虽然穿着破旧的衣衫，但毫无羡慕之意，因为他觉得学习中自有无穷乐趣，根本不在乎在生活上的享受赶不上人家。（《送东阳马生序》）

这里的"媵人持汤沃灌"，翻译成现代汉语就是：客舍的女仆用热水给我擦洗。其中的"汤"，是热水的意思。

**◇ 知识拓展**

"干将莫邪"，现在已经成为一个成语，泛指宝剑。

楚国的干将、莫邪夫妇给楚王制造宝剑，用了三年时间。楚王认为时间太长了，很生气，想要在干将献剑后将他杀死。干将知道楚王的心思后，便只献了雌剑，留下了雄剑，并且要妻子在孩子长大成人后告诉其真相，为自己报仇。干将、莫邪的儿子叫赤比，还没有替父亲报仇，就被楚王重金通缉。赤比躲入深山中，边走边悲愤高歌。有一个侠客了解真相后，对赤比说："听说楚王用千金收买你的头，现在把你的头和剑给我，我为你报仇，怎么样？"赤比二话没说，当即自杀，之后两手捧着头颅和宝剑献给了侠客，身体僵直地站在那里。侠客说："我是绝不会辜负你的。"

　　侠客带着赤比的头去见楚王，楚王非常高兴。侠客说："这是勇士的头，应当将它放在大锅中煮。"楚王依照侠客的话办，可煮了三天三夜，赤比的头还是在沸腾的开水上跳跃着，怒瞪着双眼。侠客说："如果大王能够亲临观看，自然能够煮烂。"楚王走到大锅前观看，侠客用剑对准楚王一挥，"王头随堕汤中"。侠客跟着也自杀了，头也掉进了开水中。三个人的头颅混在一起，很快就煮烂了，再也无法分辨。于是，楚人只好将其分成三份埋葬，人们就把这三座坟墓叫"三王墓"。（《搜神记·三王墓》）

◇ **实兵演练**

　　赴汤蹈火、固若金汤，各是什么意思？请查词典或上网搜索一下。

　　这里的"王头随堕汤中"，翻译成现代汉语就是：楚王的头颅随即掉进了开水中。其中的"汤"，是开水的意思。

　　孔子说："见善如不及，见不善如探汤；吾见其人矣，吾闻其语矣。隐居以求其志，行义以达其道；吾闻其语矣，未见其人也。"（《论语·季氏》）翻译成现代汉语就是：

◇ **实兵演练**

　　孔子在这里谈了几种处事态度。你对此怎么看？

　　　　看到好的行为，就像怕赶不上一样地努力追求；看到不好的行为，就像把手伸到开水里一样赶快避开。我看见过这样的人，也听到过这样的话。

　　　　处在乱世，就隐居避世来保持自己的志向；处在盛世，就按义行事来实现自己的政治理想。我听到过这样的话，但没有看到过这样的人。

　　这里的"见不善如探汤"中的"汤"，也是开水的意思。

　　夏桀整日豪饮，不理朝政。一天，伊尹提醒夏桀说："您不听我的话，距离灭亡没有多长时间了！"夏桀听后，哈哈大笑，说："你又在胡说八道了。我拥有天下，如同天上有太阳。太阳有灭亡的时候吗？如果太阳会灭亡，我才会灭亡。"听了夏桀的话，伊尹连鞋子都顾不上提好便匆匆走开，"遂适于汤"，商汤任用他当了宰相。(《韩诗外传》卷二 )

这里的"遂适于汤"，翻译成现代汉语就是：于是到了商汤那里。其中的"汤"，指商汤。

除了前面的义项外，"汤"还指中药的汤剂，如"而刘夙婴疾病，常在床蓐，臣侍汤药，未曾废离"(《陈情表》)；还指食物加水煮熟后的液汁，如"三日入厨下，洗手作羹汤"(《新嫁娘》)。

第72日
## 奴仆"目泪下落，鼻涕长一尺"

**涕** 眼泪——鼻涕

战国时，管燕得罪齐宣王后，对他的门客说："你们有谁能和我一起投奔到别的诸侯那里去呢？"门客们没有一个应声的。管燕"连然流涕"，说："真让人悲伤啊！士人为什么那么容易得到，却这样难以使用啊？"有个名叫田需的门客，回答说："士人在您这里一日三餐都吃不饱，您养的鹅、鸭，饲料却吃不完；您家里的仆人侍妾都身穿绫罗绸缎，而士人们想用它们做个衣服的花边也不可能。财物是您所看轻的，死亡是士人所看重的，您不肯将自己看轻的财物给士人，却要求士人能够为您出死力，可能吗？您说士人容易得到却难以使用，原因在您自己身上啊！"（《战国策·管燕得罪齐王》）

◇ 作文课堂

如果写作文谈人要有自知之明，可用这则材料做反面事例。

这里的"连然流涕"，翻译成现代汉语就是：泪流不断。其中的"涕"，讲作"眼泪"。

春秋时，晏子出使鲁国，等他回来时，发现景公正在建造大台。当时天气十分寒冷，服劳役的人们挨饿受冻，苦不堪言。晏子见到景公，将出使的情况做了汇报。这时，景公已经摆好了酒宴，请晏子坐下，愉快地饮酒。晏子说："您如

◇ 思维体操

晏子体恤百姓，是因为他具有民本思想。如果放在今天，晏子一定是敬民的模范。

果能够恩准，那么我先为您唱支歌。"景公笑着答应了。晏子唱道："冰冻的水浸洗着我，让我瑟瑟发抖，我可怎么办？君王让我无法活下去，我可怎么办？"唱完了歌，"喟然叹而流涕"。景公听后，说："先生您为什么这么悲伤？大概是为了修建大台服劳役的事情吧？我马上下令停止修建。"（《晏子春秋·内篇·谏篇》）

这里的"喟然叹而流涕"，翻译成现代汉语就是：叹息着流下了眼泪。其中的"涕"，讲作"眼泪"。我们熟悉的"长太息以掩涕兮，哀民生之多艰"（《离骚》）、"剑外忽传收蓟北，初闻涕泪满衣裳"（《闻官军收河南河北》）中的"涕"，也都讲作"眼泪"。

我们还可穿越到西晋，对"涕"作一考察。

✎ 实兵演练
你会怎样评价孙楚呢？

西晋名士孙楚因为自己有才气，很少推崇佩服他人，但也有例外，就是王济。王济去世后，当时的名士没有不前来吊唁的。孙楚后到，面对王济遗体痛哭，"宾客莫不垂涕"。哭完后，他对着王济遗体说："你平时喜欢听我学驴叫，现在我就为你学叫。"他模仿得非常像，在场的名士们不禁都笑了起来。孙楚抬头说："怎么让你们这班人活着，却叫这个人死了呢？"（《世说新语·伤逝》）

这里的"宾客莫不垂涕"，翻译成现代汉语就是：宾客们感动得无不为之流泪。其中的"涕"，仍讲作"眼泪"。

✎ 实兵演练
你喜欢《僮约》吗？如果喜欢，请上网搜索后阅读。

最后，让我们穿越到西汉，会见一下王褒。他说，一次有事到湔山，途中在寡妇杨惠家中停留。杨惠的丈夫生前养了个名叫"便了"的奴仆，王褒便请他去买点酒。便了说："大夫买我时，契约只写明看家，没有约定替别人家的男子买酒啊！"王褒听后，非常生气，说："这僮奴打算卖吗？"杨惠回答说："他长大成年后经常顶撞人，谁愿意买啊？"王褒于是当即决定买下来，立约管束。这时，便了说："要使唤我不要紧，都应该在契约上写明。契约上没写的，我是不会做的！"王褒说："好！"

契约写好后，读给便了听。刚读完，便了就无话可说了，而且再也不敢狡辩。他一个劲儿地叩头，双手交互，自打耳刮子，"目泪下落，鼻涕长一尺"，说："如果真照您说的办，还不如早点进黄土，任凭蚯蚓钻额颅！早知这样，真该替您打酒去，我实在不敢恶作剧。"

契约写的什么呢？举例来说：进出不准骑马乘车，坐时不许大声喧哗。果熟收获，不准品尝。做完事情想休息，必须先舂一石米。半夜没事，就洗衣裳。如果不服管教，就打一百大板。（《僮约》）

这里的"目泪下落，鼻涕长一尺"，翻译成现代汉语就是：眼泪滴答滴答落在地上，清鼻涕长达一尺。其中的"涕"，讲作"鼻涕"。

第73日

# 叶公：微二子者，楚不国矣

**微** 如果没有——藏匿——暗中——微小——精妙——地位低下——比喻细小的事情——轻微——稍微

**◇ 思维体操**

箴尹固是迷途知返。在现实生活中，有些人对他人的话不管怎么说也听不进去，一条道走到黑，这就可悲了。

春秋时期，楚国白公要伐郑报杀父之仇，令尹子西没有答应。白公怀恨在心，发动了叛乱，杀死了令尹子西、司马子期和楚惠王的叔父子闾，楚惠王被人背着从墙洞里逃出才幸免于难。后来，叶公进入国都，遇上了带着部下要去帮助白公的箴尹固。叶公说："'微二子者，楚不国矣。'你背弃有德的人而跟随叛贼，难道能有好下场吗？"箴尹固幡然醒悟。叶公派他和国都的民众一起去攻打白公。白公慌不择路，逃到山里上吊自杀了，"其徒微之"（《左传·哀公十六年》）。

这里的"微二子者，楚不国矣"，翻译成现代汉语就是：如果没有子期、子西两位，楚国就不能成为一个国家了。其中的"微"，是如果没有的意思。我们熟知的范仲淹的《岳阳楼记》里的"微斯人，吾谁与归"中的"微"，也是这个意思。

这里的"其徒微之"，翻译成现代汉语就是：他的部属把尸首藏了起来。其中的"微"，是藏匿的意思。

一次，晋文公进餐时发现烤肉块上竟缠有头发，十分生气。膳食官先是叩头至地，拜了两拜，然后请罪说："我有死罪。我的切肉刀比宝剑还锋利，切肉肉断，可唯有头发不断，这是我的第一条罪状；拿木棍儿来串烤肉块，却没有看到头发，这是我的第二条罪状；双手捧着烧得很旺的火炉，炉中的炭火烧得通红，肉块烤熟了而头发却没有烧着，这是我的第三条罪状。"他见晋文公在认真听，便顿了顿，又说："侍从中难道没有暗中嫉恨我的人吗？"晋文公恍然大悟，说："对！"于是唤来侍从叱问，一个侍从哆嗦着承认事情是自己干的，晋文公立即下令将其推出去砍了。(《韩非子·内储说下》)

这里的"侍从中难道没有暗中嫉恨我的人吗"，用文言来说就是：堂下得无微有疾臣者乎？其中的"微"，是暗中的意思。

贯云石是元朝散曲大家，也曾做过高官，但后来弃职在杭州一带隐居。弃职后，他写有一首《双调·清江引》曲：

弃微名去来心快哉！一笑白云外。知音三五人，痛饮何妨碍？醉袍袖舞嫌天地窄。

这首曲子运用反问、夸张等手法抒发了作者摆脱名缰利锁、宦海风波，投入大自然怀抱之中那种无拘无束、自由自在、轻松痛快的豪放不羁之情。其中的"微名"，也就是微小的声名。贯云石不是追名逐利之徒，所以他才将很多人汲汲以求的声名看作"微名"。这里的"微"是微小的意思。

楚国大夫登徒子在楚王面前说宋玉的坏话，他说："宋玉这个人长得娴静英俊，'口多微辞'，又很贪爱女色，希望大王不要让他出入后宫之门。"(《登徒子好色赋》)这里的"口多微辞"，意思是说话很有口才而言辞精妙。其中的"微"，讲作"精妙"。司马迁评价屈原说："其文约，其辞微，其志洁，其行廉。"(《史记·屈原贾生列传》)翻译成现代汉语就是：他的文笔简约，词意精妙，志趣高洁，行为廉正。其中的"微"，也是精妙的意思。我们熟知的"微言大义"中的"微"，也是这个意思。

清朝散文家刘开针对当时读书人不能虚心问人的陋习，写了一篇《问说》，阐述了自己正确的求学态度。他在文章中写道：古代的人虚心采纳善言善事，不挑选事而问，只要是不明白的事都问；不挑选人而问，只要

能求取那有益于自己修养和学业的就可以了。因此，狂妄人的话，圣人也采纳它，"刍荛之微，先民询之"，舜帝凭着天子的身份却向平民询问，以他的大智却注意到浅近平常的意见，不是一时故作谦虚，实在是要从多方面听取有益的意见。(《问说》)

这里的"刍荛之微，先民询之"，翻译成现代汉语就是：地位低下的樵夫，古圣先王也询问他。其中的"微"，是地位低下的意思。我们熟知的成语"人微言轻"，其中的"微"也是这个意思。

有句名言大家都知道，这就是："夫祸患常积于忽微，而智勇多困于所溺。"(《伶官传序》)其中的"微"和"忽"一样，都是古代极小的度量单位，是指一寸的百分之一，或一两的百万分之一。这里"忽微"连用，比喻细小的事情。

"微"除了前面的义项外，还可讲作"轻微"，如"动刀甚微"(《庄子·养生主》)；还可讲作"稍微"，如"见其发矢十中八九，但微额之"(《卖油翁》)。

## 第74日
### 崔氏：汝好妆耶？我为汝妆

**为** 音"wèi"，给、替——音"wéi"，被——音"wéi"，做——音"wèi"，为了

说到房孺复，大家可能不熟悉，但说到房琯，大家自然就很熟悉了，因为他是唐朝肃宗时的宰相，在历史上名气很大。房孺复，就是房琯的儿子。这里所讲的，是房孺复妻子的故事。

房孺复的妻子姓崔，她对家中的婢女有三条规定：不能做浓艳的装饰；不能梳高耸的发髻；每月供应一豆胭脂、一钱粉。自此之后，婢女没有不对崔氏望而生畏的。后来，有一个新买的婢女不知道崔氏的规矩，打扮得漂亮了些，崔氏大怒，说："汝好妆耶？我为汝妆。"就下令剜掉这个婢女的眉毛，然后填上青颜料，接着用火烧眉梁，烤她的两个眼角，结果皮肤立刻被烧焦卷起，这个时候又用红颜料涂在上面，等到伤口上的痂脱落以后，疤痕就像装饰过一样。（《酉阳杂俎》）

这里的"汝好妆耶"等句，翻译成现代汉语就是：你喜好妆饰吗？我来给你化妆。其中的"为"，音"wèi"，是给、替的意思。

鱼朝恩是唐朝肃宗、代宗时的宦官，任性行事，朝廷的官员们害怕他，到了不敢抬头看他的地步。他

◇ 实兵演练

　　宦官专权是极不正常的事情。试查阅相关材料，探究造成宦官专权的原因。

的养子鱼令徽才十四五岁,就在内殿供职。一次,鱼令徽在殿前排班列队的时候,有个级别在他之上的担心落在后面,就抢着往前走,不小心碰了鱼令徽的手臂。这下不得了了,鱼令徽马上就骑马回去告诉鱼朝恩,说"以班次居下为同列所欺"。鱼朝恩很生气,在他看来,欺负他的养子就是眼中没有他,就是欺负他。第二天上朝时,鱼朝恩对皇帝说:"我的小儿子令徽,官位在同僚们的下面,希望陛下特别赐他高级官员的官服,让他越级升迁。"皇帝还没有来得及说话,鱼朝恩就已经命令主管官员捧着紫色官服来到,鱼令徽当即在殿前拜谢。皇帝知道不应该这样,但也没有办法,只好认可。再后来呢?正应了"多行不义必自毙"这句话,鱼朝恩落了个被代宗处死的下场。(《杜阳杂编》)

这里的"以班次居下为同列所欺",翻译成现代汉语就是:因为排班的位次在后面,被同僚欺负。其中的"为",音"wéi",表被动,是被的意思。

"锄禾日当午,汗滴禾下土。谁知盘中餐,粒粒皆辛苦。"谁不知道这首诗?连三岁的孩子都背得滚瓜烂熟呢。能够写出这样的诗歌的人,一定是有着悯农情怀的品质高尚的人了。但事实是,人是会发生变化的。就是这首诗的作者李绅,做了宰相后,便以尊贵自居,轻视平民。想见到他,那是难上加难的事情。当时的著名诗人张祜想拜见李绅,怎么才能引起李绅的注意呢?他没有在名片上写上自己的名字,而是独出心裁,写了个"钓鳌客"。钓鳌客,好大的口气!到底是谁这么不自量力?李绅便想见见这"钓鳌客"。待见到张祜,李绅问:"你既然懂得钓鳌,那么用什么东西做钓竿呢?"张祜回答说:"用长虹做钓竿。"李绅又问:"用什么东西做钓钩呢?"张祜回答说:"用新月做钓钩。"李绅再问:"用什么东西做钓饵呢?"张祜回答说:"用唐朝李相公为饵。"李绅沉思了好一会儿,说:"用我做钓饵,也就不难钓到了。"(《鉴戒录》)

这里的"用唐朝李相公为饵",翻译成现代汉语就是:用唐朝李宰相做钓饵。其中的"为",音"wéi",是做的意思。

武则天时代两度出任宰相的陆元方,曾经在东都洛阳出卖小住宅。买宅人在付款前求见陆元方，陆元方告诉买宅人说："这所宅子很好，只是没有出水的地方。"买宅的人听了，也就没有付款购买。陆元方的儿子和侄子为此很有怨言，陆元方怎么说呢？他说："汝太奇，岂可为钱而诳个人！"（《封氏闻见记》）

　　陆元方对儿子和侄子说的话，翻译成现代汉语就是：你们也太奇怪了，怎么能为了钱而欺骗那人呢？其中的"为"，音"wèi"，是为了的意思。

> ✎ **作文课堂**
>
> 以"诚信"为话题作文，可用这则材料。

第**75**日
乡人皆恶我鸣

恶 音"wù"，憎恨——音"wù"，厌恶——音"è"，诋毁——音"wū"，什么——音"é"，丑陋——音"è"，犯罪的人——音"è"，不好

**✎作文课堂**
写作文谈心胸要宽广，或谈以德报怨，可以用这则材料。

魏国和楚国的边亭都种瓜。魏国边亭的人时常浇灌他们的瓜田，自然他们的瓜长势喜人；楚国边亭的人有些懒惰，浇灌瓜田的时候少一些，自然他们的瓜长得不好。为此，楚国的县令很生气。"楚亭人心恶梁亭之贤己"，因而夜里就偷偷地到魏国边亭的瓜田去搞破坏，这样一来，魏国边亭瓜田里的瓜每天都有枯死的。魏国边亭的人发现了这一情况后，想着报复一下。县令宋就知道后，说："这怎么可以？这是在结怨召祸。为什么心胸这么狭窄呢？如果要我说，咱们不妨每天傍晚派人给楚国边亭人的瓜田浇水，而不让他们知道。"于是，魏国边亭的人就按宋就的指示去做了。楚国边亭的人早上巡视瓜田，总是发现瓜田被浇灌过了，自然，瓜越长越好。后来，他们终于发现了其中的奥秘。楚国的县令将这件事情报告给了楚王，楚王用厚礼向魏国边亭人表示感谢，并请求和魏王交好。(《新序·杂事》)

这里的"楚亭人心恶梁亭之贤己"，翻译成现代汉语就是：楚国边亭的人内心憎恨魏国边亭的瓜比自己的好。其中的"恶"，音"wù"，是憎恨的意思。

斑鸠在空中飞行遇到了猫头鹰，问："您将要到哪里去啊？"猫头鹰回答说："我要搬家到东方去住。"斑鸠感到很奇怪，就问："这是为什么呢？"猫头鹰回答说："'乡人皆恶我鸣'，由于这个缘故我想搬到东方去。"斑鸠听后，想了想，说："您如果能够改变叫声，就可以了。如果不能改变叫声，即使搬到东方，那里的人还会厌恶您的叫声，是不是？"（《说苑·谈丛》）

这里的"乡人皆恶我鸣"，翻译成现代汉语就是：乡里人都厌恶我的叫声。其中的"恶"，音"wù"，是厌恶的意思。我们所熟知的成语"好逸恶劳""深恶痛绝"中的"恶"，也是这个意思。

魏文侯的时候，子质做官犯了罪被免职，要离开国家到北方周游。临走时，他对赵简子说："从今以后，我不再为别人树立德行了。"赵简子问道："因为什么呢？"子质回答说："公堂上的士，我所提拔的占一半；朝廷上的大夫，我所提拔的占一半；边境上的官员，我所推荐的也占一半。'今堂上之士恶我于君'，朝廷上的大夫用法

律恐吓我，边境上的军官用兵劫持我。"赵简子听后，说："春天栽种桃李，夏天能够在它们下面乘凉，秋天能够吃到它们的果实。春天如果种蒺藜，夏天便不能采摘它的叶子，秋天所能得到的只是它的刺。所以我说，关键在于所栽的是什么。现在您所提拔、推荐的不是品质高尚的人。所以，君子要先选择然后再栽种。"（《韩诗外传》卷七）

这里的"今堂上之士恶我于君"，翻译成现代汉语就是：现在公堂上的士在国君面前诋毁我。其中的"恶"，音"è"，是诋毁的意思。

楚丘先生披着蓑衣去拜见孟尝君。孟尝君说："您老了，容易忘事了，拿什么来教导我呢？"楚丘先生回答说："'恶将使我老？'如果是让我投掷石头超过一定距离，追赶奔跑的马车，追捕麋鹿，搏杀虎豹，我确实老了，自然不行。但是，如果是让我深谋远虑，解决疑难，或者是

让我义正词严，应对诸侯，我还正当年呢？"孟尝君听后，面红耳赤，羞愧难当，汗直流到脚后跟，赶忙说："我错了！我错了！"（《韩诗外传》卷十）

这里的"恶将使我老"，翻译成现代汉语就是：什么能让我衰老呢？其中的"恶"，是疑问词，音"wū"，讲作"什么"。

**◇ 思维体操**

做人要谦虚，要低调。

杨朱路过宋国东部的一个旅店。店中主人有两个妾，"其恶者贵"，那个容颜俊美的身份卑贱。杨朱询问其中的缘故。店主人回答说："那个容颜俊美的是自己认为俊美，我并没有感到她美；那个相貌丑陋的是自己认为丑陋，我并没有感到她丑。"杨朱回头对弟子们说："品德高尚而又抛弃自以为贤德的思想，到哪里不受人称颂呢？"（《韩非子·说林上》）

这里的"其恶者贵"，翻译成现代汉语就是：那个相貌丑陋的地位尊贵。其中的"恶"，音"è"，是丑陋的意思。

除了以上义项外，读"è"时，"恶"还讲作"犯罪的人"，如"首恶必办，胁从不问"；讲作"不好"，如"岁恶不入，请卖爵子"（《论积贮疏》）。

## 第76日
# 周恩来：同室操戈，相煎何急？！

相 音"xiāng"，互相——音"xiāng"，动作偏指一方——音"xiàng"，
容貌——音"xiàng"，审察——音"xiàng"，官职名称

东晋名士许允结婚后，在洞房看到妻子十分丑陋，拔腿就往外溜，新妇一把将他拽了回去。许允说："妇女应该有四种美德，你具备了哪几种？"新妇说："我所缺的，仅仅是美丽的容貌罢了。可是，读书人应该有各种好品行，您又具备几种呢？"许允说："样样都有。"新妇说："各种好品行里头最重要的是德，可是您爱色不爱德，怎么能说每样都具备了呢？"许允脸上显出了愧色，从此夫妇俩便互相敬重，恩恩爱爱。(《世说新语·贤媛》)

**实兵演练**

许允的夫人，值得我们为之点赞。在中国历史上，值得人们点赞的女子还有哪些？请写出5个人的名字。

最后两句，用文言来说就是："允有惭色，遂相敬重。"其中的"相"，音"xiāng"，是互相的意思。"甘其食，美其服，安其居，乐其俗，邻国相望，鸡犬之声相闻，民至老死不相往来"(《老子》)中的三个"相"，也都是互相的意思。

东汉人荀巨伯从远方来探望生病的朋友，恰逢匈奴围攻这座城池。朋友对他说："我现在快死了，你赶快离开吧。"他回答道："我远道来看你，你却让我离开。败坏道义而求活命，这是我荀巨伯所做的事吗？"匈奴士

**作文课堂**

以"道义"为话题作文，可用这则材料。

兵到了后，了解到事情的原委，说："我们这些不讲道义的人，却侵入了有道义的国家！"便撤军回去，整个城市也因此而保全。(《世说新语·德行》)

"我远道来看你"，用文言来说就是："远来相视。"这里的"相"，是动作偏指一方，可译为"你"。

**思维体操**

曹操的奸诈，由此可见一斑。

还有个故事。曹操曾说："如果有人要加害我，我的心马上会跳起来。"他偷偷地对身边的侍从说："你揣着刀悄悄来到我身边，我一定会感觉心跳。我派人逮捕你去行刑，你千万别说是我指使的，准没事儿，到时一定重重赏赐你。"那个侍从信以为真，结果丢了性命。曹操手下的人认为这是真的，就连真正想谋反的人也丧气了。(《世说新语·假谲》)

"到时一定重重赏赐你"，用文言来说就是："当厚相报。"这里的"相"，音"xiāng"，也是动作偏指一方，可译为"你"。

**作文课堂**

如果作文时给了这则材料，你会确定怎样的立意呢？

三国时的名士华歆乘船避难时，有一个人也想搭船。华歆感到很为难。同船的王朗说："正好船还宽敞，有什么不可以呢？"后来，强盗追上来了，王朗想抛弃随带的那个人，华歆说："先前我犹豫不决，正是为了这点。既然已经接受了他的请托，怎么可以因为情况紧迫就抛弃他呢？"(《世说新语·德行》)

最后一句用文言来说就是："宁可以急相弃邪。"这里的"相"，是动作偏指一方，可译为"他"。

1941年1月，新四军9 000多人在皖南泾县茂林遭到国民党军8万多人的伏击。新四军除约2 000人突围外，大部分被俘或牺牲，军长叶挺在与国民党军队谈判时被扣押。这就是震惊中外的"皖南事变"。周恩来在《新华日报》上愤然写下了为江南死国难者志哀的题词，以揭露事实真相。题词的内容是：

**实兵演练**

相，指动作偏指一方。你还能举一例吗？想想看。

千古奇冤，

江南一叶；

同室操戈，

相煎何急？！

后两句中的"相"，是动作偏指一方，译作"我"，意思是：同室操戈，煎我怎么这么急迫？这里化用了曹植的《七步诗》中的"本是同根生，相煎何太急"。曹植诗中的"相"，也可译为"我"，是指曹植；而周恩来题诗中的"相"，是指中国共产党。我们熟知的"儿童相见不相识，笑问客从何处来"（《回乡偶书》），还有"洛阳亲友如相问，一片冰心在玉壶"（《芙蓉楼送辛渐》），其中的"相"都是这个意思。《回乡偶书》中的两个"相"都可译作"我"，意思是：儿童见到我却不认识我。《芙蓉楼送辛渐》中的"相"也是译作"我"，意思是：如果洛阳亲友问起我。

相，读"xiàng"时，还可指容貌，比如相貌；还可解作审察，如相面、相马；还可指辅佐君主掌管国事的最高官吏，如宰相、丞相、相国，相当于现在的国家总理。

## 第77日
## 纪晓岚：言身寸谢，谢天谢地谢君王

**谢** 感谢——认错、道歉——告辞、告别——劝告——凋落——姓

感谢，是"谢"的基本义项。司马迁《史记》记载，在鸿门宴上，范增、项庄图谋杀死刘邦，形势危急。张良见状，将勇士樊哙召入，让其保护刘邦。项羽在得知樊哙的身份后，说："壮士！赐之卮酒。"樊哙怎么表现的呢？作者写道："哙拜谢，起，立而饮之。"这里的"谢"就是感谢的意思。

清朝大臣纪晓岚在皇宫陪伴乾隆皇帝，久离家乡，心情抑郁。乾隆善解人意，出句试之。才学满腹的纪晓岚对句巧妙，乾隆大悦，赏其宝马一匹，准其探亲去了。出句与对句为：

> 口十心思，思妻思子思父母；
>
> 言身寸谢，谢天谢地谢君王。

谢的繁体字为"謝"，所以纪晓岚能够拆"謝"为言身寸。这里的"谢"仍是感谢的意思。

刘邦得知项羽要消灭自己的消息后，知道只有项伯能够左右项羽，于是不仅举酒祝他身体永远健康，还相约结为儿女亲家，从而彻底征服了项伯。

项伯临走的时候，嘱咐刘邦道："明天你必须早一步到新丰鸿门来向项王认错道歉。"刘邦赶紧答应了。（见高中课文《鸿门宴》，出自《史记》）

项伯嘱咐刘邦的话，用文言说就是："且日不可不蚤自来谢项王。"这里的"谢"，是认错、道歉的意思。

战国时，魏国的信陵君想结交隐士侯嬴，就在摆上酒席、宾客都已经到齐的时候前往邀请侯嬴赴宴。侯嬴为了考验信陵君是不是真诚，便要求先到肉市上会见朋友朱亥。见到朱亥后，侯嬴说个没完。在和朱亥交谈的同时，他一直在暗暗观察信陵君，结果发现人家信陵君不但不心烦，而且表现得更加和善。这时，侯嬴"乃谢客就车"（见高中课文《信陵君窃符救赵》，出自《史记》）。这里的"谢"，是告辞、告别的意思。

《玉台新咏》中有一首我国古代最长的叙事诗，即《孔雀东南飞》。这首诗讲的是刘兰芝、焦仲卿在蛮横的焦母、刘兄的干涉下，一个投水而死、一个上吊而亡的悲惨故事。结尾，作者议论说："多谢后世人，戒之慎勿忘。"这里的"谢"，是劝告的意思。

"谢"还有凋落的意思，如"及花之既谢，亦可告无罪于主人矣"（《芙蕖》）；还是姓，如我国历史上有一个著名的山水诗人，姓谢，字灵运。

## 第78日
## 信言不美，美言不信

**信** 真实——相信——的确——住两夜——守信用——随意

"信言不美，美言不信。"(《老子》) 这是大家耳熟能详的名句。翻译成现代汉语就是：真实的话不漂亮，漂亮的话不真实。其中的"信"，是真实的意思。

宋康王的时候，有只小鸟在城墙的角落生了只鹞子。宋康王让太史占卜，太史说："小鸟生出了大鸟，意思是可以以小制大，暗示我们宋国能够称霸天下。"宋康王听后很高兴，于是出兵，这样，灭掉了滕国，夺取了淮北的大片土地，"乃愈自信"。为了尽快称霸天下，他用箭射天神，又鞭打地神，还砍掉了土神、谷神的神位，将它们烧掉，说："我用威力降服天地鬼神！"不仅如此，宋康王还辱骂那些年老敢于劝谏的大臣，派人剖开驼背人的脊背，砍断早晨过河人的腿，以致国人都非常恐慌。齐国听说后，派兵攻打宋国，宋国百姓是四散奔逃，所有城池都没有人防守。这时，宋康王慌了，赶紧逃命，结果也没有能够逃脱，最后是被齐国人抓住给杀死了。(《战国策·宋卫策》)

这里的"乃愈自信"，翻译成现代汉语就是：于是更加相信自己。其中的"信"，是相信的意思。

王戎七岁的时候，曾经与很多小孩子游玩。他们看到路边的李树上长满了李子，把树枝都要压断了。孩子们都抢着跑过去摘李子，只有王戎一个人站着不动。有人问他为什么，他回答说："李子树在路边却有这么多李子，说明这必定是苦李。"等摘下李子来一尝，"信然"（《世说新语·雅量》）。

这里的"信然"，翻译成现代汉语就是：的确是这样。其中的"信"，讲作"的确"。"海客谈瀛洲，烟涛微茫信难求。"（《梦游天姥吟留别》）、"信知生男恶，反是生女好"（《兵车行》）中的"信"，也是的确的意思。

谢奉被免去吏部尚书官职后回到东边会稽，与谢安在破冈相遇。他们停留了三天，一起叙谈。谢安想对他免去官职一事加以安慰，每当此时，谢奉总是用别的话岔开。"虽信宿中涂"，竟然没有说到这件事。谢安深感遗憾，觉得未能把心意说出来。两人分别后，谢安在赶路的船上和人扯起这件事，说："谢奉本来就是个奇人。"（《世说新语·雅量》）

这里的"虽信宿中涂"，翻译成现代汉语就是：虽然两人在途中连住了两夜。其中的"信"，是住两夜的意思。

信，除了前面的义项外，还可讲作"守信用"，如"信名，则群臣守职，善恶不逾，百事不怠"（《韩非子·外储说左上》），翻译成现代汉语就是：在官爵上讲信用，那么官吏们就会安守职务，好人坏人都不敢超越法律界限，各种事情都能办理得好。还可讲作"随意"，如"低眉信手续续弹，说尽心中无限事"（《琵琶行》），翻译成现代汉语就是：她低着头，随手连续地弹个不停，用琴声把心中无限的往事说尽。

第 79 日

## 师旷：炳烛之明，孰与昧行乎

行 走——做——行为——前往——运行

晋平公问师旷说："我已经七十岁了，仍然很想学习，但恐怕已经太晚了吧？"师旷回答说："为什么不点燃蜡烛呢？"晋平公一听，这不是所答非所问吗？于是说："哪有做臣子的来戏弄他的国君的呢！"师旷回答说："我怎么敢呢？我听说，少年爱好学习，就如同初升太阳的光辉；壮年爱好学习，就如同中午太阳的光辉；老年爱好学习，就如同点燃蜡烛的光辉。'炳烛之明，孰与昧行乎？'"晋平公听后，说："您说得真好！"（《说苑·建本》）

这里的"炳烛之明，孰与昧行乎"，翻译成现代汉语就是：点燃蜡烛的光辉，比起摸黑走路，哪一个更好呢？这里的"行"，是走的意思。我们熟知的"三人行，必有我师焉"（《论语·述而》）中的"行"，也是这个意思。

◇作文课堂

以"变通"为话题作文，可用这则材料。

孔子到郯国去，在路上遇见了程子，便停下车子与程子交谈。你一言，我一语，不知不觉，一天的时间就过去了。说话间，孔子回头对子路说："拿一束帛来，送给程先生。"子路没有回答。过了一会儿，孔子又回过头来对子路说："拿一束帛来，送给程先生。"子路十分不耐烦，说："我听说，读书人不经过中间人介绍就相见，女子没有媒人就出嫁，

192

'君子不行也'。"原来子路是有意见啊！孔子说："程先生是天下著名的贤士，这个时候不送礼给他，恐怕一辈子也见不到他了。请记住：大德一点也不能越轨，小德有点出入是可以的。"（《说苑·尊贤》）

这里的"君子不行也"，翻译成现代汉语就是：这是君子所不做的。其中的"行"，是做的意思。我们所熟知的"此数者用兵之患也，而操皆冒行之"（见高中课文《赤壁之战》，出自《资治通鉴》）中的"行"，也是这个意思。

春秋时，卫国大夫弥子瑕的母亲病了，消息传到宫中时已经是深夜，弥子瑕心急如火，赶着国君的马车就回家了。卫国法律规定：偷驾国君的车子，要砍掉手与足。卫国国君得到报告后，不仅没有追究弥子瑕的罪过，反而赞美弥子瑕说："真孝顺啊！为了母亲，竟敢犯砍手足的罪呢。"卫国国君游览果园，弥子瑕吃了个桃子，觉得味道鲜美，就不再吃，把留下来的桃子献给了国君。国君说："这是爱我而忘了献给我的是咬了一口的桃子。"后来，弥子瑕得罪了卫国国君，被治罪。卫国国君恨恨地说："这个人从前就曾擅自驾驶我的车子，还曾经将吃剩下的桃子给我吃。"可以说，"子瑕之行"比起当初来未必有什么变化，但先前的行为受到称赞，后来却受到惩罚，这是卫国国君的爱憎发生了变化的缘故。（《说苑·杂言》）

> **◇ 作文课堂**
>
> 有一年高考是以"感情亲疏与认知"为话题作文，如果当年的考生知道这个故事，写到作文中去，自然会为作文增色。

这里的"子瑕之行"，翻译成现代汉语就是：弥子瑕的行为。其中的"行"，是行为的意思。

"行"除了前面的义项外，还可讲作"前往"，如"赵王畏秦，欲毋行"（《史记·廉颇蔺相如列传》）；讲作"运行"，如"天行有常，不为尧存，不为桀亡"（《荀子·天论》）。

# 第 80 日
# 邹忌修八尺有余

**修** 兴建、建造——修饰——学习、锻炼和培养——高——遵循——写

◇ 思维体操

王酒胡财大气粗，一掷千金，狂傲至极！要知道，这是在遭受战争蹂躏之后。可以想象，战争发生前的和平时期，富商参与的长安城的商业活动是何等繁荣！

自从黄巢军队从京城长安退走后，修理重建被战火损毁的建筑物就提上了政府的议事日程。国库亏空，需要民众捐款。镇州王家有一个人，人们喊他王酒胡，他住在京城长安，非常有钱，给官府捐了三十万贯钱，帮助整修朱雀门。"上又诏重修安国寺"，建好后，皇帝亲自乘车驾临，在新铸的钟上撞击了十二下，施舍了一万贯钱。之后，又让大臣们各人根据自己的心愿撞钟，皇帝说："有能够施舍一千贯的人，可以打钟一槌。"喝得半醉的王酒胡听说后，来到安国寺，径直登上钟楼，连续打钟一百下，之后从商业区西市运来十万贯钱搬进寺里。（《中朝故事》）

这里的"上又诏重修安国寺"，翻译成现代汉语就是：皇上又下令重新兴建安国寺。其中的"修"，是兴建、建造的意思。

毛泽东小时候曾在私塾读书。一天，先生因事外出，嘱咐学生背书。先生回来时，却发现学生在塘中戏水。先生将他们叫到跟前，指着他们的泥巴脚丫子，吟出上句，说："谁能够对出下

◇ 思维体操

一代伟人毛泽东，小时候便表现不凡，令人刮目相看。

句，且对得好，可以免于打板子。"小小的毛泽东灵机一动，脱口对出了下句。先生听了，不禁暗暗点头赞叹。

先生出的上句是：濯足。用白话来说，就是洗脚。毛泽东对的下句是：修身。"修身"可谓一语双关。一方面是指修饰边幅，另一方面是指加强学问、品行等方面的学习、锻炼和培养。这样，毛泽东对句中的"修"，有修饰这个意思，也有学习、锻炼和培养的意思。

中国古代美女不少，比如大家熟知的四大美女西施、貂蝉、王昭君、杨贵妃，但有名有姓的美男子不多，其中邹忌可以算一个。《邹忌讽齐王纳谏》中说："邹忌修八尺有余，而形貌昳丽。"翻译成现代汉语就是：邹忌身高八尺多，而且形象容貌光鲜英俊。这里的"修"，是高的意思。需要指出的是，古代的尺比现在的短。著名学者吕叔湘认为，这里的尺大概跟汉朝的差不多，汉朝的一尺大约合现在的七寸半。(《古今言殊》) 据此可以推断，邹忌身高为 2 米多点。

王羲之是我国东晋时期的大书法家，有"书圣"之称。晋穆帝永和九年（公元 353 年）三月三日，他与名士孙统、孙绰、谢安等四十一人，在会稽郡山阴的兰亭聚会。大家饮酒赋诗，好不快活。王羲之曾对当时的情况给以描绘。他说：此日天朗气清，惠风和畅。群贤毕至，少长咸集。这里有崇山峻岭，"茂林修竹"，又有清澈湍急的溪流，辉映环绕在亭子的四周，我们引溪水来用作流动酒杯的曲折水道，四十一人依次排列，坐于曲折的水道岸边。(《〈兰亭集〉序》)

> **实兵演练**
>
> 《兰亭集》是王羲之、孙统、孙绰等四十一人在兰亭聚会时所写诗歌的合集。这样，《兰亭集》序》中的《兰亭集》就该用书名号。现在请你去考察一下，看各种版本的图书中提到王羲之这篇文章时，加书名号了没有。

这里的"茂林修竹"，翻译成现代汉语就是：茂盛的树林，高高的竹子。其中的"修"，也是高的意思。

"修"除了前面的义项外，还可讲作"遵循"，如"圣人不期修古，不法常可，论世之事，因为之备"(《韩非子·五蠹》)，翻译成现代汉语就是：圣人不期望遵循、取法古代所谓永久适用的制度，而应研究当前的社会情况，并根据它制定符合实际的措施。还可讲作"写"，如"修书一封"。

第**81**日

# 徐娘虽老，犹尚多情

**徐** 慢慢、缓慢——不紧不慢、从容不迫——姓氏

**✎作文课堂**

周亚夫忠于职守，治军严明。司马迁在塑造周亚夫这个人物形象时，运用了什么手法？

汉文帝后元六年（公元前 158 年），匈奴大举入侵边境。文帝任命刘礼、徐厉、周亚夫为将军，分别驻军灞上、棘门、细柳，以便防备匈奴入侵京都。有一天，文帝亲自去慰劳军队。到了灞上和棘门的军营，一路奔驰而入，从将军到下属官兵都骑马迎送。之后到达细柳军营，军中官兵都披持铠甲，弓弩张开，弓弦拉满。天子的前导来到军营，不能进入。过了不久，文帝到了，也不能进入。文帝便派使者手持符节给周亚夫下令："我要进去慰劳军队。"周亚夫这才传话打开军营大门。营门的守卫士官对文帝的车马随从说："将军有规定，军营里不准驱马奔驰。"看来，像在灞上、棘门军营那样长驱直入是不行的。"于是天子乃按辔徐行。"到了营中，将军周亚夫手拿武器拱手行礼说："穿戴盔甲的将士不能跪拜，请允许我以军礼参见皇上。"文帝被他感动了，说："啊，这才是真正的将军呀！从前在灞上和棘门军营看到的，简直像是儿戏！"后来，文帝将要去世的时候，嘱咐太子说："如果发生危急情况，周亚夫是能够担当领兵重任的。"（《史记·绛侯周勃世家》）

这里的"于是天子乃按辔徐行"，翻译成现代汉语就是：于是天子就拉紧缰绳慢慢行进。其中的"徐"，是慢慢、缓慢的意思。我们所熟悉的

196

"清风徐来，水波不兴"（《赤壁赋》）中的"徐"，也是这个意思。

公元347年，东晋大司马桓温率军讨伐李势，李势兵败投降。桓温娶李势的妹妹做妾，很宠爱她。桓温的妻子起初不知道，后来听说了，自然非常嫉妒，就带着几十个婢女提着刀去杀李氏。到了李氏住的地方，正遇见她在梳头，头发垂到地上，肤色像白玉一样光采照人。李氏抬起头看了看这群提刀的娘子军，知道了她们的来意，但表情并未有所改变，而是从容不迫地说："我国破家亡，并不情愿到这里来。今天如果能被杀而死，倒是遂了我的心愿。"桓温的妻子听后很惭愧，就退出去了。（《世说新语·贤媛》）

这里的"从容不迫地说"，用文言来说就是"徐曰"。其中的"徐"，是不紧不慢、从容不迫的意思。

徐还是常见的姓，而且徐姓人物有许多值得一提。第一个是徐夫人。荆轲前往秦国刺杀秦王，燕太子丹给他准备了一把匕首。这可不是一般的匕首，而是赵国徐夫人打造的匕首。这把匕首在淬火时用的不是一般的水，而是毒药，只要伤到人的身体，没有不立即

死亡的。徐夫人何许人也？这可不是一个女士，而是一个男士，是铸剑名家，姓徐，名夫人。

第二个是徐昭佩。有一个成语"半老徐娘"，指年纪虽大但风韵犹存的妇女。这个成语源自《南史·后妃传·徐妃》，其中说："徐娘虽老，犹尚多情。"徐娘原名徐昭佩，是南朝信武将军徐绲的女儿、梁元帝萧绎的妻子。萧绎一眼失明，徐昭佩非常看不起他，于是她只打扮半边，名曰"半面妆"，她的理由是一只眼睛只能看一半。如此，夫妻感情又怎么会好呢？唐朝诗人李商隐有诗《南朝》：休夸此地分天下，只得徐妃半面妆。

第三个是徐庶。有一句歇后语"徐庶进曹营——一言不发"，其中的徐庶，是一位和诸葛亮齐名的军事家，他将诸葛亮推荐给了刘备，自己却迫不得已归顺了曹操，因为他的母亲被曹操劫持。归顺归归顺，但他始终不给曹操出一谋、献一策，真是身在曹营心在汉。

# 第82日
# 郑镒"因说骤迁五品"

因 凭借——由于——于是、就——沿袭

**◇思维体操**

封建官场中，"一人得道，鸡犬升天"。这则故事就是一个生动的例子。

另外，泰山是岳父的代称，就源自这里。

唐玄宗去泰山举行封禅仪式，宰相张说任封禅使。按照惯例，封禅之后，三公以下的官员都升官一级。郑镒是张说的女婿，本来是九品官，"因说骤迁五品"，一下子成为了穿红色官服的高官。

宫廷举办宴会的时候，唐玄宗看到郑镒的官品猛然提升，感到很奇怪：郑镒原来不是九品官吗？就是升一级，也是八品官啊！怎么突然间成了五品官？就问郑镒："我记得你原来是九品吧？陡升四级，是什么原因啊？"郑镒自然无言以对。这时，宫廷艺人黄幡绰正在旁边，很委婉、很幽默地说："这是泰山的力量啊！"（《酉阳杂俎》）

这里的"因说骤迁五品"，翻译成现代汉语就是：凭借老岳父张说的关系，一下子升成了五品官。其中的"因"，是凭借的意思。

唐朝诗人朱庆馀写的诗，很得水部郎中张籍的欣赏。张籍随身携带着他最欣赏的朱庆馀的26首诗，走到哪里宣传到哪里。由于张籍的推重，当时没有人不抄写诵读朱庆馀的这些诗。在参加科举考试之前，朱庆馀写了《闺意献张水部》一诗，送给张籍。诗歌共四句：

洞房昨夜停红烛，待晓堂前拜舅姑。

妆罢低声问夫婿，画眉深浅入时无？

诗歌写一个新娘子在拜见公婆前梳妆打扮，对于是否能合公婆心意自己心里拿不准，就低声问丈夫：眉毛画得还跟时尚潮流吗？这是诗歌的表面意思。其本意是作者以新娘子自比而询问张籍：我的诗歌能合主考官的心意吗？

作文课堂

这两首诗之所以写得好，原因在于两位作者都明白"诗出侧面"的道理，巧借情诗做文章。

张籍读了朱庆馀的这首诗，什么也没有说，而是和了一首《酬朱庆馀》，共四句：

越女新妆出镜心，自知明艳更沉吟。

齐纨未足时人贵，一曲菱歌敌万金。

张籍在诗歌中言采菱的越地少女自知美丽却又沉思起来。那些身穿华美衣服的女子并不值得人们看重，这采菱姑娘的歌喉才价值万金。这是诗歌的表面意思。其本意是说，朱庆馀的诗歌必然会受到重视，不必为考试结果担心。

朱庆馀的才学，"因张公一诗，名流于海内矣"。自然，科举中第也是在意料之中的事情。后来，朱庆馀官至秘书省校书郎。（《云溪友议》）

这里的"因张公一诗，名流于海内矣"，翻译成现代汉语就是：由于张籍这首诗的称赞，名声流传于天下。其中的"因"，是由于的意思。

唐顺宗时的门下侍郎杜黄裳，受命主持考试，为国家选拔人才。考试完毕，考生在堂下参拜的时候，杜黄裳高声说道："皇上误信我这个浅薄低劣、没有学问、没有品行的人，让我为国家选拔栋梁之材。各位学士都是当今的优秀人才，怎么没有人为我救急？"当时参加试策的有五百多人，你看我，我看你，没有人有勇气从中站出来。尹枢那时七十多岁了，一个人快步走到前面，问道："不知道您有什么吩咐？"杜黄裳说："现在还没有放榜名单。"尹枢回答说："我不才，但愿意试试。"杜黄裳高兴地请他上堂闲谈，

知识拓展

唐朝科举考试实行不糊名的办法，主考官评阅试卷时，往往参考甚至完全根据考生平日的声望决定是否录取。因此，尹枢直接根据考生平日声望来填写中榜名次，考生们也都赞叹他公道。

"因命卷帘"，递给尹枢纸笔。尹枢每写一个人，就高声念那个人的姓名。从开始到最后，排列在庭院里的考生们听了，都交口称赞他公道。写完后，尹枢将名单交给了杜黄裳，只是空下了第一名没填上。杜黄裳看罢，向尹枢道了谢，并且请他写上状元的名字。尹枢说："状元非我老头子不可。"杜黄裳非常惊奇，就让尹枢自己亲笔写上。(《唐摭言》)

这里的"因命卷帘"，翻译成现代汉语就是：于是就命令卷起帘子。其中的"因"，是"于是、就"的意思。

"因"除了前面的义项外，还可讲作"沿袭"，如"孝公既没，惠文、武、昭襄蒙故业，因遗策，南取汉中，西举巴、蜀，东割膏腴之地，北收要害之郡"(《过秦论》)。

第 **83** 日
# 故审堂下之阴，而知日月之行

**阴** 山的北面，水的南面——阴天——暗中、暗地里——日影——光阴

唐朝李朝威《柳毅传》中说，柳毅参加科举考试落榜后，打算回到湘水边去。他想起同乡中有个旅居在泾阳的人，便去告别。在路上，他遇到了一个眉头紧锁、愁容不展、衣衫褴褛的牧羊女。牧羊女说自己是洞庭湖龙君的小女儿，嫁给了泾水龙王的次子，丈夫寻花问柳，自己将此事告诉公婆后，却被处罚在野外牧羊，希望柳毅能够给自己的父母捎一封信去。柳毅答应后，说洞庭是个大湖，作为凡人只能行走在人世间，怕是难以到洞庭湖龙君的住所将信送到。龙女说，"洞庭之阴"有棵大橘树，敲击三下，就会有人答应前来带领他去父亲的住所。

阴，山的北面，水的南面。这里的"洞庭之阴"，意思是洞庭湖的南边。现在的陕西省华阴市，因在华山之北而得名；现在的江苏省江阴市，因在长江之南而得名。

**✎ 实兵演练**

你能举两个含"阴"的地名吗？其中的"阴"，又怎么讲呢？

唐朝诗人杜甫《兵车行》最后两句是"新鬼烦冤旧鬼哭，天阴雨湿声啾啾"，这里的"阴"是指阴天。元朝关汉卿的《窦娥冤》写蒙受天大冤屈的窦娥临刑前唱道："浮云为我阴，悲风为我旋，三桩儿誓愿明提遍。婆婆也，直等待雪飞六月，亢旱三年呵，那其间才把你个屈死的冤魂这窦娥显。"这里的"阴"也是指阴天。

明朝高启《书博鸡者事》讲了这么一件事。元朝至正年间，袁州城有个曾经受过太守杖刑的土豪到前来巡视的臧使者面前诬陷太守接受过他的贿赂。这个臧使者正想治太守的罪，但苦于没有把柄，这下正好，便把太守逮捕，逼迫他认罪，革掉了他的官职。有个在街市上整日斗鸡的人，任性放纵，喜欢与人争斗。人们便激他为太守报仇申冤。这个斗鸡人将

诬陷太守的土豪抓了起来痛打一顿后，又游街示众，老百姓的欢呼声震动了整个袁州城。郡中掌管民事的官吏非常惊惧，骑马奔告州府衙门。府里的副官对斗鸡人的所作所为感到痛快，"阴纵之不问"。后来，这个斗鸡的人又将为太守申冤的状纸递到了行御史台。最终，太守官复原职。

这里的"阴纵之不问"，翻译成现代汉语就是：暗中放任他而不过问。其中"阴"讲作"暗中、暗地里"。

"阴"还可讲作"日影"，如"故审堂下之阴，而知日月之行"（《吕氏春秋·慎大览·察今》）；还可讲作"光阴"，如"故圣人不贵尺之璧，而重寸之阴，时难得而易失也"（《淮南子·原道训》）。

# 第84日

## 郑板桥：画竹多于买竹钱，纸高六尺价三千

**于** 比——在——向——被——从

清朝画家郑板桥特别擅长画竹子。有段日子，前来索画的人络绎不绝，特别是一些富商，竟也一毛不拔，连一文钱都不想出。于是，郑板桥写了一首诗，贴在院门上。这首诗为：

> 画竹多于买竹钱，
>
> 纸高六尺价三千。
>
> 任渠话旧论交接，
>
> 只当秋风过耳边。

这里的"画竹多于买竹钱"，翻译成现代汉语就是：买关于竹子的画，用的钱比买竹子要多。其中的"于"，讲作"比"。

司马迁在《报任安书》中写道："人固有一死，或重于泰山，或轻于鸿毛，用之所趋异也。"意思是：人本来就有一死，但有的人死得比泰山还重，有的人却死得比鸿毛还轻，这是因为他们生存所追求的东西不同啊！这里的两个"于"，也是比的意思。

明成祖时的户部尚书夏原吉，一天晚上在月光

下散步，灵感突现，写了一首《题人影》：

> 不言不语过平生，步步相随似有情。
>
> 长向灯前同静坐，每于月下共闲行。
>
> 昨朝离去天将暝，今日归来雨又晴。
>
> 最是形藏堪爱处，显身须要待月明。

"每于月下共闲行"，意思是：每每在月光下，你我一块漫步。这里的"于"讲作"在"。

秦军包围了赵国的都城邯郸，赵国危在旦夕。《史记·魏公子列传》写道："公子姊为赵惠文王弟平原君夫人，数遗魏王及公子书，请救于魏。"意思是：魏公子信陵君的姐姐就是赵惠文王的弟弟平原君的夫人，她接连几次写信给魏王和公子，向他们求救。这里的"于"，讲作"向"。

司马迁在《史记·屈原贾生列传》中写道："怀王以不知忠臣之分，故内惑于郑袖，外欺于张仪。"意思是：怀王因为不明白忠臣的职分，所以在内被郑袖迷惑，在外被张仪欺骗。这里的两个"于"，都表被动，可译为"被"。我们熟知的张溥的《五人墓碑记》，其中有"或脱身以逃，不能容于远近"，《史记·廉颇蔺相如列传》中有"臣诚恐见欺于王而负赵"，其中的"于"，也都是表被动，译为"被"。

"于"除了前面的义项外，还可译为"从"，如"合抱之木，生于毫末；九层之台，起于累土；千里之行，始于足下"（《老子》）。

## 第85日
# 开门七事都交付，柴米油盐酱与茶

**与** 音"yǔ"，给予——音"yǔ"，和——音"yǔ"，交好——音"yǔ"，赞许——音"yù"，参加——音"yù"，对付——音"yú"，句末语气词

唐朝人李肇《唐国史补》中记载了一个名叫王锷的节度使，他聚敛的财物堆积如山。有个跟随他多年的幕僚用聚财后要能散财的道理劝诫他。过了几天，王锷对这个幕僚说："我已经将钱财散掉很多了。"这个幕僚看到王锷从善如流，便问："您是怎么散的？"王锷回答说："儿子每人给了一万贯钱，女婿每人给了一千贯钱。"

**✎ 作文课堂**

写作文涉及吝啬，可用这则材料。

王锷的回答用文言说就是"诸男各与万贯，女婿各与千贯矣"。其中的两个"与"，音"yǔ"，都是给予的意思。

有一个人，虽然穿得破破烂烂，三天两头揭不开锅，但逢人便说会炼金，想以此让人高看他一眼。这天，他遇到了唐伯虎，故技重演，并要唐伯虎给其题诗。唐伯虎欣然答应，写道：

**✎ 文化常识**

唐寅，字伯虎，明代著名画家、书法家、诗人。绘画上与沈周、文徵明、仇英并称"吴门四家"，又称"明四家"。诗文上与祝允明、文徵明、徐祯卿并称"吴中四才子"。

> 破布衫巾破皮裙，
>
> 逢人便说会炼银。
>
> 君何不自炼些用，
>
> 担至河头卖与人。

最后一句诗翻译成现代汉语就是：担到河头卖给他人。其中的"与"，也是给予的意思。

过去一个高官纳妾，他的夫人自然非常不高兴，可是又不便发作，于是便写了一首诗给丈夫。这首诗为：

> 恭喜郎君又有她，
>
> 侬今洗手不当家。
>
> 开门七事都交付，
>
> 柴米油盐酱与茶。

开门七事是"柴米油盐酱醋茶"，现在只有"柴米油盐酱茶"，意思是将醋留下自己吃。吃醋，一语双关。"柴米油盐酱与茶"中的"与"，音"yǔ"，是和的意思。

关于六国的灭亡，一直是仁者见仁、智者见智。宋朝苏洵在《六国论》中写道："齐人未尝赂秦，终继五国迁灭，何哉？与嬴而不助五国也。"苏洵认为，齐国之所以灭亡，是因为其交好秦国而不帮助五国。这里的"与"，音"yǔ"，是交好的意思。

屈原，内政外交都是一把好手，有个姓上官的大夫嫉妒他。司马迁在《史记》中说，楚怀王要屈原制定国家的法令，屈原还没将草稿写好，上官大夫看后就想修改某些条款，屈原"不与"，上官大夫便在楚王面前告屈原的状，说他自高自大。

这里的"不与"中的"与"，音"yǔ"，是赞许的意思。我们常说的"朝过夕改，君子与之"中的"与"，"与人为善"的"与"，也都是赞许的意思。

> **✍ 作文课堂**
>
> 写作文涉及刚愎自用、一意孤行，可用这则材料。

秦穆公打算偷袭郑国，前往征求老臣蹇叔的意见，原来也就是想着给蹇叔个面子，给自己留下虚心征求意见的好名声，没有想到的是蹇叔还当了真，列举理由坚决反对偷袭郑国。秦穆公很不高兴，辞别后，又派人对蹇叔说："你知道什么？如果你只活到七十岁，那么你坟上的树已经有两手合抱那么粗了。"诅咒蹇叔早死。蹇叔的儿子"与师"，蹇叔哭着为其送行，说晋国一定在崤设埋伏，伏击秦军。后来，正如蹇叔所预言的，晋军在崤设埋伏，将秦军打了个大败。(见高中课文《崤

之战》，出自《左传》）

这里的"与师"，就是参加远征郑国的军队。"与"是参加的意思。

《史记·淮阴侯列传》记载，韩信攻占齐国都城临淄后，就带兵向东追赶齐王田广，一直追到高密城西。这时，项羽派将军龙且前来救援齐国。有人对龙且说：韩信锋芒不可抵挡，我们不如深挖壕沟、高筑壁垒，先坚守，并让齐王号召失陷的各地一齐反抗汉军，这样汉军就会陷入绝境，我们就可不战而胜。龙且说："吾平生知韩信为人，易与耳。"结果，龙且因为骄傲轻敌，中了韩信的圈套，丢了性命。

龙且的话，用现代汉语来说，就是：我向来很了解韩信的为人，他很容易对付。这里的"与"，音"yǔ"，讲作"对付"。

除了前面的义项外，"与"还可作句末语气词，如"吾王庶几无疾病与"（见高中课文《庄暴见孟子》，出自《孟子》），翻译成现代汉语就是：我们的大王大概没有疾病吧？这里的"与"，音"yú"，表示推测语气。

# 第86日
## 秦康公：我送舅氏，曰至渭阳

**阳** 太阳——山的南面，水的北面——温暖——凸出的——表面上，假装——和"阴"相对的哲学概念

春秋时，卫国大夫宁武子到鲁国访问，鲁文公设宴招待，并安排乐工为他演奏《湛露》。演奏完毕，宁武子既没有表示感谢，也没有赋诗回答。这不符合外交礼节，是失礼行为。对此，鲁文公不理解，因为在他看来，宁武子作为资深大臣，对外交礼节是了然于胸的，于是派人私下去探问缘由。宁武子回答说："对不起，我还以为是乐工在练习呢。记得诸侯在正月里去京城朝贺天子，天子设宴招待并奏乐，这时就朗诵《湛露》这首诗，'则天子当阳'，诸侯效劳听命于天子。现在我来贵国访问，承蒙你们国君设宴招待，哪里敢犯大礼而自取罪过呢？"(《左传·文公四年》)

这里的"则天子当阳"，翻译成现代汉语就是：表示天子对着太阳面向南方而坐。其中的"阳"，讲作"太阳"。

《湛露》在《诗经·小雅》中，共四个小节，每小节四句。第一小节是：

> 湛湛露斯，
>
> 匪阳不晞。
>
> 厌厌夜饮，
>
> 不醉无归。

　　翻译成现代汉语就是：露珠清亮多又多，不见太阳不蒸发。夜夜畅饮不停杯，不到烂醉不回家。其中的"阳"，也讲作"太阳"。

　　当年，晋公子重耳在外流亡十九年，历尽千辛万苦。在重耳结束流亡生活，即将从秦国回国的时候，后来的秦康公奉父亲秦穆公之命护送舅舅重耳回国，和舅舅重耳依依不舍，写了一首送别诗，这就是《诗经·秦风·渭阳》。诗歌前四句是这样写的：

> 我送舅氏，
>
> 曰至渭阳。
>
> 何以赠之？
>
> 路车乘黄。

　　这四句诗的意思是：我送舅舅回到晋国去，从秦都城出发，送了一程又一程，转眼来到渭水北岸。已经送了很远了，不能再送了。可是心中有千言万语，却又无法尽说。我就送舅舅一辆由四匹膘肥体壮的大黄马拉的大车吧！以便舅舅乘车快快回国即位。

　　这里的"渭阳"，指渭水的北岸。其中的"阳"，是指水的北面。现在的洛阳市，也是因在洛水之北而得名。

　　说到这里，可能有读者会问衡阳市。衡阳是因为在衡山之南而得名。也就是说，"阳"也指山的南面，如"所谓华山洞者，以其乃华山之阳名之也"（《游褒禅山记》），再如"泰山之阳，汶水西流"（《登泰山记》）。

　　《诗经》中最长的诗歌是《豳风》中的《七月》，其中第二小节中有这样的诗句：

✎ **实兵演练**

　　想一想，在我们中国的地名中，还有哪些含有"阳"字，且是因为在山之南或水之北而得名？

> 春日载阳，
>
> 有鸣仓庚。
>
> 女执懿筐，

遵彼微行，

爰求柔桑。

翻译成现代汉语就是：春天里，太阳开始让人感到温暖，黄莺在枝头鸣个不停。姑娘们手挎深竹筐，沿着小路走向翠绿的桑林，采下一片片柔嫩的桑叶。这里"春日载阳"中的"阳"，讲作"温暖"。我们现在常用的词语"阳春"，其中的"阳"也讲作"温暖"。所谓"阳春"，就是温暖的春天的意思。

除了前面的义项外，"阳"还讲作"凸出的"，如阳文，是指镂刻在器物上、凸起的文字；讲作"表面上，假装"，如"阳奉阴违"，是指表面上顺从而暗中违反；还是一个和"阴"相对的哲学概念，凡是高的、大的、尊贵的、仁慈的、刚强的、温暖的等，都为"阳"，反之，则为"阴"。

## 第87日
## 循墙而走，亦莫余敢侮

**走** 跑——逃跑——奔向——仆人——谦辞"我"

　　孟僖子是春秋后期鲁国司空，曾随同鲁昭公出访楚国，在处理外交事务时感觉自己非常缺乏相关礼仪知识，他深以为耻，于是发奋学习这方面的知识，直到去世。他在临终之时说："礼仪，好比是人的躯干。人如果没有躯干，则无法站立；人如果不懂得礼仪，他在社会中也是无法立足的。"又说："鲁国有一位通晓礼仪的人，他的名字叫作孔丘。孔丘是圣人的后代，他的祖先原是宋国贵族，他的七世祖正考父曾连续辅佐宋戴公、宋武公、宋宣公，做到了上卿。正考父官位越高，就越加谦恭有礼。他曾经在鼎上刻铸铭文，来告诫自己。铭文是：'第一次任命，我鞠躬去接受；第二次任命，我弯腰去接受；第三次任命，我俯首去接受。出门在外，我总是跟一般人一样沿着墙边跑，不敢在道路中央大摇大摆地走，这样也就没有谁会冒冒失失地侮辱我。'我们鲁国的大夫臧孙纥曾说：'有良好行为以及完美道德的圣人，他本人就算没有做到国君，他的子孙中也必定有才德出众的达人。'现在孔丘年少而通晓礼仪，我想这个才德出众的达人就是指他吧！我死后，你们就让我的两个儿子去跟孔丘学习礼仪吧。"（《左传·昭公七年》）

　　"我总是跟一般人一样沿着墙边跑"等句，用文言来说就是"循墙而走，亦莫余敢侮"。其中的"走"，是跑的意思。

北朝民歌《木兰诗》最后几句是："雄兔脚扑朔，雌兔眼迷离；双兔傍地走，安能辨我是雄雌？"所谓"双兔傍地走"，翻译成现代汉语就是：雄雌两只兔子一起并排着跑。其中，"走"，也是跑的意思。

战国时，孟子来到魏国拜见梁惠王。梁惠王向孟子诉苦说："我对于治理国家，真是尽心竭力了呀！河内发生了饥荒，我就将那里的灾民移往河东，把河东的粮食运到河内。当河东发生了灾荒时，我也是这样做。看看邻国的君主办理政事，没有一个像我这样用心的。可是，邻国的人民并不见减少，而我的人民并不见增多，这是什么缘故呢？"孟子回答说："大王您喜欢打仗，就让我用战争来打比方吧。战鼓咚咚地敲响了，两军开始交战，打了败仗的'弃甲曳兵而走'。有人逃了上百步才停下来，有人逃了五十步停下来。后者因为自己只逃了五十步而耻笑逃了一百步的人胆子小，您觉得怎么样呢？"梁惠王回答说："不能这样说。只不过没有后退一百步罢了，那也是逃跑啊。"孟子说："大王如果懂得这个道理，就不要指望自己的人民比邻国多了。"（《孟子·梁惠王章句上》）

这里的"弃甲曳兵而走"，翻译成现代汉语就是：扔掉盔甲拖着武器逃跑。其中的"走"，是逃跑的意思。

唐朝诗人杜甫的《石壕吏》开头几句是："暮投石壕村，有吏夜捉人。老翁逾墙走，老妇出门看。"所谓"老翁逾墙走"，翻译成现代汉语就是：老翁越墙逃走。其中的"走"，也是逃跑的意思。

秦朝末年，刘邦进入咸阳后，"诸将皆争走金帛财物之府分之"，唯独萧何先去把秦朝丞相和御史大夫保管的法律诏令以及各种图书文献收藏起来。刘邦后来之所以能详细地知道全国各处的险关要塞、户口多少、兵力强弱、百姓的疾苦，都是因为萧何完整地得到了秦朝的文献档案。（《史记·萧相国世家》）

这里的"诸将皆争走金帛财物之府分之"，翻译成现代汉语就是：将领们都争相奔向储藏金帛财物的仓库去分东西。其中的"走"是奔向的意思。

"走"除了前面的义项外，还可讲作"仆人"。司马迁《报任安书》开头句是"太史公牛马走司马迁再拜言"。所谓"牛马走"，翻译成现代汉语就是"像牛马一样被驱使的仆人"，其中的"走"是仆人的意思。后来，"走"引申为"我"，为谦称。如东汉大科学家、大文学家张衡《东京赋》最后两句是"走虽不敏，庶斯达矣"，翻译成现代汉语就是：我虽然没有才能，但而今也差不多全明白了。其中的"走"，就是谦称"我"的意思。

# 第88日
# 甘茂：敢再拜贺

**再** 第二次——两次

晋平公出外打猎，看见一只幼虎趴在地上不动，就对陪同的师旷说："我听说，猛兽见到建立霸业的君主，就会因为害怕而趴在地上不敢起身。"师旷回答说："豹子吃驳，驳吃老虎。驳的形状好像毛色黑白相杂的驳马。今天出来是以驳马驾车吧？"晋平公回答说："是的。"师旷说："我听说，第一次自欺的人会遭遇困厄，第二次自欺的人会遭受屈辱，第三次自欺的人会失去生命。今天那虎之所以趴着不动，是因为害怕驳马，哪里是害怕您呢？您怎么开始自欺了呢？"（《说苑》）

这里的"第二次自欺的人会遭受屈辱"，用文言来说，就是：再自诬者辱。其中的"再"，讲作"第二次"。

北宋王安石被免去宰相职务后，任金陵知府。他在一首诗中说："投老归来一幅巾，君恩犹许备藩臣。芙蓉堂下疏秋水，聊与龟鱼作主人。"他第二次被罢免宰相职务后，以会灵观使的名义在钟山居住，又作诗说："乞得胶胶扰扰身，江湖波浪替埃尘。只同凫雁为闲侣，不与龟鱼作主人。"（《诗

✎**知识拓展**

王安石的第一首诗说：罢相归来，不再料理国家大事，在芙蓉堂下秋水池边，管管龟鱼之事：聊以度日。第二首则说，连"与龟鱼作主人"也不干了，干脆同凫雁去作"闲侣"。

214

话总龟》）

这里的"第二次被罢免宰相职务"，用文言来说就是"再罢相"。其中的"再"，讲作"第二次"。我们熟悉的"一鼓作气，再而衰，三而竭"（见初中课文《曹刿论战》，出自《左传》）中的"再"，也是这个意思。

甘茂担任秦国的相国时，有一个阶段，秦王十分喜好公孙衍，曾私下对公孙衍说要任命他做相国。甘茂的手下探听到了这个消息后，第一时间报告给了甘茂。怎么办呢？如果不采取措施，那么相国的位置就保不住了。甘茂眉头一皱，计上心来。

◇ **思维体操**
甘茂轻轻松松便化解了危机。甘茂化解危机的法子，你想到了吗？

第二天，甘茂前往拜见秦王，说："大王得到了贤明的相国，请允许我向您拜两次表示祝贺！"秦王一听，十分吃惊，说："我将国家大事托付给您，怎么说我又得到贤明的相国了呢？"

"大王不是要任命公孙衍为相国吗？"甘茂说。

"您从哪儿听来的这个消息？"秦王问道。

"是公孙衍亲口告诉我的啊！"甘茂回答。

秦王一听是公孙衍泄露了秘密，非常恼怒，认为他不堪重用，就把他赶走了。（《战国策·甘茂相秦》）

这里的"请允许我向您拜两次表示祝贺"，用文言来说就是"敢再拜贺"。其中的"再"，讲作"两次"。

魏晋时的大臣贾充，他的前妻是中书令李丰的女儿。李丰被杀后，她被流放到了边远地区，后来遇到大赦才得以回来。这时，贾充已经娶了城阳太守郭配的女儿为妻。怎么办呢？晋武帝司马炎特别准许贾充设置左右两个夫人。李氏住在

◇ **思维体操**
郭氏对李氏看来是望而生畏。应该是李氏的气质和才气镇住了郭氏。

外边，不肯回到贾充的住处。郭氏想去探望李氏，贾充说："她刚直有才气，你去看望她还不如不去。"郭氏听后，便盛装打扮，并多带侍女，将声势造得大一些。到了李氏住处，进了门，李氏起身相迎，郭氏不知不觉

地双腿弯曲"因跪再拜"(《世说新语·贤媛》)。

这里的最后一句，翻译成现代汉语就是：于是跪下拜了两次。其中的"再"，也讲作"两次"。

# 第89日
## 子夏：有始有卒者，其惟圣人乎！

**卒** 步兵——死——终、完毕、结束——古代军队编制，一百人为卒——通"猝"，音"cù"，突然、仓猝

秦朝末年，陈胜、吴广发动大起义，应者云集，等到达陈县，已有战车六七百辆、骑兵一千多、"卒数万人"（《史记·陈涉世家》）。所谓"卒数万人"，翻译成现代汉语就是"步兵好几万人"。其中的"卒"，是步兵的意思。

显庆五年（公元 660 年）正月初一，玄奘在玉华寺开始翻译《大般若经》。《大般若经》卷帙浩繁，玄奘怕在有生之年完不成，总是一刻不停地工作。他对众僧说："我今年已经六十五岁，'必当卒命于此伽（音"qié"）蓝'。这部经书部头甚大，常怕译不完，希望大家加倍努力，不要因为劳苦而推辞。"到了龙朔三年（公元 663 年）十月二十三日，方才搁笔完成。（《大慈恩寺三藏法师传》卷十）

> **◇ 思维体操**
>
> 玄奘鞠躬尽瘁，死而后已。其精神可嘉，值得学习。

这里的"必当卒命于此伽蓝"，翻译成现代汉语就是：一定要死在这寺里了。其中的"卒"，是死的意思。

孔子的学生子游和子夏，在如何教授学生的问题上发生了争执。子游说："子夏，你的学生做些洒水扫地和迎送宾客的事情还是可以的，但这不过是末节小事，根本的东西却没有学到，这怎么行呢？"子夏听后，说："子游你错了！君子的学术，哪些先传授，哪些后传授，这就和草木一样，各种各类是有区别的。君子的学术，怎么可以随意歪曲呢？'有始有卒者，其惟圣人乎！'"（《论语·子张》）

这里的"有始有卒者，其惟圣人乎"，翻译成现代汉语就是：能够有始有终按次序教授弟子的，大概只有圣人吧！其中的"卒"，是终、完毕、结束的意思。

"卒"除了前面的义项外，还可讲作"古代军队编制"（一百人为卒），如"全卒为上，破卒次之"（《孙子兵法·谋攻》）；通"猝"，音"cù"，讲作"突然、仓猝"，如"五万兵难卒合，已选三万人，船、粮、战具俱办"（见高中课文《赤壁之战》，出自《资治通鉴》）。

# 第90日
# 南遗：不亦左乎？

**左** 以东为左——以左为尊——以左为卑——不合适——不正，邪僻

"左"是一个方位名词。那么，什么是"左"呢？面南的时候，以东为左。罗贯中《三国演义》第四十五回中有这么一段：

> 操问众将曰："昨日输了一阵，挫动锐气，今又被他深窥吾寨，吾当作何计破之？"言未毕，忽帐下一人出曰："某自幼与周郎同窗交契，愿凭三寸不烂之舌，往江东说此人来降。"曹操大喜，视之，乃九江人，姓蒋，名干，字子翼，现为帐下幕宾。操问曰："子翼与周公瑾相厚乎？"干曰："丞相放心，干到江左，必要成功。"

蒋干一会儿说"江东"，一会儿说"江左"，这也说明"江东"就是"江左"，"江左"就是"江东"。

过去在农村，堂屋中常常放一张方桌，左右各放一把椅子。其中，东边那把椅子为上座。客人来了，都是将其让到东边那把椅子上。东边的椅子，按前面所说，其实就是左边的椅子。这么说来，在礼节上，是以左为尊。

《史记·魏公子列传》中说，魏国大梁夷门七十岁的守门人侯嬴，是一个非常有本事的隐士。魏公子信陵君想结交他，便在摆好宴席后，"从车骑，虚左，自迎夷门侯生"。这几句用现在的话来说，就是：赶着车马，空着车上左边的座位，亲自前往迎接侯嬴。为什

> **✑作文课堂**
>
> 写作文谈礼贤下士，可用信陵君的这则材料。

219

么空着车上左边的座位呢？因为左边的座位是上位。我们熟知的成语"虚左以待"，意思是空着尊贵的位置等候。

在礼节上，以左为尊。久而久之，由于男尊女卑封建思想的影响，在日常生活中，无论是戴婚戒，还是拍结婚照，也就都讲男左女右，且成为一种风俗。

和礼节不同的是，就社会地位而言，是以右为尊，以左为卑。正因为这样，《琵琶行》的作者白居易在诗前的小序中才说"予左迁九江郡司马"。所谓左迁，也就是贬官。司马迁在《史记·陈涉世家》中写道："二世元年七月，发闾左适戍渔阳九百人，屯大泽乡。"所谓闾左，是指闾巷左边。秦朝时二十五家为一居民单位，富人居闾右，穷人居闾左。

《左传·昭公四年》中有一个这样的故事。穆子去世后，杜洩打算按照卿的礼仪用路车陪葬穆子。南遗对季孙说："穆子没有乘坐过路车，陪葬时怎么能用它？而且正卿没有路车，副卿用路车陪葬，'不亦左乎'？"季孙表示同意，说："您说得很对。"季孙就要求杜洩放弃用路车陪葬穆子。杜洩不肯，说："他老人家代表朝廷去问候周天子时，周天子念及他往日的功勋而赐给路车。他回国复命时将路车交给了国君，国君不敢违背周天子的命令，又把路车赐给了他，并让三名官员把它记载下来。现在他死了，却不能用路车陪葬，这是背弃国君的命令。记载的文书藏在公府而不能用路车，这是废弃了用三名官员记载的制度。如果国君命令使用的车服，生前不敢用，死后又不让陪葬，那么什么时候用它呢？"季孙无话可说，这才同意用路车陪葬穆子。

这里的"不亦左乎"，翻译成现代汉语就是：不也是不合适吗？其中的"左"，讲作"不合适"。

"左"还有个义项是"不正，邪僻"。有一个成语叫"旁门左道"，意思是不正派的宗教派别，也借指学术等方面不正派的派别。